Lasserre / Schild / Uterwedde
Frankreich –
Politik, Wirtschaft, Gesellschaft

Grundwissen Politik
Herausgegeben von Ulrich von Alemann,
Roland Czada und Georg Simonis

Band 19

René Lasserre
Joachim Schild
Henrik Uterwedde

Frankreich – Politik, Wirtschaft, Gesellschaft

Leske + Budrich, Opladen 1997

Gedruckt auf säurefreiem und altersbeständigem Papier.

ISBN 3-8100-1593-8

© 1997 Leske + Budrich, Opladen

Das Werk einschließlich aller seiner Teile ist urheberrechtlich geschützt. Jede Verwertung außerhalb der engen Grenzen des Urheberrechtsgesetzes ist ohne Zustimmung des Verlages unzulässig und strafbar. Das gilt insbesondere für Vervielfältigungen, Übersetzungen, Mikroverfilmungen und die Einspeicherung und Verarbeitung in elektronischen Systemen.

Druck: Presse-Druck, Augsburg
Printed in Germany

Vorwort der Herausgeber

Die deutsch-französischen Beziehungen sind zum wichtigsten Pfeiler der politischen Ordnung in Europa geworden. Daher sind für alle Studierenden der Politikwissenschaft Grundkenntnisse über das politische System, Wirtschaft und Gesellschaft unseres westlichen Nachbarns unabdingbare Voraussetzung eines erfolgreichen Studiums. Wir freuen uns, mit René Lasserre (Leiter des CIRAC und Professor an der Universität Cergy-Pontoise) einerseits sowie Joachim Schild und Henrik Uterwedde (beide Mitarbeiter am Deutsch-Französischen Institut in Ludwigsburg) andererseits ein deutsch-französisches Team gewonnen zu haben, das für einen in Politik, Wirtschaft und Gesellschaft Frankreichs einführenden Lehrtext eine Idealbesetzung darstellt. Kenner der Szene wissen, daß sich insbesondere René Lasserre und Henrik Uterwedde seit vielen Jahren durch zahlreiche Publikationen zu den politischen und gesellschaftlichen Entwicklungen im jeweiligen Nachbarland bleibende Verdienste erworben haben.

Wir hoffen, daß dieser zwar in erster Linie für Studierende geschriebene Text auch eine breite Resonanz bei Journalisten, Lehrern, Politikern, Mitarbeitern in Organisationen und Verwaltungen finden wird, da er einen breiten Überblick über die Grundstrukturen und über die Entwicklung von Politik, Wirtschaft und Gesellschaft unseres wichtigsten europäischen Partnerlandes vermittelt. Das Buch vestärkt unser Angebot in dieser Schriftenreihe im Bereich der Vergleichenden Politikwissenschaft, d.h. der Einführungen in andere politische Systeme, wobei in dem vorliegenden Falle ein breiter Zugang, der Wirtschaft und Gesellschaft einschließt, gewählt wurde. Auf diese Weise hat der Band auch den Charakter einer vertiefenden Länderkunde.

Der Text ist aus dem Studienangebot der FernUniversität Hagen entstanden. Er wurde für diese Buchausgabe gründlich bearbeitet und aktualisiert. Das Institut für Politikwissenschaft dankt den drei Autoren für ihre Kooperationsbereitschaft bei der Erstellung des Textes. Miguel Ribas vom Lehrgebiet Internationale Politik / Vergleichende Politikwissenschaft hatte die Redaktion für den Einsatz in der FernUniversität; ihm sei für seine Lektoratsarbeit ganz herzlich gedankt. Wir laden die LeserInnen zu kritischem Durcharbeiten ein und freuen uns über alle Rückmeldungen.

Hagen, im Juni 1997

Ulrich von Alemann   Roland Czada   Georg Simonis

Inhaltsübersicht

Vorwort der Herausgeber 5
Verzeichnis der Tabellen 11
Verzeichnis der Abbildungen 13
Verzeichnis der Abkürzungen 15

1. Politik *(Joachim Schild)* 17
1.0 Einleitung 17
1.1 Politische Kultur 19
1.1.1   Distanz und Mißtrauen gegenüber dem Staat 20
1.1.2   Meinungsvielfalt, fragmentierte Konfliktstruktur und hohe
        Konfliktintensität 22
1.1.3   Fehlende Bindeglieder zwischen Individuum und Staat 26
1.1.4   Distanz und Mißtrauen zwischen Bürgern und politischen Eliten... 29
1.1.5   Einstellungen zum politischen Regime 31
1.1.6   Die Nation als Identitäts- und Einheitsstifter 33
1.2 Politische Parteien und Parteiensystem 34
1.2.1   Stellenwert und Funktion politischer Parteien in Frankreich...... 34
1.2.2   Das Parteiensystem der V. Republik 37
1.2.2.1 Das Verhältnis zwischen den Rechtsparteien 39
1.2.2.2 Das Verhältnis zwischen den Linksparteien 41
1.2.2.3 Ende der Bipolarität des Parteiensystems? 44
1.2.3   Die französischen Parteien im einzelnen 47
1.2.3.1 Die PCF 47
1.2.3.2 Die Sozialistische Partei SFIO – PS 50
1.2.3.3 Das Parteienbündnis UDF 56
1.2.3.4 Die RPR 60
1.2.3.5 Ökologische Parteien: Les Verts und Génération écologie 63
1.2.3.6 Die Front National (FN) 64
*1.3 Das Regierungssystem der V. Republik:
      Präsident und Regierung* 67
1.3.1   Grundprinzipien der Verfassung der V. Republik 67

1.3.1.1	Vorrang der Exekutive vor dem Parlament	67
1.3.1.2	Vormacht des Präsidenten und Regierungsverantwortung vor dem Parlament	67
1.3.2	Die Vormacht des Präsidenten	69
1.3.2.1	Grundlage der Präsidentenmacht	69
1.3.2.2	Die Machtbefugnisse des Präsidenten	70
1.3.3	Der Premierminister und die Regierung	74
1.3.3.1	Der Premierminister	74
1.3.3.2	Die Regierung	76
1.4	*Das Regierungssystem der V. Republik: Das Parlament und die Kontrolle der Exekutive*	78
1.4.1	Wahl und Zusammensetzung des Parlaments	79
1.4.1.1	Die Nationalversammlung	79
1.4.1.2	Der Senat	80
1.4.2	Die Kontrollrechte des Parlaments	81
1.4.3	Die Gesetzgebungsfunktion des Parlaments	83
1.4.3.1	Das Verfahren der Gesetzgebung	84
1.4.3.2	Die Rolle des Senats	85
1.4.4	Aufwertung des Parlaments seit 1994	87
1.4.5	Der Verfassungsrat (Conseil constitutionnel)	89
1.5	*Dezentralisierung und Europäische Integration: Der zentralistische Staat in der Politikverflechtung*	91
1.5.1	Probleme des Zentralismus und Dezentralisierungsbestrebungen in der V. Republik	91
1.5.1.1	Die Dezentralisierungsgesetze von 1982/1983	92
1.5.1.2	Die neue Kompetenzverteilung zwischen Zentralstaat und Gebietskörperschaften	96
1.5.1.2.1	Die Gemeinde	96
1.5.1.2.2	Das Departement	100
1.5.1.2.3	Das Aufkommen der Regionen	101
1.5.1.3	Die Finanzen der lokalen Gebietskörperschaften	103
1.5.2	Frankreich und die Europäische Union	105
1.5.3	Politikverflechtung als Herausforderung	110
1.6	*Schlußbetrachtung: Machtkonzentration und Demokratiedefizit – ein Legitimationsproblem*	111
Überblicksdarstellungen zum politischen System		113
2.	**Wirtschaft** *(Henrik Uterwedde)*	115
2.0	*Einleitung*	115
Spezialliteratur		116
2.1	*Ökonomische Herausforderungen 1945-1993*	116
2.1.1	Die Ausgangslage 1944	116
2.1.2	Die Jahre des Wiederaufbaus (1945-1958)	118

2.1.3	Europäische Öffnung und industrielle Expansion (1958-1973)	120
2.1.4	Weltwirtschaftliche Strukturumbrüche als neue Herausforderungen (1974-1990)	122
2.1.5	Die neunziger Jahre: auf der Suche nach einem neuen Wirtschaftsmodell	125

2.2	*Staat und Wirtschaft*	129
2.2.1	Die Tradition des Colbertismus	129
2.2.2	Modernisierung durch den Staat	130
2.2.3	Die Planification: Mythen und Realitäten	132
2.2.4	Funktionswandel des nationalisierten Sektors	135
2.2.5	Industriepolitik: vom „High-Tech-Colbertismus" zur marktwirtschaftlichen Strukturanpassung	140
2.2.6	Staat und Wirtschaft im Wandel	145

2.3	*Branchen- und Unternehmensstruktur*	148
2.3.1	Strukturwandel der Landwirtschaft	148
2.3.2	Stärken und Schwächen der Industrie	153
2.3.3	Der Dienstleistungssektor	157
2.3.4	Probleme der Unternehmensstruktur	160

2.4	*Regionale Wirtschaftsstruktur*	163
2.4.1	Traditionelle regionale Ungleichgewichte	163
2.4.2	Die Raumordnungspolitik	166
2.4.3	Veränderungen der regionalen Wirtschaftsstruktur	169
2.4.4	Die Region: ein neuer wirtschaftspolitischer Akteur	170

2.5	*Außenwirtschaftliche Verflechtung*	174
2.5.1	Die Handelsverflechtung der französischen Wirtschaft	174
2.5.2	Probleme der Wettbewerbsfähigkeit	176
2.5.3	Die Investitionsverflechtung	180
2.5.4	Die europäische Einbindung der französischen Wirtschaft	184

3.	**Gesellschaft** *(René Lasserre/Henrik Uterwedde)*	189
3.0	*Einleitung*	189
Spezialliteratur		190

3.1	*Sozialer Strukturwandel seit 1945*	191
3.1.1	Die Modernisierung der Gesellschaft: Die wichtigsten Charakteristika	192
3.1.2	Die Veränderung der beruflich-sozialen Struktur	194
3.1.3	Frankreichs Urbanisierungsprozeß	196

3.2	*Beschäftigung und Arbeitslosigkeit*	202
3.2.1	Entwicklung der Erwerbstätigkeit	202
3.2.2	Strukturwandel des Arbeitsmarktes	206
3.2.3	Möglichkeiten und Grenzen der Beschäftigungspolitik	207

3.3	*Gewerkschaften und Arbeitgeberverbände*	210
3.3.1	Die französische Gewerkschaftsbewegung: Tradition und Selbstverständnis	210
3.3.2	Pluralismus und Wettbewerb: die wichtigsten Gewerkschaftsverbände	212
3.3.3	Organisationsschwäche und Krise der französischen Gewerkschaftsbewegung	217
3.3.4	Das Selbstverständnis der französischen Arbeitgeberschaft	220
3.3.5	Organisationen und Merkmale der unternehmerischen Interessenvertretung	221
3.4	*Arbeitsbeziehungen*	223
3.4.1	Arbeitskonflikte und Tarifbeziehungen	223
3.4.2	Die Ordnungsfunktion des Staates	224
3.4.3	Arbeitsbeziehungen im Betrieb	226
3.4.4	Modernisierung der Arbeitsbeziehungen	229
3.5	*Einkommensverteilung und soziale Ungleichheit*	234
3.5.1	Entwicklung der Einkommen und Ungleichheit in Frankreich	234
3.5.2	Ursachen der Ungleichheit	238
3.5.3	Grenzen der Umverteilung: das Steuer- und Abgabensystem	240
3.6	*Erziehungssystem und berufliche Bildung*	242
3.6.1	Die republikanische Bildungstradition Frankreichs	242
3.6.2	Allgemeinbildung und berufliche Bildung im französischen Bildungssystem	243
3.6.3	Defizite des französischen Bildungssystems und Reformversuche durch Förderung dualer Ausbildungsformen	246
3.6.4	Die Problematik der Kooperation zwischen Schule und Betrieb: konzeptionelle und strukturelle Hindernisse	248

Literaturverzeichnis ... 251

Verzeichnis der Tabellen

1	Funktionieren der Institutionen der V. Republik (Antworten in Prozent)	32
2	Zustimmung zu einzelnen Verfassungsbestimmungen (in Prozent)	32
3	Wahlergebnisse der wichtigsten Parteien bei Wahlen zur Nationalversammlung in Prozent der abgegebenen Stimmen im 1. Wahlgang	38
4	Soziologie des Wahlverhaltens, Parlamentswahl 1993 (1. Wahlgang, in Prozent)	49
5	Ergebnisse der Präsidentschaftswahlen der V. Republik (2. Wahlgang, ohne DOM-TOM)	70
6	Mißtrauensvoten und Vertrauensfragen 1958-1990	81
7	Ausgabenentwicklung der Gebietskörperschaften (in Mrd. lfd. FF.)	104
8	Erwerbstätigkeit nach dem Drei-Sektoren-Modell (Anteile der jeweiligen Sektoren in %)	117
9	Wirtschaftliches Wachstum in Frankreich und Deutschland (Durchschnittliches jährliches Wachstum des Bruttosozialprodukts in %)	120
10	Synoptischer Überblick 1944-1995	128
11	Hauptziele der französischen Wirtschaftspläne	134
12	Nationalisierungen und Privatisierungen wichtiger Unternehmen	139
13	Landwirtschaftlicher Strukturwandel 1946-1975 am Beispiel des Dorfes Douelle	149
14	Entwicklung der Beschäftigung in ausgewählten Industriebranchen (Angaben in 1000)	156
15	Super- und Hypermärkte in Frankreich	158
16	Beschäftigte im Dienstleistungssektor 1960-1994	160
17	Die Größenstruktur der Unternehmen (1991)	162
18	Wirtschaftliche Kennzahlen der Regionen	173
19	Außenhandelsverflechtung Frankreichs und der Bundesrepublik	175
20	Struktur des Außenhandels nach Warengruppen 1950-1993 (alle Angaben in %)	177
21	Außenhandelssalden Frankreichs nach ausgewählten Ländergruppen (Überschuß/Defizit jeweils in Mrd. Francs)	178
22	Ausländische Beteiligungen in der französischen Industrie nach ausgewählten Branchen (1991) (alle Angaben: Auslandsanteil in %)	181

23	Direktinvestitionen im internationalen Vergleich 1975-1990 (alle Angaben in Milliarden US-Dollar)..	182
24	Ausgewählte Indikatoren zur Bevölkerungsstruktur und zum Lebensstandard (1946 und 1975)	191
25	Entwicklung der Berufsgruppen 1954-1994	196
26	Entwicklung atypischer Arbeitsplätze (1982-1988)	207
27	Entwicklung der Mitgliederzahlen der französischen Gewerkschaften 1969-1991 (nach offiziellen Angaben der Organisationen, in 1.000)	218
28	Ergebnisse der Betriebsausschußwahlen 1950-1992 (in %)................	219
29	Arbeitskonflikte im internationalen Vergleich	223
30	Dispersion der Gehälter (1954-1991)...	237
31	Entwicklung der durchschnittlichen Nettojahreslöhne und -gehälter einzelner Berufsgruppen (in jeweiligen Francs)...................................	237
32	Aufteilung der Wertschöpfung in Unternehmen (in %)	237
33	Arbeitslosenquote nach der Stellung im Beruf....................................	238

Verzeichnis der Abbildungen

1	Kümmern sich die Politiker um das, was die Franzosen denken? (in Prozent)	31
2	Vereinfachtes Schema der Entwicklung des Parteiensystems	35
3	Staatliche Organisationsstruktur in Frankreich	72
4	Die französischen Regionen und Departements (ohne DOM-TOMs)	94
5	Kompetenzen der Gebietskörperschaften seit 1982	99
6	Organigramm der Beziehungen zwischen den französischen und den europäischen Institutionen	109
7	Regionale Schwerpunkte der Landwirtschaft	151
8	Bedrohte landwirtschaftliche Regionen	152
9	Entwicklung der Beschäftigung nach großen Sektoren (1960-1988) (Angaben in 1000)	159
10	Sektorale Beschäftigungsstruktur nach Departements (1974)	164
11	Verkehrsströme in Frankreich anhand der großen Eisenbahnverbindungen	165
12	Fördergebiete der Raumordnungspolitik (Prämien für Industrieansiedlungen)	168
13	Außenhandelssalden nach Warengruppen (1973-1996)	177
14	Entwicklung der Marktanteile französischer Exporte (in % der Gruppe der acht wichtigsten Exportstaaten)	180
15	Bestände an ausländischen Direktinvestitionen nach Herkunftsländern 1982/1989 (in Mrd. US-Dollar)	183
16	Urbanisierung in Frankreich 1806-1982 Land- und Stadtbevölkerung (Einwohner in Millionen)	197
17	Ballungsräume über 100 000 Einwohner 1982	200
18	Entwicklung der französischen Bevölkerung nach Departements (1954-1975)	201
19	Entwicklung der Erwerbsbevölkerung, der Arbeitsplätze und der Arbeitslosigkeit (1960-1988, in Millionen)	202
20	Erwerbsquote nach Geschlecht und Altersgruppen (1967-1987)	204
21	Entwicklung der Arbeitslosenquoten nach Altersgruppen und Geschlecht (1968-1988)	205
22	Auswirkung der beschäftigungspolitischen Maßnahmen auf den Arbeitsmarkt (1974-1995)	209
23	Französische Gewerkschaften im Überblick	216

24	Organe der Arbeitnehmervertretung im französischen Betrieb	228
25	Die Auroux-Gesetze. Zusammenfassender Überblick	231
26	Das französische Bildungssystem im Überblick	244

Verzeichnis der Abkürzungen

AGF	Assurances générales de France; staatliche Versicherungsgesellschaft
Bac Pro	Baccalauréat professionnel
Bac Tn	Baccalauréat technologique
BEP	Brevet d'enseignement professionnel
BEP	Brevet d'Etudes Professionnelles
BMWi	Bundesministerium für Wirtschaft
BNP	Banque Nationale de Paris; bis 1993 staatliche Universalbank
BT	Brevet de technicien
BTS	Brevet de technicien supérieur
CAP	Centre de formation par l'apprentissage
CAP	Certificat d'Aptitude Professionnelle
CCF	Crédit foncier de France
CDP	Centre Démocratie et Progrès
CDS	Centre des Démocrates Sociaux
CEA	Commissariat à l'énergie atomique; Atomenergieagentur
CERC	Centre d'Etudes sur les Revenus et les Coûts
CERES	Centre d'Etudes, de Recherches et d'Education socialiste
CFA	Centre de Formation d'Apprentissage
CFDT	Confédération Française Démocratique du Travail
CFTC	Confédération Française des Travailleurs Chrétiens
CGC	Confédération Générale des Cadres
CGE	Compagnie générale d'électricité
CGPME	Confédération Générale des Petites et Moyennes Entreprises
CGT	Confédération Générale du Travail
CII	Compagnie internationale de l'informatique
CNI	Centre National des Indépendants
CNPF	Confédération Nationale du Patronat Français
COREPER	Comité des représentants permanents
CPA	Classe préparatoire à l'apprentissage
CPGE	Classes préparatoires aux grandes écoles
CPPN	Classe préprofessionnelle de niveau
CSG	Contribution Sociale Généralisée
DOM-TOM	Départements et territoires d'outre-mer
EDF	Electricité de France
EMC	Entreprise minière et chimique
EuGH	Europäischer Gerichtshof
EWG	Europäische Wirtschaftsgemeinschaft
EWS	Europäisches Währungssystem
FDGS	Fédération de la Gauche Démocrate et Socialiste
FEN	Fédération de l'Education Nationale
FN	Front National

FSU	Fédération Scolaire Unitaire
GAN	Groupe des assurances nouvelles; staatliche Versicherungsgesellschaft
GATT	General Agreement on Tarriffs and Trade; allgemeines Zoll- und Handelsabkommen
GDF	Gaz de France
INSEE	Institut national de la statistique et des études économiques; zentrales Statistikamt
IUT	Institut universitaire de technologie
MRG	Mouvement des Radicaux de Gauche
MRP	Mouvement Républicain Populaire
PCF	Parti Communiste Français
PDM	Progrès et Démocratie Moderne
PME	Petites et moyennes entreprises; kleine und mittlere Unternehmen
PR	Parti Républicain
PS	Parti Socialiste
PSD	Parti Social-Démocrate
PSU	Parti Socialiste Unifié
RATP	Régie Autonome du Transport Parisien
RI	Républicains Indépendants
RPF	Rassemblement du Peuple Français
RPR	Rassemblement pour la République
SFIO	Section Française de l'Internationale Ouvrière
SGCI	Secrétariat général du Comité interministériel pour les questions de coopération économique européenne
SMIC	Salaire Minimum Interprofessionnel de Croissance
SNCF	Société Nationale des Chemins de Fer
SNECMA	Société nationale d'études et de construction de moteurs d'avion
SNES	Syndicat National de l'Enseignement Secondaire
SNIAS	Société nationale industrielle aérospatiale
SNPMI	Syndicat National de la Petite et Moyenne Industrie
TUC	Travaux d'Utilité Collective
UAP	Union des assureurs de Paris; staatliche Versicherungsgesellschaft
UDC	Union du Centre
UDF	Union pour la Démocratie Française
UDR	Union des Démocrates pour la République
UDT	Union Démocratique du Travail
UDV^e	Union des Démocrates pour la Ve République
UNR	Union pour la Nouvelle République
UPF	Union pour la France

1 Politik

Joachim Schild

1.0 Einleitung

Sowohl die Entstehung als auch die grundlegenden Strukturen und Institutionen der V. Französischen Republik sind nur vor dem Hintergrund der Funktionsdefizite der III. und IV. Republik zu begreifen. Das politische System der III. Republik (1875-1940) und das sehr ähnliche System der IV. Republik (1946-1958) hatten ihre geistigen Grundlagen im Erbe der Französischen Revolution und in der liberalen Tradition des 19. Jahrhunderts.

Ein sich als (Allein-)Inhaber der nationalen Souveränität betrachtendes Parlament stand im Zentrum der politischen Willensbildung. Ihm standen schwache Regierungen gegenüber, die in kurzen Abständen vom Parlament gestürzt wurden. Die durchschnittliche Lebensdauer einer Regierung betrug in der III. Republik acht Monate, in der IV. Republik sogar nur sechs Monate.

Die entscheidende Ursache für diese chronische politische Instabilität lag weniger in der Verfassungsordnung und den Institutionen der III. und IV. Republik. In erster Linie ist die Schwäche der politischen Parteien und die Zersplitterung des Parteiensystems für die Fehlentwicklungen der beiden Regime verantwortlich zu machen. Das bürgerlich-republikanische Selbstverständnis der Parlamentarier, v.a. der III. Republik, erlaubte es diesen nicht, sich den Weisungen von Parteien und einer Fraktionsdisziplin zu beugen. Sie betonten vielmehr ihre individuelle Unabhängigkeit und Gewissensfreiheit. Parlamentarische Mehrheiten kamen folglich oft quer zu Parteigrenzen zustande. So konnte sich keine Regierung auf verläßliche Mehrheiten stützen. Jede Regierung war ständig davon bedroht, sich in einer bestimmten Sachfrage einer feindlichen Parlamentsmehrheit gegenüber zu sehen und durch ein Mißtrauensvotum gestürzt zu werden.

Erst die Gründung der Parteien der französischen Arbeiterbewegung, der sozialistischen SFIO (*Section française de l'Internationale ouvrière*, 1905 gegründet) und vor allem der PCF (*Parti communiste français*, 1920 gegründet), ließ moderne Massenparteien entstehen. Ihre Parlamentarier vertraten die Parteilinie und beugten sich der Fraktionsdisziplin.

Die Folge dieser dem klassischen liberalen Parlamentsverständnis des 19. Jahrhunderts entspringenden Betonung der individuellen Entscheidungsfreiheit des Abgeordneten war nicht allein die chronische Instabilität der Regierungen.

Diese machte eine längerfristig angelegte, vorausschauende Regierungspolitik unmöglich. Dringend notwendige Reformen wurden verschleppt, die Politik wurde konservativ und unbeweglich. Die geringe Handlungsfähigkeit der ständig vom Damoklesschwert eines Mißtrauensvotums bedrohten Regierungen wurde nicht durch die Handlungs- und Entscheidungsfähigkeit des Parlaments kompensiert. Dieses war aufgrund der Zersplitterung des Parteiensystems und der fehlenden Fraktionsdisziplin ebenfalls nicht in der Lage, kohärente politische Programme zu verfolgen und auf die sich wandelnden gesellschaftlichen und wirtschaftlichen Herausforderungen zu reagieren.

Die Kontinuität staatlichen Handelns mußte der Staatsapparat gewährleisten. Aus der Ministerialbürokratie kamen v.a. während der IV. Republik bedeutende Reformanstöße zur wirtschaftlichen und gesellschaftlichen Modernisierung (und auch so bedeutende Männer wie der große Europäer Jean Monnet). Sie mußte also Funktionsdefizite von Regierung und Parlament ausgleichen und spielte eine politische Rolle, die in demokratisch verfaßten Staaten der gewählten Regierung zufallen soll.

Die (scheinbare) Allmacht des Parlaments und die Schwäche der Regierungen bereiteten zu Beginn der III. Republik noch keine gravierenden Probleme, denn die Rolle staatlichen Handelns und staatlicher Eingriffe in Wirtschaft und Gesellschaft war noch stark begrenzt. Die Weltwirtschaftskrise Ende der zwanziger und während der dreißiger Jahre dieses Jahrhunderts stellte die europäischen Regierungen jedoch vor neuartige Herausforderungen. Die französischen Regierungen waren mit Anforderungen konfrontiert, die weit über diejenigen an den liberalen „Nachtwächterstaat" des 19. Jahrhunderts hinausgingen.

Nach 1944 vollzog sich in Frankreich ein Prozeß beispiellosen wirtschaftlichen und sozialen Wandels (vgl. Kap. 2.1 und 3.1). Gleichzeitig – und damit verbunden – wuchs die Aufgabenfülle, der sich die Regierungen gegenübersahen. Der Staat griff in immer mehr Bereiche des wirtschaftlichen und gesellschaftlichen Lebens steuernd und regulierend ein. Diese dramatische Ausweitung der Staatstätigkeit führte zu einem wachsenden Widerspruch zwischen den Handlungsanforderungen an den modernen Staat einerseits und der Schwäche sowie den Handlungsblockaden der französischen Exekutive andererseits. Während die wirtschaftliche und soziale Modernisierung Frankreichs nach 1944 in einem atemberaubenden Tempo vonstatten ging, erwiesen sich die politischen Strukturen und Institutionen der IV. Republik zunehmend als retardierendes Element in der gesellschaftlichen Entwicklung Frankreichs. Sie wurden zum Modernisierungshindernis. Die Verfassungsordnung und die politischen Institutionen der III. und IV. Republik waren Produkte des 19. Jahrhunderts (und der Einflüsse der Französischen Revolution) und waren für die Probleme des 19. Jahrhunderts geschaffen. Das Parteiensystem mit seiner Vielzahl schwach strukturierter und undisziplinierter Honoratiorenparteien hatte seine vormoderne Gestalt bewahrt. Beides – politische Institutionen und Parteiensystem – waren den Handlungsanforderungen der zweiten Hälfte des 20. Jahrhunderts nicht mehr gewachsen.

Aufgrund ihrer offenkundigen Funktionsdefizite waren die III. und IV. Republik und auch ihr politisches Personal sowie ihre Parteien in der Bevölkerung sehr unbeliebt. Das Vertrauen in die politischen Institutionen war gering, die Distanz und Entfremdung zwischen der Bevölkerung und den Politikern groß.

Als sich die IV. Republik der Herausforderung des Algerienkrieges gegenübersah, der einen tiefen Riß durch Bevölkerung und Parteien gehen ließ und Frankreich an den Rand eines Bürgerkrieges brachte, erwies sie sich als unfähig, dieses Problem zu lösen. Zur Beendigung des Algerienkrieges bedurfte es einer starken Exekutive (und auch General de Gaulle benötigte für diese äußerst schwierige Aufgabe noch vier volle Jahre). Der Armeeputsch in Algerien und die damit einhergehende Bürgerkriegsgefahr besiegelten das Ende der IV. Republik.

Dies war die Stunde General de Gaulles, der sich nach 1940 zum zweiten Mal als „Retter der Nation" präsentieren konnte. Er wurde am 29. Mai 1958 zum letzten Ministerpräsidenten der IV. Republik berufen und setzte die Ausarbeitung einer neuen Verfassung durch. Die Grundprinzipien der von ihm angestrebten Verfassungsordnung hatte er schon 1946 in seiner berühmten Rede in Bayeux erläutert. Hauptziel war die Stärkung der Exekutive und die Gewährleistung ihrer Handlungsfähigkeit auch in Krisensituationen. Diesem Zweck diente vor allem die Stärkung der Machtposition des Staatspräsidenten, der zuvor in den parlamentarischen Regimen nur eine untergeordnete Bedeutung besessen hatte.

Gleichzeitig wurde die Allmacht des Parlaments und seine Möglichkeit, Regierungen zu Fall zu bringen, drastisch eingeschränkt. Die in verfassungsmäßiger, rechtlich einwandfreier Form zustandegekommene Ablösung der Verfassung der IV. Republik und die Etablierung eines neuen politischen Regimes hatte somit einen politischen Modernisierungsschub zum Ziel. Die politischen Institutionen Frankreichs sollten den veränderten politischen, gesellschaftlichen und wirtschaftlichen Herausforderungen angepaßt werden. Die innere und äußere Handlungsfähigkeit des Staates wurde wiederhergestellt. Dazu war eine Stärkung der Exekutive unumgänglich.

Eine umfassende Modernisierung des französischen politischen Systems konnte jedoch nicht auf die Umgestaltung des Regierungssystems beschränkt bleiben. Auch die politische Kultur Frankreichs und die Interessenvermittlungsstrukturen zwischen Bürger und Staat, v.a. die politischen Parteien, trugen während der IV. Republik noch vormoderne Züge. Sie entsprachen kaum den Funktionsbedingungen und Erfordernissen liberal-demokratischer Regierungsweise in modernen Massendemokratien.

Die politische Kultur eines Landes und sein Parteiensystem jedoch lassen sich durch eine neue Verfassung und einen Regimewechsel nur sehr bedingt ändern. Sie bilden zentrale Rahmenbedingungen für das Funktionieren eines Regierungssystems, wie sie auch von diesem beeinflußt werden. Bevor das Regierungssystem und Institutionengefüge der V. Republik beschrieben wird, soll daher die französische politische Kultur und die Struktur des Parteiensystems der V. Republik dargestellt werden.

1.1 Politische Kultur

Zu einer stabilen Demokratie gehört nicht allein eine funktions- und anpassungsfähige institutionelle Struktur und Verfassungsordnung. Unentbehrlich dafür ist

Begriffsbestimmung politische Kultur

eine den Zielen der demokratischen Stabilität und auch der Wandlungsfähigkeit dienliche politische Kultur. Mit dem Begriff „politische Kultur" wird in der Politikwissenschaft – im Gegensatz zum umgangssprachlichen Gebrauch des Begriffs – der subjektive Faktor in der Politik bezeichnet. Dazu gehören die grundlegenden politischen Wertorientierungen von Individuen, ihre politischen Einstellungen und Verhaltensweisen bzw. Verhaltensprädispositionen, die ihr Verhältnis zur politischen Sphäre und zum politischen Regime bestimmen.

Die Pioniere der modernen politischen Kulturforschung, Gabriel A. Almond und Sidney Verba, definieren politische Kultur folgendermaßen:

„Die politische Kultur einer Nation ist die spezifische Verteilung von Orientierungsmustern gegenüber politischen Objekten unter den Angehörigen einer Nation." (*Almond/Verba* 1963, 13)

Die Art der Beziehung des einzelnen zur politischen Sphäre und vor allem die Verteilung politischer Einstellungsmuster innerhalb der Bevölkerung sind entscheidend für die *Legitimation* eines politischen Systems und seiner Verfassungsordnung.

Die französische politische Kultur ist *traditionell* durch vier Hauptmerkmale gekennzeichnet, die untereinander eng zusammenhängen und sich teilweise gegenseitig bedingen:

Vier Hauptmerkmale der politischen Kultur Frankreichs

1) die Koexistenz einer mißtrauischen Haltung zahlreicher Bürger gegenüber dem Staat und seinen Eingriffen in Wirtschaft und Gesellschaft einerseits mit einem Glauben an die umfassende Zuständigkeit des (Zentral-)Staates für die Lösung sozialer und politischer Probleme andererseits;
2) eine große Meinungsvielfalt verbunden mit einer fragmentierten Konfliktstruktur und hoher Konfliktintensität;
3) eine ausgeprägte Schwäche der Bindeglieder zwischen Bürgern und Staat und eine Kluft zwischen Bürgern und ihren politischen Eliten (der „classe politique");
4) eine gesellschaftsintegrierende Rolle der Nation als Identitäts- und Einheitsstifter.

Nachfolgend soll untersucht werden, ob und inwieweit sich diese überlieferten Merkmale der politischen Kultur seit Beginn der V. Republik verändert haben.

1.1.1 Distanz und Mißtrauen gegenüber dem Staat

Mißtrauisch-ablehnende Haltung gegenüber staatlichen Eingriffen

Die traditionelle Haltung vieler Franzosen gegenüber dem Staat und seinen Repräsentanten ist von Distanz und Mißtrauen geprägt. Die geringe Bereitschaft, staatliche Eingriffe in das wirtschaftliche und gesellschaftliche Leben und die Autorität des Zentralstaates zu akzeptieren (bei dem Ausdruck „Etat" denkt man automatisch an die zentralstaatliche Ebene, nicht aber an die lokalen Gebietskörperschaften), läßt sich bis in die Zeit des *Ancien régime* zurückverfolgen. So ist die Geschichte der Konsolidierung und Zentralisierung des Nationalstaates sowie der Ausweitung seiner Tätigkeitsfelder gleichzeitig auch eine Geschichte der zahllosen kollektiven Proteste gegen seine Herrschaftsansprüche (*Tilly* 1986). Diese mißtrauisch-ablehnende Haltung gegenüber staatlichen Eingriffen in die Lebenswelt der Bürger wurde durch die liberale Tradition des 19. Jahrhunderts gestärkt. Sie wurde v.a. in der III. Republik – so etwa vom Philosophen Alain – geradezu zur Bürgertugend erhoben.

Heute gehören umfassende staatliche Eingriffe in eine Vielzahl von Lebensbereichen zum selbstverständlichen und weithin akzeptierten Alltag der französischen Politik. Dennoch hat diese traditionell mißtrauisch-distanzierte Haltung dem Staat und seinen Repräsentanten gegenüber Auswirkungen, die bis heute zu spüren sind. Politische Beteiligung beispielsweise nimmt nach wie vor häufig die Form eines gegen bestimmte staatliche Entscheidungen und Maßnahmen gerichteten, kurzfristigen Protestes an. Der konstruktiven und kontinuierlichen Form der Beteiligung an der politischen Willensbildung kommt dagegen eine geringere Bedeutung zu. In den Worten des französischen Verfassungsrechtlers und Politologen *Maurice Duverger* läßt sich das französische Politik- und Demokratieverständnis folgendermaßen vom angelsächsischen Denken abgrenzen: „Demokratie, das ist der Staatsbürger gegen die Staatsgewalt, und nicht der Staatsbürger als Teilhaber an der Staatsgewalt".[1]

Dem Mißtrauen gegenüber staatlichen Eingriffen in die Zivilgesellschaft entspricht in nur scheinbar paradoxer Weise eine „Überbewertung des Politischen" (*Bauby* 1993) und ein verbreiteter Glaube an die umfassende Macht staatlichen Handelns. Aufgrund der vergleichsweise geringen Kompetenzen und der schlechten Finanzausstattung der lokalen Gebietskörperschaften (Kommune, Departement, Region) ist i.d.R. die zentralstaatliche Ebene gefordert, wenn es um die Lösung von Problemen und die Überwindung von Mißständen geht. Als Folge davon kann die Regierung mit Erwartungen überfrachtet werden, denen keine Regierung in komplexen und international eng verflochtenen Gesellschaften gewachsen ist.

Überbewertung des Politischen

Auch die politischen Strategien der Parteien waren in der Vergangenheit meist – ganz der jakobinisch-zentralistischen Tradition entsprechend – völlig auf die Eroberung der politischen Macht in Paris ausgerichtet. Alle anderen politischen Handlungsebenen traten dahinter zurück. Die Eroberung der Regierungsmacht als zentrales Ziel politischer Strategien und als Objekt des politischen Diskurses zeichnet v.a. die traditionelle Linke (PCF und PS) aus. Die Vorstellung, politische und gesellschaftliche Veränderungen „von oben" mittels eines starken Staates durchsetzen zu können, war in ihren Reihen besonders weit verbreitet. Die Linke mußte allerdings, als sie 1981 zum ersten Mal während der V. Republik die Regierung stellen konnte, feststellen, daß sie die Handlungsfähigkeit der Zentralregierung und des Nationalstaates deutlich überschätzt hatte.

Neben dem jakobinischen Glauben an die Stärke des Staates in der „einen und unteilbaren Republik" ist die *mangelnde Selbstorganisations- und Selbstregulierungsfähigkeit der Zivilgesellschaft* mit dafür verantwortlich, daß viele Bürger dem (Zentral-)Staat die Verantwortung für die Lösung zahlreicher Probleme zuschreiben. Die Atomisierung der politischen Kultur und die relativ geringe Bedeutung sozialer Akteure wie Verbände, Gewerkschaften und Interessengruppen (vgl. Kap. 1.1.3) hat schwerwiegende Konsequenzen. Viele Probleme, die im Prinzip zwischen gesellschaftlichen Akteuren ausgehandelt und bewältigt werden könnten, werden in den politischen Raum transportiert. Auf vielen Feldern

Geringe Selbstregulierungsfähigkeit der Zivilgesellschaft

---

1 Zitiert nach *Steffani* 1995, S. 627.

des Arbeitsrechts beispielsweise sind staatliche Interventionen und gesetzliche Regelungen nötig, um Konflikte zu lösen, die in anderen Ländern zwischen Arbeitgebern und Gewerkschaften ausgehandelt werden.

Das Netz der gesellschaftlichen Selbstorganisation ist zu lose geknüpft, als daß man auf die Interventionen des Staates verzichten könnte. Und gleichzeitig behindert die scheinbare Allmacht des Staates die Selbstorganisation der Zivilgesellschaft und das eigenverantwortliche, staatsunabhängige Handeln der Bürger.

1.1.2 Meinungsvielfalt, fragmentierte Konfliktstruktur und hohe Konfliktintensität

Eine verwirrende Vielzahl von Parteien, zahlreiche Parteineugründungen, -fusionen, -spaltungen und -auflösungen haben das politische Leben Frankreichs lange Zeit geprägt. Dieses Phänomen verweist auf eine große gesellschaftliche Meinungsvielfalt, die von den politischen Eliten nicht reduziert und in ein klar strukturiertes Parteiensystem kanalisiert wurde.

Trotz der Vielzahl der gesellschaftlichen und politischen Konfliktthemen lassen sich einige zentrale Konfliktlinien ausmachen, entlang derer die französische Gesellschaft lange Zeit tief gespalten war. Die zentrale Konfliktlinie der französischen politischen Kultur, die die Grundeinstellungen der Bürger – und auch ihr Wahlverhalten – charakterisierte, war in der Vergangenheit stets die Links-Rechts-Spaltung – ein direktes Erbe der Französischen Revolution.

Links-Rechts-Achse als zentrale Konfliktlinie der politischen Kultur

Die Links-Rechts-Spannungslinie verband sich im 19. und 20. Jahrhundert mit unterschiedlichen Bedeutungsinhalten. Drei soziopolitische Spaltungslinien charakterisieren die französische Gesellschaft heute:

a) religiös-laizistische Spaltungslinie
b) sozioökonomische Spaltungslinie
c) soziokultureller Wertekonflikt zwischen traditionalistischen, autoritären und enthnozentrischen Wertemustern einerseits und libertären Selbstentfaltungswerten andererseits.

Häufig wird dieser Wertekonflikt in der Tradition der Arbeiten Ronald Ingleharts (*Inglehart* 1989) auch als Wertekonflikt zwischen „Materialisten" und „Postmaterialisten" beschrieben.

Vor allem die ersten beiden Konfliktlinien bestimmten den Inhalt der für die französische politische Kultur zentralen Links-Rechts-Spaltung. Aber auch der soziokulturelle Wertekonflikt weist einen Zusammenhang mit Links-Rechts-Einstellungsmustern auf, wobei Träger postmaterialistischer und liberal-libertärer Werte eher der Linken zuneigen.

Katholische gegen laizistische Kräfte

Diese Hauptkonfliktlinien haben sich historisch teilweise überlagert und gegenseitig verstärkt. So wurde der Konflikt zwischen der Linken und der Rechten im 19. Jahrhundert zwischen bürgerlich-republikanisch-laizistischen Kräften einerseits und monarchistisch-religiösen Kräften andererseits um die Gestalt der politischen Ordnung ausgetragen. Es handelte sich also um eine Überlagerung und gegenseitige Verstärkung des (Klassen-)Konflikts zwischen Bürgertum und Adel und des Konflikts zwischen katholischen und laizistischen Kräften.

Letzterer hat die politischen Auseinandersetzungen der III. Republik ganz entscheidend geprägt. Dieser Grundkonflikt entstand mit der Französischen Revolution und führte während der III. Republik in der Frage der Trennung zwischen Kirche und Staat und der Verbannung religiöser Einflüsse aus dem öffentlichen Leben (v.a. aus der Schule) zu tiefen Spaltungen der französischen Gesellschaft. Überreste dieses Konflikts sind auch heute noch auszumachen, auch wenn sich seine Bedeutung deutlich abgeschwächt hat. So erlebte Frankreich im Jahre 1984 eine der größten Demonstrationen seiner Geschichte (mit mehr als einer Million Teilnehmern), als die sozialistische Regierung die Entfaltungsmöglichkeiten konfessioneller Privatschulen einschränken wollte. Sie mußte ihre Reformpläne angesichts des breiten gesellschaftlichen Protestes zurückziehen. Umgekehrt sah sich die konservative Regierung unter Premierminister Edouard Balladur im Januar 1994 mit einer Massendemonstration mit ca. 600 000 Teilnehmern zur Verteidigung der öffentlichen Schulen konfrontiert, als sie die Finanzausstattung der (meist katholischen) Privatschulen verbessern wollte. Obwohl Auseinandersetzungen zwischen religiösen und laizistischen Kräften nur noch gelegentlich die politische Agenda bestimmen, bilden religiöse Einstellungen und Praktiken nach wie vor den stärksten Erklärungsfaktor für das Wahlverhalten und rangieren damit vor der sozialen Schichtzugehörigkeit. Nach wie vor bevorzugen praktizierende Katholiken eher die Parteien der Rechten und Konfessionslose bzw. nichtpraktizierende Katholiken eher die Linksparteien. Die Bedeutung des religiösen Faktors für das Wahlverhalten hat jedoch abgenommen (*Boy/Mayer* 1990, 211).

Der beschriebene Grundkonflikt zwischen der Linken und der Rechten verlagerte sich im 20. Jahrhundert auf die Auseinandersetzung zwischen der Arbeiterbewegung und dem Bürgertum. Die damit verbundenen Themen, die um die Gestalt der Wirtschaftsordnung und um ökonomische Verteilungsfragen kreisen, beherrschen die politische Agenda des 20. Jahrhunderts. Dieser Klassenkonflikt hatte die Entstehung tiefer Gräben in der französischen Gesellschaft zur Folge. Insbesondere unter dem Einfluß der kommunistischen Partei (PCF) mit ihrem engmaschigen Netz von Vorfeldorganisationen und Publikationen entstand ein klar von der restlichen Gesellschaft abgegrenztes subkulturelles Milieu. Seit Ende der siebziger Jahre hat diese kommunistische Gegenkultur in Frankreich ebenso an Bedeutung verloren wie die Partei selbst und generell der revolutionäre Marxismus. Gleiches gilt insgesamt für die klassische Links-Rechts-Konfliktlinie. Der sozialstrukturelle Wandel – abnehmende Bedeutung der Arbeiterschaft und zunehmendes Gewicht der neuen, lohnabhängigen Mittelschichten – haben das soziologische Substrat des Klassenkonflikts reduziert. Die sozioökonomische Konfliktlinie hat inzwischen auch geringere politische Auswirkungen als früher: Soziale Schichtzugehörigkeit besitzt heute nicht mehr dieselbe Erklärungskraft für das Wahlverhalten wie noch in den siebziger Jahren (*Inglehart* 1989, 326).

Die Klassenkonfliktlinie

Vier Regierungswechsel innerhalb von zwölf Jahren (1981, 1986, 1988 und 1993) führten jeweils nur zu begrenzten Politikänderungen. Die Linke war 1982/83 mit ihrem wirtschaftspolitischen Programm gescheitert. Während ihrer Regierungszeit haben zudem die sozialen Ungleichheiten deutlich zugenommen. Für viele Franzosen sind daher die Programme der traditionellen Parteien – vor allem in den zentralen Bereichen der Wirtschafts- und Sozialpolitik – inzwischen

Angleichung der politischen Programme

weitgehend austauschbar geworden. 57% der Bevölkerung vertraten 1994 die Meinung, daß die Begriffe „Links" und „Rechts" überholt seien und heute keinen Beitrag zum Verständnis der politischen Stellungnahmen von Parteien und Politikern mehr leisten würden (*Le Gall* 1996, 191). Dennoch sind – je nach Frageformulierung – bis zu 97% der Franzosen bereit, sich selbst auf einer Links-Rechts-Skala einzuordnen. Auch entsprechen dieser Selbsteinstufung durchaus noch klare Meinungsunterschiede in sozioökonomischen Fragen (*Michelat* 1990). Allerdings scheinen die großen Parteien der gemäßigten Linken und Rechten heute nicht mehr in demselben Ausmaß wie früher in der Lage zu sein, diese Meinungsunterschiede angemessen zu repräsentieren.

Die sozio-kulturelle Konfliktlinie

Die Schwierigkeiten der gemäßigten Linken (PS) und Rechten (RPR, UDF), die in der Gesellschaft vorfindbaren Interessen und Wertorientierungen in das politische System hinein zu vermitteln, hängen auch mit einem Prozeß des Wertewandels und dem damit verbundenen Auftauchen einer relativ neuen Konfliktachse zusammen. Diese ist während der siebziger Jahre sichtbar geworden und hat in den achtziger Jahren – wie auch in vielen anderen westeuropäischen Ländern – die Gründung „grüner" Parteien begünstigt. In der Regel wird darunter – in Anlehnung an Ronald Inglehart – ein Konflikt zwischen „materialistischen" und „postmaterialistischen" Wertorientierungen verstanden. Erstere ist nach Inglehart (*Inglehart* 1989) gekennzeichnet durch einen Vorrang materieller – wirtschaftlicher und physischer – Sicherheitswerte in der individuellen Wertehierarchie. Dies spiegele auch die politische Agenda der Nachkriegsjahrzehnte wider, die v.a. von ökonomischen Verteilungskonflikten und Auseinandersetzungen um die Wirtschaftspolitik und ihre Instrumente geprägt war. Die vorwiegend jüngeren Postmaterialisten messen dagegen Werten der individuellen Selbstverwirklichung, der Teilhabe am politischen Prozeß sowie Zielen wie Umweltschutz, Menschenrechtsschutz und anderen immateriellen Werten höhere Bedeutung zu. Der Vormarsch postmaterieller und libertärer Selbstentfaltungswerte im Zuge des Generationswechsels hat den Bedeutungsinhalt der für Frankreich zentralen Links-Rechts-Achse inzwischen modifiziert. In den jüngeren Generationen wird der Begriff „links" sehr viel stärker mit Werten in Verbindung gebracht, die man als „kulturellen Liberalismus" bezeichnen kann (moralische Permissivität und Toleranz gegenüber Minderheiten, Antiautoritarismus, Betonung der individuellen Selbstverwirklichung). Je jünger und gebildeter die jeweilige Person ist, desto weniger neigt sie zu ethnozentristischen und autoritären Einstellungen und desto eher füllt sie die Begriffe „links" und „rechts" mit Werten eines kulturellen Liberalismus. In der älteren Generation dagegen sind ethnozentristische und autoritäre Einstellungsmuster weiter verbreitet und die traditionellen Bedeutungsinhalte der Begriffe „links" und „rechts" weiterhin dominant (Ausmaß staatlicher Eingriffe in das Wirtschaftsgeschehen, Wohlfahrtsstaat, Umverteilungspolitik u.ä.; *Mayer 1990*, *Michelat* 1990).

Der Grundsatzkonflikt um die politische Ordnung

Neben diesen Hauptkonfliktlinien gab es in der Vergangenheit weitere Konfliktlinien, die z.T. zur Herausbildung von Parteien führten. Eine Auseinandersetzung drehte sich um die Gestalt des politischen Regimes. Zu Beginn der III. Republik wurde sie zwischen Monarchisten und Republikanern ausgetragen. Während der IV. Republik gründete General de Gaulle eigens eine Partei, die RPF, um die ihm verhaßten Institutionen der IV. Republik zu bekämpfen. Die ersten Jahre der V. Republik waren ebenfalls durch eine Auseinandersetzung um die neue Verfassungsordnung geprägt. Alle Parteien links von den Gaullisten hatten das neue Regierungssystem nur widerwillig hingenommen. Seither hat diese institutionelle Konfliktlinie beständig an Bedeutung verloren.

Auch die Außenpolitik lieferte nach 1945 wiederholt Stoff für innenpolitische Auseinandersetzungen. Sowohl die Dekolonisierungsfrage, in erster Linie der Algerienkrieg, als auch die Europapolitik spalteten die französische Nation. Die Trennungslinien liefen dabei oft mitten durch die Parteien. Der Streit um die Europapolitik und die Zukunft der EU liefert auch heute wieder Konfliktstoff zwischen und innerhalb von Parteien (v.a. innerhalb der gaullistischen RPR). Im Referendum zur Ratifizierung der Maastrichter Verträge im September 1992 und auch anläßlich der Europawahl 1994 wurde ein Konflikt deutlich sichtbar, der sich um den Grad und die Formen der europäischen Integration, um den damit verbundenen Souveränitätsverlust des Nationalstaates und um dessen zukünftige Rolle drehte. Europakritischen, zum außenwirtschaftlichen Protektionismus neigenden und – zumindest teilweise – auch offen fremdenfeindlichen Kräften auf der einen Seite stehen proeuropäisch gesinnte, internationalistisch und freihändlerisch eingestellte, interkulturell tolerante politische Kräfte auf der anderen Seite gegenüber. Dieser Konflikt wird sich bei weiter voranschreitender Globalisierung der Märkte und bei weiteren Schritten der europäischen Integration aller Voraussicht nach verschärfen und sich zunehmend auch auf der Ebene der Interessengruppen und Verbände sowie auf das Parteiensystem und das Wahlverhalten auswirken. Dies käme einer Institutionalisierung und Verstetigung einer europapolitischen Konfliktlinie gleich.

Die Außenpolitik als Konfliktgegenstand

Die politische Konfliktstruktur der französischen Gesellschaft hat sich damit im Vergleich zur Vergangenheit deutlich gewandelt: Das Ende des Konflikts um die Form des politischen Regimes, die Abschwächung des religiös-laizistischen und des Klassenkonflikts sowie die relativ junge soziokulturelle Spaltungslinie zwischen materialistischen und ethnozentristisch-autoritären Wertorientierungen einerseits und postmaterialistischen bzw. libertären Selbstentfaltungswerten andererseits haben Frankreich ein gutes Stück weit vom revolutionären Erbe seiner politischen Kultur entfernt.

Aus der Perspektive der ländervergleichenden Politikforschung kann die Konfliktstruktur Frankreichs als „semiplural" bezeichnet werden (*Lijphart* 1984, 43). Weder gibt es eine einzige, dominante Konfliktachse, wie etwa das sozioökonomische „cleavage" in Großbritannien, noch ist die Konfliktstruktur von derselben Komplexität oder die gesellschaftlichen (ethnischen, sprachlichen oder religiösen) Spaltungen von ähnlicher Tiefe wie etwa in Belgien oder Kanada.

Eine „semiplurale" Konfliktstruktur

Die aus dieser Konfliktstruktur der Gesellschaft resultierenden sozialen und politischen Auseinandersetzungen wurden in Frankreich traditionell mit besonderer Härte ausgefochten. Das vorherrschende Modell der Austragung gesellschaftlicher Interessenkonflikte ist nicht so sehr die institutionalisierte und verrechtlichte Form, wie sie etwa im Tarifstreit zwischen den Sozialpartnern in der Bundesrepublik gegeben ist. Weit häufiger als in anderen westlichen Demokratien und typisch für die französische politische Kultur ist dagegen der abrupt ausbrechende, auf nationaler Ebene stark politisierte und teilweise mit militanten Mitteln ausgetragene soziale Konflikt, seien es nun Straßenblockaden von Fernfahrern, gewalttätige Bauern- oder Fischerproteste, Schüler- und Studentenbewegungen oder auch mit besonderer Intensität ausgetragene Arbeitskonflikte.

Dieser Rückgriff auf direkte politische Aktionen (z.B. Demonstrationen, Blockaden, Gewalt gegen Sachen) im Rahmen gesellschaftlicher Konflikte hat sich in jüngerer Zeit keineswegs abgeschwächt und verweist auf die anhaltende Schwäche institutionalisierter Interessenvermittlungskanäle zwischen den Bürgern und ihrem politischen System.

1.1.3 Fehlende Bindeglieder zwischen Individuum und Staat

Die spezifische Prägung der politischen Kultur, die Schwäche der Vermittlungsinstanzen zwischen Bürger und Staat, stellt ein Dauerproblem der französischen Geschichte dar. Sie ist aufs engste verbunden mit der historischen Entwicklung des zentralisierten französischen Nationalstaates einerseits und mit dem Parlaments- und Souveränitätsverständnis der politischen Eliten andererseits.

Zentralistische Verwaltungstradition

Der zentralistische Verwaltungsaufbau besitzt in Frankreich eine jahrhundertelange Tradition. Seit dem Ende des 12. Jahrhunderts gelang es den französischen Königen, kontinuierlich ihre Machtbasis zu erweitern und regionale Widerstände gegen die Festigung der Zentralgewalt zu brechen. Frankreich wuchs nicht aufgrund seiner inneren Homogenität zu einem zentralistischen Nationalstaat zusammen. Es war im Gegenteil gerade das Fehlen einer ethnischen, kulturellen, wirtschaftlichen, sozialen oder linguistischen Homogenität, die das Wirken eines starken, vereinheitlichenden Staates nötig machte, um einen gefestigten Nationalstaat herauszubilden.

Ausschaltung der Zwischengewalten

Die entscheidende Weichenstellung für die heutige Form des Zentralstaates erfolgte während der Französischen Revolution, die eine tiefgreifende und dauerhafte Zentralisierung der Verwaltungsstrukturen zur Folge hatte. Der Vereinheitlichung der Rechtsverhältnisse diente die Ausschaltung aller als feudalistische Relikte betrachteten Zwischengewalten *(forces intermédiaires)*, die zwischen dem Individuum auf der einen Seite und dem Staat auf der anderen Seite stehen (Stände, Vereinigungen, Korporationen, Gilden, Zünfte). „*La République Française est une et indivisible*" – die Französische Republik ist unteilbar – so der revolutionäre Nationalkonvent am 25.9.1792. Diese Formulierung findet sich in allen republikanischen Verfassungen Frankreichs seit der ersten von 1793 wieder, so auch in der Verfassung der V. Republik.

Um diese Einheitlichkeit und Unteilbarkeit Realität werden zu lassen, wurden die Überreste der feudalen Verwaltungsstrukturen beseitigt. Die Provinzen des *Ancien régime* wurden im Dezember 1789 durch 83 identisch aufgebaute Departements ersetzt. Diese entsprachen in der Regel keinerlei historisch gewachsenen Gebilden. Dieser Umstand sowie ihre Kleinräumigkeit verhinderten die Entwicklung der Departements zu lokalen Machtzentren gegenüber der Zentralgewalt. Napoleon schaffte in einem weiteren Zentralisierungsschub die während der Revolution entstandenen lokalen und regionalen Selbstverwaltungsorgane ab. An ihre Stelle trat ein zentralistisches Präfektensystem.

Keine partizipative politische Kultur

Der Zentralismus trug ohne Zweifel in starkem Maße zur Vereinheitlichung der Lebensverhältnisse in Frankreich bei. Die Kehrseite dieser Entwicklung bestand und besteht jedoch in einer großen Distanz zwischen politischen Entscheidungszentren und den von deren Entscheidungen Betroffenen.

„Der tiefere Sinn dieser Zentralisierung", so schreibt der Soziologe Michel Crozier, „liegt keineswegs darin, eine absolute Macht an der Spitze der Pyramide zu konzentrieren, sondern vielmehr darin, eine ausreichende Distanz oder ein Schutzschild zwischen denjenigen, die das Recht haben, eine Entscheidung zu fällen und denjenigen, die von dieser Entscheidung betroffen sind, zu plazieren" (*Crozier* 1970, 95).

Eine partizipative politische Kultur konnte sich unter diesen Umständen nicht entwickeln. Denn die Bereitschaft der Bürger, sich aktiv am politischen Geschehen zu beteiligen, ist dort besonders hoch, wo starke lokale Selbstverwaltungskörperschaften Möglichkeiten der politischen Mitwirkung eröffnen, wie etwa in den USA.

Auf der Gemeindeebene konnte sich keine Tradition der politischen Beteiligung breiter Bevölkerungsschichten entwickeln (*Mabileau* et al. 1989). Aufgrund der großen Zahl (insgesamt ca. 36.000 !) und geringen Größe der französischen Gemeinden sowie ihrer finanziellen Abhängigkeit von Zuschüssen der Zentralgewalt wurden viele bedeutsame Entscheidungen vor der Dezentralisierung von 1982 entweder direkt in Paris getroffen oder vom Zentrum zumindest stark beeinflußt. Dies reduziert die Anreize für französische Bürger, sich politisch auf lokaler Ebene zu engagieren. Dadurch entfällt ein in anderen Ländern sehr bedeutender Faktor der politischen Sozialisation durch aktive Teilnahme an kommunalpolitischen Prozessen und Entscheidungen als „Schule der Demokratie".

Für die Distanz zwischen Bürger und Staat ist auch das traditionelle Selbstverständnis der politischen und Verwaltungseliten Frankreichs mitverantwortlich. Vor allem letztere verstehen sich als unpolitische und unparteiische Vertreter von Allgemeininteressen, die den Forderungen von Gruppen- und Partikularinteressen zu widerstehen haben. Diese ganz in der Tradition der politischen Philosophie Rousseaus stehende Fiktion eines Gemeinwohls, in dessen Dienst die Beamten stehen, führt dazu, daß Forderungen von Verbänden, Interessengruppen, Berufsvereinigungen und Lobbies tendenziell als illegitim betrachtet werden. Diese Grundhaltung kontrastiert stark mit dem Stellenwert und der Akzeptanz von Lobby-Aktivitäten und „Pressure politics" im angelsächsischen Raum.

<small>Partizipationsfeindliches Selbstverständnis der politischen Elite</small>

Dieses Mißtrauen gegenüber Interessengruppen und Verbänden und deren Rolle im politischen Prozeß besitzt eine lange Tradition. Während der Französischen Revolution wurde 1791 in der berühmten *Loi Le Chapelier* die Bildung von Arbeitgeber- und Lohnabhängigenkoalitionen verboten. Diese wurden als Relikte der feudalen Ordnung betrachtet, die die Vertragsfreiheit einschränken. Faktisch wirkte sich die *Loi Le Chapelier* v.a. als Anti-Gewerkschaftsgesetz aus. Die Bildung von Gewerkschaften wurde offiziell erst 1884 erlaubt.

<small>Mißtrauen gegenüber Interessengruppenpolitik</small>

Auch das Selbstverständnis der französischen Volksvertreter war traditionell interessengruppen- und partizipationsfeindlich. Der Wahlakt sollte im Verständnis der republikanischen politischen Elite der III. und IV. Republik lediglich der Bestimmung der Repräsentanten des Volkes dienen. Diese seien nach erfolgter Wahl die eigentlichen Inhaber der Souveränität, die in dem Akt der Wahl vom Volk auf die Parlamentarier übergehe. Das Parlament mußte in ihren Augen das politische Schalt- und Entscheidungszentrum der Republik sein. Das Parlament als Souverän und der einzelne Abgeordnete waren darauf bedacht, sich von politischen Einflüssen und von politischem Druck von Seiten der Bürger, von Interessengruppen, Parteien und Verbänden möglichst frei zu halten.

Dieses Verständnis verschwand in Frankreich weitgehend mit dem Untergang der IV. Republik. Seine Auswirkungen sind jedoch noch heute in der französischen politischen Kultur zu spüren. Die Vertretung von Gruppeninteressen hat längst nicht den Grad an Selbstverständlichkeit erreicht wie etwa in den USA, wo der Interessenpluralismus eine lange Tradition besitzt. In Frankreich werden noch heute Gruppeninteressen häufig als „korporatistisch", d.h. (berufs-) gruppenegoistisch denunziert und als gemeinwohlschädigend betrachtet.

Die Atomisierung der französischen politischen Kultur, der Mangel an Sekundärgruppen und Vermittlungsinstanzen zwischen dem Individuum und dem politischen System ist also historisch bedingt und erklärbar und gewiß kein Ausdruck eines imaginären „Nationalcharakters" der Franzosen. In der entscheidenden Phase der Herausbildung moderner Verbändestrukturen und Parteiensysteme – in den letzten Jahrzehnten des 19. Jahrhunderts und in den ersten beiden Jahrzehnten des 20. Jahrhunderts – hatte Frankreich einen deutlichen sozioökonomischen Entwicklungsrückstand im Vergleich zu seinen westeuropäischen Nachbarn (vgl. Kap. 2.1). Die französische Gesellschaft war noch sehr viel ländlicher geprägt als die deutsche oder englische. Die Anzahl von Selbständigen, Kleingewerbetreibenden und Bauern, die Größe des alten (selbständigen) Mittelstandes, war bedeutender als etwa in England und Deutschland, diejenige der Arbeiter und der Angehörigen des neuen Mittelstandes (Angestellte, neue Dienstleistungsberufe) dagegen geringer. Dieser sozioökonomische Entwicklungsrückstand führte auch zu einer verspäteten Herausbildung der für Industriegesellschaften typischen modernen Massenorganisationen (v.a. Gewerkschaften, Verbände und politische Parteien).

Wenig Bindeglieder zwischen Gesellschaft und Staat

Die geringe Dichte von Vermittlungskanälen zwischen Gesellschaft und Staat, zwischen dem Individuum und der politischen Sphäre stellt nicht allein ein historisches Problem dar. Die Bereitschaft der Französinnen und Franzosen, sich zur Verfolgung gemeinsamer Ziele zu Gruppen, Verbänden und Parteien zusammenzuschließen, ist auch heute noch deutlich geringer entwickelt als in anderen westeuropäischen Ländern und in den USA. Dieser „notorische Individualismus" (*Leggewie* 1984, 123) schlägt sich in geringen Mitgliederzahlen von gesellschaftlichen Vereinen, Verbänden, Gewerkschaften und politischen Parteien nieder. Nicht einmal jeder zehnte Arbeitnehmer ist heute in einer Gewerkschaft organisiert (vgl. Kap. 3.3). Damit rangiert Frankreich, neben Spanien und Portugal, innerhalb der EU am unteren Ende des gewerkschaftlichen Organisationsgrades (*Brettschneider* et al. 1994, 586).

Was für die Gewerkschaften gilt, gilt ebenso für viele andere Bereiche des gesellschaftlichen und politischen Lebens. Gewiß hat Frankreich im Vergleich zur Vorkriegssituation nach 1945 einen enormen Zuwachs an gesellschaftlicher Organisationsdichte erlebt. Im Jahre 1992 waren 45,6% aller erwachsenen Franzosen Mitglied in zumindest einer Vereinigung (Verein, Verband, Gewerkschaft, Partei u.ä., *Fourel/Volatier* 1993, 1). Von einer generellen Organisationsfeindlichkeit und einem „typisch französischen Individualismus" zu sprechen ist daher unangebracht. Doch das Engagement in politischen Gruppen im engeren

Sinne, in politischen Vereinigungen und Parteien, ist deutlich geringer entwickelt als in anderen westeuropäischen Ländern.

Mitgliederschwäche betrifft in starkem Maße die politischen Parteien als zentrale Vermittlungsinstanz zwischen Gesellschaft und Staat. Nur 3,1% der erwachsenen Bevölkerung, also rund 1,2 Mio., gaben 1985-86 in repräsentativen Bevölkerungsumfragen an, Parteimitglied zu sein, 1990-1992 waren es gar nur noch 2,4% (ebda., 1).

Mitgliederschwäche von Parteien und Verbänden

Auch die Zahl von Bürgern, die sich in verschiedenen Formen von „neuen sozialen Bewegungen" (z.B. Friedensbewegung, Umweltschutzbewegung, Antiatomkraftbewegung) engagieren, liegt in Frankreich deutlich niedriger als etwa in den Niederlanden und in der Bundesrepublik, deren politische Kultur partizipationsorientierter ist (*Duyvendak* 1994, *Westle* 1994, 162).

Eine Abneigung, sich den Zwängen von politischen Organisationen zu unterwerfen, läßt sich nicht nur auf der Ebene der Bevölkerung feststellen. Auch auf der Ebene der politischen Elite ist sie fest verankert. Die Bereitschaft etwa, sich als Abgeordneter einer Partei der Fraktionsdisziplin zu beugen, war insbesondere bei der gemäßigten Rechten traditionell gering ausgeprägt. Zahlreiche französische Politiker neigten in der Vergangenheit dazu, Positionsdifferenzen zwischen Parteien und Gruppierungen ideologisch zu überhöhen und zu metaphysischen Grundsatzproblemen zu stilisieren. Eine verwirrende Vielzahl von Parteien, Gruppen und politischen Clubs, die häufig sehr instabil waren und regelmäßig ihre Namen änderten, waren die Folge.

1.1.4 Distanz und Mißtrauen zwischen Bürgern und politischen Eliten

Eine unmittelbare Folge des Fehlens ausreichender Bindeglieder zwischen Gesellschaft und Staat bestand in regelmäßig zu beobachtenden Phänomenen der Entfremdung zwischen Bürgern und politischer Elite. Diese wurde und wird als abgehobene und selbstbezogene „politische Klasse" wahrgenommen, die sich in taktischen Spielereien ergeht (in Frankreich als „politique politicienne" bezeichnet), ohne sich um die Probleme der Bevölkerung zu kümmern.

Politische Elite als abgehobene eigene „Klasse"

Ein Erklärungsfaktor für die Distanz zwischen Bürgern und politischen Eliten besteht in der speziellen Form der politischen Elitenbildung in Frankreich. In der V. Republik hat sich die „Technokraten-Laufbahn" gegenüber anderen Karrierewegen (über Parteikarrieren oder über lokale politische Ämter) als typischer Weg in politische Spitzenämter durchgesetzt. Er führt in der Regel vom Besuch einer *Grande Ecole* (*Ecole Nationale d'Administration*, ENA; *Institut d'Etudes Politiques*, IEP; *Ecole Polytechnique*, „X"; *Ecole Normale Supérieure*, ENS) über eine hohe Position im staatlichen Verwaltungsapparat in den politischen Beraterstab eines Ministers *(cabinet ministériel)* und schließlich in ein politisches Amt. Die starre Trennung des Hochschulwesens in (Massen-)Universitäten und angesehene *Grandes Ecoles* mit hohen Zugangsbarrieren wirkt sozial sehr selektiv und begünstigt Jugendliche aus den Oberschichten. Diese Form der bewußten, formal der Chancengleichheit und meritokratischen Leistungsprinzipien verpflichteten „republikanischen" Elitebildung führt zur Herausbildung einer zwar nicht politisch, aber sozial und kulturell sehr homogenen politischen Elite,

29

die mit den gesellschaftlichen und wirtschaftlichen Eliten eng verzahnt ist (*Schmitt* 1991, 34). Es ist nicht zuletzt diese in den Elitehochschulen erfahrene gemeinsame kulturelle Prägung der politischen Eliten Frankreichs, die sie in den Augen vieler Franzosen als in sich geschlossene und abgehobene „politische Klasse" erscheinen läßt, eine Art unnahbarer „Staatsadel" (so der Titel einer Studie des Bildungssoziologen Pierre Bourdieu, *Bourdieu* 1989).

Ein Symptom für die Distanz zwischen den politischen Eliten und der Bevölkerung ist unter anderem die geringe Parteiverbundenheit vieler Franzosen. Aufgrund der Parteienvielfalt und der Instabilität des Parteiensystems ist die Identifikation der Bürger mit bestimmten Parteien stets geringer gewesen als in politischen Systemen mit einem stabilen Parteiensystem. Lediglich in den siebziger Jahren, als die Parteienkonkurrenz besonders stark war und sich ein klar strukturiertes Vier-Parteiensystem herausbildete, stieg die Parteiidentifikation der Franzosen etwas an. Inzwischen ist sie – genau wie in anderen westlichen Demokratien – rückläufig (*Brettschneider* et al. 1994, 566).

Symptome der Entfremdung zwischen Bevölkerung und politischer Elite

Das Phänomen einer geringen Parteienverbundenheit, ja einer Parteienverdrossenheit ist in Frankreich alles andere als neu. Ein Antiparteienaffekt, der sich sowohl aus der individualistisch-liberalen Tradition des 19. Jahrhunderts wie auch aus Motiven des Zusammenhalts des unitarischen Nationalstaates speist, läßt sich bis zur Französischen Revolution zurückverfolgen (*Kimmel* 1991). Die offensichtlichen Funktionsdefizite des Parteiensystems der IV. Republik, das keine stabile Regierungsbildung erlaubte, haben entscheidend zur Tradierung dieser parteifeindlichen Einstellungen beigetragen. Und Ende der achtziger Jahre haben insbesondere zahlreiche Parteifinanzierungsskandale das Mißtrauen gegenüber der Institution der politischen Partei in neue Rekordhöhen getrieben. Wird in Umfragen nach dem Vertrauen in verschiedene politische Institutionen gefragt, so rangieren die Parteien i.d.R. abgeschlagen auf dem letzten Platz, weit hinter dem Staatspräsidenten, dem Verfassungsrat und anderen Institutionen der V. Republik. Im Jahre 1991 gaben 69% der Befragten an, kein Vertrauen in politische Parteien zu haben, und im Oktober 1992 fühlten sich 70% der Franzosen von keiner Partei gut repräsentiert (*Ysmal* 1994, 43).

Was über die politischen Parteien gesagt wurde, gilt grosso modo auch für die „politische Klasse" insgesamt und speziell für die Abgeordneten der Nationalversammlung (*Joffrin* 1992, 32 f.). Die wachsende Tiefe des sich zwischen politischer Elite und Bevölkerung auftuenden Abgrunds wird auch anhand der seit vielen Jahren regelmäßig gestellten Frage deutlich, ob „sich die Politiker darum kümmern, was die Franzosen denken" (Abbildung 1).

Vertrauensverlust von Politikern und Parteien

Die Abnahme des Vertrauens in Parteien und Politiker, die Zunahme des Gefühls, daß diese den Bezug zu den Bedürfnissen und Anliegen der Bevölkerung verloren haben, ist für die Jahre 1988-1992 besonders ausgeprägt. Eine ganze Reihe politischer Skandale – in erster Linie die 1990 erfolgte Selbstamnestierung der Abgeordneten als Reaktion auf die zahlreichen Parteifinanzierungsskandale sowie der Skandal um die AIDS-Infizierung von Blutern durch verseuchte Blutkonserven der staatlichen Bluttransfusionsbehörde – erklären die ungeahnten Tiefen, in die das Ansehen der politischen Klasse gefallen ist.

Abbildung 1: Kümmern sich die Politiker um das, was die Franzosen denken? (in Prozent)

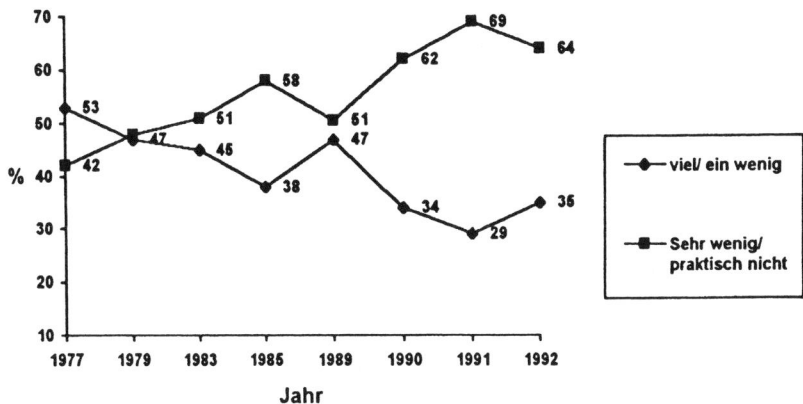

Quelle: *Dupoirier/Grunberg* 1993, 150.

1.1.5 Einstellungen zum politischen Regime

Vor dem Hintergrund dieses Vertrauensschwundes in Politiker und Parteien stellt sich die Frage, ob sich diese akute Vertrauens- und Repräsentationskrise auf die politischen Grundwerte der Bevölkerung auswirkt und auf einen Verlust der republikanisch-demokratischen Substanz der V. Republik hindeutet. Die (diffuse) Unterstützung des politischen Regimes und positive Einstellungen der Bürger zu seinen fundamentalen Ordnungsprinzipien, Institutionen und Werten sowie ihr Zugehörigkeitsgefühl zu einer politischen Gemeinschaft (in erster Linie zur Nation) wurden in der politischen Kultur-Forschung stets als zentrale Voraussetzung für die Überlebensfähigkeit demokratischer politischer Ordnungen angesehen. Die Bewertung *einzelner* Institutionen und Amtsinhaber oder der Leistungsfähigkeit der jeweilgen Regierung auf bestimmten Politikfeldern ist zwar nicht unabhängig von den Legitimitätsressourcen der politischen Ordnung insgesamt. Allerdings müssen zeitweilige Vertrauenskrisen in einzelne Institutionen, in die politischen Parteien und Eliten – wie sie oben dargestellt wurden – oder massive Unzufriedenheit mit den wirtschaftlichen und sozialen „outputs" des politischen Systems keineswegs die demokratischen Fundamente und die institutionelle Ordnung in Frage stellen. Wie stellt sich nun die Unterstützung der zentralen Grundwerte der politischen Ordnung und ihrer Institutionen heute dar?

Wie in allen anderen EU-Staaten rangieren in den Augen der französischen Bevölkerung wirtschaftliche und soziale Grundrechte (z.B. Recht auf Arbeit, Bildung, Eigentum) vor den traditionellen liberalen Grundrechten wie Recht auf freie Meinungsäußerung und Religions-, Gewissens- oder Versammlungsfreiheit. Freiheitliche Grundrechte genießen allerdings breite Zustimmung, zumindest solange kein Zielkonflikt zwischen Freiheit und Gleichheit/Gerechtigkeit formuliert wird (*Gabriel* 1994, 105f.). Die zwei zentralen Grundpfeiler der politischen- und der

Zustimmung zu Grundwerten der politischen Ordnung

Wirtschaftsordnung – Wahlrecht und unternehmerische Freiheit – genießen überwältigende Zustimmung quer durch alle Bevölkerungsschichten (*Platone* 1990, 122f.).

Die Unterstützung der institutionellen Ordnung der V. Republik hat im Zeitverlauf deutlich zugenommen. Drei Etappen lassen sich unterscheiden (*Parodi/ Platone* 1984, 771ff.). Zunächst fanden vor allem diejenigen Bestimmungen der Verfassung von 1958/62 Zustimmung, die die unmittelbaren Entscheidungsbefugnisse der Wähler erhöhten: die Direktwahl des Präsidenten und die Möglichkeit von Volksabstimmungen. Der Wechsel im Amt des Präsidenten von de Gaulle zu Pompidou machte in einer zweiten Phase deutlich, daß die Verfassungsordnung nicht an die Person des Generals gebunden war, und trug damit wesentlich zu ihrer Verankerung im Bewußtsein der Bürger bei. Schließlich besiegelte der Wahlsieg der Linken deren Versöhnung mit den früher bekämpften Institutionen der V. Republik.

Akzeptanz der Institutionen der V. Republik

So genießt die Verfassungsordnung heute – trotz der beschriebenen Vertrauens- und Repräsentationskrise – eine stärkere Zustimmung innerhalb der Bevölkerung als je zuvor.

Tabelle 1: Funktionieren der Institutionen der V. Republik (Antworten in Prozent)[2]

	1978	1983	1992
sehr gut/ziemlich gut:	56	57	61
nicht sehr gut/überhaupt nicht gut:	27	25	32
keine Meinung	17	18	7

Quelle: Le Monde v. 19.11.1992, S. 13

Was für die Verfassungsordnung insgesamt gilt, gilt ebenso für einzelne ihrer zentralen Artikel (s. Le Monde v. 19.11.1992, 13). Es handelt sich also nicht lediglich um eine diffuse Unterstützung des Regierungssystems, sondern auch einzelne zentrale Verfassungsbestimmungen finden breite Zustimmung, wenn sie zum Gegenstand von Meinungsumfragen gemacht werden.

Tabelle 2: Zustimmung zu einzelnen Verfassungsbestimmungen (in Prozent)

	1978	1983	1992
Referendumsmöglichkeit	76	76	91
Direktwahl des Präsidenten	85	86	89
Aufgewertete Rolle des Verfassungsrates	70	80	72
Möglichkeit des Regierungssturzes durch das Parlament	---	59	71
Recht des Präsidenten, einen Premierminister seiner Wahl zu ernennen	---	---	69
Recht des Präsidenten zur Parlamentsauflösung	54	57	59
Notstandsbefugnisse des Präsidenten nach Artikel 16	55	49	54

Quellen: *Duhamel* 1984, 106 und Le Monde v. 19.11.1992, 13.

---

2 Die Frage, die vom Meinungsforschungsinstitut SOFRES gestellt wurde, hat folgenden Wortlaut: „Die Verfassung der V. Republik wird im nächsten Jahr 35 Jahre alt werden. Wenn Sie das Funktionieren der Institutionen seit fast 35 Jahren beurteilen müßten, würden Sie dann sagen, daß sie sehr gut, ziemlich gut, nicht sehr gut oder überhaupt nicht gut funktioniert haben?"

Ganz im Gegensatz zur krisengeschüttelten IV. Republik ist das Funktionieren der Institutionen heute keine Ursache für politische Unzufriedenheit oder gar Fundamentalopposition mehr. Die zu Beginn der V. Republik nicht nur innerhalb der politischen Elite sehr virulente, sondern auch in der Bevölkerung feststellbare Konfliktlinie bezüglich der institutionellen Gestalt der Französischen Republik hat somit im Laufe der Zeit einer breiten Zustimmung zur Verfassungsordnung Platz gemacht. Gab es in der IV. Republik noch zwei große Anti-System-Parteien, die gaullistische RPF und die Kommunistische Partei, so ist letztere heute im Niedergang begriffen und hat zudem ihr Verhältnis zum demokratischen Verfassungsstaat deutlich gewandelt, während die gaullistische Partei natürlich zum tragenden Pfeiler der von General de Gaulle und seinem engen Vertrauten und ersten Premierminister 1959, Michel Debré, entworfenen Verfassungsordnung geworden ist.

Breite Zustimmung zur Verfassungsordnung

Das seit der Französischen Revolution in periodischen Abständen stets aufs neue zu beobachtende Ringen um die Form des politischen Regimes gehört somit der Vergangenheit an. Die demokratische Synthese zwischen den seit 1789 einander ablösenden Regierungsformen einer unumschränkten Parlamentsherrschaft einerseits und des „starken Mannes" an der Spitze der Nation andererseits hat sich in Gestalt der Verfassung der V. Republik als flexibel, stabil und dauerhaft erwiesen – der Konflikt um die Institutionen scheint beendet. Mit diesem Konflikt verschwand auch ein wichtiger Bestandteil dessen, was früher die „spécificité" der politischen Kultur Frankreichs ausmachte.

1.1.6 Die Nation als Identitäts- und Einheitsstifter

„Frankreich ist der klassische Fall einer Nation, deren politische Kultur – obwohl sie in mancherlei Hinsicht eine starke nationale Identität aufweist – sich so fragmentiert darstellt, daß sie effektives politisches Handeln fast unmöglich macht, außer in Krisen und unter autoritären Regimen." (*Almond/Powell* 1966, 64)

Dieses traditionelle Bild der französischen politischen Kultur trifft heute in dieser Form gewiß nicht mehr zu. Es spiegelt jedoch die historische Herausforderung wider, eine fragmentierte Gesellschaft in einem Nationalstaat zu integrieren. Frankreich wuchs nicht aufgrund innerer Homogenität zu einem zentralistischen Nationalstaat zusammen. Die soziale und politische Integration einer atomisierten und ideologisch fragmentierten Gesellschaft erfolgte über die Herausbildung und Bewahrung einer starken nationalen Identität durch nationale Institutionen (vor allem Schule und Armee), die nationale Identifikationssymbole und Mythen vermittelten. Die Nation konnte angesichts der mangelnden Homogenität nicht ethnisch definiert werden, sondern mußte im „alltäglichen Plebiszit" (Ernest Renan) als Idee und Realität je wieder neu geschaffen und überliefert und mit einem politischen Projekt verbunden werden. Den letzten – schon zu seiner Zeit anachronistisch anmutenden, jedoch nicht erfolglosen – Versuch, die Integration der „communauté politique" über ideologische und Parteigräben hinweg durch den Appell an das Nationalgefühl, durch Rückgriff auf historische Traditionsbestände und durch eine spezifisch nationale Vision der französischen Stellung und Rolle in der Welt zu erreichen, unternahm zweifellos General de Gaulle.

Die Herausforderung der politischen Integration einer ideologisch fragmentierten Gesellschaft

„Krise des Nationalstaats"

Heute hat sich die Situation auf doppelte Weise gewandelt. Einerseits haben sich die gesellschaftlichen Spaltungslinien – und damit die Fragmentierung der politischen Kultur – im Vergleich zur Vergangenheit abgeschwächt (vgl. Kap. 1.1.2). Auf der anderen Seite hat aber auch der Nationalstaat einen deutlichen Funktionsverlust erfahren und damit nicht nur an äußerer und innerer Handlungsfähigkeit, sondern auch an gesellschaftlicher Integrationswirkung eingebüßt. Die „Krise des Nationalstaates" (*Ziebura* 1992) beruht in erster Linie auf der Aushöhlung seiner Handlungskapazität durch

a) zunehmende internationale wirtschaftliche Verflechtung (vgl. Kap. 2.5);
b) den Bedeutungszuwachs der Europäischen Union zu Lasten des Nationalstaats (vgl. Kap. 1.5.2);
c) die Auswirkungen der Dezentralisierungsgesetzgebung seit 1982, die zu einer Verlagerung von Kompetenzen und finanziellen Ressourcen vom Zentralstaat zu den lokalen Gebietskörperschaften geführt hat (vgl. Kap. 1.5.1). Frankreich, dessen politische Kultur von einem „jakobinischen" Etatismus und einer Überbewertung des Politischen geprägt war, ist als „Nationalstaat par excellence" (*Ziebura* 1992) von dieser Entwicklung in besonderem Maße betroffen.

Auch nationale Institutionen wie Schule, Armee und katholische Kirche haben als Folge von gesellschaftlichen Individualisierungsschüben und aufgrund des zunehmend „multikulturellen" Charakters der Gesellschaft an Integrationsfähigkeit eingebüßt. Und ein politisches Projekt, das der nicht ethnisch, sondern voluntaristisch definierten französischen Nation Zusammenhalt verleihen könnte, ist nicht in Sicht (*Schnapper* 1991).

Die Besonderheit der französischen politischen Kultur mit ihrer Mischung aus tiefen soziopolitischen Spaltungen und einer stark integrierenden Wirkung der Nation und ihrer zentralen Institutionen gehört damit einer vergangenen Epoche an. Die französische politische Kultur hat sich somit derjenigen anderer westlicher Demokratien angenähert.

1.2 Politische Parteien und Parteiensystem

1.2.1 Stellenwert und Funktion politischer Parteien in Frankreich

Instabiles und zersplittertes Parteiensystem als Strukturdefekt der IV. Republik

Die zentrale Ursache für die Instabilität der III. und IV. Französischen Republik, für die häufigen Regierungswechsel und für die schwache Stellung der Regierung gegenüber dem Parlament lag in der Zersplitterung des Parteiensystems, der Instabilität der Parteienlandschaft sowie in der inneren Schwäche der französischen Parteien begründet. Parteien im modernen Sinne des Wortes – zu einheitlichem Handeln befähigte, leistungsfähige Organisationen mit Massenmitgliedschaften, die nach Übernahme von Regierungsverantwortung streben – gab es in Frankreich erst seit dem Entstehen der Parteien der Arbeiterbewegung (die sozialistische *Section Française de l'Internationale Ouvrière*, SFIO, 1905 gegründet, sowie die 1920 aus der SFIO hervorgegangene *Parti Communiste Français*, PCF).

Abbildung 2: Vereinfachtes Schema der Entwicklung des Parteiensystems

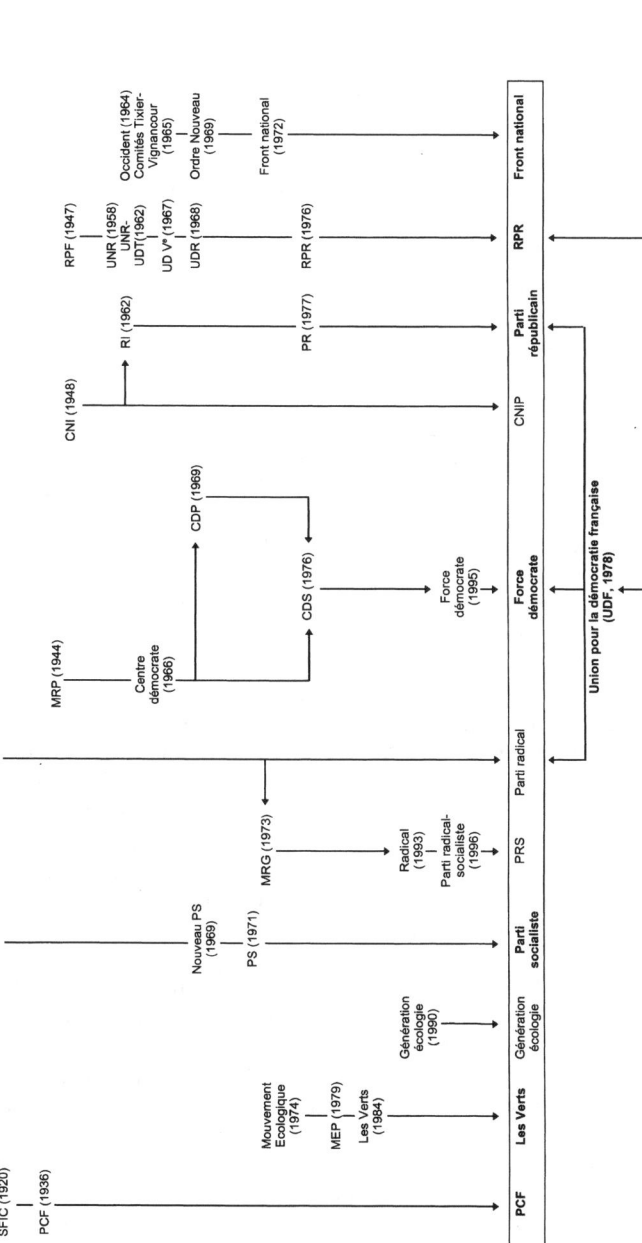

Eigene, aktualisierte Darstellung nach J. Charlot, La politique en France, Paris 1994, S. 32 (Parteinamen s. Abkürzungsverzeichnis)

1 Die CDS (Centre des Démocrates Sociaux) hat sich im November 1997 in Force Democrate umbenannt

Quelle: *Charlot* 1992, S. 10.

Fehlen der modernen Masseintegrationspartei

Auf der rechten Seite des politischen Spektrums dagegen gab es praktisch bis zum Beginn der V. Republik keine konsolidierte moderne Massenintegrationspartei. Hier herrschte der Typus von Parteien vor, den man als Honoratiorenpartei bezeichnet. Bei dieser handelt es sich um eine lose Struktur, die der Vorbereitung von Wahlen dient und im wesentlichen aus Kandidaten bzw. gewählten Mandatsträgern besteht.

In Frankreich waren diese Parteien vor allem aus lokalen Honoratioren (Lehrer, Juristen, Angehörige freier Berufe) zusammengesetzt. Die für die politische Entwicklung der III. Republik zentrale *Parti radical* entspricht diesem Typus am besten.

Parteien oder Interessengruppen?

In vielerlei Hinsicht agierten die Parteien der III. und IV. Republik wie Interessengruppen, deren Funktion in der Artikulation einer Vielzahl unterschiedlicher gesellschaftlicher Interessen liegt. Die zentralen Funktionen von Parteien, nämlich Interessen nicht nur zu artikulieren, sondern auch zu *aggregieren* und unterschiedliche Interessen gegeneinander abzuwägen, erfüllten die traditionellen französischen Parteien nur sehr unzureichend. Parlamentarische Mehrheiten kamen häufig parteigrenzenübergreifend zustande und wechselten je nach politischer Sachfrage – mit der Folge einer extremen Instabilität der Regierungen.

Aufgrund der häufig wechselnden Zusammensetzung der Regierungen (ohne daß die Ablösung einer Regierung zu Neuwahlen geführt hätte) waren den Wählern die Auswirkungen ihrer Wahlentscheidung in der Regel unklar. Die Folge war ein ausgeprägter Antiparteienaffekt (*Kimmel* 1991) und ein Legitimationsverlust der Parteien.

Wie hat sich nun die Rolle und Funktion politischer Parteien in der V. Republik verändert?

Im Vergleich zu anderen west- und nordeuropäischen politischen Systemen (Großbritannien, BRD, skandinavische Länder) sind Rolle und Einfluß der Parteien auch in der V. Republik begrenzt. Und auch nach 1958 war die Parteienlandschaft instabiler als in vielen anderen westlichen Demokratien.

Schwache verfassungsrechtliche Stellung der Parteien

Schon die verfassungsrechtliche Stellung von Parteien spiegelt deren geringe Bedeutung wider (*Froment* 1990). Artikel 4 der Verfassung der V. Republik sieht für die Parteien lediglich die Funktion der Mitwirkung bei Wahlen vor. Das Bonner Grundgesetz dagegen spricht in Artikel 21 von der Mitwirkung der Parteien bei der politischen Willensbildung und definiert somit die Funktion der Parteien wesentlich breiter. Auch existiert in Frankreich im Gegensatz zur Bundesrepublik kein Parteiengesetz. Erst im Kontext der Gesetze zur Parteifinanzierung von 1988 und 1990 erhielten die Parteien in Ansätzen einen eigenen Rechtsstatus.

Die Väter der Verfassung der V. Republik, de Gaulle und sein erster Premierminister Michel Debré, wollten bewußt den Parteieneinfluß auf die französische Politik begrenzen. Die Rückkehr zum „Regime der Parteien", wie sie es (fälschlicherweise) in der III. und IV. Republik verkörpert sahen, sollte durch institutionelle und verfassungsrechtliche Neuerungen verhindert werden. Ihr Ziel, den Einfluß der Parteien drastisch zu begrenzen, konnten sie jedoch nicht erreichen. Im Gegenteil: Die Parteien im politischen System der V. Republik haben im Vergleich zur IV. Republik einen Bedeutungszuwachs erlebt – als Garanten stabiler Mehrheiten im Parlament, auf lokaler Ebene, bei der Kandidatennominierung – wobei ausgerechnet der gaullistischen Partei eine Schrittmacherrolle zufiel (*Reif* 1987).

Neben der vergleichsweise schwachen verfassungsrechtlichen Stellung der französischen Parteien fallen noch weitere, v.a. organisatorische Besonderheiten auf:

a) Sie weisen einen deutlich geringeren Organisationsgrad auf als vergleichbare west- und nordeuropäische Parteien. Sie erfüllen somit die Funktion von Parteien, eine große Zahl von Bürgern in den politischen Prozeß zu integrieren, nur unvollkommen.
b) Ihre Finanzkraft ist stark beschränkt. Die relativ geringen Mitgliederzahlen und das langjährige Fehlen einer staatlichen Parteienfinanzierung sind dafür verantwortlich. Erst in den Jahren 1988 und 1990 wurde – nachdem eine ganze Serie von Parteienfinanzierungsskandalen die Problematik ihrer stets prekären Finanzsituation verdeutlicht hatte – die Rechtsgrundlage für eine staatliche Parteien- bzw. Wahlkampffinanzierung geschaffen (*Russ* 1993).
c) Ein weiteres zentrales Merkmal der französischen Parteienlandschaft ist deren Zersplitterung und Instabilität. Die zahlreichen Neugründungen, Spaltungen, kurzlebigen Parteienbündnisse, Umbenennungen und Auflösungen ergeben für den Beobachter zunächst ein äußerst verwirrendes Bild. Dies erschwert die feste Identifikation von Wählern mit bestimmten Parteien, wie sie in anderen Staaten (allerdings in abnehmendem Maße) häufig zu beobachten ist.

1.2.2 Das Parteiensystem der V. Republik

Die V. Republik hat das multipolare Mehrparteiensystem der IV. Republik mit zwei Anti-System-Parteien (die gaullistische *Rassemblement du Peuple Français*, RPF, und die kommunistische PCF) schrittweise, aber radikal transformiert (*Wilson* 1989).

In der Zeit von 1962 bis 1973 entstand ein vollkommen neues Parteiensystem. Dieses war *erstens* geprägt durch eine dominante – und stabile – Mehrheitskoalition mit der gaullistischen UDR *(Union des Démocrates pour la République)* als tragendem Pfeiler. Das *zweite* entscheidende Merkmal war die schrittweise Herausbildung einer Parteienallianz, der Linksunion, zwischen der sozialistischen Partei (SFIO, seit 1969/1971 PS) und der PCF. Diese führte 1972 zur Verabschiedung eines gemeinsamen Regierungsprogramms („Programme commun").

<small>Ende des multipolaren Mehrparteiensystems</small>

So bildete sich eine *eindeutig bipolare Struktur des Parteiensystems* ohne große Anti-System-Parteien heraus, die die *zweite Phase* der Entwicklung des Parteiensystems von 1974-1984 prägte. Die extreme Rechte verschwand und die politische Mitte wurde vom Bipolarisierungstrend voll erfaßt und konnte nicht – wie während der IV. Republik – mit wechselnden Koalitionen die Regierungsbildung bestimmen. Auch kleinere extremistische Parteien blieben marginalisiert. Die Zahl der bedeutsamen Parteien nahm also ab.

Zwei Hauptgründe sind für diese erste Transformation des Parteiensystems zu nennen. Die Institutionen der V. Republik, v.a. die 1962 per Referendum eingeführte direkte Präsidentenwahl in zwei Wahlgängen sowie die nach dem

<small>Mehrheitswahlrecht und Zwang zur Lagerbildung</small>

Mehrheitswahlrecht in ebenfalls zwei Wahlgängen durchgeführte Parlamentswahl, zwangen die politischen Parteien im jeweils zweiten Wahlgang dazu, zwei Lager zu bilden (*Bartolini* 1984). Der zweite Grund liegt in der erfolgreichen Entwicklung der gaullistischen Regierungspartei UDR zur hegemonialen Partei der Rechten, die nicht auf fragile Koalitionen mit Parteien der Mitte angewiesen war. Die Entwicklung eines sich konsolidierenden rechten Blocks wirkte als Stimulus und als Modell für die Linksparteien. Diese bewegten sich schrittweise aufeinander zu und bildeten schließlich mit der 1972 geschlossenen Linksunion einen linken Gegenpol zur Regierungskoalition. Die traditionellen Parteien der Mitte verloren während dieses Polarisierungsprozesses an Einfluß. Die klassische französische Partei der Mitte, die Radikale Partei, spaltete sich schließlich zu Beginn der siebziger Jahre und ihre beiden Nachfolgeparteien ordneten sich klar dem Links-Rechts-Schema unter. Die rechte *Parti radical* wurde Bestandteil der gemäßigten Rechten und trat 1978 der Parteienkonföderation UDF bei. Die linksliberale *Mouvement des Radicaux de Gauche* (MRG), die sich 1933 in *Radical* und 1996 in *Parti radical-socialiste* umbenannte, arbeitete eng mit der PS zusammen.

Tabelle 3: Wahlergebnisse der wichtigsten Parteien bei Wahlen zur Nationalversammlung in Prozent der abgegebenen Stimmen im 1. Wahlgang

	1958	1962	1967	1968	1973	1978	1981	1986	1988	1993	1997
PC	18,9	21,9	22,5	20,0	21,4	20,6	16,1	9,7	11,3	9,2	9,9
SFIO/PS[1]	15,5	12,4	18,9	16,5	20,8	25,0	37,1	31,6	37,5	19,2	25,5
MRP[2]	11,0	7,9	14,1	10,5	–	–	–	–	–	–	–
UDF[3]	–	–	–	–	–	23,9	21,6				
UPF[4]								42,1	37,7	39,7	33,4
Gaullisten[5]	20,6	36,0	38,5	46,4	37,0	22,8	21,2				
FN	–	–	–	–	–	0,3	0,2	9,8	9,7	12,4	15,1
Ökologen[6]	–	–	–	–	–	2,0	1,1	1,2	0,4	7,6	3,6

1   1967 und 1968: Resultat der Fédération de la gauche (FDGS); ab 1973 incl. Mouvement des radicaux de gauche (MRG); 1997 ohne *Mouvement des citoyens* (1,1%).
2   1967: Centre démocrate, 1968: Centre démocrate et PDM.
3   Incl. kleinerer Parteien und Formationen der rechten Mitte.
4   1986, 1988, 1993 und 1997: gemeinsame Liste bzw. gemeinsam unterstützte Kandidaten von UDF und RPR; 1997 inkl. diverse Rechte, ohne die Liste de Villiers (2,8%).
5   jeweils gaullistische Partei (1958: UNR, 1962: UNR-UDT, 1967: UD Ve République, 1968: UDR, 1973: UDR-URP, seit 1978: RPR) sowie unabhängige Gaullisten und kleinere Formationen, die zum gaullistischen Block gehörten (z.B. Républicains indépendants).
6   Nur *Les Verts* und *Génération écologie*, ohne ökologische Einzelkandidaten und ohne die Formation „Nouveaux écologistes", 1997 nur *Les Verts*.

Quelle: A. *Lancelot* 1988 für die Wahlen bis 1986; Dominique *Chagnollaud* 1993, S. 449 und S. 458; Zahlen für 1997 nach *Le Monde* v. 27.5.97.

Auflockerung der bipolaren Struktur des Parteiensystems

In einer *dritten Phase* der Entwicklung (1984 bis heute) lockerte sich die bipolare Struktur des Parteiensystems. Nach der Auflösung der Linksunion im Jahre 1977 und verstärkt seit dem Ausscheiden der kommunistischen Minister 1984 aus der Koalitionsregierung mit den Sozialisten hatte sich die kommunistische

Partei in eine isolierte Stellung begeben und somit die Mehrheitsfähigkeit des linken Pols des Parteiensystems in Frage gestellt. Die achtziger Jahre waren, v.a. in ihrer zweiten Hälfte, vom Aufkommen neuer Parteien, der rechtsextremen *Front national* Jean-Marie Le Pens sowie zweier Umweltschutzparteien (*Les Verts* und *Génération écologie*), gekennzeichnet. Diese Entwicklung stellte die bisherige bipolare Struktur mit jeweils zwei kooperierenden Links- und Rechtsparteien in Frage. Konnten die großen „Altparteien" (PCF, PS, UDF, RPR und ihre Vorläufer) im Zeitraum 1958-1978 bei Parlamentswahlen im Schnitt 85,3% und im Zeitraum 1981-1988 durchschnittlich 89,8% der Stimmen auf sich vereinigen (*Wilson* 1989, 68), so waren es bei der Parlamentswahl 1993 nur noch 68,7%, und bei der Europawahl 1994 kamen die offiziellen Listen dieser vier Parteien gar nur noch auf 46,8% der abgegebenen Stimmen. Jedoch konnte sich bis heute kein eindeutiger Trend zur Multipolarität mit Mehrheitsbildungen in einer (revitalisierten) Mitte des politischen Spektrums durchsetzen. Wahllisten oder Präsidentschaftskandidaten der Mitte erzielten auch Ende der achtziger Jahre nur bescheidene Ergebnisse, so etwa die Zentrumsliste Simone Veils zur Europawahl 1989 mit 8,4% der Stimmen und der Präsidentschaftskandidat Raymond Barre 1988 mit 16,5% im ersten Wahlgang. Auf der Linken brachte die Parlamentswahl 1997 hingegen eine neuerliche – erfolgreiche – Blockbildung in Gestalt eines Bündnisses aus Sozialisten, Kommunisten und Grünen. Dieses Linksbündnis konnte die (Wahl-)Prämien einstreichen, die unter den Bedingungen des Mehrheitswahlrechts den bündnisfähigen Parteien winken.

1.2.2.1 Das Verhältnis zwischen den Rechtsparteien

Zu Beginn der V. Republik (1958-1968) war das Parteiengefüge durch den rasanten Aufstieg der gaullistischen Partei (UNR, später UNR-UDT, dann UDR) geprägt. So entstand ein starker konservativer Block, der ab 1962 mit einem kleineren Koalitionspartner (den *Républicains Indépendants* unter Führung von Valéry Giscard d'Estaing) stabile Mehrheiten in der Nationalversammlung fand. Mit der UDR entwickelte sich eine Rechtspartei, die sich Schritt für Schritt konsolidierte, mit strenger Fraktionsdisziplin und stetig verbesserter Organisationsstruktur – Züge, die den Traditionen der französischen Mitte-Rechts-Parteien vollkommen fremd waren. Mit ihrem Koalitionspartner, den Unabhängigen Republikanern, und nach den Mai-Ereignissen von 1968 sogar allein (ein in der III. und IV. Republik unbekanntes Phänomen), konnte diese Partei eine stabile Parlamentsmehrheit für den Präsidenten stellen *(majorité présidentielle)*. Somit wurde ein kontinuierliches Regieren ohne sich ständig wiederholende Kabinettskrisen gewährleistet (*Schain* 1991, 59ff.).

Hegemoniale Stellung der Gaullisten

Zu Beginn der V. Republik beruhte die Herrschaft Charles de Gaulles in erster Linie auf der Wirkung und Ausstrahlung seiner charismatischen Persönlichkeit. Die gaullistische Partei dagegen fand in den ersten Jahren nach dem Regimewechsel weniger Zustimmung als der Präsident. Bis zum Zeitpunkt des Rücktritts de Gaulles vom Amt des Staatspräsidenten (1969) hatte sich diese Situation genau umgekehrt. Die gaullistische Partei war nun weitaus beliebter als der Gründer der V. Republik. Sie vermochte somit – was die wenigsten Beobachter für wahrscheinlich gehalten hatten – das Ende der politischen Karriere de

Gaulles zu überstehen und weiterhin der stärkere Pol der politischen Rechten zu bleiben. Ihre hegemoniale Position im rechten Lager ging der 1976 unter Führung von Jacques Chirac in RPR *(Rassemblement pour la République)* umbenannten gaullistischen Sammlungsbewegung aber schrittweise verloren. Sie ist zwar bis heute wesentlich besser organisiert und hat deutlich mehr Mitglieder aufzuweisen als ihr Hauptkonkurrent auf der rechten Seite des politischen Spektrums, die UDF. Aber die Wahlergebnisse von UDF und RPR haben sich angenähert und halten sich seit einigen Jahren ungefähr die Waage.

Der Verlust der hegemonialen Rolle der Gaullisten im Verlauf der siebziger Jahre war mit bedeutsamen Konsequenzen für das Parteiensystem verbunden. Seit der Herausbildung des Parteienbündnisses UDF (1978) herrschte zwischen UDF und RPR ein beständiges Ringen um die Vorherrschaft auf der Rechten. So sahen sich beide Formationen zeitweise gezwungen, in Wahlkämpfen viel Energie aufzuwenden, um sich mit ihrem rechten Rivalen – statt mit der Linken – auseinanderzusetzen. Insbesondere bei Präsidentschaftswahlen ist es entscheidend, welcher Kandidat der Rechten im ersten Wahlgang die meisten Stimmen auf sich vereinigen kann. Denn nur er kann im zweiten Wahlgang gegen den stärksten Kandidaten der Linken antreten. Diese Konkurrenzsituation spiegelte sich im Verhalten der führenden Figuren der RPR und UDF, Jacques Chirac und Valéry Giscard d'Estaing, wider, die beide das höchste Staatsamt anstrebten. So bot die Rechte in Frankreich über Jahre hinweg ein zerrissenes Bild, ein Zustand, der viele konservative Wähler abschreckte.

Verschärfte Parteienkonkurrenz auf der Rechten

Diese Parteienkonkurrenz der Mitte-Rechts-Parteien wurde durch zwei Umstände verschärft. Ihre politisch-ideologischen Differenzen sind seit der Wende der Gaullisten unter Chirac hin zu einem wirtschaftspolitischen Neoliberalismus geringer geworden (*Schain* 1991, 80). Außerdem konkurrieren sie inzwischen um eine nach sozialstrukturellen Gesichtspunkten fast identische Wählerschaft. In den sechziger Jahren dagegen war die Distanz zwischen der gaullistischen und nicht-gaullistischen Rechten auf wirtschafts- und gesellschaftspolitischem Gebiet noch größer und auch ihre Wählerschaft unterschied sich deutlicher. Die gaullistischen Wähler entsprachen damals viel stärker dem Bevölkerungsdurchschnitt als die eher traditionelle Klientel von Rechtsparteien. Letztere prägt heute das Bild der Wählerschaft sowohl der UDF als auch der RPR. Je geringer die politisch-ideologische Distanz und je ähnlicher die soziologische Zusammensetzung der Wählerschaft, desto größer wird das Abgrenzungsbedürfnis von UDF und RPR – und desto künstlicher mußte den Wählern ihre Konkurrenz erscheinen. Als Konsequenz aus dieser Situation gründeten beide Parteien im Juni 1990 die Parteienkonföderation „Union pour la France" (UPF). Ziel der UPF war die Ausarbeitung gemeinsamer Programme und vor allem die Vermeidung von Wahlkonkurrenz durch gemeinsame Kandidatenaufstellung bzw. gemeinsame Wahllisten. Eine Fusion von UDF und RPR oder auch nur eine gemeinsame Fraktion im Parlament ließen sich nicht verwirklichen, obwohl es immer wieder Advokaten für eine vereinigte Rechtspartei gegeben hat, an erster Stelle Giscard d'Estaing.

In den vergangenen Jahren hat sich das Kräfteverhältnis zwischen UDF und RPR erneut gewandelt. Zunächst erreichte die UDF bei den Wahlen zur Nationalversammlung 1993 mit 207 Abgeordneten eine deutlich geringere Parlamentsstärke als die RPR mit 242 Abgeordneten. Bedeutsamer noch war indes die

Präsidentschaftswahl 1995, die als entscheidende Wahl der V. Republik – ähnlich wie die vorangegangenen Präsidentschaftswahlen auch – erhebliche Auswirkung auf das Parteiensystem hatte. Der Umstand, daß in den Reihen der UDF kein aussichtsreicher Kandidat für das höchste Amt im Staate zu finden war, während die RPR derer gleich zwei besaß (E. Balladur und J. Chirac), mußte die Kräftebalance auf der politischen Rechten deutlich zugunsten der RPR verschieben. Diese Präsidentschaftswahl und der Rückzug Valéry Giscard d'Estaings von der Parteispitze hat die UDF in eine anhaltende Führungskrise gestürzt, die ihr politisches Gewicht innerhalb der Regierungsmehrheit empfindlich schwächt.

Ein grundsätzliches strategisches Problem für *beide* Rechtsparteien entstand mit der seit 1984 zu beobachtenden Herausbildung und zunehmenden Stabilisierung eines rechtsextremen Pols des Parteiensystems, mit der *Front National* (FN) von Jean-Marie Le Pen. Für die traditionellen Rechtsparteien stellt sich seither die Frage, ob sie in Zukunft allein mehrheitsfähig sein werden. Ist dies nicht der Fall, so müssen sie sich entscheiden zwischen Wahlallianzen und Koalitionen mit der fremdenfeindlichen *Front National* einerseits und einer Strategie, Mehrheiten – wie in der IV. Republik – in der politischen Mitte zu suchen. Bisher lehnten die nationalen Entscheidungsgremien von UDF und RPR eine Zusammenarbeit mit der *Front National* ab. Regionale und lokale Parteigliederungen dagegen arbeiteten in einigen Fällen mit Jean-Marie Le Pens Rechtsextremisten zusammen. Auf nationaler Ebene ließen sich allerdings sowohl im politischen Diskurs als auch in gesetzlichen Maßnahmen im Bereich des Ausländer- und Asylrechts sowie im Bereich der inneren Sicherheit Zugeständnisse der Rechtsregierungen (1986-1988 und seit 1993) an die (potentiellen) Wähler der extremen Rechten beobachten. Die Frage des Umgangs mit der FN birgt dauerhaften Spaltstoff sowohl zwischen den als auch innerhalb der gemäßigten Rechtsparteien. Diese drohen aufgrund der zunehmenden Verankerung der FN ihrer eigenständigen Mehrheitsfähigkeit verlustig zu gehen. Die FN machte bei der Parlamentswahl 1997 in 132 Wahlkreisen ihre Drohung wahr, ihre Kandidaten wo immer möglich auch im zweiten entscheidenden Wahlgang ins Rennen zu schicken, was ganz überwiegend zu Lasten von RPR- und UDF-Kandidaten ging. Strategiedebatten innerhalb der gemäßigten und extremen Rechten sind somit für die kommenden Jahre vorprogrammiert. Bestrebungen, zukünftig Wahlabsprachen zwischen RPR/UDF und der FN zu treffen, sind innerhalb der FN von ihrem Chefideologen, Bruno Mégret, vereinzelt auch von Vertretern der gemäßigten Rechten geäußert worden.

Aufstieg der Front National als Herausforderung für die gemäßigte Rechte

1.2.2.2 Das Verhältnis zwischen den Linksparteien

Ein ganz ähnliches Problem, wie es die gemäßigte Rechte in jüngerer Zeit mit der Definition ihres Verhältnisses zur extremen Rechten besitzt, stellte die PCF in der Vergangenheit für die übrigen Linksparteien dar, in erster Linie für die sozialistische Partei (SFIO/PS). Sowohl die Definition ihrer programmatischen Positionen als auch vor allem ihrer Wahl- und Bündnisstrategie war stets durch die Existenz – und Konkurrenz – einer mächtigen kommunistischen Partei beeinflußt.

Der „Zentrismus" der SFIO

Bis zur Auflösung der SFIO (1969) herrschte der – gescheiterte – Versuch vor, mittels einer zentristischen Strategie unter Ausschluß der PCF Mehrheiten für eine Mitte-Links-Regierung zu finden. Diese Orientierung der SFIO zur Mitte hin stieß jedoch auf drei zentrale Probleme. Der Aufstieg der Gaullisten und ihres kleineren Koalitionspartners, der Unabhängigen Republikaner Giscard d'Estaings, zu einem rechten Mehrheitsblock ließ Einfluß und Stärke der Parteien der Mitte – also vor allem der CNIP *(Centre national des indépendants et paysans)*, der christdemokratischen MRP *(Mouvement républicain populaire)* und der *Parti radical* – drastisch schwinden.

Die schrittweise Herausbildung der Linksunion

Der zweite Grund lag in der Tatsache, daß die Wähler in ihrem Wahlverhalten eine Bipolarisierung des Parteiensystems begünstigten. Dort, wo ein Kandidat der Mitte in einem Wahlkreis im zweiten Wahlgang einem rechten oder linken Kandidaten gegenüberstand, entschieden sich die Wähler i.d.R. für eines der politischen Lager und gegen den Kandidaten der Mitte. Der dritte – mit dem zweiten zusammenhängende – Grund für die wachsenden Schwierigkeiten der SFIO mit ihrer „zentristischen" Strategie lag im französischen Mehrheitswahlsystem in zwei Wahlgängen für die Nationalversammlung sowie in der direkten Wahl des Präsidenten in zwei Wahlgängen begründet. Vor allem der zweite Wahlgang der Präsidentschaftswahl spaltet die Wählerschaft in ein rechtes und ein linkes Lager. Somit schafft der Wahlmodus für die beiden wichtigsten Wahlen im politischen System der V. Republik deutliche Anreize für eine Zusammenarbeit der Parteien desselben politischen Lagers.

Die SFIO verlor aufgrund ihres langen Festhaltens an ihrer Strategie der Mitte zunehmend an Wählerunterstützung und auch eine große Zahl von Mitgliedern und überalterte. Ihren absoluten Tiefpunkt erlebte sie 1969 mit der Präsidentschaftskandidatur von Gaston Defferre, einem alten Vertreter des SFIO-Zentrismus. Dieser erreichte lediglich 5% der Wählerstimmen und schaffte somit nicht einmal den Sprung in den zweiten Wahlgang der Präsidentschaftswahl.

Dagegen hatte sich im Verlauf der sechziger Jahre gezeigt, daß die Linke immer dort erfolgreich war, wo ein gemeinsames Handeln der sozialistischen und kommunistischen Partei zustande kam. Seit 1962 gab es Wahlabsprachen zwischen Sozialisten und Kommunisten für den zweiten Wahlgang der Parlamentswahlen. Der im ersten Wahlgang jeweils schwächere Kandidat der beiden Linksparteien zog seine Kandidatur nach dem ersten Wahlgang zugunsten des jeweils stärkeren zurück. Bei der Präsidentschaftswahl von 1965 konnte der gemeinsame Kandidat der Linken, François Mitterrand, einen Achtungserfolg erzielen. Er zwang Präsident de Gaulle – für diesen völlig unerwartet – in einen zweiten Wahlgang und errang 45,5% Prozent.

Das Programme commun – ein gemeinsames Regierungsprogramm

Mitterrand legte die neugegründete Parti socialiste (PS), die seit 1971 unter seiner Führung stand, eindeutig auf eine Linksunion mit der PCF fest. Die beiden Parteien stellten ihre Zusammenarbeit 1972 auf die Grundlage eines gemeinsamen Regierungsprogramms *(Programme commun)*. Diese Kooperation wurde begünstigt durch eine Radikalisierung der politischen Positionen der sozialistischen Partei, die programmatisch ein deutlich antikapitalistisches Profil aufwies. Die Entstalinisierung und eine gewisse Mäßigung der Positionen der PCF (Aufgabe des Ziel einer Diktatur des Proletariats, Zustimmung zu einem demokratischen Regierungssystem mit freien Wahlen) wirkten in dieselbe Richtung. Zeitweise schien die PCF eine ähnliche eurokommunistische Entwicklung durchzumachen wie die italienische KP, die schließlich bei letzterer zu einer Sozialdemokratisierung führte. Eine solche Entwicklung wurde von der Parteiführung allerdings gestoppt. Diese beobachtete mit Besorgnis, daß von der Linksunion vor allem die PS profitierte, deren Erfolge zu Lasten der PCF gingen. Die nach 1944 lange unumstrittene Position der PCF als stärkste Partei der Linken erodierte zunehmend zugunsten der PS.

Unter dem Eindruck unbefriedigender Wahlergebnisse bei den Kommunalwahlen 1977 vollzog die PCF einen radikalen Kurswechsel und kündigte das Linksbündnis auf. Zum Anlaß nahm sie Positionsdifferenzen zur PS bei der Fortschreibung des gemeinsamen Regierungsprogramms für die Parlamentswahl 1978. Aus einem längerfristigen strategischen Kalkül (das sich im übrigen als völlig falsch erwies) verhinderte die PCF damit bewußt den praktisch schon sicheren Wahlsieg der Linksunion bei der Parlamentswahl 1978. Die darauf folgende Bekämpfung der PS als politischer Gegner wurde von der eigenen Parteibasis und auch von den Wählern der PCF kaum verstanden und schwächte ihre Stellung weiter.

Ende des Linksbündnisses

Trotz dieser strategischen Richtungsänderung der PCF funktionieren die Wahlabsprachen mit der PS bei Parlamentswahlen weiter. Und als Präsident Mitterrand 1981 die Präsidentschaftswahlen für sich entschieden hatte, trat die PCF in eine Koalitionsregierung mit der PS ein, obwohl diese bei den Parlamentswahlen vom Juni 1981 eine eigenständige absolute Mehrheit der Sitze im Parlament errungen hatte.

Der 1982/83 vollzogene Abschied der Linksregierung von einer dem Ziel der Vollbeschäftigung verpflichteten expansionistischen keynesianischen Wirtschaftspolitik sowie tiefgreifende Differenzen der PCF zur Europapolitik der Regierung führten nach der Europawahl 1984 zum endgültigen Bruch der Kommunisten mit den Sozialisten und zum Ausscheiden ihrer Minister aus der Regierung. Danach spielte die PCF bis Mitte der neunziger Jahre eine Außenseiterrolle im französischen Parteiensystem als nicht bündnisfähige Partei. Allerdings unterstützte sie im Parlament von 1984 bis 1986 nie und von 1988 bis 1993 lediglich zweimal die Mißtrauensanträge der bürgerlichen Opposition gegen die sozialistische Regierung. Die gemeinsame Opposition von PCF und PS gegen die bürgerliche Regierung Balladur seit März 1993 hat zu einer schrittweisen Annäherung der beiden Parteien geführt. Der seit 1994 amtierende Parteivorsitzende Robert Hue steuert einen – innerparteilich umstrittenen – Kurs der Öffnung gegenüber anderen Parteien der Linken, in erster Linie natürlich gegenüber der PS. Diese Annäherung gipfelte in einer Neuauflage des Linksbündnisses. Die beiden Parteien konnten sich auf eine gemeinsame programmatische Plattform zur vorgezogenen Parlamentswahl 1997 verständigen, die allerdings nicht den Charakter eines Regierungsprogramms besaß wie das *Programme commun* von 1972. Der Erfolg der Bündnisstrategie und der Eintritt kommunistischer Minister in die Regierung Lionel Jospins dürfte den linken Pol des Parteiensystems stabilisieren.

Ausscheiden der Kommunisten aus der Regierungskoalition

Während für die PCF eine Annäherung an die PS die einzige Möglichkeit war, aus ihrer politischen Isolierung herauszukommen, befindet sich die PS – nach einer längeren Krise – derzeit wieder in einer gestärkten Position. Sie konnte ihren Führungsanspruch im linken Lager durch das gute Abschneiden ihres Präsidentschaftsbewerbers Lionel Jospin deutlich untermauern. Dieser erzielte im ersten Wahlgang der Präsidentschaftswahlen 1995 mit 23,3% der abgegebenen Stimmen das beste Ergebnis aller Bewerber, und Jospin erwarb sich als Architekt des erfolgreichen linken Bündnisses zur Parlamentswahl 1997 einen unbestrittenen Führungsanspruch innerhalb der Linken.

1.2.2.3 Ende der Bipolarität des Parteiensystems?

Der Niedergang der PCF und der von ihr herbeigeführte Bruch der Linksunion 1977 waren ein Bestimmungsfaktor in der Veränderung des bipolaren Vier-Parteien-Systems der siebziger Jahre (RPR/UDF vs. PS/PCF). Bedeutsamer für die zweite Transformation des Parteiensystems ist jedoch das Auftauchen und die rasche Entwicklung neuer Parteien: die rechtsextremistische *Front National* (1972 gegründet, aber bis 1984 ohne jede Bedeutung) und die ökologischen Parteien *Les Verts* und die inzwischen schon fast wieder bedeutungslose *Génération écologie*.

Aufkommen neuer Parteien

Die *Front National* konnte 1984 ihre ersten nationalen Wahlerfolge verbuchen. Seither baute diese Partei ihre Position bei Wahlen fast stetig aus und ihr Kandidat und Parteiführer Jean-Marie Le Pen konnte im ersten Wahlgang der Präsidentschaftswahl 1995 15% der Stimmen erringen. Die französischen Ökologen, die 1974 erstmals einen Präsidentschaftskandidaten aufstellten (René Dumont) und 1984 die Partei *Les Verts* gründeten, schafften ihre ersten großen Erfolge bei den Kommunalwahlen und bei der Europawahl 1989.

Es ist damit zu rechnen, daß sich sowohl die *Front National* als auch *Les Verts* als feste Faktoren des französischen Parteiensystems etablieren werden. Sie stellen die übrigen Parteien vor schwierige strategische Bündnisprobleme. Die gemäßigte Rechte hat nach anfänglichem Zögern inzwischen klar Position bezogen: Die UPF (RPR und UDF) hat jeglichen Bündnissen mit der FN eine klare Absage erteilt.

Ökologen als Partner der PS?

Ähnliche Fragen stellten sich für die PS in bezug auf die Grünen. Diese lehnten es lange ab, sich klar der linken oder rechten Seite des politischen Spektrums zuzuordnen und feste Bündnisse einzugehen. Innerhalb der Grünen *(Les Verts)* haben die Vertreter einer linken Orientierung unter der Führung von Dominique Voynet jedoch die innerparteiliche Mehrheit zu ihren Gunsten verschoben. Da die Wählerschaft der Ökologen ebenfalls eher nach links tendiert, stellte sich die Frage der Zusammenarbeit also in erster Linie in bezug auf die PS. Vor den Wahlen zur Nationalversammlung im Mai/Juni 1997 haben beide Parteien ein Bündnis geschlossen, das – neben programmatischen Absprachen – den Verzicht der PS auf die Aufstellung eigener Kandidaten in 29 Wahlkreisen zugunsten der Grünen vorsah, und diesen sieben Abgeordnetenmandate bescherte.

Erneute Fragmentierungstendenzen im Parteiensystem

Das französische Parteiensystem hat sich in der jüngeren Vergangenheit nicht nur durch das Auftauchen der grünen Parteien und der FN verändert. Die Europawahl im Juni 1994 hat auch die zentrifugalen Tendenzen innerhalb der „Altparteien", insbesondere der PS, verdeutlicht und letztere in eine Krise gestürzt. Die PS sah sich anläßlich der Europawahl gleich zwei konkurrierenden Listen gegenüber: einmal der Liste des früheren Anführers des „altlinken", marxistischen (CERES-)Flügels der PS, Jean-Pierre Chevènement, der sich zuvor von der PS getrennt hatte. Er konnte lediglich 2,5% der Wählerstimmen auf sich vereinigen. Viel erfolgreicher dagegen war der in seiner Karriere als Politiker von Präsident Mitterrand häufig unterstützte Geschäftsmann Bernard Tapie, der dem *Mouvement des radicaux de gauche* beigetreten ist, das sich 1993 in *Radical* umbenannte. Er erreichte mit seiner Liste der linken Mitte unter dem Etikett *Energie radicale* bei der Europawahl 1994 12% der abgegebenen Stimmen – und damit fast ebenso viele wie die PS (14,5%). Aufgrund zahlreicher Anklagen gegen B. Tapie in einer Reihe von Affären und Betrugsskandalen war diese Konkurrenz im linken Lager allerdings von kurzer Dauer.

Auch innerhalb der gemäßigten Rechten brachten die Europawahlen Fragmentierungstendenzen zum Vorschein. Mit 12,3% der abgegebenen Stimmen erzielte die Liste des UDF-Mitglieds Philippe de Villiers einen unerwarteten Erfolg. Mit ihrer antieuropäischen Haltung, ihrem wertkonservativen Profil sowie ihrer fremdenfeindlichen Rhetorik siedelt sich diese Liste politisch zwischen der gemäßigten und der extremen Rechten an. De Villiers gründete daraufhin eine Partei unter dem Namen *Mouvement pour la France*. Im Hinblick auf die Parlamentswahlen 1997 schloß er mit dem *Centre national des indépendants et paysans,* einer wenig bedeutsamen alten Rechtspartei, eine Walhallianz, die aber mit 2,8% erfolglos blieb. Auch seine Kandidatur zur Präsidentschaftswahl 1995 war mit weniger als 5% der Stimmen im ersten Wahlgang von wenig Erfolg gekrönt.

Die Präsidentschaftswahlen 1995 haben zwar erneut eine dominante Stellung der Kandidaten der gemäßigten Linken und Rechten im ersten Wahlgang sichtbar werden lassen und zu einer klaren Lagerbildung im zweiten Wahlgang geführt. Allerdings beruhte der Wahlsieg Jacques Chiracs wesentlich darauf, daß ihm eine Ausweitung seiner Wählerschaft über die üblichen soziologischen Grenzen der gemäßigten Rechten hinaus gelang. Die Besonderheit dieser Präsidentschaftswahl 1995 lag in folgendem: Zwar teilten sich die Wähler entlang ihrer ideologischen Selbsteinstufung als „links" bzw. „rechts" in der üblichen Weise in zwei Lager. Jedoch gelang es Jacques Chirac, in Wählerschichten breite Unterstützung zu mobilisieren, die in der Vergangenheit stets zur politischen Linken neigten: bei jungen Wählern, in geringerem Maße auch bei Arbeitern und kleinen Angestellten und bei Arbeitslosen (*Jaffré* 1995). Dies bedeutet, daß die durch das Wahlrecht begünstigte Spaltung der Wählerschaft in zwei Lager zwar politisch-ideologisch noch funktioniert, aber nicht in dem früher gewohnten Ausmaß im Sinne einer „politisierten Sozialstruktur" entlang von klar strukturierten sozialen Trennlinien erfolgt.

Diese Ablösung politisch-ideologischer Trennlinien von ihrem sozialstrukturellen Substrat erschwert tendenziell die bipolare Blockbildung und fördert Fragmentierungstendenzen im französischen Parteiensystem.

Angesichts der *verminderten Integrationskraft der traditionellen Parteien* der gemäßigten Rechten und Linken und der daraus folgenden *erneuten Fragmentierung des französischen Parteiensystems* ist die Zukunft seiner bipolaren Struktur ungewiß. Drei mögliche Entwicklungen zeichnen sich ab:

Verminderte Integrationsfähigkeit der traditionellen Parteien und ungewisse Zukunft des Parteiensystems

a) Der Fortbestand der bipolaren Mehrheitsbildung auf nationaler Ebene entweder durch Stimmenverluste der neuen Parteien und Listen oder durch ihre fortdauernde Benachteiligung durch das Mehrheitswahlrecht bei Wahlen zur *Assemblée nationale.*

b) Eine Restrukturierung des linken und rechten Pols des Parteiensystems. Auf der Linken ist diese schon weitgehend vollzogen und dürfte zur Stabilisierung der Grünen beitragen. Auch eine Restrukturierung der gemäßigten Rechten infolge einer dauerhaften Etablierung der von P. de Villiers verkörperten politischen Kräfte und/oder infolge eines Auseinanderbrechens des Parteienbündnisses UDF wäre denkbar. Diese zweite Option wäre also durch eine interne Pluralisierung des linken und rechten Pols des Parteiensystems bei fortbestehender bipolarer Struktur des Parteienwettbewerbs gekennzeichnet.

c) Die dritte Option bestünde in einer „zentristischen" Mehrheitsbildung, die unter Ausschluß sowohl der PCF und des linken Flügels der Ökologen als auch der FN erfolgen würde. Ein solcher Mehrheitsblock könnte (Teile der) UDF, die PS und Teile der RPR umfassen. Momentan gibt es allerdings keine Indizien dafür, daß Mehrheitsbildungen in der politischen Mitte über die Links-Rechts-Trennlinie hinweg angestrebt werden.

Wenig wahrscheinlich ist auch ein dauerhaftes Bündnis auf nationaler Ebene zwischen der gemäßigten und der extremen Rechten.

In welche Richtung sich das Parteiensystem entwickelt, hängt vor allem von folgenden Faktoren ab:

a) vom Stärkeverhältnis der Parteien und dem Wahlverhalten;
b) vom Wahlrecht (eine Rückkehr zum Verhältniswahlrecht würde Koalitionsbildungen in der politischen Mitte begünstigen);
c) von den Bündnisstrategien der Parteien;
d) von den internen Entwicklungen der Parteien.

Aufgrund der großen Schwankungen im Wahlverhalten und der ungewissen internen Entwicklung einzelner Parteien, vor allem der UDF, aber auch der PS, sind Prognosen zur Zukunft des Parteiensystems kaum möglich. Allerdings ist eine Rückkehr zum bipolar strukturierten Vier-Parteien-System der siebziger Jahre unwahrscheinlich.

Die Phase der stärksten Bipolarisierung des französischen Parteiensystems, die siebziger und frühen achtziger Jahre, fiel zusammen mit der Phase der größten Konsolidierung und Vitalität der vier bestimmenden Parteien. Im Vergleich dazu ist Frankreich heute – wie andere westeuropäische Staaten – mit einer Krise der Interessenvermittlung zwischen der Gesellschaft und dem politischen System konfrontiert. Diese beruht vor allem auf einer Krise der Parteien als zentralem Vermittlungskanal. Die Mitgliederzahlen der Parteien sinken, ihr innerer Zusammenhalt läßt nach, die Anzahl parteiunabhängiger „Free lance-Kandidaten" bei Wahlen nimmt zu, die Identifikation der Wähler mit bestimmten Parteien nimmt ab, die Anzahl von Wechselwählern steigt und andere Formen der politischen Interessenartikulation und Partizipation (Demonstrationen und andere direkte Formen der politischen Teilhabe) gewinnen relativ an Bedeutung. Die späte Modernisierung des französischen Parteiensystems scheint somit ein vorübergehendes Phänomen gewesen zu sein.

1.2.3 Die französischen Parteien im einzelnen

1.2.3.1 Die PCF

Die *Parti communiste français* (PCF) befindet sich heute in einer marginalen Rolle in der französischen Politik. Während der achtziger Jahre verlor sie ständig an Bedeutung und Einfluß. Über weite Strecken der Nachkriegszeit war sie jedoch die mitgliederstärkste französische Partei und hatte mit Abstand die beste Organisation. Während der IV. Republik war die PCF zeitweise auch wählerstärkste Partei. Ihr Einfluß auf Gesellschaft und Politik beruhte nicht zuletzt auf einer ganzen Reihe von Vorfeldorganisationen. Vor allem der kommunistischen Gewerkschaft CGT *(Confédération générale du travail)*, aber auch anderen parteinahen Organisationen wie der kommunistischen Jugend- und Studentenorganisation, kam immer eine wichtige Rolle in der Umsetzung der jeweiligen Parteistrategie zu.

Bedeutungsverlust der französischen Kommunisten

Die PCF ist die älteste französische Partei. Sie wurde 1920 als *Section française de l'Internationale communiste* (SFIC) auf dem Kongreß der sozialistischen SFIO in Tours gegründet. Sie spaltete sich nicht – wie in anderen europäischen Staaten – als Minderheitsflügel von der sozialistischen Bewegung/Partei ab. Aufgrund ihrer bedingungslosen Moskauhörigkeit verlor die PCF jedoch rasch an Ansehen, Wählern und Mitgliedern. Ihre Isolierung konnte sie erst durch die Unterstützung der Volksfrontregierung (1936-38) unter Leitung des großen französischen Sozialisten Léon Blum durchbrechen.

Das große Ansehen und der politische Einfluß der PCF nach dem Zweiten Weltkrieg war vor allem eine Folge des opferreichen Engagements in der Résistance gegen die nationalsozialistischen Besatzer, das ca. 75000 Kommunisten mit ihrem Leben bezahlten. In der Zeit zwischen der Befreiung 1944 und dem Beginn des Kalten Krieges war die PCF die stärkste politische Kraft in Frankreich (Parlamentswahl 1946: 28,64% der Stimmen). Sie beteiligte sich an der provisorischen Regierung de Gaulles (1945-46) und bildete nach dessen Rücktritt zusammen mit der SFIO und der christdemokratischen MRP 1946-47 die erste Regierung der IV. Republik. Nachdem ihre Minister zu Beginn des Kalten Krieges vom sozialistischen Ministerpräsidenten Ramadier aus dem Kabinett entlassen worden waren, befand sich die PCF von 1948-1962 erneut in der politischen Isolierung und verlor zahlreiche Wähler und Mitglieder.

Im Zeitraum 1962-1977 war die Zusammenarbeit mit der SFIO bzw. dann der PS die strategische Leitlinie der Kommunisten. Diese Phase war zwar für die Linksunion insgesamt von Erfolgen geprägt. Jedoch gelang es der neugegründeten PS, der PCF ihre Führungsrolle im linken Lager zunehmend streitig zu machen und Erfolge auf Kosten der Kommunisten zu erzielen. Dies veranlaßte die Parteispitze der PCF 1977 zum Bruch mit der Linksunion. Lediglich die Wahlabsprachen bei Mehrheitswahlen mit zwei Wahlgängen funktionieren bis heute weiter, d.h. der im ersten Wahlgang jeweils schlechter plazierte Kandidat der Linken zieht seine Kandidatur zugunsten des besser plazierten linken Bewerbers zurück (ein Verfahren, das als „discipline républicaine" bezeichnet wird).

Verlust der Führungsrolle im linken Lager

Trotz dieser Distanzierung von den Sozialisten entschloß sich die PCF nach dem Wahlsieg der Linken 1981, mit den Sozialisten ein Regierungsbündnis einzugehen. Aufgrund zunehmender Differenzen infolge des wirtschaftspolitischen

Kurswechsel der Sozialisten 1982/83 und in europapolitischen Fragen schieden die kommunistischen Minister 1984 aus der Regierung aus.

Identitätskrise nach dem Zusammenbruch des „realen Sozialismus"

Seither erlitt die PCF eine Reihe von Wahlniederlagen, kämpft mit wachsendem Bedeutungsverlust und mit politisch-ideologischen Orientierungsschwierigkeiten nach dem Zusammenbruch des „realen Sozialismus". Ihre Mitgliederzahl sinkt. Diese Entwicklung und das Scheitern der Strategie der Parteiführung führten sowohl zu Abspaltungen und Austritten führender Persönlichkeiten (z.B. des früheren Politbüromitgliedes P. Juquin und mit ihm zahlreicher „Rénovateurs", die seine Präsidentschaftskandidatur 1988 unterstützten), als auch zu interner Opposition und Parteiausschlüssen führender Personen einer sich „Reconstructeurs" nennenden Gruppe um C. Poperen und M. Rigout. Neben den ideologischen Orientierungsproblemen und dem fehlenden politischen Reformprojekt verschärft das stetig abnehmende soziologische Gewicht der Arbeiterschaft als traditionelle Wählerklientel der PCF deren strukturelle Probleme.

Fehlschlag von Erneuerungsversuchen

Obwohl es in der PCF in den siebziger Jahren starke eurokommunistische Strömungen und auch den Versuch gegeben hat, die neuen Mittelschichten für die eigene Politik zu gewinnen, konnten sich die innerparteilichen „Modernisierer" damals nicht durchsetzen. Ein Blick auf die wesentlich erfolgreichere italienische KP macht deutlich, daß nicht allein sozialstrukturelle Entwicklungen – der Rückgang des Anteils von Arbeitern an der Gesamtbevölkerung (vgl. Kap. 3.1.2) – für den Niedergang der PCF verantwortlich zu machen sind. Dieser ist in erster Linie auf politisch-strategische Fehlentscheidungen zurückzuführen.

Der Rückgang der Wahlergebnisse der PCF scheint inzwischen gestoppt zu sein. Die Partei konnte ihre Stimmanteile bei 7-10% stabilisieren (Regionalwahlen 1992: 8,0%; Parlamentswahlen 1993: 9,1%; Europawahlen 1994: 6,9%; Präsidentschaftswahl 1995: 8,6%; Parlamentswahlen 1997: 9,9%). Der Wechsel im Amt des Generalsekretärs (seit dem 28. Parteikongreß von Ende Januar 1994 als „Nationaler Sekretär" bezeichnet) von Georges Marchais zu Robert Hue hat zu dieser Stabilisierung der Wahlergebnisse der PCF beigetragen. Mit seiner undogmatischen Art und seinem Kurs der Öffnung gegenüber den übrigen Kräften der politischen Linken hat der neue Parteivorsitzende die PCF aus ihrer politischen Isolierung befreit, auch wenn er dabei auf innerparteiliche Widerstände stößt.

Die geringe Fähigkeit der PCF, aus Fehlern und Rückschlägen zu lernen, hängt aufs engste mit ihrer Organisationsform zusammen. Sie war bislang nach dem leninistischen Prinzip des „demokratischen Zentralismus" organisiert. Dieser impliziert einen streng hierarchischen Aufbau und das Verbot von Fraktionsbildungen innerhalb der Partei. Der 28. Parteikongreß im Januar 1994 rief zwar zur „Überwindung" des „demokratischen Zentralismus" auf (s. *L'Humanité* v. 31.1.1994, S. IX). Allerdings muß bezweifelt werden, ob damit ein klarer Abschied von undemokratischen inneren Entscheidungsstrukturen vollzogen ist, da interne Fraktionsbildungen strikt abgelehnt werden. Die Entscheidungsprozesse innerhalb der Partei laufen nach wie vor in wenig demokratischer Weise von oben nach unten (und nur in der Theorie von unten nach oben) – vom politischen Entscheidungszentrum der Partei, dem Nationalbüro (früher: Politbüro), über das Nationalkomitee (früher: Zentralkomitee) bis hinunter zur Basiseinheit der kommunistischen Partei, den Zellen (Betriebs- und Ortszellen). Zumindest wird eine pluralistische Diskussion stärker als in der Vergangenheit toleriert. Früher waren die Parteimitglieder verpflichtet, die Beschlüsse und Weisungen der Parteispitze bzw. der jeweils höheren Parteiebene streng zu befolgen und nach außen zu vertreten.

Die PCF beschäftigt eine größere Zahl hauptamtlicher Mitarbeiter als jede andere französische Partei und besitzt eine eigene Tageszeitung, *L'Humanité*. Die straffe Organisation, die hohe Zahl hauptamtlicher Funktionäre, die (früher) überdurchschnittliche Motivation ihrer Mitglieder und ihre zahlreichen Vorfeldorganisationen erlaubten der PCF lange Zeit, einen politischen Einfluß auszuüben, der weit über ihre Stärke bei Wahlen hinausging.

Tabelle 4: Soziologie des Wahlverhaltens, Parlamentswahl 1993 (1. Wahlgang, in Prozent)

Überalterung der Wählerschaft

	Ex. Linke	PC	PS	Ökol.	UPF	FN	Div.	Gesamt
Gesamt	1	9	21	8	44	13	4	100%
Geschlecht								
männlich	1	10	21	7	43	15	3	100%
weiblich	2	9	21	9	45	10	4	100%
Alter								
18-24	1	7	18	11	42	15	6	100%
25-34	3	9	20	10	40	14	4	100%
35-49	2	11	22	8	42	11	4	100%
50-64	1	10	22	5	46	13	3	100%
65-	1	9	19	3	55	12	1	100%
Beruf								
Landwirt	1	2	10	5	66	13	3	100%
Handwerker/ Kleinhändler	1	5	10	7	56	18	3	100%
Unternehmer	0	2	17	4	63	12	2	100%
Freie Berufe	1	3	11	9	65	8	3	100%
Ingenieure u. leitende Angestellte	2	5	21	9	52	8	3	100%
Mittl. Angest. in Sozial- u. Gesundheitsberufen	2	8	26	11	34	11	8	100%
Andere mittl. Ang.	1	10	21	9	45	10	4	100%
Hilfsangestellte	1	15	23	8	37	10	6	100%
Facharbeiter	1	14	21	8	32	18	6	100%
Ungelernte Arbeiter	3	14	27	8	25	17	6	100%
Arbeitslose	2	16	18	10	31	17	6	100%
Religiöse Praxis								
regelmäßig prakt. Katholik	1	4	14	6	63	10	2	100%
unregelm. prakt. Katholik	1	5	16	5	56	14	3	100%
nicht-prakt. Katholik	1	10	22	8	41	14	4	100%
konfessionslos	4	22	28	12	20	10	4	100%
andere Religion	2	7	28	10	38	9	6	100%

Quelle: Libération/BVA-Nachwahlumfrage, Libération v. 23.3.1993; Die Stimmenanteile der PS enthalten zusätzlich Kandidaten, die unter „Divers gauche" zusammengefaßt sind, diejenigen der UPF entsprechend „Divers droite"-Kandidaten.

Das Festhalten an starren Organisationsprinzipien und das Fehlen innerparteilicher Demokratie ist mitverantwortlich für die seit einigen Jahren schwelende interne Krise der Partei (*Dreyfus* 1990, 177ff.). Diese Krise wirkte sich auch auf die Mitgliederzahlen aus. Ihren Höhepunkt erlebte sie nach der Befreiung mit etwa 900.000 Mitgliedern im Jahre 1947. In der Phase ihrer innenpolitischen Isolierung von 1947-62 sank diese Zahl um mehr als die Hälfte und stieg erst während der Linksunion wieder an. Nach 1978 und verstärkt in den achtziger Jahren sank ihre Mitgliederzahl unaufhaltsam auf einen heutigen Stand von maximal 220.000 (*Ysmal* 1994, 48).

Die Wählerschaft der PCF ist überwiegend männlich, kommt aus Groß- und Mittelstädten und weniger aus ländlichen Gebieten. Im Gegensatz zu früheren Perioden sind die jungen Wähler inzwischen deutlich unterrepräsentiert. Der Anteil der Wähler über 65 Jahre nimmt dagegen zu. Die Wählerschaft ist heute auch nicht mehr überwiegend aus Arbeitern zusammengesetzt. Der Anteil ihrer Wähler aus der Arbeiterschaft entspricht ungefähr dem Anteil der Arbeiter an der gesamten Wählerschaft. Die PCF konnte ihren Anteil bei den Angestellten und den Nichterwerbspersonen steigern. Traditionell wenig anziehend wirkt sie auf Bauern, Handwerker, Angehörige freier Berufe sowie generell auf Selbständige und Wähler aus den Oberschichten. Geographisch betrachtet liegen die Hochburgen der französischen Kommunisten im Norden (vor allem in der Industrieregion Nord-Pas-de-Calais), im Pariser Großraum, v.a. im „roten Gürtel" um Paris, im Languedoc und in der Region Provence-Alpes-Côte d'Azur, in der Auvergne und im Limousin, (*Borella* 1990, 191). In den letztgenannten, ländlichen Regionen waren allerdings die Einbrüche in der Wählergunst in den letzten Jahren besonders groß (*Courtois* 1994, 221). Und in den drei anderen Hochburgen – im industriellen Norden, dem Pariser Großraum und an der Mittelmeerküste – besitzt auch die *Front National* ihre stärksten Bastionen und konnte die PCF überflügeln.

1.2.3.2 Die Sozialistische Partei SFIO – PS

Die Vorläuferpartei der PS, die SFIO (*Section Française de l'Internationale Ouvrière*), wurde 1905 gegründet. Nach dem Einschwenken ihrer Mehrheit im Jahre 1920 auf die Linie der Kommunistischen Internationale wurde die SFIO als Partei der Minderheit unter dem alten Namen neu gegründet. Ihre Sternstunde in der III. Republik erlebte die Partei während der Amtszeit der sozialreformerischen Volksfrontregierung unter Führung ihres Vorsitzenden Léon Blum. Während der IV. Republik war die SFIO bis auf fünf Jahre in Koalitionsregierungen regelmäßig an der Regierung beteiligt.

<small>Krise und Scheitern der SFIO</small>

Nach dem Regimewechsel 1958 durchlebte die SFIO eine lange Krisenperiode und löste sich 1969 schließlich selbst auf. Zu sehr war sie eine Partei der IV. Republik geblieben, deren negatives Bild in den Augen der Bevölkerung auf sie zurückfiel.

<small>Der Weg zur Macht: linkes Programm, linke Bündnisstrategie</small>

Die Schwäche der SFIO machte den Weg zunächst für eine Föderation linker Parteien frei (die FDGS, 1965 gegründet, fiel im Anschluß an die Mai-Unruhen von 1968 wieder auseinander), dann schließlich für die 1971 erfolgte Gründung der *Parti Socialiste* (PS). Diese erlebte unter Führung von François

Mitterrand einen rasanten Aufstieg zur stärksten Linkspartei und überflügelte die PCF, was der SFIO nach 1945 nie gelungen war. Zwei Hauptgründe sind für diese Erneuerung der nichtkommunistischen Linken in Frankreich zu nennen: zum einen eine programmatische Erneuerung und „Linksverschiebung" mit deutlich antikapitalistischer Stoßrichtung, die im politischen Klima der Nach-68er-Zeit auf große Zustimmung stieß; zum anderen – und mit der programmatischen Entwicklung eng verbunden – wählte die PS eine Bündnisstrategie mit der PCF. Die beiden Parteien verabschiedeten 1972 ein konkretes Regierungsprogramm, das *Programme commun*. So entstand eine für den Wähler klar erkennbare linke Alternative zur herrschenden Koalition aus Gaullisten und liberalkonservativen Anhängern Giscard d'Estaings. Die Glaubwürdigkeitslücke zwischen der revolutionären und marxistisch inspirierten Rhetorik der SFIO und ihrer pragmatisch-parlamentarischen Praxis in Regierungen der politischen Mitte schien von der PS in den Augen der Anhänger und Wähler der Linken nun geschlossen worden zu sein. Die neue, aus der SFIO hervorgegangene Sozialistische Partei verband also ein linkes Programm mit einer linken Bündnisstrategie.

Die PS entwickelte sich in den siebziger und noch stärker in den achtziger Jahren zur unangefochten stärksten Partei der französischen Linken. Einen zentralen Einschnitt in der Parteientwicklung stellte der Wahlsieg Mitterrands bei der Präsidentschaftswahl 1981 und das Erreichen einer absoluten Mehrheit der Sitze für die PS in der darauffolgenden Parlamentswahl im Juni 1981 dar. Niemals waren die französischen Sozialisten vor 1981 über einen längeren Zeitraum an der Macht gewesen. Notwendigerweise mußte die ungewohnte Rolle als Regierungspartei die Identität der PS verändern (*Bergounioux/Grunberg* 1992, *Schäfer* 1989). Sie bildete eine loyale Stütze des aus ihren Reihen stammenden Staatspräsidenten und sicherte ihm und seinem Programm verläßliche parlamentarische Mehrheiten. Einen direkten Einfluß auf die Regierungsarbeit hatte die Partei jedoch kaum, zumindest sehr viel weniger als dies etwa bei bundesdeutschen Regierungsparteien der Fall ist. Ihre führenden Köpfe, die wichtigsten Vertreter ihrer verschiedenen Strömungen, waren in Ministerämter gerückt und damit der Kabinettsdisziplin unterworfen. Dies war solange unproblematisch, wie die politischen Grundorientierungen der Partei einerseits und des Staatspräsidenten und seiner Regierung andererseits übereinstimmten. Mit der 1982/83 vollzogenen Wende zu einer wirtschaftlichen Sparpolitik und der damit verbundenen Aufgabe des Vollbeschäftigungsziels und der Inkaufnahme hoher Arbeitslosigkeit änderte sich die Situation jedoch grundlegend. Die sozialistische Wirtschaftspolitik unterschied sich nur noch unwesentlich von der Wirtschaftspolitik einer Rechtsregierung, wie sie von 1986 bis 1988 von der rechten Regierungsmehrheit unter Premierminister Jacques Chirac betrieben wurde. So entstand erneut eine Glaubwürdigkeitslücke linker Politik auf einem zentralen Politikfeld – der Wirtschaftspolitik – zwischen einem linkskeynesianischen Programm und einer neoliberalen Praxis. Dies führte jedoch nicht zu Spannungen zwischen Partei und Regierung oder zu einer innerparteilichen Zerreißprobe. Desorientierung und vor allem Demotivierung ihrer aktiven Mitglieder waren die Folge (*Rey/Subileau* 1991).

Die neue Rolle als Regierungspartei

Programmatischer Kurswechsel – was bleibt vom Sozialismus?

Inzwischen hat die Partei durch die Ende 1991 erfolgte Verabschiedung einer pragmatisch orientierten Programmschrift („Programm für das Jahr 2000"), die die Notwendigkeit des wirtschaftspolitischen Kurswechsels erläutert, die Kluft zwischen programmatischem Anspruch und der Regierungspraxis wieder geschlossen. Allerdings hatte dies zur Konsequenz, daß die Wähler keine klar umrissenen Unterschiede zwischen den Sozialisten auf der einen und den gemäßigten Rechtsparteien auf der anderen Seite mehr erkennen konnten. In jüngster Zeit ist eher eine Rückkehr zu stärker staatsinterventionistischen Rezepten der Wirtschaftspolitik zu erkennen, was sich an ihrem Wahlprogramm 1997 ablesen läßt.

Eskalation interner Konflikte

Ihre internen Auseinandersetzungen drehten sich in den vergangenen Jahren häufig in erster Linie um Personalfragen, vor allem um die Frage des Parteivorsitzes und darum, wer die Partei in den nächsten Präsidentschaftswahlkampf führt. Kritiker wie der ehemalige Verteidigungsminister Jean-Pierre Chevènement sprechen von einer zunehmenden „Amerikanisierung" der PS. Damit ist die Entwicklung von einer an Inhalten orientierten Partei mit einer soliden Mitgliederbasis hin zu einer auf die Auswahl und Wahlkampfunterstützung von Kandidaten (v.a. Präsidentschaftsbewerbern) reduzierten Partei gemeint, die als lose verkoppelte, wenig strukturierte organisatorische Plattform für heterogene Interessen funktioniert.

Erneuerung und Rückkehr zur Macht

Die politisch-programmatische und auch organisatorische Krise wirkte sich auch auf die Wahlergebnisse der PS aus. In den achtziger Jahren war sie noch mit jeweils rund einem Drittel der Wählerstimmen scheinbar unangefochten die stärkste Partei Frankreichs und konnte von einer hegemonialen Position im französischen Parteiensystem träumen. Seit Ende der achtziger Jahre hat sich die Situation jedoch stark gewandelt. Die durch rund zehn Jahre Machtausübung stark veränderte und programmatisch ausgezehrte Partei erlebte – nicht zuletzt infolge von Parteienfinanzierungsskandalen und Korruptionsaffären – einen deutlichen Rückgang ihrer Stimmanteile und fand bei den Regionalwahlen 1992 und bei den Parlamentswahlen im März 1993 nur noch bei weniger als einem Fünftel der Wähler Zuspruch (18,3% bzw. 17,5% der abgegebenen Stimmen). Das katastrophale Europawahlergebnis der PS (14,5%) im Juni 1994 hat die Partei in die tiefste Krise seit ihrer Gründung gestürzt. Diese Wahlschlappe markierte das Ende eines Zyklus in der Parteientwicklung, der mit der Neugründung der Partei 1971 in Epinay begonnen hatte und ganz im Zeichen François Mitterrands stand.

Erneuerung und Rückkehr zur Macht

In überraschend kurzer Zeit gelang es der PS nach 1993, insbesondere nach dem guten Abschneiden ihres Kandidaten bei der Präsidentschaftswahl, mit 23,7% der Stimmen im 1. Wahlgang der Parlamentswahlen 1997 wieder zur stärksten französischen Partei zu werden und seit Juni 1997 mit Lionel Jospin erneut den Regierungschef zu stellen. Die Hervorhebung der Rolle des Staates im Kampf gegen Arbeitslosigkeit, Armut und soziale Ausgrenzung hat im Verbund mit einer linken Bündnisstrategie zum Triumph bei den vorgezogenen Parlamentswahlen 1997 entscheidend beigetragen, ebenso das Ende der Führungsquerelen (s.u.) und die persönliche Integrität und Glaubwürdigkeit ihres Spitzenkandidaten Lionel Jospin. Erneut war, wie vor 1981, ein programmatischer Linksruck in Kombination mit einer linken Bündnisstrategie ausschlaggebend für den Erfolg der PS. Allerdings hängt damit die Zukunft der Partei entscheidend davon ab, ob es ihr tatsächlich gelingt, in der Regierungsarbeit die Zwänge einer globalisierten Wirtschaft mit dem Anspruch, ein sozialstaatliches Modell zu erhalten und die gesellschaftlichen Spaltungstendenzen zu bekämpfen, in Einklang zu bringen.

Genau wie die SFIO war auch die PS von ihrer Mitgliederzusammensetzung her nie eine Arbeiterpartei. Vorherrschend sind Angehörige der neuen (lohnabhängigen) Mittelschichten, darunter v.a. Angestellte aus dem Öffentlichen Dienst und Beamte. Besonders stark sind Lehrberufe vertreten (Schul- und Hochschullehrer/innen).

Die organisatorische Schwäche der PS steht ganz in der Tradition des demokratischen Sozialismus in Frankreich. Auch die SFIO hatte in ihrer stärksten Periode (1946) lediglich ca. 350.000 Mitglieder und schrumpfte bis auf ca. 50.000 Mitglieder kurz vor ihrer Selbstauflösung. Die PS erreichte ihren Höhepunkt 1983 mit geschätzten 180.000 Mitgliedern (*Ysmal* 1994, 48). Anfang 1995 lag die Zahl der Mitglieder laut Aussage des nationalen Sekretariats der PS bei 103.000.[3]

Die organisatorische Schwäche des französischen Sozialismus

Für das interne Funktionieren der Partei ist ihre *Aufgliederung in einzelne Strömungen (courants)* zentral. Diese sind entsprechend ihrer Stärke (gemessen an dem Zuspruch, den ihre Leitanträge für Parteitage finden) in den Führungsgremien der Partei repräsentiert (Direktionskomitee, 131 Mitglieder, und Exekutivbüro, 27 Mitglieder).

Zentrale Bedeutung der Parteiströmungen

Die von 1971-1988 dominante Strömung, die die Geschicke der Partei mit wechselnden innerparteilichen Bündnispartnern lenkte, war diejenige Mitterrands. Sie bildete eine eher heterogene Koalition aus alten Weggefährten Mitterrands (Roland Dumas, Louis Mermaz, Pierre Joxe), aus Mitterrandisten der „zweiten Generation" (Lionel Jospin, Laurent Fabius), einer gemäßigten Strömung um den Ex-Premierminister und früheren Parteivorsitzenden Pierre Mauroy und schließlich einer linken Strömung um Jean Poperen.

Der langjährige innerparteiliche Rivale Mitterrands, Ex-Premierminister Michel Rocard, repräsentierte in der Vergangenheit eine Strömung innerhalb der PS, die sich sowohl aus der ideologischen Tradition der europäischen Sozialdemokratie wie auch aus dem Ideenreservoir der „Zweiten Linken" in Frankreich speist (Antietatismus, Selbstverwaltungssozialismus, Dezentralisierung, Öffnung in Richtung neuer Themen wie etwa Umweltschutz). Rocard war früher Parteiführer der linkssozialistischen PSU, führte jedoch 1974 eine Spaltung dieser inzwischen nicht mehr existierenden Partei herbei und trat mit seinen Anhängern der PS bei. Diese Strömung lehnte vor allem das jakobinische Modell eines starken und zentralistisch organisierten Staates, der mit Reformen „von oben" auf die Gesellschaft einwirkt, als einer hochkomplexen Industriegesellschaft nicht angemessen und unzeitgemäß ab. Sie kritisierte vor 1981 im Namen eines ökonomischen Realismus stets den „altlinken" Diskurs der Parteimehrheit, der auf Nationalisierungen der Industrie und schuldenfinanzierte Konjunkturprogramme setzte.

Die dritte Parteiströmung, die am besten organisiert und am weitesten links angesiedelt war, bildete das CERES *(Centre d'études, de recherches et d'éducation*

---

[3] Le Monde v. 17.10.1995, S. 7; zum Vergleich: die SPD gibt ihre Mitgliederzahl für 1994 mit 850.000 an, s. Stuttgarter Zeitung v. 6.4.1996, S. 5.

socialiste). Sie war einem jakobinisch-republikanischen Modell des Sozialismus mit einem nach innen und außen starken Staat verpflichtet. Ab 1984 nannte sich diese Strömung „Socialisme et République". Ihr Wortführer war der ehemalige Industrie-, Bildungs- und Verteidigungsminister Jean-Pierre Chevènement.

Das Ende des Mitterrand-Flügels

Das Ende der Ära Mitterrand – und damit der Dominanz des Mitterrand-Flügels innerhalb der Partei – hat die PS einer entscheidenden Klammer beraubt, die ihre Strömungsrivalitäten bis dahin begrenzen konnte (*Bell/Criddle* 1994, 129). Seit seiner Wiederwahl zum Staatspräsidenten 1988 schwand Mitterrands Einfluß auf die PS und auf seine eigene Mehrheitsachse innerhalb der Partei. Danach haben sich nicht nur die Auseinandersetzungen zwischen den Strömungen verstärkt, sondern das strömungsförmig organisierte Innenleben der PS hat insgesamt einen tiefgreifenden Wandel erfahren.

Zunächst ist die Mitterrandströmung schrittweise auseinandergebrochen. Für diese Entwicklung waren kaum inhaltliche Differenzen ursächlich. Vielmehr standen Personalfragen im Vordergrund, so die Frage, wer den Parteivorsitz übernehmen soll und wen die PS als Nachfolgekandidaten für Mitterrand in den Präsidentschaftswahlkampf 1995 schicken würde. Laurent Fabius, der Parteivorsitzender werden wollte, um eine Präsidentschaftskandidatur vorzubereiten, sah sich auf dem Parteitag der Sozialisten in Rennes 1990 einer Koalition zwischen Jospin- und Mauroy-Anhängern gegenüber. Damit war das Ende des Mitterrand-Flügels endgültig besiegelt. Auf diesem denkwürdigen Parteitag wurde praktisch nicht über Inhalte, sondern fast ausschließlich über Personalfragen geredet. Der Parteitag war nicht in der Lage, eine neue Führungsspitze zu bestimmen und endete in einem Desaster, das dem Ansehen der Partei schweren Schaden zugefügt hat. Die Besetzung der Führungsgremien wurde erst nach dem Parteitag zwischen den Parteiströmungen ausgehandelt.

Die Strömung Jean-Pierre Chevènements ist inzwischen vollständig von der Bildfläche verschwunden. Aufgrund zunehmender Differenzen mit der Parteiführung und den sozialistischen Regierungen Michel Rocards, Edith Cressons und Pierre Bérégovoys Ende der achtziger und in den frühen neunziger Jahren (Kritik an deren liberaler Wirtschaftspolitik, am Golfkriegsengagement Frankreichs sowie an der Europapolitik) verließ Chevènement die PS und gründete eine eigene politische Formation, das *Mouvement des citoyens.*

Das Ende der Hegemonie des ehemaligen Mitterrand-Flügels eröffnete zunächst Michel Rocard neue Chancen. Er bildete mit Fabius 1992 eine taktische Koalition, die Fabius den Posten des Parteivorsitzenden brachte und Rocard die innerparteiliche Designierung als „virtueller" Kandidat der PS für die Präsidentschaftswahl 1995. Das schlechte Abschneiden der PS bei der Parlamentswahl 1993 ausnutzend, gelang es Michel Rocard dann, in einer Art „Palastrevolution" die Parteispitze um Laurent Fabius zu stürzen und die Führung der Partei zu übernehmen. Doch das gleiche Schicksal ereilte ihn selbst: Michel Rocard wurde die Verantwortung der politischen Niederlage der PS bei den Europawahlen 1994 aufgebürdet und er wurde ebenfalls gestürzt. Damit stand die PS kurz vor den Präsidentschaftswahlen 1995 ohne Kandidat für das höchste Amt im Staate da. Sie konnte, nachdem der langjährige Präsident der EU-Kommission, Jacques Delors, auf die ihm angetragene Kandidatur verzichtet hatte, erst wenige Monate vor der Präsidentschaftswahl mit dem früheren Parteivorsitzenden von 1981 bis

1988, Lionel Jospin, einen Kandidaten designieren. Erstmals in der Parteigeschichte wurde diese zentrale Frage per Mitgliederentscheid (3.2.1995) entschieden, in dem sich Jospin gegenüber seinem vom Fabius-Flügel unterstützen Rivalen, dem seit 1994 amtierenden Parteivorsitzenden Henri Emmanuelli, mit einer Zwei-Drittel-Mehrheit durchsetzen konnte.

Das mit 47,4% im zweiten Wahlgang über Erwarten gute Abschneiden Jospins bei der Präsidentschaftswahl 1995 hat seinen Führungsanspruch innerhalb der politischen Linken und auch in seiner eigenen Partei begründet. Um letzteren noch solider abzustützen, übernahm er im Herbst 1995 die Parteiführung, wobei er sich wiederum per Mitgliederentscheid den Rücken stärken ließ – diesmal allerdings ohne Gegenkandidat. Diese dreifache Legitimation Jospins als Führungsfigur der Sozialisten – durch den Mitgliederentscheid zugunsten seiner Präsidentschaftskandidatur, durch sein unerwartet gutes Abschneiden als Präsidentschaftsbewerber und durch den erneuten Mitgliederentscheid, der ihn zum Parteivorsitzenden machte – hat das Führungsproblem innerhalb der PS gelöst und den Weg zum Wiedererstarken der PS geebnet. Jospin versucht eine Linie zu verfolgen, die ein gewisses Gleichgewicht der Parteiflügel bewahrt, ohne selbst einen dominanten Flügel konstituieren zu wollen.

Das Zerfallen der Partei in unterschiedliche Strömungen mit ihren jeweiligen Netzwerken, Publikationen und Veranstaltungen wurde zwar wiederholt kritisiert und ist Anlaß parteiinterner Unzufriedenheit (*Rey/Subileau* 1991). Die Existenz dieser Strömungen wurde jedoch auch anläßlich der Änderung der Parteisatzung im Mai 1992 nicht angetastet. Die hartnäckige Fortexistenz von organisierten Strömungen ist ein Indikator für die „Präsidentialisierung" der Partei, d.h. ihre Anpassung an die Funktionslogik der Institutionen der V. Republik. Denn die zentralen Strömungen der Partei organisierten sich jeweils um potentielle Präsidentschaftsbewerber. Eine Ausnahme davon bildet die innerparteilich nicht mehrheitsfähige „Gauche socialiste" um Jean-Luc Mélenchon. Sie nimmt gewissermaßen den durch die Abspaltung des linksjakobinischen Flügels um Jean-Pierre Chevènement freigewordenen Platz am linken Rand der PS ein, ohne allerdings dessen Jakobinismus und (National-) Staatsgläubigkeit zu teilen.

Die Parteimitglieder sind v.a. in geographisch gegliederten Sektionen organisiert (Gemeinde, Kanton). Weniger Gewicht kommt dagegen den sozialistischen Betriebsgruppen sowie den Universitätssektionen zu. Die Sektionen werden auf Departementsebene zu Föderationen zusammengefaßt. Die Föderationskongresse wählen – nach Strömungsproporz – die Delegierten für die höchste nationale Parteiinstanz, den Parteitag. Die drei mit Abstand stärksten Föderationen sind diejenigen der Departements Nord, Pas-de-Calais und Bouches-du-Rhône.

Die Wählerschaft der PS ähnelt dem Bevölkerungsdurchschnitt weit stärker als diejenige sowohl der alten SFIO als auch diejenige anderer französischer Parteien. Die PS hat sich also auf der Wählerebene zu einer „Volkspartei" (auch als „parti attrape-tout" bzw. „catch-all party" bezeichnet) entwickelt und hat von Wahl zu Wahl weniger soziale Besonderheiten aufzuweisen (*Grunberg/Chiche* 1995, 193). Ihre Wählerschaft setzt sich überwiegend aus Lohnabhängigen zusammen, v.a. aus den neuen Mittelschichten. Bei Landwirten, den alten Mittelschichten (Kleingewerbetreibende, Kleinhändler usw.) und bei Angehörigen freier Berufe dagegen ist die PS unterrepräsentiert.

Wählerbasis einer „Volkspartei"

Ihre geographische Verankerung ist ebenfalls gleichmäßiger als diejenige der SFIO. Zwar hat auch die PS ihre Hochburgen im Norden, im Südwesten und im Norden des Zentralmassivs. Sie konnte aber die traditionelle Schwäche der SFIO im Osten (Elsaß, Lothringen) und im Westen (Bretagne, Pays de la Loire) überwinden (*Ysmal* 1989, 240ff.).

Es gelang der PS in der Vergangenheit kaum, ihre Wählerschaft zu stabilisieren und an sich zu binden. Wahlresultatsschwankungen bei Parlamentswahlen zwischen 38% 1981 und 17,5% 1993 verdeutlichen dies. Die Erfahrungen als Regierungspartei haben zu Verlusten bei Wählern vor allem aus den unteren sozialen Schichten geführt (s. Tabelle 5), während sie bei leitenden Angestellten und Freiberuflern nach 1981 Gewinne erzielen konnte.

1.2.3.3 Das Parteienbündnis UDF

Die liberalkonservative UDF *(Union pour la Démocratie Française)* stellt ein lockeres Parteienbündnis dar, in dem die Eigenständigkeit der Einzelparteien gewahrt bleibt. Sie wurde 1978 zur Unterstützung des damaligen Staatspräsidenten Valéry Giscard d'Estaing gegründet. Zum einen sollte sie diesem den notwendigen parlamentarischen Rückhalt gewährleisten. Gleichzeitig sollte sie den früher dominierenden Einfluß der Gaullisten innerhalb der französischen Rechten beschränken und ausgleichen.

UDF – ein fragiles Parteienbündnis

Aufgrund der fortbestehenden Eigenständigkeit (und Rivalität) der die UDF konstituierenden Parteien war diese von Beginn an ein fragiles Gebilde. Entgegen vielen Erwartungen hat sie jedoch die Abwahl ihres Staatspräsidenten 1981 und den Wechsel in die Oppositionsrolle politisch überlebt. Doch war sie weder während der achtziger Jahre noch ist sie heute von internen Spannungen und Konflikten frei, ja die zentrifugalen Kräfte haben in jüngerer Zeit eher zugenommen. Zwei zentrale Fragen standen im Mittelpunkt der Auseinandersetzung: die Haltung gegenüber der rechtsextremen *Front National* und vor allem die Frage des geeigneten Präsidentschaftsbewerbers.

Nach der Wahlniederlage der Rechten im Jahre 1988 erlebte das Parteienbündnis eine doppelte Krise: Zum einen versuchte die jüngere Generation – vergeblich – innerhalb der Führungsriege gemeinsam mit ihren jüngeren Kollegen von der RPR einen Generationswechsel im politischen Personal der Rechten herbeizuführen. Zum anderen bildete die christdemokratisch-zentristische Komponente der UDF in der Nationalversammlung eine eigene Fraktion und stellte somit den Zusammenhalt der UDF als Oppositionspartei ernsthaft in Frage.

Ein existenzgefährdendes Problem tauchte für die Parteienkonföderation UDF jedoch auf, als es ihr nicht gelang, einen glaubwürdigen und aussichtsreichen Bewerber für die Präsidentschaftswahl 1995 in ihren Reihen zu finden. Die bislang wichtigste Einzelpartei der UDF, die *Parti républicain* (PR), unterstützte unter der Führung von François Léotard die Bewerbung des gaullistischen Premierministers Edouard Balladur. Auch die zweitwichtigste Gruppierung, die christdemokratischen Zentristen (*Centre des démocrates sociaux*, nach der Präsidentschaftswahl in *Force démocrate* umbenannt) trugen die Kandidatur Balladurs mit. Wichtige Einzelpersonen, wie etwa der Vizepräsident der PR, Alain Madelin, auch Valéry Giscard d'Estaing und sein Vertrauter, der jetzige Außenminister Hervé de Charette, unterstützten allerdings Jacques Chirac. Die Unfähigkeit der UDF, einen eigenen Kandidaten der liberalkonservativen Mitte zu präsentieren, mußte zwangsläufig auch ihre Machtstellung innerhalb der rechten Regierungsmehrheit gegenüber den Gaullisten als Partei des Präsidenten schwächen.

Ähnlich wie für die PS schließt sich auch für die UDF ein Zyklus, der mit ihrer Gründung 1978 begann und auf das engste mit einer Führungsfigur verbunden war, nämlich mit dem Ex-Staatspräsidenten Valéry Giscard d'Estaing. Dessen Ablösung an der Spitze der UDF im April 1996 durch François Léotard leitete zwar einen Generationenwechsel ein, löste aber keineswegs die Führungsfrage innerhalb der UDF. Denn eine Absprache zwischen François Léotard und François Bayrou, dem derzeitigen Erziehungsminister der Regierung Juppé und Parteivorsitzenden der Zentrumspartei *Force démocrate*, sieht einen möglichen Wechsel an der Führungsspitze der UDF in den nächsten Jahren vor. Beide Politiker haben Ambitionen auf das höchste Staatsamt, so daß alle zwischen- und innerparteilichen Entwicklungen in der Parteienkonföderation UDF schon heute im Schatten der nächsten Präsidentschaftswahlen stehen, die regulär im Jahre 2002 stattfinden werden. Die Niederlage bei den Parlamentswahlen hat die zentrifugalen Kräfte innerhalb der UDF noch verstärkt. Die Koexistenz einer liberalen und einer zentristisch-christdemokratischen Komponente der UDF könnte im Zuge der Restrukturierung der gemäßigten Rechten in Frage gestellt werden.

Die PR (Parti républicain)

Die Republikanische Partei (*Parti républicain*, PR) ist die stärkste Kraft innerhalb der UDF und bildet deren liberalen Bestandteil. Allerdings war die PR nie eine Mitgliederpartei. Ihre Mitgliederzahl wird auf 15.000 (*Charlot* 1992, 27) bis 25.000 (*Ysmal* 1994, 49) geschätzt. Die PR ist 1977 als Nachfolgepartei der Unabhängigen Republikaner *(Républicains Indépendants)* entstanden. Diese hatten sich 1962 vom konservativen *Centre National des Indépendants* (CNI), das gegen die Institutionen der V. Republik opponierte, abgespalten, um eine Koalition mit den Gaullisten zu bilden. Die Unabhängigen Republikaner konnten ihr politisches Gewicht im Laufe der Zeit unter ihrem Parteiführer Giscard d'Estaing (damals Wirtschafts- und Finanzminister) auf Kosten der Gaullisten steigern. Ideologisch verband die Partei Giscards den ökonomischen Liberalismus der traditionellen Rechten mit einem technokratischen Modernismus zur dynamischen Umwandlung der Wirtschaftsstruktur und einem proeuropäischen Credo.

Die schwache Organisation der weitgehend auf lokale Honoratioren gestützten Partei erlaubte es dieser aber nicht, sich als dominierende Kraft und als Kristallisationskern der nichtgaullistischen Rechten zu etablieren. Nach dem Rücktritt des gaullistischen Premierministers Jacques Chirac 1976 und der zunehmenden Kritik der Gaullisten an der Politik des Staatspräsidenten Giscard erkannte die neugegründete PR, daß sie alleine nicht das notwendige politische Gewicht in die Waagschale werfen konnte, um dem Präsidenten als parlamentarische Stütze gegen die Opposition sowie innerhalb der Mehrheit als Gegengewicht gegenüber dem Koalitionspartner RPR zu dienen. So entschloß sich die PR zur Mitbegründung der UDF als *parti du président*.

PR – eine Honoratiorenpartei

Die *Parti républicain* ist in jüngerer Zeit im Strudel schwerer Parteifinanzierungsskandale in die Krise geraten. Diese wurde durch das Fehlen eines klaren politisch-programmatischen Profils und durch die Unterstützung des unterlegenen Präsidentschaftsbewerbers E. Balladur 1995 noch verstärkt. Ihren Ultraliberalismus der achtziger Jahre hatte sie nach 1988 gedämpft, er dürfte aber erneut an Bedeutung gewinnen, da mit Alain Madelin ein ultraliberaler Politiker mit populistischen Akzenten nach der Wahlschlappe 1997 als Parteivorsitzender designiert ist.

Ein besonderes Problem für die PR stellt ihr Verhältnis zur *Front National* dar, da sich viele PR-Abgeordnete im Südosten Frankreichs von erstarkenden rechtsextremen Kandidaten in ihren Wahlkreisen bedroht sehen. Wenn es eine kompromittierende Annäherung zwischen der gemäßigten und extremen Rechten in Frankreich in Zukunft geben sollte, dann am ehesten eingeleitet von Teilen der PR.

Force démocrate (FD)/CDS (Centre des démocrates sociaux)

<small>Die christdemokratische Komponente des Parteiensystems</small>

Force démocrate entstand im November 1995 als Neugründung der CDS (*Centre des démocrates sociaux*), der sich auch die kleine, wenig bedeutsame Parti social-démocrate (PSD) angeschlossen hat. *Force démocrate* ist also im wesentlichen identisch mit ihrer Vorläuferpartei CDS. Allerdings verzichtete die neue Partei bewußt auf die christdemokratische Etikettierung der CDS und versteht sich als laizistische Kraft.

Das 1976 gegründete Zentrum der sozialen Demokratie (*Centre des démocrates sociaux*, CDS) verkörperte die christdemokratische und „zentristische" Tradition der politischen Mitte innerhalb der UDF. Die CDS war die indirekte Nachfolgepartei der während der IV. Republik sehr bedeutsamen christdemokratischen MRP (*Mouvement républicain populaire*). Ihr Selbstverständnis und politisches Profil als nichtgaullistische Partei der Mitte mit christdemokratisch-sozialreformerischen Akzenten erlaubte der CDS keine bedeutende eigenständige Position im bipolaren Parteiensystem. Ihre direkte Vorläuferpartei, das *Centre démocrate* unter Führung von Jean Lecanuet, unterstützte seit 1974 den Staatspräsidenten Giscard d'Estaing und stellte Minister in der Regierung Chirac. Die Option einer politischen Strategie der Mitte und einer Abgrenzung zur Rechten war für die CDS zeitweise recht attraktiv. So bewarb sich der der CDS nahestehende frühere Premierminister Raymond Barre 1988 um das Amt des Staatspräsidenten, spaltete somit die Rechte und hoffte, Wähler der politischen Mitte ansprechen zu können. Seine Kandidatur erwies sich mit nur 16,5% der Stimmen im ersten Wahlgang allerdings als ein Mißerfolg. Gleiches gilt für die Aufstellung einer eigenständigen Liste unter Führung von Simone Veil zur Europawahl 1989, die lediglich 8,4% der Stimmen erringen konnte. Nach den Parlamentswahlen 1988 bildete die CDS über die gesamte Legislaturperiode eine eigenständige Fraktion in der Nationalversammlung, die *Union du centre* (UDC). Sie unterstützte fallweise die sozialistische Minderheitsregierung, die aus Gründen der Mehrheitsbeschaffung eine – allerdings sehr begrenzte – Öffnung zur Mitte vollzog. Diese „Ouverture" der CDS zur Mitte und zur damals regierenden Linken wurde 1993 mit der Rückkehr der gemäßigten Rechten an die Macht beendet. Die CDS unterstützte 1995 Edouard Balladur als Präsidentschaftsbewerber.

Hauptziel der neugegründeten *Force démocrate* ist eine Verbreiterung der politischen Mitte über den Einflußbereich der CDS hinaus. Die proeuropäischen Kräfte dieser politischen Mitte sollen über die Grenzen der Links-Rechts-Trennlinie hinweg um den Pol der *Force démocrate* gesammelt werden und so eine solide Basis für eine Präsidentschaftskandidatur des ambitionierten Parteivorsitzenden Bayrou im Jahre 2002 bilden.

Die Radikale Partei (Parti radical)

Die 1901 gegründete Radikale Partei (damals *Parti républicain, radical et radical-socialiste*) ist die älteste der heute noch bestehenden Parteien Frankreichs. Sie war die klassische und zentrale Partei der III. Republik. Es handelt sich um eine bürgerlich-liberale Honoratiorenpartei, die die Prinzipien eines republikanisch-laizistischen Staates vertritt. Als Partei mit sehr geringer Mitgliedschaft, sehr schwach entwickelten Organisationsstrukturen, lokaler Verankerung und einem stark entwickelten Individualismus ihrer Mitglieder und Mandatsträger verkörpert sie geradezu modellhaft den vormodernen Typus der französischen Honoratiorenpartei. Schon in der IV. Republik setzte ihr Niedergang ein. Der Bipolarisierungstrend der V. Republik führte zu ihrer Spaltung und zu einem weiteren Einflußverlust. Ihr ehemaliger linker Flügel steht seit 1973 zunächst unter dem Namen *Mouvement des radicaux de gauche* (MRG) eng mit der PS in Verbindung. Der rechte Flügel war viel zu klein und unbedeutend, um als eigenständige Partei überleben zu können, und beteiligte sich 1978 an der Gründung der UDF.

Parti radical – lange Tradition, schwindende Bedeutung

Neben diesen drei Hauptbestandteilen gehören bzw. gehörten der UDF noch kleinere, weitgehend bedeutungslose politische Gruppierungen an, z.B. die *Parti social-démocrate*, PSD, die sich *Force démocrate* anschloß, sowie die 1995 neugegründete *Parti populaire pour la démocratie française* (PPDF). Bei ihr handelt es sich um eine innerhalb der UDF wenig bedeutsame Gruppierung der letzten treuen Anhänger Giscard d'Estaings unter der Führung des amtierenden Außenminister Hervé de Charette, in die auch die giscardistischen *Clubs Perspectives et Réalités* eingegangen sind. Ihre hochtrabende Bezeichnung als „Volkspartei" („Parti populaire") kann nicht über ihre geringe Anhängerschaft hinwegtäuschen. Außerdem gibt es die Möglichkeit, der UDF direkt anzugehören, ohne einem ihrer Bestandteile beizutreten. Diese direkten Mitglieder der UDF besitzen innerhalb des Parteienbündnisses jedoch wenig Gewicht.

Es handelt sich bei der UDF demnach um ein komplexes und fragiles Gebilde ohne Massenmitgliedschaft, ohne großen Parteiapparat, aber mit guter lokaler Verankerung ihrer Mandatsträger. Programmatisch fällt es ihr momentan schwer, sich vom Regierungskurs Chiracs und seines Premierministers Alain Juppé deutlich abzusetzen. In der Vergangenheit versuchte sie dies dadurch, daß sie stärker als die RPR Wähler der politischen Mitte anzusprechen suchte, eine proeuropäische Linie als Markenzeichen betrachtete und sich die Dezentralisierung und deren Verteidigung gegen gaullistische Jakobiner auf ihre Fahnen schrieb.

Die Wählerklientel der UDF ist diejenige einer klassischen Partei der gemäßigten Rechten. Überrepräsentiert sind Angehörige freier Berufe, Selbständige, höhere Angestellte und generell Bezieher hoher Einkommen.

1.2.3.4 Die RPR

RPF – Kampf gegen die IV. Republik

Die heutige gaullistische Partei, die RPR *(Rassemblement pour la République)*, ist nicht die erste Partei, die sich auf General de Gaulle beruft. Im Jahr 1947, nach seinem im Vorjahr erfolgten Rücktritt vom Amt des Premierministers der provisorischen Regierung Frankreichs, gründete de Gaulle die RPF *(Rassemblement du peuple français)*. Sie sollte ihm als Werkzeug dienen, die Institutionen der IV. Republik (starkes Parlament, schwache Exekutive) zu bekämpfen. Die RPF nannte sich bewußt „Sammlungsbewegung" und nicht Partei. Sie bekämpfte ja gerade das „Regime der Parteien", das sie in der IV. Republik verkörpert sah – fälschlicherweise, denn nicht die Allmacht der Parteien, sondern diejenige des Parlaments verbunden mit der Schwäche der Parteien bildete deren grundlegendes Strukturproblem. Die RPF löste sich jedoch 1955 praktisch wieder auf, nachdem deutlich geworden war, daß sich die IV. Republik nicht mittels einer gaullistischen Massenbewegung – es handelte sich bei der RPF im Gegensatz zu späteren gaullistischen Parteien tatsächlich um den Typus einer Massenpartei *(Charlot* 1970, 63) – aus den Angeln heben lassen würde. De Gaulle zog sich aus dem politischen Geschehen zurück. Erst die durch den eskalierenden Algerienkrieg ausgelöste Regimekrise der IV. Republik und die Gefahr eines Bürgerkrieges brachten de Gaulle 1958 die Gelegenheit, eine nach seinen Vorstellungen maßgeschneiderte Verfassung durchzusetzen.

Aufstieg der gaullistischen Partei

Aber auch im politischen System der V. Republik war für de Gaulle die Herrschaftsausübung ohne das Instrument einer starken Regierungspartei unmöglich. Die zur bedingungslosen Unterstützung seiner Politik und zur Verteidigung der Institutionen der V. Republik gegründete UNR *(Union pour la nouvelle République*, später UDR) entwickelte sich innerhalb eines Jahrzehnts zur (wähler-)stärksten Partei Frankreichs und zur hegemonialen Kraft der Rechten. Durch ihre Erfolge und aufgrund ihrer stabilen Mehrheiten gemeinsam mit dem kleinen Koalitionspartner der Unabhängigen Republikaner bewies die gaullistische Partei, daß starke Parteien nicht nur keine Gefahr für das Funktionieren der französischen Demokratie darstellen, sondern im Gegenteil eine funktionale Voraussetzung dafür bilden.

Die Stärke der gaullistischen Partei beruhte zu Beginn der V. Republik zuvörderst auf der charismatischen Ausstrahlung Charles de Gaulles. Sie entwickelte jedoch rasch eine von der Person des Generals unabhängige Attraktivität für die Wähler und Wählerinnen. So konnte sie das Abtreten de Gaulles von der politischen Bühne 1969 überleben, auch wenn sie ihre Stellung als dominierende Rechtspartei schrittweise verlor.

Organisierter Gaullimus nach de Gaulle?

Eine Orientierungskrise für die gaullistische Partei, die seit 1958 immer die Partei des Staatspräsidenten war, brachte die Wahl des ersten Nicht-Gaullisten – Valéry Giscard d'Estaing – zum Staatspräsidenten mit sich. Der Zwang zur Neudefinition ihrer politischen Rolle und die damit verbundene parteiinterne Krise führte 1976 zur Gründung einer neuen gaullistischen Partei, der RPR unter Leitung von Jacques Chirac.

Die RPR unterscheidet sich sowohl programmatisch als auch organisatorisch von ihrer Vorläuferpartei. Die UDR hatte in ihren programmatischen Stellungnahmen (ein Parteiprogramm wurde nie erarbeitet) und in der Politik des Präsidenten eine starke Rolle des Staates nach außen und innen unterstützt. Nach außen in Form einer auf nationale Unabhängigkeit bedachten Außen-, Sicherheits- und Europapolitik, die eine „gewisse Idee Frankreichs" (De Gaulle) zu verwirklichen trachtete und deren wichtigstes Symbol die eigene Atomstreitmacht *(Force de frappe)* wurde. Nach innen fiel dem Staat eine bedeutende Rolle bei der Modernisierung der Wirtschaftsstruktur, in der Industrie- und Technologiepolitik sowie auch im Bereich der inneren Sicherheit zu. Außerdem waren die Vorläufer der RPR bemüht, sich ein fortschrittliches sozialpolitisches Profil zu geben, um sich von der traditionellen Rechten abzugrenzen.

Die RPR unterscheidet sich von ihren Vorläufern vor allem auf wirtschaftspolitischem Gebiet. Mit ihrer neoliberalen Wende der achtziger Jahre nahm sie Abschied von Vorstellungen einer starken und dirigistischen Rolle des Staates im Wirtschaftsgeschehen, setzte in ihrer Regierungszeit 1986-1988 und seit 1993 eine ganze Reihe von Privatisierungen von Staatsunternehmen durch und betrieb die Deregulierung und Liberalisierung von geschützten Märkten oder Monopolen, etwa im Telekommunikationsbereich oder auch im Luftverkehr. Auch wurde die außenpolitische Haltung im Verlauf der achtziger Jahre proeuropäischer als zuvor. Mit diesem veränderten programmatischen Profil sprach sie die Wählerklientel der traditionellen Rechten an und verlor die Volkspartei-Merkmale der UNR/UDR. Nach dem Verlust der Regierungsmehrheit 1997 scheint die RPR sich unter der Führung von Philippe Séguin erneut einem Gaullismus mit sozialen Akzenten zu nähern, der das gaullistische Profil in der Frühphase der V. Republik prägte.

Organisatorisch unterscheidet sich die RPR von ihren Vorläufern (abgesehen von der RPF) dadurch, daß sie mit einem gewissen Erfolg versuchte, ihre Mitgliederbasis auszuweiten und einen schlagkräftigen Parteiapparat aufzubauen. Die UDR hatte sich dagegen erst seit 1967 verstärkt um Mitgliederzuwachs bemüht. Die einzige verläßliche Untersuchung über die Mitgliederzahl der RPR – beruhend auf einer Einsichtnahme in die nationale Mitgliederkartei – ergab für 1986 eine Zahl von 98 000 Mitgliedern und wies eine sehr hohe Mitgliederfluktuation nach. Vor 1981 hatte die RPR dieser Untersuchung zufolge kaum 50 000 Mitglieder *(Ysmal* 1989, 163ff.).

<small>Organisatorische Stärkung</small>

Die RPR ist wie die UNR/UDR strikt zentralistisch und hierarchisch organisiert. Innerparteiliche Macht und zentrale Entscheidungsprozesse konzentrieren sich an der Parteispitze, die Stellung des Parteivorsitzenden gegenüber anderen Parteiinstanzen ähnelt derjenigen des Staatspräsidenten im Regierungssystem der V. Republik *(Charlot* 1993, 249). Der im dreijährigen Rhythmus stattfindende Parteitag *(assises nationales)* diente bis in die jüngste Zeit lediglich der Akklamation der Parteispitze und nicht der Diskussion über politische Alternativen.

Eine bedeutsame Änderung im internen Funktionieren der RPR trat nach dem Scheitern Jacques Chiracs als Präsidentschaftskandidat 1988 und den anschließenden parteiinternen Auseinandersetzungen ein. Seit 1988 ist das Recht, innerparteiliche Strömungen zu bilden, offiziell anerkannt. Auf dem Parteitag im Februar 1990 stimmten die Delegierten erstmals über zwei verschiedene Leitanträge ab. Somit wurde Raum geschaffen für eine zuvor praktisch inexistente innerparteiliche Demokratie. Die Minderheitsströmung um Philippe Séguin (derzeit RPR-Fraktionsvorsitzender) und Charles Pasqua (Innenminister der Regie-

<small>Das Ende der Parteieinheit</small>

rung Balladur) verkörpert das Bemühen um eine Rückkehr zu den gaullistischen Wurzeln, sowohl was die Wirtschafts- und Sozialpolitik anbelangt als auch in der stärkeren Betonung der Rolle des Nationalstaates und der daraus resultierenden Kritik an der supranationalen Integration im Rahmen der Europäischen Union. P. Séguin und C. Pasqua gehörten zu den Wortführern der Maastricht-Gegner in Frankreich und haben die europakritische Tradition der Gaullisten erneut belebt.

Die Präsidentschaftswahl 1995 hat für die Gaullisten – und für die französische Politik überhaupt – zu einer völlig neuen Situation geführt, nämlich zu einer Konkurrenz von zwei aussichtsreichen gaullistischen Kandidaten um das höchste Staatsamt. Der langjährige Parteiführer Jacques Chirac (20,8% im 1. Wahlgang), der die Unterstützung des Parteiapparates und weiter Teile der Partei besaß, war gezwungen, sich im Wahlkampf programmatisch vom damaligen Regierungschef und Konkurrent Edouard Balladur (18,6%) abzusetzen. Er betonte stark die soziale Komponente des Gaullismus und das vorrangige Ziel der Überwindung der Massenarbeitslosigkeit und versprach, die wachsenden sozialen Spaltungen der Gesellschaft zu bekämpfen. Durch dieses Profil bot er gleichzeitig der innerparteilichen Minderheit und Vertretern einer „anderen Politik" um Philippe Séguin weniger inhaltliche Angriffsflächen und wurde auch von diesem unterstützt.

Als Folge dieser Strategie gelang es Chirac, in Wählerschichten vorzudringen, die nicht zur traditionellen Wählerklientel der Gaullisten gehören: Seine hohen Stimmenanteile bei jungen Wählern und sein im Vergleich zu Balladur besseres Abschneiden bei Arbeitern und kleinen Angestellten haben ihm den Wahlsieg gesichert (*Jaffre* 1995, 163), aber auch seine Politik mit hohen Erwartungen an einen politischen Wandel und eine aktive Beschäftigungspolitik belastet. Dies trug maßgeblich zur Niederlage bei den Parlamentswahlen 1997 bei.

Mit dieser Ausweitung der sozialen Basis eines gaullistischen Kandidaten konnte Chirac an die Erfolge der gaullistischen UNR/UDR in der Anfangsphase der V. Republik anknüpfen. Die Wählerschaft der UNR/UDR entsprach weitgehend dem Bevölkerungsdurchschnitt, was der gaullistischen Partei einen Volksparteicharakter verlieh. Lediglich Frauen waren überrepräsentiert. Die Wählerschaft der RPR besitzt dagegen das Profil der traditionellen Klientel von Rechtsparteien. Ihre Wähler haben ein höheres Durchschnittsalter als die Gesamtheit der Wahlberechtigten. Sie ist bei Bauern, Unternehmern, Handwerkern, Kleingewerbetreibenden und leitenden Angestellten deutlich überrepräsentiert, bei kleinen Angestellten und noch mehr bei Arbeitern deutlich unterrepräsentiert (s. Tabelle 5).

Da der neue Staatspräsident und seine Regierung 1995-1997 wenig Neigung zeigten, die „linken" Akzente der Wahlkampagne in eine entsprechende Politik umzusetzen, erwies sich auch die Verbreiterung der sozialen Basis des Gaullismus als nur vorübergehend. Bei Arbeitern, kleinen Angestellten, Jugendlichen und bei sozial benachteiligten Personen mußte die gemäßigte Rechte 1997 bei den Parlamentswahlen herbe Verluste hinnehmen.

In der Mitgliedschaft der RPR sind Frauen im Vergleich zu anderen Parteien etwas stärker vertreten (ca. 37%), es dominieren die Mittelschichten, wobei vor allem kleine Selbständige (Handwerker, Händler, Freiberufler) stark vertreten sind. Arbeiter und kleine Angestellte dagegen sind deutlich unterrepräsentiert. Die Hälfte der Parteimitglieder ist älter als 50 Jahre, während die Partei für Angehörige der jüngeren Generation wenig attraktiv zu sein scheint (*Ysmal* 1989, 204ff.).

1.2.3.5 *Ökologische Parteien:* Les Verts *und* Génération écologie

Eine Umweltschutz- und Anti-AKW-Bewegung sowie ökologische Wahllisten tauchten in Frankreich schon in der ersten Hälfte der siebziger Jahre auf – früher als in der Bundesrepublik. Der erste große Wahlerfolg ließ jedoch auf sich warten. Die Partei *Les Verts* entstand im Jahre 1984 nach einer langen Vorgeschichte von Umweltpartei- und -verbandsgründungen, -spaltungen und -fusionen (*Bennahmias/Roche* 1992). Nach einigen Achtungserfolgen (3,4% bei der Europawahl 1984 und 3,78% 1988 für den grünen Kandidaten für das Staatspräsidentenamt, Antoine Waechter), gelang den Grünen der politische Durchbruch im Jahr 1989. Bei den Kommunalwahlen im März errangen Vertreter der Grünen insgesamt ca. 600 Sitze in Gemeinderäten und weitere 700 Umweltschützer fanden auf anderen Listen den Weg in die Kommunalparlamente. Die von Antoine Waechter geführte grüne Liste zur Europawahl errang mit 10,6% gar ein deutlich besseres Ergebnis als die deutschen GRÜNEN. Das in den letzten Jahren in Frankreich deutlich gewachsene Umweltbewußtsein, die Defizite sozialistischer Politik nach 1981 im Umweltschutzbereich und die weitverbreitete Unzufriedenheit mit der damaligen Regierungspartei PS begünstigten die ersten Wahlerfolge der Grünen.

<small>Der späte Erfolg der politischen Ökologie</small>

Im Vorfeld der Regional- und Kantonalwahlen (d.h. Wahlen zu den Departementsräten) vom März 1992 erwuchs den Grünen Konkurrenz durch die Gründung einer zweiten ökologischen Formation, der *Génération écologie*. Diese wurde vom damaligen Umweltminister Brice Lalonde ins Leben gerufen und ist aufs engste mit seiner Person verknüpft. Bei den Regionalwahlen kam *Génération écologie* auf Anhieb auf 7,1%. Damit überflügelte sie die Grünen, die 6,8% erreichten. Die Grünen verbuchten im Anschluß an diese Wahlen einen besonderen politischen Erfolg. Im Kontext einer zersplitterten Parteienlandschaft in vielen Regionalräten gelang es ihnen, mit Unterstützung der Sozialisten in der Region Nord-Pas-de-Calais, einer traditionellen Hochburg der Sozialisten, mit Marie-Christine Blandin die Präsidentin des Regionalrates und damit die Spitze der Exekutive zu stellen. Die beiden grünen Parteien konnten anläßlich der Parlamentswahlen 1993 mit einer gemeinsamen Liste einen Stimmanteil von 7,6% erreichen. Dieses beachtliche Ergebnis wurde allerdings von beiden Parteien als Niederlage betrachtet, da sie zuvor in Umfragen zeitweise bei bis zu 20% lagen. Der Streit um die Verantwortung dieser „Niederlage" entzweite die Ökologen, setzte der Zusammenarbeit der beiden Parteien ein Ende und läutete eine Phase des Einflußverlusts ein. So erlitten sie bei der Europawahl 1994 herbe Niederlagen, als sie mit getrennten Listen antraten. Die Liste der „Verts" erreichte lediglich 2,95%, diejenige von Brice Lalonde gar nur 2,0%. *Génération écologie* als loser Zusammenschluß um die Person Brice Lalondes war seither von internen Krisen und Abspaltungen geprägt und hat rapide an Bedeutung eingebüßt. Zur Parlamentswahl 1997 präsentierte sie zwar eigene Kandidaten, erreichte jedoch nur 1,7% der Stimmen.

<small>Zersplitterung der ökologischen Kräfte</small>

Auch bei den Grünen kam es zu einer Abspaltung und politischen Neuorientierung. Sie hatten sich seit 1986 stets als „weder rechts noch links" verstanden und wollten sich so dem Bipolarisierungsdruck des Parteien- und Wahlsystems entziehen. Der Vertreter dieser strategischen Linie, Antoine Waechter, ist aber Anfang 1994 in eine innerparteiliche Minderheitsposition geraten. Der linke Flügel um Dominique Voynet konnte seine Position einer Öffnung zu anderen Linksparteien und einer klaren Oppositionsrolle gegenüber der Rechtsregierung Balladur innerparteilich durchsetzen. A. Waechter verließ die Grünen, um eine eigenständige grüne Formation, das *Mouvement écologiste indépendant,* zu gründen, das sich als „weder rechts noch links" versteht, bei Wahlen jedoch erfolglos blieb.

Eine gewisse Klärung innerhalb der zersplitterten ökologischen Kräfte Frankreichs hat die Präsidentschaftswahl 1995 gebracht. Ursprünglich wollten mit Antoine Waechter, Brice Lalonde und Dominique Voynet gleich drei ökologische Bewerber kandidieren. Aber nur letzterer gelang es, die für eine Kandidatur notwendigen 500 Unterstützungsunterschriften von Bürgermeistern, Departementsräten, Regionalräten oder Parlamentsabgeordneten zu bekommen. Auch wenn die grüne Kandidatin Voynet mit nur 3,3% der Stimmen ein enttäuschendes Ergebnis erzielte, hat das völlige Scheitern ihrer Rivalen den Führungsanspruch der Grünen im Lager der Ökologen untermauert.

Die Wähler der Grünen kamen auch schon früher – trotz der „Weder-Rechts-noch-Links-Rhetorik" – mehrheitlich aus dem linken Spektrum und viele politische Grundwerte der Grünen stammen eindeutig aus einer linken und emanzipatorischen Tradition. Allerdings kann festgestellt werden, daß die ökologischen Gruppierungen in Frankreich aufgrund ihrer inneren Zersplitterung, ihrer politischen, strategischen und nicht zuletzt persönlichen Rivalitäten (z.B. zwischen Waechter und Lalonde) in der Vergangenheit nicht in der Lage waren, ihr Wählerpotential auszuschöpfen und ihre Wahlerfolge zu stabilisieren. Auch konnten sie das für grüne Parteien anderer Länder typische Wählerpotential der libertären Linken nicht in demselben Maße erreichen wie diese (*Kitschelt* 1990, 361f.). Das formelle Bündnis mit der PS im Vorfeld der Parlamentswahlen 1997 hat den Grünen zum größten Erfolg ihrer Parteigeschichte verholfen. Sie erreichten zwar landesweit im 1. Wahlgang nur 3,6%, sind aber dank ihrer Bündnisstrategie mit 7 Abgeordneten im Palais Bourbon vertreten und stellen mit Dominique Voynet eine Ministerin (Umwelt und Raumordnung).

1.2.3.6 Die Front National (FN)

<small>Wiederaufstieg des Rechtsextremismus</small>

Nach den spektakulären Erfolgen der rechtsextremen Bewegung der Poujadisten in den fünfziger Jahren (12% der Stimmen bei der Parlamentswahl 1956), die unter der Führung von Pierre Poujade vor allem von der „Proletarisierung" bedrohte Kleinbürger des alten, selbständigen Mittelstandes mobilisierte, und nach dem Abklingen des rechtsextremen Terrors im Algerienkonflikt war die extreme Rechte in Frankreich im Zeitraum zwischen 1965 bis 1983 praktisch von der Bildfläche verschwunden. Die rechtsextreme *Front National* unter Führung von Jean-Marie Le Pen existiert zwar schon seit 1972. Ihre ersten Wahlerfolge konnte sie jedoch erst 1983 anläßlich der Kommunalwahlen und vor allem bei einer kommunalen Nachwahl in der Stadt Dreux mit sensationellen 16,3% der Stimmen erzielen. Den landesweiten Durchbruch brachten dann die Wahlen zum Europaparlament 1984 und zur Nationalversammlung 1986. Die von Jean-Marie

Le Pen angeführte Europawahlliste kam auf 11,1% der Stimmen. Die Parlamentswahlen im März 1986 ermöglichten 35 Abgeordneten der FN den Einzug in die Nationalversammlung (9,8% der Stimmen). Die FN hat sich seither fest im französischen Parteiensystem etabliert. Ihre besten Ergebnisse erzielte sie bei den Präsidentschaftswahlen 1988 und 1995, als Le Pen 14,4% bzw. 15,0% der Stimmen im ersten Wahlgang auf sich vereinigen konnte. Und die Parlamentswahl 1997 bescherte ihr 15% im 1. Wahlgang sowie einen Abgeordneten im 2. Wahlgang.

Obwohl ohne jede Aussicht auf Bündnispartner aus der gemäßigten Rechten, konnte sich die *Front National* bei den Wahlen zur Nationalversammlung 1993 mit 12,4% auf hohem Niveau stabilisieren und bei den Kantonalwahlen 1994 trotz des geltenden Mehrheitswahlrechts drei Mandate erzielen. Ihre spektakulärsten Erfolgen erzielte die FN auf kommunaler Ebene. Es gelang ihr, bei den Kommunalwahlen im Juni 1995 dank einer relativen Mehrheit ihrer Listen in den südfranzösischen Städten Toulon, Orange und Marignane das Bürgermeisteramt zu erobern. In Vitrolles erreichte die FN bei einer kommunalen Neuwahl erstmals sogar eine absolute Mehrheit der Stimmen mit ihrer Liste: 52,5%!

Eine ganze Reihe von politischen und sozialen Faktoren hat zum politischen Durchbruch dieser offen rechtsextremen und ausländerfeindlichen Partei geführt. Bei ihrem Aufstieg kam der FN zugute, daß nach 1983 mehrere Wahlen nach dem Verhältniswahlrecht durchgeführt wurden, das die Entwicklung kleiner und neuer Parteien begünstigt (Kommunalwahl 1983, Europawahlen 1984, 1989 und 1994, Wahl zur Nationalversammlung 1986).

Die tieferliegenden Ursachen des Aufstiegs der FN sind auf sozio-kultureller und sozio-ökonomischer Ebene zu suchen. Weitreichende gesellschaftliche und kulturelle Veränderungen stellen traditionelle Wertesysteme in Frage. Und der anhaltende wirtschaftliche Modernisierungsprozeß sowie die Tendenz zur Zwei-Drittel-Gesellschaft produzieren zudem systematisch „Modernisierungsverlierer". Die anhaltende und hohe Massenarbeitslosigkeit erzeugt ein Klima wirtschaftlicher Unsicherheit, das als existentielle persönliche Unsicherheit und Perspektivlosigkeit erlebt werden kann. Rascher sozialer, wirtschaftlicher und Wertewandel lassen vielfach das Bedürfnis nach klaren Orientierungspunkten und einfachen Erklärungen sozialer und politischer Phänomene entstehen. Autoritäre, ethnozentristische und rigide Einstellungsmuster sind vor allem bei wenig gebildeten Angehörigen der Unterschichten häufig die Folge (*Mayer* 1990). Autoritäre Einstellungsmuster und die Sehnsucht nach dem „starken Mann" sind überdies in der französischen politischen Kultur seit langer Zeit bekannte Erscheinungen (vgl. *Hoffmann* 1974). Die FN greift die Ängste und Verunsicherungen breiter Bevölkerungsschichten in ihrer Propaganda geschickt auf. Diese entwickelte drei Hauptachsen:

Modernisierungsverlierer als Klientel der Front National

a) die Verteidigung traditioneller, aber zunehmend erschütterter Werte (Familie, Religion, Autorität in sozialen Beziehungen, Patriotismus, Arbeitsethik, Disziplin u.ä.m.);
b) dies wurde anfangs verbunden mit einem ökonomischen Liberalismus, der den Staat aus dem Wirtschaftsgeschehen zurückdrängen und die Systeme sozialer Sicherheit abbauen will. In jüngerer Zeit wurde der Wirtschaftslibe-

ralismus der FN jedoch zumindest im Bereich der Außenwirtschaftspolitik gedämpft, wo nunmehr eine stark protektionistische Politik befürwortet wird. Die FN versucht sich zunehmend als Anwalt von Arbeitnehmern zu profilieren, die von Arbeitsplatzverlust und sozialer Deklassierung betroffen oder bedroht sind. Gleichzeitig redet die Partei einer „Durchstaatlichung der Gesellschaft" auf dem Gebiet der inneren Sicherheit (gepaart mit einer starken Verteidigung nach außen) nach dem Modell eines autoritären Sicherheitsstaates das Wort;

Fremdenfeindlichkeit und Rassismus als Ersatz für politisches Programm

c) den dritten und wohl wichtigsten Pfeiler rechtsradikaler Propaganda bildet die „Verteidigung der nationalen Identität" gegen alle „Feinde". Dabei spielt das Thema der Einwanderung vor allem aus dem islamischen Kulturkreis die zentrale Rolle. Die FN kann sich mit ihrem offenen Rassismus, der auch antisemitische Züge trägt, auf weitverbreitete autoritäre und ethnozentristische Einstellungsmuster in der französischen Bevölkerung stützen (*Mayer* 1990, *Wieviorka* 1992). Allerdings identifizieren sich die wenigsten Wähler der FN voll mit deren Programm und Politik. Dennoch handelt es sich inzwischen bei den Wählern der FN keineswegs mehr überwiegend um Protestwähler. Vielmehr gelang es der Partei, immer mehr Wähler fest an sich zu binden und der gemäßigten Rechten dauerhaft zu entfremden.

Die FN ist strikt hierarchisch organisiert und funktioniert nach einem autoritären Modell (*Birenbaum* 1992, 225ff.). Ihre Wählerschaft ist besonders stark im Südosten Frankreichs vertreten, v.a. im Departement Bouches-du-Rhône. Starke Bastionen finden sich auch im Osten (Elsaß) und in den Industrierevieren des Nordens. Das soziologische Profil ihrer Wählerschaft hat sich im Laufe der Zeit gewandelt. Anfangs wies es keine markanten Besonderheiten auf. Inzwischen gelingt es der FN sehr viel besser als früher, kleine Angestellte und Wähler aus der Arbeiterschaft anzusprechen, und zwar stärker als dies die gemäßigte Rechte schafft. In der sozialen Kategorie der Arbeiter erreichte Le Pen im ersten Wahlgang der Präsidentschaftswahl 1995 mit 30% der Stimmen sogar das beste Ergebnis aller Kandidaten (*Perrineau* 1995, 250), weit vor den Kandidaten der Linken (Jospin: 21%, Hue 15%). Die *Front National* nimmt somit eine soziologische Zwischenstellung zwischen der traditionellen Wählerschaft der Linken und der Rechten ein (*Mayer/Perrineau* 1990, 168).

Die FN ist – im Gegensatz zur klassischen Rechten – in städtischen Gebieten und krisengeschüttelten Industrieregionen und in Gebieten mit hohem Ausländeranteil besonders stark. Hier, in ehemaligen Bastionen der Linken, vor allem der kommunistischen Linken, profitiert die FN davon, daß die PCF heute nicht mehr wie früher in der Lage ist, Unterschichtangehörigen eine politische Perspektive und eine politische Heimat in ihren eigenen Reihen oder in den Reihen einer ihrer zahlreichen Vorfeldorganisationen anzubieten. Die Wählerschaft der FN ist jünger als der Bevölkerungsdurchschnitt, hat eine geringere formale Bildung, ist kirchlich wenig gebunden und umfaßt sehr viel mehr Männer als Frauen.

Die anhaltend hohe Arbeitslosigkeit, das hohe Tempo des sozioökonomischen Wandels in einem sich internationalisierenden, hochverflochtenen europäischen Umfeld sowie gesellschaftliche Krisenphänomene („Krise der Vorstädte", hohe Jugendarbeitslosigkeit) gehören zu den Bedingungen, die zur Entstehung der

FN geführt haben, und die auch auf absehbare Zeit erhalten bleiben. Somit ist auch der Fortbestand der FN als feste Größe des Parteiensystems wahrscheinlich.

1.3 Das Regierungssystem der V. Republik: Präsident und Regierung

1.3.1 Grundprinzipien der Verfassung der V. Republik

1.3.1.1 Vorrang der Exekutive vor dem Parlament

Das Regierungssystem der V. Republik unterscheidet sich durch die starke Stellung der Exekutive gegenüber dem Parlament grundlegend von demjenigen der IV. Republik. Das Übergewicht der Exekutive ist in der Verfassung solide verankert. Eine Vielzahl von Einzelbestimmungen dient dazu, die Handlungsfähigkeit der Exekutive auch dann zu gewährleisten, wenn im Parlament keine klaren Mehrheitsverhältnisse und keine Fraktionsdisziplin existieren und mit wechselnden Mehrheiten abgestimmt wird. Zu Beginn der V. Republik konnte man nicht davon ausgehen, daß ein Regieren auf der Grundlage stabiler und verläßlicher Mehrheiten im Parlament möglich sein würde. Genau dies war jedoch 1962-1988 der Fall. Nur im Zeitraum von 1958 bis 1962 sowie 1988-1993 konnte sich die amtierende Regierung nicht auf eine solide Parlamentsmehrheit stützen, so daß sie auf die Hilfsmittel einer Verfassung zurückgreifen mußte, die für eben diese Situation geschaffen worden war. In Zeiten klarer Mehrheitsverhältnisse führt die Vormacht der Exekutive zu einer empfindlichen – und unnötigen – Einengung der Parlamentsfunktionen.

Handlungsfähigkeit der Exekutive als oberstes Ziel

Eine Stärkung der Regierung und der Ministerialbürokratie gegenüber dem Parlament und ein Bedeutungsverlust des Parlaments im Politikprozeß sind keine Spezifika des französischen Regierungssystems. Allerdings ist kaum irgendwo in demokratischen Regierungssystemen der Wille, die Rolle des Parlaments drastisch zu beschränken, so konsequent in die Verfassungsbestimmungen eingegangen wie im Regierungssystem der V. Republik. Dies ist nur vor dem Hintergrund der Instabilität und der Funktionsdefizite der IV. Republik sowie der krisenhaften Entstehungsbedingungen der V. Republik zu verstehen.

1.3.1.2 Vormacht des Präsidenten und Regierungsverantwortung vor dem Parlament

Die französische Exekutive zeichnet sich durch ihre *doppelköpfige Struktur* aus. Sowohl dem Präsidenten als auch dem Premierminister überträgt die Verfassung umfangreiche Kompetenzen. In der *Verfassungswirklichkeit* der V. Republik überragte die Machtstellung des Präsidenten allerdings fast durchgehend die aller anderen politischen Akteure. Die Ausnahme von dieser Regel bildeten die Zeitabschnitte von 1986 bis 1988 sowie von März 1993 bis Mai 1995. Beide Male sah sich Präsident Mitterrand einer ihm feindlichen Parlamentsmehrheit gegenüber. Er mußte eine von dieser unterstützte Persönlichkeit zum Premierminister ernennen. Das Machtzentrum wanderte vom Elyséepalast (Amtssitz des Präsidenten) zum Hôtel Matignon (Amtssitz des Premierministers).

Die reale Machtfülle des Präsidenten ist also von den parlamentarischen Mehrheitsverhältnissen abhängig. Kein französischer Präsident kann – im Gegensatz zum amerikanischen Präsidenten – gegen eine ihm feindlich gesonnene Parlamentsmehrheit regieren. Die Regierung ist vom Vertrauen des Parlaments abhängig, welches die Regierung aus politischen Gründen abberufen kann, indem es ihr das Mißtrauen ausspricht. Damit erfüllt das französische Regierungssystem die zentrale Bedingung, die in der vergleichenden Regierungslehre insbesondere von *W. Steffani* (1979; 1995) zur Charakterisierung des Typus des parlamentarischen Regierungssystems dient: die Abberufbarkeit der Regierung aus politischen Gründen. Allerdings darf diese Einstufung der V. Republik als parlamentarisches Regierungssystem nicht über die zentrale Rolle des Staatspräsidenten im Institutionengefüge hinwegtäuschen. Diese hat andere Autoren zu einer – allerdings wenig überzeugenden – Einstufung des französischen Regierungssystems als präsidentielles System veranlaßt (*Lijphart* 1984, 70). In Frankreich selbst folgen zahlreiche Autoren dem Vorschlag *Maurice Duvergers*, das französische Regierungssystem als *semi-präsidentielles* Mischsystem zu bezeichnen.

Semi-präsidentielles oder parlamentarisches Regierungssystem?

Hinter dieser Einstufung steht folgende Überlegung: Die Legitimation der starken Stellung des Präsidenten beruht auf seiner Direktwahl durch das Volk. Bei entsprechenden Mehrheitsverhältnissen im Parlament nimmt er die zentrale Rolle im politischen Prozeß anstelle des Premierministers ein. Da sowohl der Präsident als auch das Parlament vom Volk in direkter Wahl bestimmt werden, liegt die Legitimität der Herrschaftsausübung also bei zwei unterschiedlichen Verfassungsorganen. Dieser Umstand sowie die Möglichkeit des Parlaments, die Regierung aus politischen Gründen zu stürzen (wozu der amerikanische Kongreß nicht befugt ist) rechtfertigen laut *Duverger* die verfassungstypologische Einstufung der V. Republik als „semi-präsidentielles" System (*Duverger* 1980). Es verbindet also Elemente eines präsidentiellen Systems (v.a. Direktwahl des Präsidenten) mit Elementen parlamentarischer Regierungssysteme (Verantwortlichkeit der Regierung vor dem Parlament).

Die Einstufung des Regierungssystems der V. Republik als „semi-präsidentiell" durch *Duverger* bedeutet keineswegs, daß der französische Präsident weniger Macht besitzt als Präsidenten in Systemen des präsidentiellen Typs. Kann sich der französische Präsident auf eine solide Mehrheit in der Volksvertretung stützen, so ist seine Machtfülle deutlich größer als diejenige eines Präsidenten in präsidentiellen Regierungssystemen wie dem der USA. Der gesamte politische Prozeß ist dann auf die Person bzw. das Amt des Präsidenten zugeschnitten. Seine Vormachtstellung gegenüber dem Premierminister wird in diesem Fall von niemandem in Frage gestellt.

Duverger zufolge kann man je nach den Mehrheitsverhältnissen im Parlament von einem Wechsel zwischen präsidentiellen Phasen (der Präsident verfügt über eine *majorité présidentielle* im Parlament) und parlamentarischen Phasen in der Entwicklung des Regierungssystems sprechen (der Staatspräsident sieht sich einer gegnerischen Parlamentsmehrheit gegenüber), in denen die Machtbalance eindeutig zugunsten des Premierministers verschoben ist (*Duverger* 1980, 186).

Diese unterschiedliche verfassungstypologische Einordnung des französischen Regierungssystems entspricht einer stärker „gouvernementalen" Sichtweise auf seiten der Vertreter des präsidentiellen und semipräsidentliellen Typus im Gegen-

satz zu einer stärker „parlamentarischen" Optik der Vertreter einer Einstufung der
V. Republik als parlamentarisches Regierungssystem. Erstere stellen die Wirkungsmöglichkeiten und die Machtfülle des Präsidenten in den Mittelpunkt ihrer Überlegungen, letztere analysieren das Regierungssystem in erster Linie anhand der Stellung und Funktion des Parlaments (*Steffani* 1995, 629).

1.3.2 Die Vormacht des Präsidenten

1.3.2.1 Grundlage der Präsidentenmacht

Die Amtszeit des Präsidenten beträgt sieben Jahre und er kann beliebig oft wiedergewählt werden. Seine zentrale Stellung in der französischen Politik ergibt sich nur teilweise aus den *Verfassungsbestimmungen*. Diese verleihen dem Präsidenten eigenständige Rechte, die er ohne Mitwirkung anderer Verfassungsorgane auszuüben befugt ist (Art. 19 der Verfassung enthält eine Aufzählung aller Verfassungsartikel, für die dies zutrifft). Seine Machtstellung speist sich aus zwei weiteren Quellen. Der charismatische erste Präsident der V. Republik, General Charles de Gaulle, entwickelte eine *Verfassungspraxis*, die von einer politischen Rolle des Präsidenten geprägt war, die weit über seine verfassungsmäßige Stellung hinausreichte. Im gesamten Bereich der Außen- und Sicherheitspolitik, in der Beendigung des Algerienkrieges und in jedem innenpolitischen Bereich, den er als wichtig erachtete, bestimmte de Gaulle – und nicht der Premierminister – die Politik. Die *entscheidende Legitimation*, eine ähnlich starke Stellung einzunehmen wie der Gründer der V. Republik, bezogen seine Nachfolger aus der 1962 von de Gaulle eingeführten *Direktwahl des Präsidenten durch das Volk*.[4] Diese beschäftigten sich stärker als de Gaulle mit innenpolitischen Themen und mit politischen Detailfragen.

Auseinanderfallen von Verfassungstext und Verfassungswirklichkeit

Die von de Gaulle entwickelte Verfassungspraxis und die 1962 eingeführte Direktwahl des Präsidenten erklären, warum die Rolle des Präsidenten weit über das Maß hinausgeht, das der Verfassungstext vermuten ließe. Der zentrale Pfeiler der präsidialen Macht ist jedoch eine solide Parlamentsmehrheit und eine Regierungspartei bzw. -koalition, die als verläßlicher Mehrheitsbeschaffer für das politische Programm des Präsidenten dient. Ist diese Voraussetzung erfüllt, so übt der Präsident praktisch überall dort seine Macht aus, wo es die Verfassung nicht ausdrücklich anders vorsieht.

---

4 Diese erfolgt durch eine Mehrheitswahl in zwei Wahlgängen. Im ersten Wahlgang ist nur gewählt, wer die absolute Mehrheit der abgegebenen Stimmen auf sich vereinigt – ein unwahrscheinlicher Fall, der bisher noch nie eingetreten ist. Im zweiten Wahlgang dürfen nur die beiden im ersten Wahlgang bestplazierten Kandidaten gegeneinander antreten (sofern nicht einer von ihnen seine Kandidatur zugunsten des nachfolgenden Anwärters zurückzieht). Dieses Verfahren gewährleistet, daß jeder Präsident mit der absoluten Mehrheit der im zweiten Wahlgang abgegebenen gültigen Stimmen gewählt ist.

Tabelle 5: Ergebnisse der Präsidentschaftswahlen der V. Republik (2. Wahlgang, ohne DOM-TOM):

% der gültigen Stimmen	1965	1969	1974	1981	1988	1995
Charles de Gaulle	54,5					
François Mitterrand	45,5		49,3	52,2	54,0	
Alain Poher		42,4				
Georges Pompidou		57,6				
Valéry Giscard d'Estaing			50,7	47,8		
Jacques Chirac					46,0	52,7
Lionel Jospin						47,3

Quelle: Chagnolland 1993, S. 451; Perrineau / Ysmal 1995, S. 326.

Sieht der Präsident sich einer feindlichen Parlamentsmehrheit gegenüber, wie während der sog. „Kohabitations"-Phasen 1986-1988 und von 1993-1995 und seit Juni 1997, so sind seine Befugnisse auf die ihm ausdrücklich in der Verfassung zugeschriebenen reduziert. Allerdings sind auch diese von erheblicher Bedeutung (zu den unterschiedlichen Machtkonfigurationen in Abhängigkeit von den politischen Mehrheitsverhältnissen s. *Duverger* 1990, 529ff.)

1.3.2.2 Die Machtbefugnisse des Präsidenten

Hüter der Verfassung

Nach Artikel 5 der Verfassung wacht der Präsident über die Einhaltung der Verfassung und „mit seinem Schiedsspruch gewährleistet er das ordnungsgemäße Funktionieren der öffentlichen Gewalten sowie die Kontinuität des Staates." Er selbst ist dagegen nur dem Volk verantwortlich, nicht jedoch dem Parlament oder dem Verfassungsgericht.

Kommt es zu Kompetenzstreitigkeiten zwischen den obersten Verfassungsorganen, so kann der Präsident von seinem Recht der Verfassungsinterpretation Gebrauch machen. Seine Interpretation hat Vorrang vor denen der übrigen öffentlichen Gewalten. Er kann seinen Standpunkt jedoch nicht gegenüber dem Verfassungsrat (*Conseil constitutionnel*) durchsetzen, wo dieser Zuständigkeiten besitzt.

Der Präsident der Republik ist keineswegs nur ein über den Parteien und politischen Kräften stehender neutraler „Schiedsrichter". Er steht vielmehr – sofern er über eine *majorité présidentielle* verfügt – im Zentrum der politischen Auseinandersetzungen und bestimmt die Richtlinien der Politik. Die Verbindung der Rolle eines über die Regeln der politischen Auseinandersetzung wachenden Schiedsrichters mit derjenigen des zentralen Teilnehmers am politischen Entscheidungsprozeß wirft natürlich zahlreiche Fragen und Probleme bezüglich eines möglichen Mißbrauchs dieser doppelten Stellung auf.

Dem Präsidenten kommt auch eine zentrale Rolle bei Verfassungsänderungen zu. Er kann nach der herrschenden Verfassungsinterpretation den Weg der Verfassungsänderung wählen (Art. 11 oder Art. 89) und besitzt nach Artikel 89 ein Initiativrecht zur Verfassungsrevision (formal auf Vorschlag des Premierministers). Er kontrolliert den Prozeß der Verfassungsänderung, da er nach Artikel 89 außerdem entscheiden kann, ob er den Weg eines Referendums wählt oder den aus Nationalversammlung und Senat gemeinsam gebildeten „Kongreß" einberuft. Dieser muß einer zuvor von der Nationalversammlung und vom Senat in identischem Wortlaut mehrheitlich verabschiedeten Revisionsvorlage mit einer Mehrheit von drei Fünftel zustimmen.

Ernennung und Entlassung des Premierministers

In vielen westlichen Demokratien besitzt das Staatsoberhaupt das Recht zur Ernennung des Premierministers. Es handelt sich jedoch meist nur um ein rein formales Recht. Denn es wird in aller Regel derjenige mit der Regierungsbildung beauftragt, der am ehesten eine regierungsfähige Mehrheit im Parlament hinter sich weiß, meist also der Führer der stärksten Partei. In Frankreich dagegen verleiht das verfassungsmäßige Recht zur Ernennung des Premierministers (Art. 8) dem Staatspräsidenten größere Handlungsmöglichkeiten. Voraussetzung ist allerdings, daß er von der Parlamentsmehrheit als deren Führer anerkannt wird. In diesem Fall besitzt er nicht nur eine große Freiheit bei der Auswahl des Premierministers, sondern auch einen bedeutenden Einfluß bei der Zusammenstellung der Regierungsmannschaft. Die Verfassung räumt dem Staatsoberhaupt zwar nicht das Recht ein, den Ministerpräsidenten abzuberufen. Weiß der Präsident jedoch eine „präsidiale Mehrheit" im Parlament hinter sich, so kann kein Premierminister gegen den Willen des Präsidenten im Amt bleiben. Jacques Chirac reichte als einziger Premierminister der V. Republik 1976 ein freiwilliges Rücktrittsgesuch ein. Alle anderen vorzeitig aus dem Amt geschiedenen Premierminister der V. Republik beugten sich mit ihrem Rücktritt dem Willen des Staatsoberhauptes und brachten dies in ihrem Rücktrittsschreiben z.T. sehr deutlich zum Ausdruck.

Sieht sich der Präsident einer gegnerischen Parlamentsmehrheit gegenüber, so reduziert sich sein Handlungsspielraum bei der Ernennung und Entlassung des Premierministers sehr stark. Als diese Situation 1986 nach dem Wahlsieg der Rechten eintrat, ernannte Mitterrand ganz in der parlamentarischen Tradition den Führer der Parlamentsmehrheit, Jacques Chirac, zum Premierminister. Und 1993 wählte Mitterrand – da J. Chirac und V. Giscard d'Estaing als Premierminister nicht zur Verfügung standen – mit E. Balladur ebenfalls eine zentrale Persönlichkeit der neuen Mehrheit, die sich der parlamentarischen Unterstützung sicher sein konnte. In dieser Situation einer „Kohabitation" kann der Präsident den Regierungschef auch kaum zum Rücktritt zwingen.

Recht zur Auflösung der Nationalversammlung

Das Recht zur Parlamentsauflösung ist ein zentrales Machtmittel in den Händen des Präsidenten gegenüber dem Parlament. Die Drohung, die Nationalversammlung aufzulösen und Neuwahlen durchzuführen, nimmt den Parlamentariern die Möglichkeit, in regelmäßigen Abständen die Regierung zu stürzen, ohne sich dem Votum des Wählers stellen zu müssen. Das einzige erfolgreiche Mißtrauensvotum 1962 gegen Premierminister Pompidou führte umgehend zur Parlamentsauflösung durch General de Gaulle. Die anschließenden Neuwahlen verstärkten die präsidiale Mehrheit deutlich.

Vier weitere Male machte der Staatspräsident von seinem verfassungsmäßigen Recht zur Auflösung der Nationalversammlung Gebrauch. Charles de Gaulle ließ nach den Mai-Unruhen 1968 Neuwahlen durchführen, um wieder Herr der politischen Ereignisse zu werden. Die Wahl brachte ihm erstmalig in der V. Republik die absolute Parlamentsmehrheit einer Partei, der Gaullisten. Präsident Mitterrand löste sowohl 1981 als auch 1988 nach seiner Wahl zum Staatspräsidenten die Nationalversammlung auf, um eine parlamentarische Mehrheit für seine Politik zu gewinnen. Der jüngste Fall einer Parlamentsauflösung unterscheidet sich deutlich von den vorherigen. Bis dahin hatten alle Präsidenten sehr zurückhaltend von diesem Instrument Gebrauch gemacht, um Krisen zu bewältigen oder sich eine präsidentielle Mehrheit zu verschaffen. Die Parlamentsauflösung durch Jacques Chirac im Mai 1997 war dagegen wahltaktisch bedingt – seine Parlamentsmehrheit sollte angesichts günstiger Umfragen erneuert werden, um dem Präsidenten freie Hand für wichtige europapolitische Entscheidungen zu geben – und hatte erstmals eine Parlamentsmehrheit gegen den Präsidenten zur Folge. Die Auflösung wurde von den Wählern nicht als legitim empfunden.

Abbildung 3: Staatliche Organisationsstruktur in Frankreich

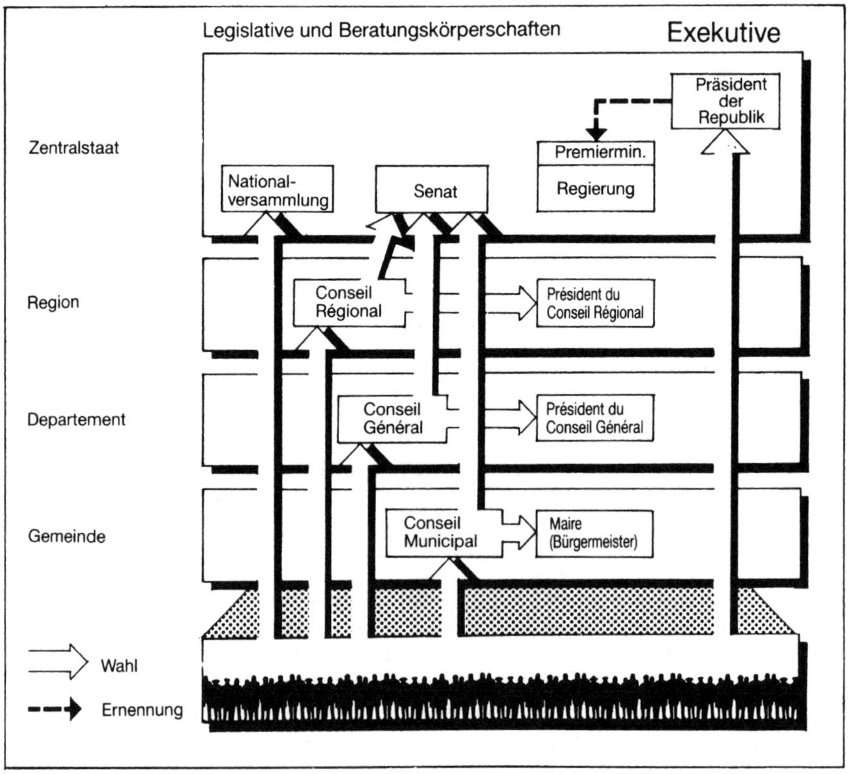

Quelle: *Uterwedde* 1991, S. 31

Sondervollmachten nach Artikel 16 der Verfassung in Krisensituationen

Die in Artikel 16 der Verfassung festgeschriebenen Notstandsbefugnisse des Staatspräsidenten bildeten ein zentrales Anliegen de Gaulles während der Ausarbeitung der Verfassung. In schweren Krisensituationen – wie etwa der militärischen Niederlage gegen das nationalsozialistische Deutschland 1940 oder während des Algerienkrieges und der damit verbundenen Bürgerkriegsgefahr – sollte der Präsident allein den nationalen Willen verkörpern können. Auf der Grundlage dieses vage formulierten Verfassungsartikels (*Grote* 1995, 263ff.) kann der Präsident in Krisensituationen in praktisch alle Bereiche des öffentlichen Lebens eingreifen und Bürgerrechte zeitweise außer Kraft setzen.

Seiner Macht sind allerdings Grenzen gesetzt. Das Parlament tagt, sobald der Artikel 16 zur Anwendung kommt, ohne Sitzungspausen und kann vom Präsidenten nicht aufgelöst werden. Im Falle offensichtlichen Machtmißbrauchs kann das Parlament den Präsidenten vor dem Hohen Gerichtshof der Republik anklagen.

Personalentscheidungen

Bei der Besetzung von Posten im höheren Staatsdienst besitzt der Staatspräsident umfangreiche Einflußmöglichkeiten. Er besitzt nach Art. 13 Abs. 2 das Recht zur Ernennung der zivilen und militärischen Amtsträger, wobei sich seine Zuständigkeiten mit derjenigen des Premierministers überlappen. Gegen den Willen des Präsidenten kann kein Präfekt oder Botschafter, kein Direktor von Zentralverwaltungen, kein General, Staatsrat oder Direktor eines öffentlichen Unternehmens ernannt werden. Außerdem bestimmt der Staatspräsident drei der neun Mitglieder des Verfassungsrates und ernennt auch dessen Präsidenten.

Außen- und sicherheitspolitische Befugnisse

Der erste Präsident der V. Republik, Charles de Gaulle, bestimmte alle wichtigen Fragen der Außen- und Sicherheitspolitik allein. Er hat damit eine Praxis begründet, an der sich seine Nachfolger orientieren konnten. Diese Vorrangstellung des Präsidenten in der Außen- und Sicherheitspolitik läßt sich allerdings nicht direkt aus der Verfassung ableiten. Diese räumt auch der Regierung und dem Premierminister bedeutsame Kompetenzen ein. Der Staatspräsident besitzt das Recht, internationale Verträge auszuhandeln und zu ratifizieren (Art. 52), sofern sie nicht per Gesetz ratifiziert werden müssen (Art. 53). Er ist der „Garant der nationalen Unabhängigkeit" (Art. 5) und Oberbefehlshaber der Streitkräfte sowie Vorsitzender des Verteidigungsrates (*Conseil de la Défense nationale*) (Art. 15). Außerdem besitzt er auf der Grundlage eines einfachen Dekrets aus dem Jahre 1964 das alleinige Recht zum Atomwaffeneinsatz. Diese enorme Machtkonzentration in den Händen des Staatspräsidenten ließ einen Beobachter den außen- und sicherheitspolitischen Entscheidungsprozeß als *monarchie nucléaire* (*Cohen* 1986) charakterisieren.

Vorrangstellung des Präsidenten in der Außen- und Sicherheitspolitik

Der Premierminister ist laut Verfassung allerdings „verantwortlich für die nationale Verteidigung" (Art. 21) und die Regierung „verfügt über die Militärgewalt" (Art. 20). Dennoch dominiert der Präsident den außen- und sicherheitspolitischen Entscheidungsprozeß in allen ihm bedeutsam erscheinenden Fragen, zumindest solange er eine Parlamentsmehrheit hinter sich weiß. Auch während der „Kohabitations-Phase" 1986-1988 konnte der Präsident sich in wichtigen außen- und sicherheitspolitischen Streitfragen durchsetzen. Kompetenzprobleme tauchten vor allem dort auf, wo außen- und innen- bzw. wirtschaftspolitische Themen eng miteinander verschränkt sind, wie dies etwa in der Europapolitik in der Regel der Fall ist. Mitterrand lehnte den von Jacques Chirac für das Außenministeramt vorgeschlagenen Jean Lecanuet, damals Vorsitzender der Zentrumspartei CDS, ab und machte 1986 mit Jean-Bernard Raimond einen Karrierediplomaten zum Außenminister. Die zweite „Kohabitation" von März 1993 bis Mai 1995 war im Vergleich zur ersten durch eine größere Rolle der Regierung im außenpolitischen Entscheidungsprozeß gekennzeichnet. Auch wurde der Posten des Außenministers nicht mit einem farblosen Diplomaten, sondern mit dem Generalsekretär der RPR, Alain Juppé, besetzt. Die Tatsache, daß François Mitterrand nicht vorhatte, sich ein drittes Mal um das Präsidentenamt zu bewerben, schmälerte seinen außen- und sicherheitspolitischen Handlungsspielraum. Dieses aus den USA bekannte Phänomen einer geschwächten Machtstellung von scheidenden Präsidenten (dort als „lame duck" bezeichnet), zeigte sich zum Ende der Ära Mitterrand auch in Frankreich. Große außenpolitische Initiativen und Impulse gingen vor allem von Regierungschef Balladur aus. Allerdings beruhte der größere Handlungsspielraum der Regierung Balladur in der Außenpolitik nicht zuletzt auf einem breiten Konsens mit Staatspräsident Mitterrand über die außenpolitischen Grundorientierungen. Wenn ernste Meinungsverschiedenheiten zwischen der Regierung Balladur und Präsident Mitterrand auftauchten – so in der Frage der Verlängerung des Atomtestmoratoriums – setzte sich der Staatspräsident durch.

1.3.3 Der Premierminister und die Regierung

1.3.3.1 Der Premierminister

Die Regierung „bestimmt und leitet die Politik der Nation", und der Premierminister „leitet die Tätigkeit der Regierung", so besagen es die Artikel 20 und 21 der Verfassung. Aufgrund der politischen Praxis General de Gaulles und aufgrund der dem Staatspräsidenten durch seine Direktwahl verliehenen Legitimität entsprach die politische Realität bis 1986 nie dem Wortlaut der Verfassung. Kann sich der Premierminister jedoch auf eine Parlamentsmehrheit stützen, die nicht dem politischen Lager des Präsidenten entstammt, so entspricht die Verfassungswirklichkeit dem Verfassungstext. Präsident Mitterrand konnte im Zeitraum 1986-1988 nicht verhindern, daß die Regierung Chirac ihr politisches Programm in die Praxis umsetzte. Sein Einfluß war im wesentlichen auf die Außen- und Sicherheitspolitik als *domaine réservé* des Präsidenten beschränkt. François Mitterrand bemühte sich in dieser Phase, die Rolle eines unabhängigen, über den Parteien stehenden „Schiedsrichters" einzunehmen und sich als „Präsident aller Franzosen" zu präsentieren, was auch seine Wiederwahl 1988 begünstigte.

Im Normalfall einer Übereinstimmung der Orientierung des Staatspräsidenten und der Parlamentsmehrheit ist der Premierminister sowohl vom Vertrauen des Parlaments abhängig, dem er verantwortlich ist, als auch vom Vertrauen des Staatspräsidenten, von dem er ernannt und abberufen wird. Das Parlament der V. Republik hat nur einmal dem Premierminister das Vertrauen entzogen. Premierminister Pompidou wurde 1962 gestürzt, weil de Gaulle die Verfassung durch ein Referendum am Parlament vorbei ändern ließ, um die Direktwahl des Präsidenten einzuführen. De Gaulle löste umgehend das Parlament auf und ließ Neuwahlen durchführen. Deren Ergebnis stärkte die Position der Gaullisten und Pompidou wurde erneut zum Premierminister ernannt. Diese Kraftprobe des Parlaments mit der Regierung wurde also für das Parlament zum Pyrrhussieg.

Die Präsidenten dagegen entzogen dem Premierminister häufig das Vertrauen und wechselten sie aus. In der Regel wählte der jeweilige Präsident zu Beginn seiner Amtszeit eine führende politische Persönlichkeit aus dem Regierungslager. Diese wurde später mehrfach durch einen persönlichen Vertrauten des Präsidenten oder durch einen Spitzenfunktionär ersetzt, dessen politisches Gewicht nicht zu groß werden durfte. Der Wechsel des Premierministers erfolgte meist unabhängig von Parlamentswahlen (außer 1968 und 1986), was die starke Abhängigkeit des Premierministers vom Präsidenten unterstreicht. Selbstverständlich muß der Präsident einen für die Nationalversammlung akzeptablen Premierminister auswählen. Auch beruht die Macht des Präsidenten, den Premierminister zum Einreichen eines „freiwilligen" Rücktrittsgesuchs zu zwingen, letztendlich auf der Unterstützung des Präsidenten durch eine parlamentarische Mehrheit.

Abhängigkeit des Premierministers vom Präsidenten

Der Premierminister verfügt, auch wenn der Staatspräsident sich auf eine präsidiale Mehrheit in der Nationalversammlung stützen kann, über wichtige Machtmittel. Zum einen zieht der Präsident nicht jeden politischen Vorgang an sich, sondern wählt in der Regel bestimmte Bereiche aus, in denen er politische Anstöße liefern will. Auch impliziert die Umsetzung von Richtlinienentscheidungen des Präsidenten eine Fülle von konkreten politischen Entscheidungen und läßt sich nie auf reines Verwaltungshandeln reduzieren. Formal besitzt der Regierungschef innerhalb der Exekutive zudem das alleinige Recht zur Gesetzesinitiative (Art. 39).

Premierminister im Zentrum der täglichen Regierungspraxis

Der Premierminister und sein Mitarbeiterstab *(cabinet du premier ministre)* stehen im Zentrum des täglichen politischen Entscheidungsprozesses. Der Premierminister koordiniert das Regierungshandeln und legt wichtige Leitlinien dafür fest. Bei Meinungsverschiedenheiten zwischen verschiedenen Ministerien bestimmt er die Regierungslinie. Ihm steht zur Überwachung und Koordinierung der täglichen Regierungsarbeit ein *cabinet*, d.h. ein persönlicher Mitarbeiter- und Beraterstab zur Verfügung. In der Regel handelt es sich bei diesen Mitarbeitern um hochqualifizierte Absolventen der französischen Elitehochschulen. Ein weiteres Instrument zur Steuerung der Regierungsarbeit sind die zahlreichen interministeriellen Ausschußsitzungen, die unter Vorsitz des Premierministers oder eines seiner Mitarbeiter tagen. Die Sitzungsanzahl dieser interministeriellen Ausschüsse und Koordinierungstreffen („Comités interministériels" und „Réunions interministérielles") hat im Verlauf der V. Republik ganz erheblich zugenommen (1961: 260, 1971: 713, 1982: 1980, 1989: 1104, s. *Quermonne/Chagnollaud* 1991, 224).

Diese Koordination der Arbeit der Einzelministerien unter Leitung des Premierministers und seiner Mitarbeiter und die Schlichtung von Interessendivergenzen zwischen den Einzelministerien bilden ein zentrales Machtinstrument in den Händen des Premierministers. Zudem bilden der Premierminister und sein *cabinet* die entscheidende Schaltstelle sowohl zwischen dem Präsidenten und der

Regierung als auch zwischen dem Präsidenten und dem Parlament. Er lenkt die Parlamentsmehrheit bzw. koordiniert die Mehrheitsbeschaffung insbesondere dann, wenn er sich auf keine absolute Parlamentsmehrheit stützen kann (1958-1962 und 1988-1993).

Der Premierminister verfügt über ausgedehnte Normsetzungskompetenzen. Da die durch Gesetze zu regelnden Bereiche in der Verfassung strikt eingegrenzt wurden (Art. 34), um die Macht des Parlaments zu beschneiden, wuchs ihm eine beträchtliche Regelungskompetenz zu. Denn neben Ausführungsbestimmungen zu vom Parlament beschlossenen Gesetzen besitzt der Premierminister die Kompetenz, Dekrete zu erlassen, wo die Verfassung nicht ausdrücklich die Gesetzgebungskompetenz des Parlaments festschreibt. Nur ein Teil dieser Dekrete wird im Ministerrat beschlossen und vom Präsidenten gegengezeichnet. Die größere Zahl wird vom Premierminister und seinen Mitarbeitern direkt mit den zuständigen Ministerien erarbeitet.

1.3.3.2 Die Regierung

Die Regierung wird auf Vorschlag des Premierministers vom Präsidenten ernannt. Dabei handelt es sich nicht um ein rein formales Recht des Präsidenten. Die Besetzung der Ministerposten wird zwischen Präsident und Premierminister ausgehandelt, wobei der Präsident normalerweise das größere Gewicht besitzt. Während der „Kohabitations-Phase" 1986-1988 war es dagegen der Premierminister, der seinen Willen weitgehend durchsetzen konnte. Noch stärker galt dies für die Regierungsbildung der zweiten Kohabitationsphase im Anschluß an die Wahlen zur Nationalversammlung im März 1993.

Die Regierung hängt vom Vertrauen des Parlaments ab. Die Fortführung dieser parlamentarischen Tradition war eine der fünf Bedingungen, die de Gaulle bei der Ausarbeitung der neuen Verfassung 1958 vom letzten Parlament der IV. Republik im Verfassungsgesetz vom 3. Juni 1958 auferlegt wurden. Im Gegensatz zur III. und IV. Republik ist die Regierung nicht verpflichtet, zu Beginn ihrer Amtszeit die Vertrauensfrage zu stellen. Zu Beginn der V. Republik wurde diese parlamentarische Praxis jedoch in der Tradition der III. und IV. Republik fortgeführt. Die späteren Premierminister wichen wiederholt von dieser Praxis ab.

Der unter dem Vorsitz des Staatspräsidenten (nicht des Premierministers!) tagende Ministerrat bildet ein kollektives Entscheidungsorgan. Ihm gehören, neben dem Staatspräsidenten und dem Premierminister, alle Minister an. Die ebenfalls zur Regierung zählenden „ministres délégués" und Staatssekretäre nehmen nur dann an den Ministerratssitzungen teil, wenn ihr Arbeitsbereich betroffen ist. Politische Entscheidungen werden jedoch i.d.R. nicht im Ministerrat getroffen, allenfalls „registriert". Sie sind längst im Vorfeld zwischen dem verantwortlichen Ministerium und dem Premierminister (bzw. seinem *cabinet*) ausgehandelt worden, eventuell unter Beteiligung der Dienststellen und Mitarbeiter des Staatspräsidenten im Präsidialamt.

Die Minister besitzen weder formal noch politisch den gleichen Rang. An erster Stelle der Ministerhierarchie, nach dem Premierminister, stehen die *Ministres d'Etat*, eine Bezeichnung, die einen Minister symbolisch aufwertet. Nach den normalen Ministern kommen die *ministres délégués*, die entweder dem Premierminister oder einem anderen Minister beigeordnet sind und innerhalb des Amtsbereichs des Ministeriums ein bestimmtes Aufgabenfeld bearbeiten (z.B. Europaangelegenheiten im Außenministerium). Es gab in der Vergangenheit jedoch auch „ministres délégués", die entgegen ihrer Bezeichnung keineswegs delegierte Aufgaben eines Ministeriums oder des Premierministers wahrnahmen, sondern autonom einen bestimmten Arbeitsbereich leiteten.

Neben dieser formalen Hierarchie gibt es selbstverständlich große Unterschiede in der *politischen* Bedeutung einzelner Ministerien und Ministerämter. Das bedeutendste Ministerium ist das Wirtschafts- und Finanzministerium. Es übt eine Finanzaufsicht über alle anderen Ministerien aus und spielt eine zentrale Rolle bei der Erarbeitung des Haushalts und bei den vielfältigen damit verbundenen politischen Entscheidungen. Weitere wichtige Ministerien sind das Erziehungsministerium aufgrund seiner Größe und der Bedeutung seines Budgets (1996: 318 Mrd. FF., inkl. Hochschulwesen)[5] sowie das Außenministerium aufgrund der herausgehobenen Bedeutung der Außenpolitik für das Selbstverständnis der V. Republik.

Wie der Premierminister, so verfügen auch die Einzelminister über ihre *cabinets ministériels*, denen die Koordination und politische Leitung der Ministeriumsaufgaben obliegt. Diese *cabinets ministériels* sind nicht Bestandteil der formalen Ministeriumshierarchie und sind auch nicht mit Ministerialbeamten besetzt. Waren es früher enge politische und persönliche Vertraute des Ministers, so wird heute i.d.R. auf Absolventen der französischen Elitehochschulen, allen voran der *Ecole Nationale d'Administration* (ENA), zurückgegriffen. Diese Trennung zwischen der Ministerialbürokratie und den Mitarbeitern im *cabinet ministériel*, die mit dem Abgang des Ministers ebenfalls das Ministerium verlassen, soll eine bessere politische Führung des Ministeriums gewährleisten. Sie führt aber nicht selten zu Kompetenzstreitigkeiten und Reibungsverlusten zwischen dem politischen Kopf und den mit Beamten besetzten untergeordneten Dienststellen des Ministeriums.

Cabinets ministériels als Besonderheit des französischen Regierungssystems

Edouard Balladur hat nach seiner Ernennung zum Premierminister 1993 den Versuch unternommen, die Ministerialverwaltung, vor allem deren Spitzenbeamte *(directeurs d'administration centrale)* zu Lasten der *cabinet ministériels* aufzuwerten. In einem Brief an seine Minister wies er diese an, die Zahl ihrer Mitarbeiter in den *cabinets ministériels* strikt zu begrenzen: auf 15 für einen *ministre d'Etat*, 12 für einen „normalen" Minister und 10 für einen *ministre délégué* (Quermonne 1994, 62). Die Gesamtzahl aller Mitarbeiter in den *cabinets ministériels* der Regierung Balladur konnte auf 332 beschränkt werden. Die Vorgängerregierung Bérégovoy beschäftigte noch 428 Mitarbeiter in ihren *cabinets ministériels* (ebda, S. 66).

Im Gegensatz zur engen Verflechtung von Regierung und Parlament in rein parlamentarischen Regierungssystemen (Großbritannien, Bundesrepublik, III. und IV. Französische Republik) verbietet die Verfassung der V. Republik (Art. 23) die gleichzeitige Ausübung eines Regierungsamtes und eines Abgeordnetenmandates.

Die Regierung besitzt ausgedehnte Befugnisse, die Arbeit des Parlamentes zu beeinflussen. Sie kann zu jedem Zeitpunkt das Gesetzgebungsverfahren in ih-

---

5 S. Budget 1996, in: Les Notes Bleues de Bercy, Hors série 1/1996, S. 58.

rem Sinne steuern. Diese Möglichkeiten der Regierung werden im nächsten Kapitel eingehend beschrieben.

1.4 Das Regierungssystem der V. Republik: Das Parlament und die Kontrolle der Exekutive

„Rationalisierter Parlamentarismus"

Das Parlament war der Hauptverlierer des Regimewechsels von der IV. zur V. Republik. Eine Vielfalt von Verfassungsbestimmungen begrenzen seine Handlungsfreiheit, um mittels eines „rationalisierten Parlamentarismus" die Stabilität der Regierungen zu gewährleisten.

Der Funktionsverlust von Parlamenten ist ein genereller Prozeß in westlichen Demokratien. Er hängt mit dem zunehmenden Ausmaß und der ebenfalls zunehmenden Komplexität staatlichen Handelns in modernen Industriegesellschaften zusammen. Parlamente sind immer weniger in der Lage, das Regierungshandeln auch nur annähernd zu überschauen und zu kontrollieren. Den großen Apparaten der Ministerialbürokratien mit ihrem Fachwissen können Parlamentarier kaum Vergleichbares entgegensetzen. Auch dominieren die Regierungen in der Regel den parlamentarischen Gesetzgebungsprozeß durch eigene Gesetzesvorlagen, die sich auf die Fachkompetenz der Ministerien stützen. Die entscheidende Trennlinie verläuft in Regierungssystemen vom parlamentarischen Typ, zu dem wir die V. Republik zählen, nicht zwischen der Regierung und einem diese kontrollierenden Parlament, sondern zwischen der Regierung und der Regierungspartei bzw. -koalition einerseits und der Opposition andererseits. Statt einer Gewaltenteilung zwischen Parlament und Regierung handelt es sich also um eine Gewaltenteilung zwischen Regierungsmehrheit und Opposition.

Zudem wurde die Kommunikationsfunktion des Parlaments in westlichen Demokratien durch die überragende Bedeutung der audiovisuellen Medien im politischen Kommunikationsprozeß deutlich reduziert.

Schwache Stellung des französischen Parlaments im internationalen Vergleich

Die Entmachtung des französischen Parlaments geht allerdings deutlich weiter als in vielen vergleichbaren westlichen Demokratien. Sie ist nur vor dem Hintergrund der permanenten Regierungsinstabilität und Schwäche der Exekutive in der III. und IV. Republik zu verstehen. Die Verfassung der V. Republik sollte ein stabiles Regieren auch auf der Grundlage eines zersplitterten Parteiensystems, das keine klaren parlamentarischen Mehrheiten erzeugt, gewährleisten. Die 1958 noch keineswegs abzusehende Herausbildung klarer Mehrheitsverhältnisse *(le fait majoritaire)* über den gesamten Zeitraum von 1962 bis 1988, die Transformation des Parteiensystems (vgl. Kap. 1.2.2) und die Entwicklung einer Fraktionsdisziplin haben die Stellung der Exekutive gegenüber dem Parlament noch zusätzlich gestärkt. Heute werden daher Möglichkeiten einer Erneuerung und Aufwertung des Parlaments zunehmend diskutiert (*Belorgey* 1991). Einzelne – allerdings nicht zentrale – Punkte einer Parlamentsreform sind seit der Wahl Jacques Chiracs zum Staatspräsidenten auch schon in Angriff genommen worden (vgl. Kap. 1.4.4).

1.4.1 Wahl und Zusammensetzung des Parlaments

Das französische Parlament besteht aus zwei Kammern mit asymmetrischer Machtverteilung, der Nationalversammlung (*Assemblée nationale*) und dem Senat. Im folgenden ist, wo nicht ausdrücklich anders vermerkt, mit Parlament immer die wichtigere Kammer, die Nationalversammlung, gemeint.

1.4.1.1 Die Nationalversammlung

Die Nationalversammlung hat 577 Abgeordnete und wird alle fünf Jahre direkt vom Volk gewählt. Die Wahl erfolgt in Ein-Personen-Wahlkreisen nach einem relativen Mehrheitswahlrecht in zwei Wahlgängen (*scrutin majoritaire uninominal à deux tours*). Um schon im ersten Wahlgang gewählt zu sein, muß der Bewerber die absolute Mehrheit der abgegebenen Stimmen erreicht haben und gleichzeitig von mindestens einem Viertel der in seinem Wahlkreis wahlberechtigten Bürger gewählt worden sein. Da wenige Bewerber diese Bedingungen im ersten Wahlgang erfüllen können, kommt es in den meisten Wahlkreisen zu einem zweiten Wahlgang. Jeder Kandidat, für den im ersten Wahlgang 12,5% der Wahlberechtigten gestimmt haben, kann seine Kandidatur im zweiten Wahlgang aufrechterhalten. Da jedoch bisher i.d.R. der jeweils im ersten Durchgang schlechter plazierte Bewerber im rechten[6] und linken Lager zugunsten des besser plazierten auf eine Kandidatur im zweiten Wahlgang verzichtet hat, kam es meist zu Stichwahlen zwischen einem rechten und einem linken Kandidaten. Im zweiten Durchgang reicht die relative Mehrheit, um das Mandat zu erringen. Aufgrund des Niedergangs der PCF, des Aufkommens der rechtsextremen *Front National* und der Erfolge ökologischer Parteien dürfte es in Zukunft häufiger dazu kommen, daß sich im zweiten Wahlgang noch drei Kandidaten gegenüberstehen. Dies war bei der Parlamentswahl 1997 in 76 Wahlkreisen der Fall.

Mehrheitswahl in zwei Wahlgängen

Dieses *relative Mehrheitswahlrecht in zwei Wahlgängen* begünstigt Wahlbündnisse und benachteiligt bündnisunfähige Parteien wie die *Front National*. Innerhalb eines jeden politischen Lagers hat die gemäßigtere Partei die bessere Ausgangssituation. Kommunistische Wähler beispielsweise sind im zweiten Wahlgang eher zur Stimmabgabe für einen Sozialisten bereit als umgekehrt.

Das französische Wahlsystem wirkt sich dergestalt aus, daß die Mehrheitskoalition im Parlament gegenüber der Opposition und innerhalb von Wahlallianzen die stärkere Partei gegenüber der schwächeren i.d.R. stark überrepräsentiert ist. So errang die sozialistische Partei 1981 mit 37,8% der Stimmen 59,5% der Sitze und das Wahlbündnis Union pour la France (RPR und UDF) kam im März 1993 mit nur 39,6% der abgegebenen Stimmen auf rund 78% der Sitze in der *Assemblée nationale*. Das Wahlsystem erleichtert also die Bildung regierungsfähiger Mehrheiten und verstärkt auch politische Stimmungstrends.

Überrepräsentation der jeweiligen Mehrheit

Das Wahlrecht war in der jüngeren französischen Geschichte immer ein Kampfmittel in der politischen Auseinandersetzung. Seit Beginn der III. Repu-

---

6 Die gemäßigte Rechte hat zur Parlamentswahl 1993 schon im Vorfeld Wahlabsprachen zur gemeinsamen Kandidatenaufstellung getroffen und trat gemeinsam unter der Bezeichnung Union pour la France (UPF) zur Wahl an.

blik wurde es mehr als ein Dutzend Male verändert. Nachdem das relative Mehrheitswahlrecht in zwei Wahlgängen von 1958-1981 praktiziert worden war, führte die Linksregierung für die Parlamentswahl 1986 das Verhältniswahlrecht ein, ermöglichte damit der *Front National* den Einzug in die Nationalversammlung und schwächte die traditionelle Rechte. Die konservative Regierung Chirac kehrte 1986 wieder zum relativen Mehrheitswahlrecht zurück und veränderte die Wahlkreiseinteilung. Die – nicht realisierten – Pläne der letzten sozialistischen Regierung, nach den Parlamentswahlen 1993 eine Wahlrechtsreformkommission einzusetzen, die Vorschläge zur Einführung von Verhältniswahlelementen in das Wahlrecht prüfen sollte, wurden von der Regierung Balladur nicht weiter verfolgt. Bei einer Beibehaltung des geltenden Wahlrechts haben weder die *Front Nationa*, noch die Kommunisten und die Ökologen eine Chance, in angemessenem Verhältnis zu ihrem Stimmengewicht in der Wählerschaft im Parlament vertreten zu sein. Den Kommunisten und den Grünen half ihre linke Bündnisstrategie mit der PS, diesen Nachteil abzumildern.

1.4.1.2 Der Senat

Der indirekt als Vertretung der lokalen Gebietskörperschaften von einem Wahlmännergremium gewählte Senat umfaßt 322 Mitglieder. Das Wahlmännergremium ist – in der Tradition der III. und IV. Republik – zusammengesetzt aus:

1. den Abgeordneten der Nationalversammlung,
2. den Mitgliedern des Departementrat *(conseillers généraux)* sowie
3. Delegierten der Gemeinderäte *(conseillers municipaux)*.

Die Senatoren werden auf 9 Jahre gewählt und alle drei Jahre wird ein Drittel von ihnen neu bestimmt. Starke Mehrheitsschwankungen in der Zusammensetzung des Senats sind durch dieses Verfahren praktisch ausgeschlossen.

Der Senat als Vertretung des ländlichen und konservativen Frankreichs

Da die Delegierten der Gemeinderäte im Wahlmännergrenium mehr als 95% der Wahlmänner stellen, repräsentiert der Senat das ländliche, meist rückwärtsgewandte und konservative Frankreich. Seit Beginn der V. Republik gab es durchgehend rechte Mehrheiten im Senat. 1986 und 1989 betrug der Anteil der zur politischen Linken zu rechnenden Senatoren jeweils nur 25% (*Duhamel* 1993, 303).

Dieses Wahlverfahren wird in Frankreich bisweilen als undemokratisch und sogar als verfassungswidrig kritisiert (*Duverger* 1990, 222f.; Artikel 3 der Verfassung bestimmt, daß alle Wahlen – ob direkte oder indirekte – immer allgemein, *gleich* und geheim sein müssen). Es verletzt das demokratische Gleichheitspostulat in eklatanter Weise, besitzen die Stimmen der Wähler in kleinen ländlichen Gemeinden in diesem indirekten Wahlverfahren doch ein ungleich größeres Gewicht als diejenigen von Wählern in Großstädten.[7]

---

[7] Im Jahr 1990 besaßen die 21 500 Gemeinden mit weniger als 500 Einwohnern, die eine Gesamtbevölkerung von 4,7 Mio. Personen besitzen, im Wahlkollegium 21 707 Delegierte. Die 239 Gemeinden mit mehr als 30 000 Einwohnern, in denen 17,7 Mio. Menschen leben, verfügten nur über 21 108 Delegierte. Die Bewohner kleiner Dörfer waren damit fast viermal besser repräsentiert als die Stadtbewohner, s. Le Monde vom 24./25. September 1995, S. 7.

1.4.2 Die Kontrollrechte des Parlaments

Das Mißtrauensvotum stellt die schärfste Waffe der Nationalversammlung gegenüber der ihr verantwortlichen Regierung dar. Allerdings hat die Verfassung die Anwendung dieses Instruments im System des „rationalisierten Parlamentarismus" so eingeschränkt, daß seine häufige Anwendung – im Gegensatz zur IV. Republik – unterbunden wird. Vor allem muß eine absolute Mehrheit der Abgeordneten (i.e. 289) für den Mißtrauensantrag nach Art. 49.2 stimmen. Parlamentarier, die sich enthalten, sowie die Nichtanwesenden werden zum Regierungslager gerechnet. Im Zeitraum 1958 bis Ende 1990 machten die Abgeordneten insgesamt 36 Mal von dieser Waffe Gebrauch (s. Tabelle 6). Nur einmal war ein Mißtrauensvotum erfolgreich und führte zum Sturz der Regierung Pompidou 1962.

Einschränkung des Rückgriffs auf Mißtrauensvotum

Tabelle 6: Mißtrauensvoten und Vertrauensfragen 1958-1990

Anwendung v. Art. 49.1 (Regierung stellt Vertrauensfrage):	20
Anwendung v. Art. 49.2 (Mißtrauensantrag der Nationalversammlung):	36
Anwendung v. Art. 49.3 (Regierung verknüpft Gesetzestext m. Vertrauensfrage) und Parlament bringt daraufhin Mißtrauensvotum ein:	40

Quelle: *Quermonne/Chagnollaud* 1991, S. 239.

Nach 1988 kam es zu einer Reihe von Mißtrauensanträgen gegen die sozialistischen Minderheitsregierungen. Zwei davon verfehlten nur ganz knapp die absolute Mehrheit. In beiden Fällen hatte sich die kommunistische Fraktion einem Antrag der rechten Opposition angeschlossen, zuletzt in einer gegen die EG-Agrarreform gerichteten Abstimmung gegen die Regierung Bérégovoy. Es fehlten nur zwei Stimmen zur absoluten Mehrheit.

Obwohl die Möglichkeiten des Rückgriffs auf das Instrument des Mißtrauensvotums im Vergleich zur IV. Republik eingeschränkt wurden, geht die französische Verfassung längst nicht so weit wie das deutsche Grundgesetz. Dieses erlaubt nur ein konstruktives Mißtrauensvotum, d.h. das Parlament muß nicht nur eine negative Mehrheit zum Sturz der Regierung versammeln, sondern eine positive Mehrheit zur Wahl eines neuen Regierungschefs.

Die Regierung kann auch von sich aus die Vertrauensfrage stellen, etwa nach einer Darlegung der grundlegenden politischen Orientierungen für die Legislaturperiode, wie dies verschiedene Regierungen zu Beginn ihrer Amtszeit getan haben. In diesem Fall reicht eine einfache Mehrheit der abgegebenen gültigen Stimmen, um die Regierung zu Fall zu bringen. Dieses Mittel wurde auch des öfteren eingesetzt, um eine in sich gespaltene Mehrheitskoalition hinter der Regierung zu vereinen, so etwa mehrfach von Premierminister Raymond Barre in der Zeit von 1976 bis 1980. Bisher wurde keiner Regierung die Zustimmung zur Vertrauensfrage verweigert.

Vertrauensfrage der Regierung

Neben diesen stärksten Mitteln des Parlaments, die Regierung zur Verantwortung zu ziehen, existiert eine Reihe von Instrumenten der täglichen Parlamentspraxis, die der Kontrolle der Regierung dienen. So richten die Abgeordneten zahlreiche mündliche (*Questions orales* und *Questions au Gouver-*

nement, 1994 insgesamt 753*)* und schriftliche Anfragen (1994: 12995)[8)] an die Regierung. Schriftliche Anfragen dienen meist der Artikulation partikularer Wahlkreisinteressen. Die Vertretung von Einzelinteressen seines Wahlkreises nimmt breiten Raum in der Arbeit des Abgeordneten ein, ist zentral für sein Selbstverständnis und entspricht auch den Erwartungen seiner Wähler (*Kimmel* 1983, 234ff.). Die Regierung ist verpflichtet, schriftliche Anfragen innerhalb eines Monats (ausnahmsweise mit Fristverlängerung) zu beantworten. Dennoch bleiben zahlreiche Anfragen unbeantwortet (1981: 14,6%, s. *Kimmel* 1983, 255).

Mündliche Anfragen werden entweder mit einer Debatte verbunden und sind in diesem Fall mit einer großen Anfrage im Bundestag vergleichbar. Oder sie werden ohne nachfolgende Debatte vom Minister (häufiger von einem Staatssekretär) beantwortet und sind somit von geringerem Interesse. Belebt wurde die parlamentarische Praxis durch die von Giscard d'Estaing eingeführte aktuelle Fragestunde, die jeden Mittwoch stattfindet und vom öffentlichen Fernsehen übertragen wird. Seit einer Parlamentsreform vom März 1994 (vgl. Kap. 1.4.4) werden an drei Tagen (dienstags, mittwochs und donnerstags) Fragestunden durchgeführt. Auf diese Weise soll ein spontaner und lebhafter Debattenverlauf erreicht werden, so daß das Parlament seine Kommunikationsfunktion besser erfüllen kann. Aber auch diese Innovationen der parlamentarischen Arbeit können nicht darüber hinwegtäuschen, daß die Massenmedien die Kontroll- und Kommunikationsfunktion des Parlaments beschnitten haben. Wichtige Gesetzesvorlagen der Regierung sind in den Medien schon wochenlang diskutiert worden, bevor sie dem Parlament zugeleitet werden. Um dieser gewachsenen Bedeutung der Massenmedien Rechnung zu tragen, wurde auf Initiative des Parlamentspräsidenten, Philippe Séguin, ein Parlamentsfernsehkanal eingerichtet, der zunächst in Paris und im Pariser Großraum Parlamentsdebatten über Kabel teils live, teils zeitverschoben sendet (*De l'Ecotais* 1995, 173).

Einrichtung von Untersuchungsausschüssen kein Minderheitenrecht

Ein weiteres Kontrollinstrument steht den Abgeordneten in Form von Untersuchungsausschüssen (*commission d'enquête* und *commission de contrôle*) zur Verfügung. Allerdings kann die Einsetzung eines Untersuchungsausschusses, der i.d.R. der Aufdeckung von Skandalen dient, nicht von der Opposition erzwungen werden. Es bedarf dazu eines Mehrheitsbeschlusses. Auch tagen die Untersuchungsausschüsse – im Gegensatz zu denjenigen in den USA, in Großbritannien und der Bundesrepublik – nicht öffentlich. Fehlende Öffentlichkeit, fehlende Minderheitenrechte und weitere restriktive Bestimmungen des Untersuchungsrechts entwerten dieses parlamentarische Kontrollinstrument weitgehend.

„Wenn die Ausgestaltung des Untersuchungsrechts Auskunft gibt über Macht und Ohnmacht eines Parlaments, dann muß die Nationalversammlung der V. Republik als eines der ohnmächtigsten betrachtet werden..." (*Kimmel* 1983, 221).

Um die Stellung des Parlaments gegenüber der Regierung zu verbessern und seine Kontrollfunktion zu stärken, wurde 1983 das *Office parlementaire d'évaluation des choix scientifiques et technologiques* ins Leben gerufen. Es besteht aus je-

---

8   Diese und nachfolgende statistische Angaben zur Parlamentstätigkeit im Jahre 1994 beziehen sich nur auf die Assemblée nationale und sind dem *Bulletin de l'Assemblée nationale, No spécial, Februar 1995: Statistiques 1994* entnommen.

weils acht Abgeordneten und Senatoren und wird in seiner Arbeit von einem wissenschaftlichen Beirat (*Conseil scientifique*) unterstützt, der von 15 Persönlichkeiten aus dem Wissenschaftsbereich gebildet wird. In seiner Aufgabenstellung, nämlich die Beratungen und Entscheidungen des Parlaments über wissenschaftlich-technische Fragen durch seine Expertise zu unterstützen, ist es dem Office of Technology Assessment (OTA) des US-Kongresses vergleichbar, besitzt jedoch personell und materiell nicht annähernd dessen Ressourcen.

1.4.3 Die Gesetzgebungsfunktion des Parlaments

Die Gesetzgebungsfunktion des Parlaments ist in mehrfacher Hinsicht durch die Verfassung deutlich eingeschränkt. *Eingeschränkter Gesetzgebungsbereich*

1. Der Präsident kann auf Vorschlag des Premierministers oder beider Kammern des Parlaments über bestimmte Gesetze vom Volk in Form eines Referendums entscheiden lassen (Art. 11). Der Gegenstandsbereich, über den per Referendum entschieden werden kann, wurde per Verfassungsänderung (Loi constitutionnelle vom 4. August 1995, vgl. *Luchaire* 1995) noch ausgeweitet. Konnte bis dahin nur über die „Organisation der öffentlichen Gewalten" und über die Ratifikation internationaler Verträge (z.B. Maastricht-Referendum vom September 1992) entschieden werden, so erlaubt der veränderte Artikel 11 nun auch über „Reformen im Bereich der Wirtschafts- und Sozialpolitik der Nation" zu entscheiden, also über weite Bereiche der Politik. Da das Referendum in Frankreich nicht auf Volksinitiative hin möglich ist, baut diese Verfassungsänderung die Machtstellung des Präsidenten gegenüber dem Parlament noch weiter aus.
2. Gesetze, die vom Parlament verabschiedet worden sind, können im Rahmen eines Normenkontrollverfahrens dem Verfassungsrat zugeleitet werden, der über ihre Verfassungskonformität zu entscheiden hat (vgl. Kap. 1.4.4).
3. Der Gegenstandsbereich, innerhalb dessen das Parlament gesetzgeberisch tätig werden darf, ist in Artikel 34 der Verfassung klar definiert. Alle anderen Bereiche unterliegen der Regelungskompetenz der Regierung und des Staatspräsidenten. Zwar entsprechen die in Artikel 34 aufgelisteten Sachbereiche grosso modo den Bereichen, in denen auch andere Parlamente in demokratischen Regierungssystemen legislativ tätig werden. Diesen ist es jedoch – wie früher auch dem Parlament der III. und IV. Republik – selbst überlassen, welche Gegenstände sie in Gesetzesform zu regeln wünschen. Es handelt sich hier um eine empfindliche Einschränkung der Parlamentssouveränität und um einen radikalen Bruch mit der französischen Tradition.
4. Außerhalb der Haushaltsgesetze darf das Parlament keine Gesetze beschließen, die zu einer Verminderung der Staatseinnahmen oder einer Erhöhung der Ausgaben führen würden (Art. 40).
5. In der Verfassung (Art. 28) sind die ordentlichen Sitzungsperioden des Parlaments eindeutig festgelegt. Bis zu der Verfassungsänderung 1995 waren die zwei Sitzungsperioden auf insgesamt 170 Tage im Jahr begrenzt. Das Gesetz zur Verfassungsänderung vom 4. August 1995 führte eine durchgehende Sitzungsperiode (*session unique*) ein, die jeweils von Anfang Oktober

83

bis Ende Juni währt. Die parlamentarische Kontrolle der Regierung wurde somit deutlich gestärkt, da die „parlamentsfreie" Zeit für die Regierung von sechs auf drei Monate im Jahr verkürzt wurde.

Neben diese vom Verfassungsgeber gewollte Beschneidung der parlamentarischen Befugnisse tritt noch eine weitere Entwicklung, die die Gesetzgebungsfunktion des Parlaments einschränkt: Der Prozeß der europäischen Integration führt dazu, daß Politikbereiche, die zuvor der Gesetzgebung der nationalen Parlamente vorbehalten waren, nun auf EU-Ebene geregelt werden (vgl. Kap. 1.5.2). Darüber hinaus mußte das Parlament im Zuge des Dezentralisierungsprozesses der achtziger Jahre (vgl. Kap. 1.5.1) Befugnisse (allerdings keine Gesetzgebungsbefugnisse!) an die lokalen Gebietskörperschaften abtreten.

1.4.3.1 Das Verfahren der Gesetzgebung

Kontrolle der Regierung über den Gesetzgebungsprozeß

Die Regierung verfügt über vielfältige Instrumente, das Verfahren der Gesetzgebung zu steuern und zu kontrollieren. Sie kann die Tagesordnung des Parlaments festlegen. Was in anderen parlamentarischen Regierungssystemen allein Sache der Geschäftsordnung des Parlaments ist, das autonom über seine Tagesordnung entscheidet, wurde in der V. Republik in der Verfassung (Art. 48) geregelt. Die Regierung kann jederzeit die vorrangige Behandlung ihrer eigenen Gesetzesvorlagen durch das Parlament verlangen und somit den Arbeitsablauf im Parlament bestimmen.

Wie in anderen demokratischen Regierungssystemen wird auch in Frankreich die überwältigende Mehrzahl der Gesetzesvorlagen von der Regierung und nicht vom Parlament eingebracht (1994: 121 von 134 verabschiedeten Gesetzen). Die Diskussion der Gesetzestexte im Parlament vollzieht sich auf der Grundlage der von der Regierung eingebrachten Vorlage. In der IV. Republik wurde dagegen auf der Grundlage der im zuständigen Parlamentsausschuß veränderten Vorlage diskutiert, was die Stellung der Regierung im Gesetzgebungsprozeß stark beeinträchtigte. Auch konnte die Regierung früher keine Änderungsanträge während der Gesetzgebungsprozedur mehr einbringen, was ihr in der V. Republik ebenso wie den Abgeordneten möglich ist. Um das Verfahren zu beschleunigen oder ihre Vorlage in möglichst unveränderter Form verabschieden zu lassen, kann die Regierung en bloc über das gesamte Gesetz oder einzelne seiner Teile abstimmen lassen *(vote bloqué)*. Dabei kann sie alle von ihr nicht akzeptierten Änderungsanträge übergehen (Art. 44).

Das schärfste Mittel der Regierung im parlamentarischen Gesetzgebungsprozeß besteht im Rückgriff auf den Artikel 49.3 der Verfassung. Er bietet ihr die Möglichkeit, ihre Existenz mit der Annahme einer Gesetzesvorlage zu verbinden. Das betreffende Gesetz gilt als angenommen, wenn innerhalb von 48 Stunden kein Mißtrauensantrag vom Parlament gestellt wird oder wenn dieser keine Mehrheit findet. Dies bedeutet, daß Gesetze ohne Abstimmung verabschiedet werden können, falls kein Mißtrauensantrag zustande kommt. Der Gebrauch dieses Artikels führte seit Beginn der V. Republik bis Ende 1990 zu 40 Mißtrauensanträgen des Parlamentes (s. Tabelle 6). Vor allem die Regierung Rocard griff 1988 bis 1991 zur Verabschiedung von dreizehn Gesetzestexten darauf zurück, da sie sich auf keine sichere Mehrheit stützen konnte (*Duhamel* 1993, 289).

Die Anzahl der permanenten Parlamentsausschüsse wurde durch die Verfassung auf sechs beschränkt, um ihren Einfluß zu begrenzen (*Affaires culturelles, Affaires étrangères, Défense, Finances, Lois, Production*). Damit sollte auch vermieden werden, daß die Zuständigkeit der permanenten Ausschüsse mit derjenigen eines Ministeriums identisch ist. Die Ausschußberatungen sollten sich nach dem Willen der Verfassungsväter hauptsächlich in Sonderausschüssen vollziehen, die jeweils zur Behandlung eines bestimmten Gesetzes konstituiert werden. Dies entspricht dem britischen Modell (wie es bis zur britischen Parlamentsreform von 1979 funktionierte), das *Michel Debré* bei der Verfassungsgebung in vielen Punkten als Vorbild galt. Dennoch vollzieht sich die Ausschußberatung vor allem in den sechs permanenten Ausschüssen. Aufgrund ihrer geringen Zahl sind diese recht groß, was ihre Arbeit erschwert. Um die Arbeitsfähigkeit zu gewährleisten, wurden Unterausschüsse gebildet, so daß die Ausschußstruktur der IV. Republik in veränderter Form wieder auftauchte. Die Ausschüsse haben nicht annähernd die materielle Ausstattung und das politische Gewicht wie etwa diejenigen im amerikanischen Kongreß.

Seit einigen Jahren entwickelt sich zunehmend die Praxis der Anhörung von Experten und Regierungsmitgliedern vor den Ausschüssen (1994: 155 Anhörungen vor den permanenten Ausschüssen und 146 Anhörungen von Untersuchungsausschüssen) nach dem Vorbild der amerikanischen „Hearings". Die Protokolle dieser Anhörungen werden häufig zusammen mit einem Ausschußbericht zu einer Gesetzesvorlage veröffentlicht, was die Qualität der Parlamentsarbeit und der öffentlichen bzw. Fachdiskussion gewiß verbessert hat.

Insgesamt werden in der V. Republik aufgrund der Eingrenzung des Gesetzgebungsbereichs durch die Verfassung weniger Gesetze verabschiedet als zuvor. Durchschnittlich 234 Gesetze wurden jährlich im Zeitraum 1947-1957 vom Parlament der IV. Republik verabschiedet. Nach 1958 sank dagegen der jährliche Durchschnitt auf 80 Gesetze im Zeitraum 1958-1964, 92 im Jahresdurchschnitt 1965-1974 und 108 von 1982-1991 (incl. Ratifikationsgesetze für internationale Konventionen und Verträge, vgl. *Braibant* 1993, 47).

1.4.3.2 Die Rolle des Senats

Trotz seiner zweifelhaften demokratischen Legitimation aufgrund der stark verzerrten Repräsentation (vgl. Kap. 1.4.1) spielt der Senat eine wichtige Rolle bei der Gesetzgebung und eine zentrale Rolle bei Verfassungsänderungen. Nationalversammlung und Senat müssen sich im Prinzip auf einen gemeinsamen und wortgleich von beiden Kammern zu verabschiedenden Gesetzestext einigen. Haben sich die beiden Kammern nach zwei Lesungen (falls die Regierung die Vorlage als dringlich erklärt hat, schon nach je einer Lesung) nicht auf einen identischen Text einigen können, so kann der Premierminister einen paritätisch besetzten Vermittlungsausschuß anrufen. Dieser soll Formulierungsvorschläge für die strittigen Paragraphen des betreffenden Gesetzeswerkes machen. Kommt es innerhalb des Vermittlungsausschusses zu einer Einigung, so wird der Text den beiden Kammern zu einer erneuten Lesung zugeleitet, wobei nur noch solche Änderungsanträge zulässig sind, die die Zustimmung der Regierung finden. Kommt es zu keiner Einigung im Vermittlungsausschuß, so kann die Regierung nach einer erneuten Lesung in beiden Kammern die Nationalversammlung auffordern, definitiv über den betreffenden Text abzustimmen. Eine Zustimmung des Senats ist in diesem Fall also nicht erforderlich. Dies bedeutet, daß sich die Regierung immer dann über Widerstände aus dem Senat hinwegsetzen kann, wenn sie politisch auf seiten der Nationalversammlung steht, was der Regelfall ist. Ist einer Regierung allerdings eine parlamentarische Gesetzesinitiative aus dem eigenen Lager unangenehm, so kann sie ganz auf einen Eingriff in das Gesetzgebungsverfahren verzichten und damit die beiden Kammern zu einer Einigung über den betreffenden Text zwingen. Bei anhaltenden Meinungsverschiedenheiten zwischen beiden Kammern kann das Gesetz theoretisch endlos zwischen ihnen hin und her wandern („faire la navette") und damit „beerdigt" werden.

Verständigung über Gesetze zwischen Senat und Nationalversammlung als Regelfall

Der Regelfall ist allerdings die Verständigung auf einen gemeinsamen Text zwischen beiden Kammern. Vor 1981, als die politischen Mehrheiten im Senat und in der Nationalversammlung übereinstimmten, mußte der Vermittlungsausschuß in weniger als 20% der Fälle angerufen werden. Nach 1981 erhöhte sich diese Häufigkeit auf rund ein Drittel. Der Rückgriff auf das Letztentscheidungsrecht der Nationalversammlung bildet eher die Ausnahme. Auch nach 1981 wurden mehr als drei von vier Gesetzen mit Zustimmung des Senats angenommen (*Duhamel* 1993, 310).

Diese intensive Beteiligung des Senats am Gesetzgebungsverfahren führt häufig zu einer gründlicheren Beratung der Vorlagen und zu Verbesserungen des zu beratenden Textes. Dieser Umstand wird vielfach als Hauptdaseinsberechtigung des Senats angeführt. Allein die Tatsache, daß der Senat eine Interessenvertretung der lokalen Gebietskörperschaften, einen „Großen Rat der Kommunen" (so *Léon Gambetta*, ein führender Politiker und Ministerpräsident der III. Republik) bildet, reicht heute nicht mehr aus, um die Existenz einer zweiten Kammer zu rechtfertigen. Denn die Regionen, Departements und Kommunen sind im Zuge des 1982 eingeleiteten Dezentralisierungsprozesses (vgl. Kap. 1.5.1) deutlich gestärkt worden. Seither sind sie wesentlich besser in der Lage, ihre eigenen Interessen selbständig gegenüber dem Zentralstaat zu vertreten und viel weniger auf eine Interessenvertretung durch den Senat angewiesen.

Zentrale Rolle des Senats bei Verfassungsänderungen

Eine zentrale – und gleichzeitig problematische – Rolle spielt der Senat bei Verfassungsänderungen. Diese erfordern nach Artikel 89 der Verfassung eine Einigung von Senat und Nationalversammlung auf einen wortgleichen Text. Dieser kann dann vom Staatspräsidenten entweder dem sogenannten Kongreß, der aus den Abgeordneten und Senatoren der beiden Kammern zusammengesetzt ist, vorgelegt werden und muß dort mit einer Mehrheit von drei Fünfteln der abgegebenen Stimmen angenommen werden. Oder der Staatspräsident legt den von beiden Kammern mehrheitlich verabschiedeten Text dem Volk zur Entscheidung vor. Auf jeden Fall hat der Senat also ein Vetorecht bei Verfassungsänderungen nach Artikel 89. Er scheut sich auch nicht, davon Gebrauch zu machen. So lehnte er im Frühjahr 1990 eine von der Nationalversammlung schon gebilligte Verfassungsänderung ab, die Einzelpersonen eine Verfassungsbeschwerde erlauben sollte (vgl. Kap. 1.4.4). Auch besitzt er ein Vetorecht in bezug auf verfassungsergänzende Gesetze *(lois organiques)*, die den Senat selbst betreffen.

Die Diskussion über die Rolle des Senats im französischen Regierungssystem ist so alt wie der Senat selbst, d.h. sie wurde seit Beginn der III. Republik geführt. Während der V. Republik unternahm General de Gaulle den Versuch, die Rolle des Senats mittels einer Verfassungsänderung per Referendum drastisch zu beschneiden. Der Senat sollte nach seinen Vorstellungen auf eine rein konsultative Rolle im Gesetzgebungsprozeß reduziert werden. Gleichzeitig sah der Referendumstext eine Fusion des Senats mit dem Wirtschafts- und Sozialrat *(Conseil économique et social)*[9] vor. Der Senat sollte zur Hälfte auf regionaler Ebene gewählt werden und zur anderen Hälfte aus Delegierten von Verbänden und Vereinigungen aus dem wirtschaftlichen, sozialen und kulturellen Bereich zusammengesetzt sein. Dies wäre praktisch seiner Entmachtung gleichgekommen. Um ein verfassungsänderndes Referendum ohne Zustimmung des Senats überhaupt durchführen zu können, bediente sich de Gaulle des Art. 11 der Verfassung, genau wie im Falle der Einführung der Direktwahl des Staatspräsidenten 1962. Obwohl dieser Verfassungsartikel nicht für Verfassungsänderungen bestimmt war, gingen die meisten Juristen nach dem Präzedenzfall von 1962 von der Zulässigkeit dieses Verfahrens aus und akzeptierten die „normative Kraft des Faktischen". Der Senat bekämpfte das Referendumsvorhaben de Gaulles natürlich mit juristischen und politischen Argumenten. Die Volksabstimmung scheiterte, und der durch die Mai-Ereignisse von 1968 politisch geschwächte de Gaulle trat daraufhin sofort zurück. Seither ist der einzige Weg, die Rolle des Senats zu beschneiden oder seine Zusammensetzung zu demokratisieren, praktisch verbaut. Kaum ein Präsident würde erneut das Risiko eines Referendums nach Artikel 11 auf sich nehmen, um den Senat zu reformieren.

1.4.4 Aufwertung des Parlaments seit 1994

„Ich werde alles tun, damit unsere Demokratie gefestigt und ausgewogener wird, durch eine gerechte Kompetenzverteilung zwischen der Exekutive und Legislative, so wie es General de Gaulle, der Gründer der Fünften Republik, gewollt hat", so Jacques Chirac in seiner Antrittsrede als Staatspräsident am 17. Mai 1995.[10] Nun läßt sich gewiß trefflich darüber streiten, ob der General je ein ausgewogenes Verhältnis zwischen Exekutive und Legislative im Sinn hatte. Was jedoch sichtbar wurde, ist die Bereitschaft des neuen Staatspräsidenten Chirac, das Parlament in Maßen aufzuwerten. Allerdings wurden wichtige Schritte einer Verbesserung und öffentlichkeitswirksameren Außendarstellung der Parlamentsarbeit auf Betreiben des 1993-1997 amtierenden und sehr aktiven Parlamentspräsidenten Philippe Séguin schon zuvor eingeleitet. Zunächst versuchte er, die Präsenz der Abgeordneten auf den Bänken der Nationalversammlung dadurch zu

---

9 Der Wirtschafts- und Sozialrat setzt sich aus 230 Delegierten von repräsentativen Berufsverbänden und 40 von der Regierung bestimmten Persönlichkeiten zusammen. Ihm kommt auf Ersuchen der Regierung eine konsultative Funktion im Gesetzgebungsprozeß zu und er kann von ihr auch unabhängig von konkreten Gesetzesprojekten mit bestimmten wirtschaftlichen und sozialen Problemen befaßt werden. Er hat also keinerlei Entscheidungsbefugnisse, veröffentlicht jedoch häufig hochinteressante Berichte zu einzelnen Problemfeldern.
10 Abgedruckt in: Frankreich-Info Nr. 14/1995 v. 18. Mai 1995, Französische Botschaft, Bonn.

verbessern, daß er die Möglichkeit, das eigene Stimmrecht auf andere Abgeordnete zu übertragen, beschnitt und so die persönliche Anwesenheit der Abgeordneten vor allem bei wichtigen Abstimmungen erzwang. Auch die oben schon erwähnte und von ihm betriebene Einführung eines Parlamentsfernsehkanals verbesserte nicht nur die Außendarstellung des Parlaments im Zeitalter elektronischer Massenmedien, sondern erhöhte damit auch die Anreize für die Abgeordneten, politische Präsenz in Paris zu zeigen und nicht vorrangig der Wahlkreisarbeit nachzugehen.

Bedeutsamere Neuerungen brachte jedoch eine Änderung der Geschäftsordnung der Nationalversammlung im Jahre 1994, die wichtigste Parlamentsreform seit 20 Jahren (*Jan* 1995), die die parlamentarischen Arbeitsverfahren teilweise deutlich modifizierte. Ein Ziel bestand darin, die Ausschußarbeit aufzuwerten, damit die Plenumsdebatten von technischen Details entlastet und politischer gestaltet werden können (*De l'Ecotais* 1995, 174ff.). Hierzu wurden die Plenardebatten weitgehend von der Diskussion von Änderungsanträgen zu Gesetzesvorlagen entlastet, die nunmehr vorrangig in den Ausschüssen diskutiert werden sollen.

Aufwertung der Parlamentsdebatten

Dem Ziel, die Plenardebatten lebendiger zu gestalten und ihnen einen höheren Aufmerksamkeitswert zu garantieren, diente auch die Ausweitung der in jeder Sitzungswoche zur Verfügung stehenden Zeit zur Kontrolle der Regierung. Neben mündlichen Anfragen (die nunmehr donnerstags vormittags behandelt werden) und der beibehaltenen aktuellen Fragestunde mittwochs nachmittags (je zweieinhalb Minuten Redezeit für den Fragesteller und den spontan antwortenden Regierungsvertreter) wurde eine weitere aktualitätsbezogene Sitzung dienstags nachmittags eingeführt. Sie dient einer zehnminütigen Regierungserklärung zu einem aktuellen Thema, zu dem jede Parlamentsfraktion fünf Minuten spontan Stellung nehmen kann. Diese Sitzung wird ebenso wie die aktuelle Fragestunde am Mittwoch vom öffentlichen Fernsehen landesweit übertragen. Diese aktualitätsbezogenen und lebendigen Debatten haben das Parlament als Ort der politischen Auseinandersetzung fraglos gestärkt und die öffentliche Aufmerksamkeit für die Parlamentsarbeit gesteigert.

Der wichtigste Schritt zur Aufwertung des Parlaments machte jedoch eine Verfassungsänderung nötig, die im August 1995 in Kraft trat: Die Sitzungsdauer des Parlaments wurde ausgeweitet und aus bisher zwei getrennten Sitzungsperioden wurde eine durchgehende Sitzungsperiode von Anfang Oktober bis Ende Juni gemacht. Somit sieht sich die Regierung über neun Monate im Jahr einer parlamentarischen Kontrolle ausgesetzt und nicht lediglich über sechs Monate wie zuvor. Im Zuge dieser Verfassungsänderung wurde dem Parlament noch ein weiteres kleines Zugeständnis gemacht, indem beiden Kammern in einem Zusatz zu Artikel 48 das Recht eingeräumt wurde, für eine Sitzung pro Monat ihre eigene Tagesordnung festzulegen.

Eine wichtige materielle Ausweitung der Parlamentszuständigkeiten erfolgte ebenfalls per Verfassungsänderung 1992. Seither befaßt sich das Parlament mit Rechtssetzungsakten der Europäischen Gemeinschaften, bevor diese auf Gemeinschaftsebene endgültig verabschiedet werden, und kann in Resolutionen dazu Stellung nehmen (vgl. Kap. 1.5.2).

Zukünftig sollen zwei weitere Instrumente dem Parlament bei der Ausübung seiner Kontrollfunktion gegenüber der Regierung mit ihrer Expertise zur Seite stehen: Zum einen ein *Office parlementaire d'évaluation de la législation*, das als gemeinsame Einrichtung der Nationalversammlung und des Senats der Vereinfachung und zahlenmäßigen Begrenzung der zu verabschiedenden Gesetze dienen soll. Zum anderen wurde, ebenfalls als gemeinsame Einrichtung beider Kammern des Parlaments, ein *Office d'évaluation des politiques publiques* gegründet, das die Expertise des Parlaments in Haushaltsfragen gegenüber dem übermächtigen Wirtschafts- und Finanzministerium stärken soll. Von Staatspräsident Chirac vorgeschlagen, von Parlamentspräsident Séguin umgehend unterstützt, beschloß die Nationalversammlung im Juli 1995 zwar deren Einrichtung, reduzierte jedoch selbst (!) die Zuständigkeiten des *Office d'évaluation des politiques publiques*.[11] Weitere Schritte zur Aufwertung der Parlamentsarbeit hat die PS in ihrem Wahlprogramm zur Parlamentswahl 1997 angekündigt. Insbesondere sollen die Rechte der Opposition gestärkt werden, z.B. dadurch, daß die Einrichtung von Untersuchungskommissionen erleichtert werden soll. Zudem will die neue Regierung den Rückgriff auf die Vertrauensfrage nach Art. 49,3 zur Verabschiedung eines Gesetzestextes auf besonders wichtige Gesetzesvorhaben einschränken.

Diese Episode eines freiwilligen Verzichts auf Machtzuwachs macht deutlich, daß die beiden Kammern des französischen Parlaments sich in ihrer subalternen Stellung im französischen Regierungssystem offenbar eingerichtet haben und keineswegs danach trachten, ihre Stellung als Gegengewicht zur übermächtigen Exekutive möglichst effektiv auszubauen. So bleibt das Gewicht des französischen Parlaments im politischen Willensbildungs- und Entscheidungsprozeß auch nach den beschriebenen Maßnahmen zu seiner Aufwertung noch weit entfernt von der Machtstellung, wie sie etwa der Deutsche Bundestag besitzt und wie sie die Parlamente der III. und IV. Französischen Republik besaßen.

1.4.5 Der Verfassungsrat (Conseil constitutionnel)

Eine vom Parlament und von der Regierung unabhängige Normenkontrolle durch ein Verfassungsgericht hat sich in Frankreich erst spät, langsam und unvollständig entwickelt. Im traditionellen Souveränitätsverständnis der III. und IV. Republik war kein Platz für eine Überprüfung der vom Parlament verabschiedeten Gesetze nach deren Inkrafttreten. Das Parlament verstand sich als Inkarnation der nationalen Souveränität und duldete keine unabhängige Instanz, die die von ihm erlassenen Rechtsakte auf ihre Verfassungsmäßigkeit hin überprüfen durfte.

Die Rolle des Verfassungsrats *(Conseil constitutionnel)* wurde während der V. Republik gestärkt. Zunächst war er ein Instrument in den Händen der Regierung, um eventuelle Versuche des Parlaments, seine verlorene Macht wieder zurückzugewinnen, vom Verfassungsrat abblocken lassen zu können. Bis 1974 konnte dieser nur vom Präsidenten der Republik, dem Premierminister und den Präsidenten der Nationalversammlung und des Senats angerufen werden. Der Staatspräsident sowie die Präsidenten der Nationalversammlung und des Senats bestimmen auch jeweils drei der neun Mitglieder des Verfassungsrats (zusätzlich

Bedeutungsgewinn der Normenkontrolle in der V. Republik

---

11 Vgl. den Kommentar in Le Monde vom 2. Februar 1996, S. 14: „Le Parlement pusillanime".

sind ehemalige Staatspräsidenten Mitglieder auf Lebenszeit). Da keines dieser Ämter von 1958-1974 von einem Vertreter der Linken besetzt war, war dieser der Weg zum Verfassungsgericht versperrt und sie hatte keinerlei Einfluß auf dessen Zusammensetzung.

Gang zum Verfassungsgericht als Oppositionsrecht

Seit der Verfassungsreform von 1974 können auch 60 Abgeordnete oder Senatoren ein Gesetz auf seine Verfassungskonformität hin überprüfen lassen, allerdings nur vor seinem Inkrafttreten. Dies kommt einer bedeutenden Aufwertung der Verfassungsgerichtsbarkeit in Frankreich gleich. Denn seither kann erstmals die parlamentarische Opposition (oder Teile davon) die Verfassungsmäßigkeit von Gesetzen überprüfen lassen. Von diesem Recht machten sie auch regen Gebrauch – teilweise mit Erfolg. Von 1959 bis 1974 gab es lediglich 9 Entscheidungen des Verfassungsrates. Im Zeitraum 1974-1984 dagegen kam es zu 79 Urteilen des *Conseil constitutionnel*, wovon 75 auf eine Initiative der Parlamentarier zurückgingen, die fast ausschließlich (mehr als 90%) Abgeordnete oder Senatoren der jeweiligen Opposition waren (*Duverger* 1990, 450f.). In mehr als einem Drittel der Fälle war die Verfassungsbeschwerde nach 1974 erfolgreich. In der Regel wurden allerdings nur einzelne Teile des fraglichen Gesetzes beanstandet, so daß dieses entweder ohne die verfassungswidrigen Artikel oder in modifizierter Form in Kraft treten konnte.

Gerichten ist es grundsätzlich verwehrt, auf dem Wege der konkreten Normenkontrolle das Verfassungsgericht anzurufen, wenn ein von ihnen anzuwendendes Gesetz nach ihrer Meinung Verfassungsbestimmungen verletzt. Auch Einzelpersonen ist bislang der Weg einer Verfassungsbeschwerde verstellt. Der Versuch einer entsprechenden Verfassungsänderung fand zwar im Frühjahr 1990 eine Mehrheit in der Nationalversammlung, scheiterte dann aber am Widerstand des Senats. Hier zeigt sich, welche gravierenden Auswirkungen die Befugnisse eines Senats, dessen Legitimation aufgrund der stark verzerrten Repräsentation zweifelhaft ist, im Bereich der Verfassungsrevision haben können.

Die französische Tradition, eine Normenkontrolle durch den *Conseil constitutionnel* lediglich *vor dem Inkrafttreten eines Gesetzes* zu erlauben, unterscheidet sich grundsätzlich von der amerikanischen Tradition des *judicial review* und auch von der bundesdeutschen Praxis. Nach seinem Inkrafttreten muß auch ein offen gegen die Verfassung verstoßendes Gesetz von französischen Gerichten angewendet werden. Weder sie noch ein in seinen Rechten eingeschränkter Bürger können es nachträglich über ein Verfassungsgerichtsverfahren zu Fall bringen.

Das Verfassungsgericht wird nicht lediglich tätig, wenn es angerufen wird. Alle sogenannten *lois organiques*, die in der Normenhierarchie zwischen Verfassungsbestimmungen und einfachen Gesetzen angesiedelt sind, müssen vor ihrem Inkrafttreten dem *Conseil constitutionnel* vorgelegt werden. Diese *lois organiques* regeln die Beziehungen zwischen den öffentlichen Gewalten und enthalten Ausführungsbestimmungen für einzelne Verfassungsartikel.

Neben der Normenkontrolle erfüllt der Verfassungsrat noch weitere Aufgaben. Er dient als Beschwerdeinstanz für alle nationalen Wahlen und Referenden und kann in dieser Funktion von jedem Bürger angerufen werden. Er wacht über den ordnungsgemäßen Ablauf der Wahlen und Referenden. Des weiteren überprüft er die Einhaltung der Inkompatibilitätsbestimmungen der Verfassung, vor allem die Bestimmungen hinsichtlich der Unvereinbarkeit zwischen einem Parlamentsmandat und einem Ministeramt sowie der Ausübung bestimmter beruflicher Tätigkeiten.

1.5 Dezentralisierung und Europäische Integration: Der zentralistische Staat in der Politikverflechtung

1.5.1 Probleme des Zentralismus und Dezentralisierungsbestrebungen in der V. Republik

Frankreich gilt als Musterbeispiel eines zentralisierten Staatswesens. Die jahrhundertealte Tradition der „einen und unteilbaren Republik" und des französischen Zentralismus ist allerdings mit einer Reihe struktureller Probleme verbunden. Im Zuge der Modernisierung und Ausdifferenzierung der französischen Gesellschaft und der zunehmenden internationalen Verflechtung der Wirtschaft (vgl. Kap. 2.5) nahm und nimmt das Gewicht dieser Problemlagen tendenziell zu. Hauptsächlich drei Problembereiche sind zu nennen:

Strukturprobleme des Zentralismus

1. Effizienzprobleme der staatlichen Politik und Verwaltung
2. Die regional ungleiche Verteilung der ökonomischen Potentiale und der Bevölkerung
3. Probleme der politischen Willensbildung und Partizipation.

1. In dem Maße, wie staatliche Eingriffe in Wirtschaft und Gesellschaft in den vergangenen Jahrzehnten zugenommen haben, hat sich auch das Effizienzproblem zentralstaatlicher Politik und Verwaltung verschärft. Eine effiziente Verwaltung und eine problemangemessene Politik setzen eine sehr hohe Informationsverarbeitungskapazität, die Kenntnis regionaler und lokaler Problemlagen und Besonderheiten sowie einen engen Kontakt zu der Vielzahl lokaler politischer und sozialer Akteure voraus. Gleichermaßen ist die Fähigkeit von Politik und Verwaltung gefordert, eine Problemverarbeitungskapazität zu entwickeln, die es erlaubt, flexibel auf die unterschiedlichen lokalen Bedingungen zu reagieren. Ein hochzentralisierter, unitarisch aufgebauter Staat läuft Gefahr, diesen wachsenden Anforderungen an seine Informations- und Problemverarbeitungskapazität immer weniger gerecht zu werden. Vor allem in den Ballungsräumen und Großstädten erwies sich der hyperzentralisierte Verwaltungsaufbau als zunehmend dysfunktional. Die hohe politische Steuerungsfähigkeit, die der französische Staat in früheren Epochen bewies, die von einer geringeren Komplexität seiner Eingriffe in das wirtschaftliche und gesellschaftliche Leben gekennzeichnet waren, hat sich mehr und mehr in ihr Gegenteil verkehrt.
2. Der französische Zentralismus hat ohne Frage wesentlich zur Vereinheitlichung der wirtschaftlichen, sozialen und kulturellen Lebensbedingungen zwischen den verschiedenen Regionen Frankreichs beigetragen. Gleichzeitig hat er jedoch ein krasses Ungleichgewicht zwischen dem Ballungsraum Paris (Ile-de-France) und dem restlichen Frankreich entstehen lassen (vgl. Kap.

2.4.1). Nach wie vor sind in der Region Ile-de-France die wichtigsten wirtschaftlichen, kulturellen und auch politischen Aktivitäten und Institutionen sowie fast 20% der Bevölkerung konzentriert.
3. Zudem bietet ein hochgradiger Zentralismus, der der lokalen Selbstverwaltung wenig Raum läßt, geringe politische Beteiligungsmöglichkeiten für die Bürger. Die für die politische Sozialisation in anderen politischen Systemen so bedeutende aktive Teilhabe an der Kommunalpolitik wurde durch die beschränkten Kompetenzen der lokalen Gebietskörperschaften nicht gerade gefördert.

Diese Strukturprobleme des Zentralismus haben seit Jahrzehnten regelmäßig zu Dezentralisierungsdebatten und entsprechenden politischen Reformbemühungen geführt.

Die wirtschaftliche Dekonzentrierung wurde seit den fünfziger Jahren durch eine aktive Raumordnungspolitik gefördert (vgl. Kap. 2.4.2). Zu diesem Zweck wurde 1963 die Raumordnungs- und Regionalentwicklungsbehörde DATAR (Délégation à l'Aménagement du Territoire et à l'Action Régionale) gegründet.

Während der V. Republik gab es auch schon vor den Dezentralisierungsgesetzen von 1982/83 mehrere Anläufe zur politischen und Verwaltungsdezentralisierung. General de Gaulle scheiterte 1969 mit seinem Vorhaben, per Referendum die Regionen zu stärken. Den 1956 als Instrument der Raumordnungspolitik geschaffenen Planregionen wurde 1964 ein von der Zentralregierung eingesetzter Regionalpräfekt an die Spitze gestellt und 1972 wurde ihnen der Status einer Anstalt des öffentlichen Rechts *(établissement public)* verliehen. Unter Giscard d'Estaing begann ein längerfristiger Prozeß, die finanzielle Stellung der Kommunen zu verbessern. Bei allen Reformbestrebungen seit 1958 handelte es sich allerdings um vorsichtige Bemühungen, die immer wieder auf hartnäckigen Widerstand trafen und keinen Bruch mit der fest verankerten Tradition des Zentralismus beabsichtigten. Erst die von den Sozialisten versprochenen und 1982/83 verabschiedeten Dezentralisierungsgesetze markierten einen echten Einschnitt in die französische Tradition.

1.5.1.1 Die Dezentralisierungsgesetze von 1982/83

Dezentralisierung als zentrale Strukturreform der 80er

Der Dezentralisierungsprozeß führte zur Verabschiedung von mehr als 40 Gesetzen und 300 Dekreten (*Thoenig* 1992, 9) und ist gewiß noch nicht abgeschlossen. Die wichtigsten gesetzlichen Grundlagen wurden 1982 mit dem Gesetz über die „Rechte und Freiheiten der Gemeinden, Departements und Regionen" und mit den im Jahre 1983 verabschiedeten Gesetzen zur Kompetenzverlagerung hin zu den lokalen Gebietskörperschaften und zur inhaltlichen Konkretisierung der Dezentralisierung gelegt. Diese Kompetenzverlagerung sollte ganze und klar voneinander abgegrenzte Kompetenzblöcke nebst den entsprechenden Finanzmitteln an die lokalen Gebietskörperschaften übertragen. In der Realität kommt es jedoch zwischen den lokalen Gebietskörperschaften sowie zwischen diesen und dem Zentralstaat zu Überlappungen und Überschneidungen der Kompetenzen und Aktivitäten. Dies führt zu einer *Politikverflechtung* zwischen verschiedenen Ebenen im Staats- und Verwaltungsaufbau, die gemeinsam bestimmte Aufgaben wahrnehmen.

Das Dezentralisierungsgesetz von 1982 führte die Region als eigenständige lokale Gebietskörperschaft ein. Die im Verfassungstext erwähnten Gebietskörperschaften (Gemeinde, Departement und Territoire d'outre-mer) bleiben bestehen. Die drei lokalen Gebietskörperschaften Gemeinde, Departement und Region existieren *nebeneinander*. Regionen sind also gegenüber den Departements und diese gegenüber den Kommunen nicht weisungsbefugt. Eine Föderalisierung des Staatsaufbaus war mit der Dezentralisierung von 1982/83 nicht beabsichtigt. Die neugeschaffene Region hat also keine staatliche Qualität und ist von ihrer Bedeutung her nicht entfernt mit den deutschen Bundesländern vergleichbar. Die rechtlichen Rahmenbedingungen des Handelns aller lokalen Gebietskörperschaften werden weiterhin allein vom Zentralstaat gesetzt. Weder die Gemeinde noch das Departement oder die Region haben also eine gesetzgebende oder Verordnungsgewalt. Das zentralistische Verwaltungssystem wurde lediglich verändert und dezentralisiert, nicht jedoch in Frage gestellt.

Dezentralisierung führt nicht zur Föderalisierung

Die bedeutendste Rolle unter den lokalen Gebietskörperschaften spielt nach wie vor das Departement. Die Erhebung der Region in den Rang einer Gebietskörperschaft hat nicht zu einer klaren Entscheidung zugunsten der regionalen Ebene als wichtigstes Glied zwischen Zentralstaat und Gemeinde geführt.

Keine Infragestellung der zentralen Rolle des Departements

Dennoch haben sich vielfältige Veränderungen der Aufgaben, Kompetenzen und Finanzmittel der lokalen Gebietskörperschaften und ihrer Beziehungen zur Zentralregierung ergeben.

Die Zentralregierung erfüllt gegenüber den lokalen Gebietskörperschaften weiterhin drei Aufgaben:

a) Festlegung der rechtlichen Rahmenbedingungen für das Handeln aller lokalen Gebietskörperschaften sowie die Legalitätskontrolle;
b) Koordinierung der Aktivitäten der Gebietskörperschaften und Schlichtung von Kompetenzstreitigkeiten;
c) Finanzausgleich.

Eine zentrale Neuerung der Dezentralisierungsgesetze bestand in der Abschaffung der rechtlichen Vormundschaft der Zentralregierung gegenüber den lokalen Gebietskörperschaften. Diese sog. *tutelle administrative* beschränkte vor 1982 die lokale Selbstverwaltung der Gemeinden in empfindlicher Weise. So bedurften Entscheidungen der Gemeinde der *vorgängigen* Kontrolle und Zustimmung durch den Präfekten oder Unterpräfekten, also durch einen Vertreter des Zentralstaats. Diese a priori-Staatsaufsicht wurde durch eine reine Rechtsaufsicht a posteriori ersetzt. Beschlüsse des Gemeinderats können also vom Präfekten lediglich nachträglich vor einem Verwaltungsgericht angefochten und auf ihre Rechtmäßigkeit hin überprüft werden. Dies kommt in der Praxis allerdings selten vor. Auch die Finanzaufsicht *(tutelle financière)* wird nicht mehr a priori ausgeübt. Die nachträgliche Prüfung der kommunalen Finanzen wird nun nicht mehr vom Präfekten vorgenommen, sondern wurde den neu eingerichteten regionalen Rechnungshöfen *(Chambres régionales des comptes)* übertragen.

Abschaffung der *tutelle*

Abbildung 4: Die französischen Regionen und Departements
(ohne DOM-TOMs)

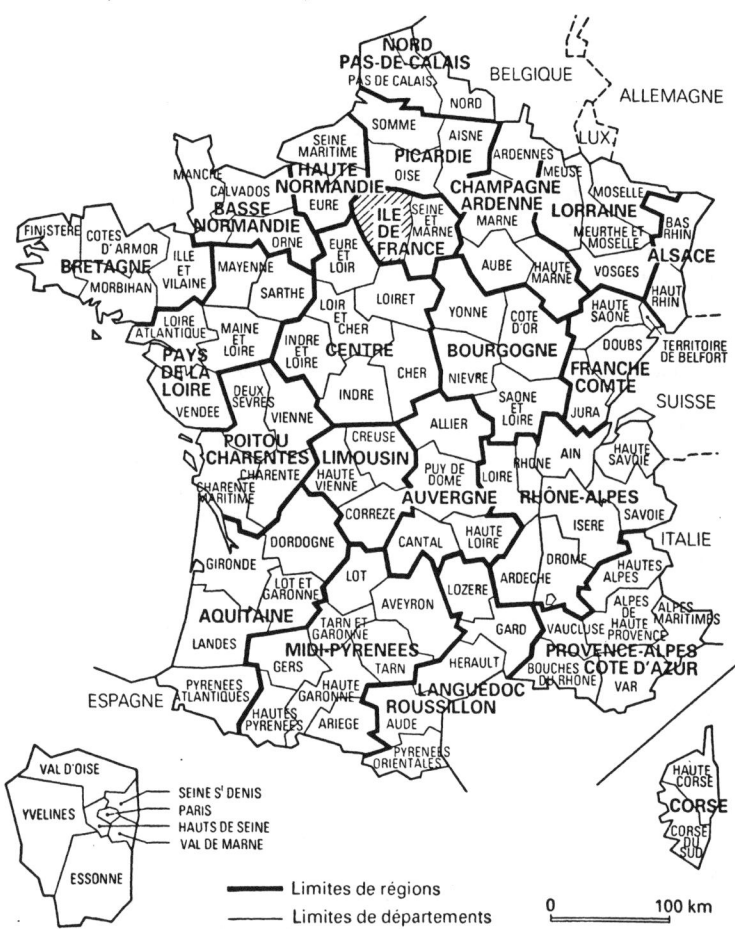

Quelle: La France en chiffres, Paris: Hatier, 1991, S. 357.

Seit 1982 wird auch in den Departements und in den Regionen – wie in den Gemeinden – lediglich eine nachträgliche Rechtsaufsicht durchgeführt. Bei Konflikten zwischen lokalen Gebietskörperschaften hat der Zentralstaat das letzte Wort.

Der Dezentralisierungselan der ersten Jahre ist inzwischen weitgehend erlahmt. Dennoch stehen wichtige Bereiche, v.a. eine Reform der lokalen Steuern und Finanzen, noch aus. Ein weiteres zentrales Problem der Dezentralisierungsbemühungen besteht darin, daß die Region als vor allem wirtschaftspolitisch handlungsfähige Einheit nicht eine entschiedenere Stärkung gegenüber der – aus wirtschaftsgeographischer Sicht historisch überholten – Struktur des Departements erfahren hat. Auch auf eine Hierarchisierung der lokalen Verwaltungsebenen wurde verzichtet, was zu Kompetenzkonkurrenz führt.

Eine endgültige Bewertung der Dezentralisierungserfolge ist heute noch nicht möglich. Es wäre völlig unrealistisch gewesen anzunehmen, daß sich eine jahrhundertealte zentralistische Verwaltungstradition in einigen Jahren grundlegend verändern läßt. Denn eine rechtliche Neuregelung der Kompetenzverteilung zwischen dem Zentralstaat und den Gebietskörperschaften garantiert keineswegs eine Verhaltensänderung der beteiligten Akteure. So hängt viel davon ab, inwieweit die lokalen Akteure die ihnen eröffneten Handlungsspielräume nutzen. Bisher kann man feststellen, daß die Reform nicht nur das eigenverantwortliche Handeln der lokalpolitischen Eliten gestärkt hat, sondern auch Energien, Kreativität und Phantasie bei der Bewältigung lokaler Probleme freigesetzt hat: Die Lokalverwaltungen wurden personell gestärkt und modernisiert, der Verwaltungsstil professionalisiert, das Dienstleistungsangebot deutlich ausgeweitet. Mancherorten entstand ein regelrechter Wettbewerb zwischen den Gebietskörperschaften um bessere Leistungen und Angebote. Lokaler Machtmißbrauch und Ressourcenverschwendung ist nicht – wie von Dezentralisierungsgegnern befürchtet – zu einem weit verbreiteten Phänomen geworden, sondern blieb auf einzelne – wenn auch gravierende – Fälle beschränkt.

Freisetzung kreativer Energien

Von der Bevölkerung wurden die Dezentralisierungsschritte überwiegend begrüßt (*Percheron* 1992). Allerdings haben viele Bürger Schwierigkeiten, die neue Kompetenzverteilung mit ihren teilweise unklaren Abgrenzungen zu durchschauen. Dies bildet gewiß ein Hindernis für die Demokratisierung der Lokalpolitik. Bisher haben v.a. die lokalen Eliten, die „Notablen", von der Reform profitiert.[12] Eine verstärkte direkte Partizipation der Bürger ist bisher nicht festzustellen (vgl. *Mabileau* et al. 1989). Auf allen Ebenen – in der Region, im Departement und am stärksten in der Gemeinde – ist eine enorme Machtkonzentration in den Händen der Exekutive zu beobachten, die ein getreues Abbild der Machtkonzentration an der Spitze des Staates in den Händen des Staatspräsidenten ist (*Mény* 1992). Institutionelle Gegengewichte gegen diese intransparente und zu Mißbrauch einladende Machtkonzentration – etwa die Stärkung der Oppositionsrechte im Gemeinde-, Departements- und Regionalrat – und eine lebendige Bürgerbeteiligung bleiben zentrale Desiderate einer weiteren Etappe der Dezentralisierung. Ein Schritt in diese Richtung wurde mit der Verabschiedung eines Gesetzes über die „territoriale Verwaltung der Republik" vom Februar 1992 getan. Es enthält eine Reihe von Bestimmungen, die die lokale Demokratie und die Bürgerbeteiligung durch verbesserte Informationsrechte und die Möglichkeit konsultativer Referenden stärken sollen.

Das Ziel der Demokratisierung der Lokalpolitik wurde bislang verfehlt

Im europäischen Vergleich nimmt die territoriale Gliederung des französischen Verwaltungsaufbaus auch nach der Dezentralisierung noch eine Sonderstellung ein. Zwar ist eine Dreigliederung der lokalen Verwaltungsebenen kein Ausnahmefall, jedoch ist die Kombination einer sehr großen Zahl lokaler Gebietskörperschaften, ihrer geringen Autonomie und das Fehlen einer Vorrangstellung der Regionen gegenüber kleineren Verwaltungseinheiten im europäischen Vergleich einmalig.

---

12 Die Dezentralisierung, so schreibt Yves Mény, sei „die Regierung der Notablen, durch die Notablen und für die Notablen", *Mény* 1992, S. 18.

1.5.1.2 Die neue Kompetenzverteilung zwischen Zentralstaat und Gebietskörperschaften

1.5.1.2.1 Die Gemeinde

Vielzahl der Gemeinden als zentrales Strukturproblem

Den Status einer lokalen Gebietskörperschaft erlangten die Gemeinden 1884. Gleichzeitig erhielten alle französischen Gemeinden eine einheitliche Verfassung, ein Unterschied zwischen Stadt- und Landgemeinden wird also nicht gemacht. Lediglich die drei Großstädte Paris, Lyon und Marseille besitzen einen Sonderstatus.

Ein zentrales Strukturproblem, das den Dezentralisierungsbemühungen Grenzen setzt, besteht in der Vielzahl und geringen Größe der französischen Gemeinden. Ihre Zahl hat sich seit der Französischen Revolution kaum verändert. Heute existieren in Frankreich 36 763 Gemeinden (1990). Mehr als 32 000 dieser Gemeinden haben weniger als 2 000 Einwohner, knapp 23 000 sogar weniger als 500 Einwohner (*Ministère de l'Intérieur* 1995, 14). Im europäischen Vergleich ist dies eine einmalige Situation. In der Bundesrepublik hatten vor der Vereinigung lediglich 55% der Gemeinden weniger als 2 000 Einwohner und ihre Gesamtzahl belief sich auf 8 502, nach der Vereinigung auf 16 068.

Die übergroße Mehrzahl der französischen Gemeinden kann aufgrund ihrer geringen Einwohnerzahl und der damit verbundenen geringen finanziellen, personellen und administrativen Ressourcen die Chancen, die ihnen die Dezentralisierung theoretisch bietet, kaum nutzen. Die rechtliche Vormundschaft des Zentralstaates, die *tutelle administrative* und *tutelle financière*, wurde abgebaut. Für die kleinen und Kleinstgemeinden bleibt allerdings eine Art *tutelle technique* voll bestehen. Denn sie sind ständig auf die technische und fachliche Kompetenz der Departementsverwaltung und der departementalen Außenstellen der Pariser Ministerien *(services extérieurs)* angewiesen, so etwa für die rechtlich komplizierte Erteilung von Baugenehmigungen.

Kommunale Zweckverbände und Verwaltungsgemeinschaften als Ausweg

Um die sich aus ihrem Ressourcenmangel ergebenden Defizite v.a. im Bereich der kommunalen Infrastruktur und Dienstleistungen zu mindern, wählen viele Gemeinden den Weg, sich zu kommunalen Zweckverbänden und Verwaltungsgemeinschaften zusammenzuschließen. Dies kann jedoch kein funktionaler Ersatz für eine durchgreifende Gemeindereform sein. Pläne einer umfassenden Gemeindereform stießen regelmäßig auf hartnäckigen Widerstand der kommunalen Amts- und Mandatsträger. Eine Regierungsverordnung von 1959 und ein Gesetz von 1971, die den rechtlichen Rahmen und finanzielle Anreize für Gemeindezusammenschlüsse bieten sollten, blieben weitgehend folgenlos. Insgesamt sind von 1962-1990 lediglich 900 Gemeinden durch Anschluß oder Fusion verschwunden (*Conseil économique et social* 1991, 35).

Ein weiteres Problem ergibt sich aus den überkommenen Gemeindegrenzen. In vielen Ballungsräumen hat sich die Siedlungsstruktur stark verändert, ohne daß Eingemeindungsprozesse stattgefunden hätten. Den sich daraus ergebenden stadtplanerischen und Infrastrukturproblemen begegnete man durch die Einrichtung von gemeindeübergreifenden Distrikten *(districts)* und Stadtverbänden *(communautés urbaines)*. Erstere, deren Zahl rasch wächst (1988: 165; 1994: 322), existieren vor allem in mittelstädtisch geprägten Ballungsräumen. Es handelt sich um Gemeindeverbände, die eine ganze Reihe von Aufgaben – vom Wohnungsbau über die Wasserversorgung, Feuerwehr und Infrastrukturpolitik – gemeinsam wahrnehmen. Die neun Stadtverbände, die in Ballungsräumen mit mehr als 50 000 Einwohnern z.T. durch zentralstaatliche Entscheidung eingerichtet wurden (Lyon, Lille, Straßburg und Bordeaux), sind für zentrale Bereiche der Stadtentwicklung und -planung zuständig und verfügen auch über eigene Einnahmen. Im Jahr 1992 wurde per Gesetz zusätzlich die Möglichkeit geschaffen, Gemeinde- und Städtegemeinschaften (*communauté de communes bzw. communauté de villes* in Städten mit mehr als 20.000 Einwohnern) als neue Kooperationsformen einzurichten.

Der Gemeinderat (conseil municipal)

Der Gemeinderat *(conseil municipal)* wird direkt für sechs Jahre gewählt. Er hat je nach Gemeindegröße zwischen 9 und 69 Mitgliedern. Aufgrund ihres Sonderstatus umfassen die Gemeinderäte in Paris, Marseille und Lyon 163, 101 und 73 gewählte Vertreter. Paris ist gleichzeitig Stadt und Departement, so daß die 163 Räte des *Conseil de Paris* eine Doppelfunktion wahrnehmen. Aufgrund der Vielzahl der Gemeinden beläuft sich die Zahl der lokalen Mandatsträger auf ca. 500 000!

In Kommunen mit weniger als 3 500 Einwohnern wird ein Mehrheitswahlrecht in zwei Wahlgängen praktiziert. Die siegreiche Liste erhält alle Sitze. In Gemeinden mit mehr als 3 500 Einwohnern wird ebenfalls nach dem Mehrheitswahlprinzip in zwei Wahlgängen gewählt. Erreicht eine Liste im ersten Wahlgang die absolute oder im zweiten Wahlgang die relative Mehrheit, so fallen ihr die Hälfte aller Sitze zu. Die restlichen Sitze werden unter allen Listen, die mehr als 5% der Stimmen auf sich vereinigen konnten, proportional aufgeteilt. Diese Mischung aus Mehrheits- und Verhältniswahlrecht garantiert einerseits regierungsfähige Mehrheiten in den Gemeinderäten und ermöglicht andererseits eine Repräsentation der Minderheitenlisten. Da das Mehrheitswahlrecht eine polarisierende Wirkung entfaltet, kommt es i.d.R. zu Listenverbindungen nach dem Rechts-Links-Schema, spätestens nach dem ersten Wahlgang. So werden die meisten Gemeinden von Wahlbündnissen regiert (*Uterwedde* 1991, 84). Da die Kommunalwahlen in Frankreich gleichzeitig stattfinden, kommt ihnen eine große Bedeutung als nationale „Nebenwahl" (*Reif*) und als Stimmungsbarometer zu.

Gemeinderäte und Bürgermeister üben ihre Mandate und Ämter ehrenamtlich aus. Dies führt zu einer krassen Unterrepräsentation unselbständig Beschäftigter. Zudem stellt sich das Problem einer oft unbefriedigenden Fachkompetenz der Gemeinderäte, z.T. auch der Bürgermeister, die durch die Bildungsarbeit der Parteien nur unzureichend verbessert wird.

Der Bürgermeister wird vom Gemeinderat gewählt und hat eine Doppelfunktion: Er ist der gewählte Repräsentant der Kommune, Vorsitzender des Gemeinderates gleichzeitig aber auch der Chef der Gemeindeverwaltung und Vertreter des Staates. Als solcher gewährleistet er die Anwendung und Ausführung von Gesetzen und Verordnungen, nimmt standesamtliche Aufgaben wahr, organisiert Wahlen und Abstimmungen und übt die Polizeigewalt aus. Diese Doppelfunktion des Bürgermeisters hat ihren Ursprung in der Französischen Revolution.

Viele Bürgermeister werden regelmäßig wiedergewählt und bleiben länger in ihrem Amt als Politiker auf der nationalen Ebene. So war etwa G. Defferre ununterbrochen von 1953 bis zu seinem Tode 1986 Bürgermeister von Marseille, J. Chaban-Delmas regierte Bordeaux von 1947 bis 1995 und J. Chirac war von

Amt des Bürgermeisters als lokale Machtbasis für nationale Karrieren

1977 bis 1995 ununterbrochen Bürgermeister der Hauptstadt Paris. Dem Bürgermeisteramt kommt eine hohe Bedeutung als Sprungbrett für eine nationale politische Karriere zu. Es kann auch umgekehrt eine Auffangposition im Falle einer Beendigung oder Unterbrechung der nationalen Karriere sein, wenn etwa ein Abgeordneter nicht wiedergewählt wird oder ein Minister aus dem Amt scheidet. Zahlreiche Pariser Spitzenpolitiker (einschließlich einiger Regierungsmitglieder) bekleiden gleichzeitig das Amt eines Bürgermeisters, z.T. sogar in Großstädten.[13] So ist der derzeitige Regierungschef, Alain Juppé, bei den Kommunalwahlen 1995 auch noch zum Bürgermeister der Stadt Bordeaux gewählt worden.

Kompetenzen

Neben der Wahrnehmung staatlicher Aufgaben erfüllen die Gemeinden eigenständige kommunale Aufgaben vor allem in folgenden Bereichen:

– Stadtplanung und -entwicklung: Erstellung von Flächennutzungsplänen *(schémas directeurs)* und Bebauungsplänen *(plan d'occupation des sols,* POS); die Dezentralisierungsgesetze haben die Erteilung von Baugenehmigungen vom Staat auf die Kommunen übertragen, was etwa 1,5 Mio. Verwaltungsakte jährlich betrifft *(Baguenard* 1988, 32).
– Kommunale Wohnungs- und Infrastrukturpolitik: sozialer Wohnungsbau, Hilfe für Obdachlose, Bau und Unterhalt des kommunalen Straßen- und Wegenetzes, Sanierungsprojekte, Bau und Unterhalt von Vor- und Grundschulen u.a.m.
– Öffentliche Dienstleistungen und soziokulturelle Aufgaben: Gas-, Wasser- und Elektrizitätsversorgung, öffentliche Nahverkehrsmittel, Abfallbeseitigung, kommunale Freizeit- und Kultureinrichtungen (Sportanlagen, Museen, Theater, Jugendzentren, Begegnungsstätten), Freizeitbetreuung von Jugendlichen usw.
– Der Bereich der Wirtschafts- und Arbeitsmarktförderung hat nach 1982/83 an Gewicht gewonnen. Die Gemeinden können – neben ihrer Gewerbeansiedlungspolitik – wirtschaftlich tätig werden, indem sie notleidenden Unternehmen mit direkten oder indirekten Hilfen (z.B. mit subventionierten Krediten oder Kreditgarantien) beistehen. Arbeitsmarktpolitische Maßnahmen sollen etwa durch Prämien und billige Kredite zur Schaffung neuer Arbeitsplätze beitragen. Allerdings wurden die wirtschaftlichen Kompetenzen der Kommunen 1988 wieder eingeschränkt.

---

13 Dieses sogannte „Notablensystem" der Verbindung lokaler und nationaler Ämter und Mandate hat sich historisch als Korrektiv gegen den Zentralismus herausgebildet. Durch Ämter- bzw. Mandatshäufung *(cumul des mandats)* ist der Politiker auf mehreren Ebenen gleichzeitig präsent und kann in Paris die Interessen „seiner" Stadt oder „seines" Departements bzw. Wahlkreises wirksam vertreten und schließt somit den Zentralismus gewissermaßen kurz. Dieses Notablensystem als „elitär-undemokratisches Korrektiv" *(Müller-Brandeck-Bocquet* 1990, 52) existiert trotz der Begrenzung der Mandatshäufungsmöglichkeit auf zwei Mandate weiter und spielt auch nach der Dezentralisierung eine Schlüsselrolle in den Beziehungen zwischen den verschiedenen Ebenen des Staatsaufbaus.

Abbildung 5: Kompetenzen der Gebietskörperschaften seit 1982

Gemeinde	Departement	Region
Stadtplanung Ausarbeitung der Bauleitplanung mit anderen Gemeinden Erstellung des Flächennutzungsplans Erteilung von Baugenehmigungen	**Stadtplanung** Stellungn. zu Teilen der Bauleitplg. Stellungnahme zum kommunalen Flächennutzungsplan bei Einrichtungen des Departements	**Stadtplanung**
Raumordnung Ausarbeitung des Raumordnungsschemas mit anderen Gemeinden	**Raumordnung** Stellungnahme zum Raumordnungsplan der Region	**Raumordnung** Beteiligung am nationalen Raumordnungsplan Regionaler Raumordnungsplan Raumordnung / Tourismus Regionale Naturparks
Wohnen Kommunaler Wohnungsbau Hilfen für Obdachlose und Personen mit Wohnungsproblemen (mal-logés)	**Wohnen** Wohnungsbau-Rat des Departements Stellungn. zu Wohngeld-Verteilung Wohnungsbeihilfen	**Wohnen** Festlegung von Prioritäten des Wohnungsbaus Regionale Wohnungsbau-Prämien Förderung der Qualität, der Innovation, der Energieeinsparung
Verkehr Stellungnahme zum Verkehrsplan der Region/des Departements Schultransport: Vereinbarungen mit dem Departement Jachthafen, Hafenpolizei	**Verkehr** Stellungnahme zum Verkehrsplan der Region Erstellung des Dep.-Verkehrsplan Zustimmung z. Dep.-ÖPNV-Plan, Konzessionserteilung, Tarife Finanzierung/Organisation des Schultransports Zustimmung zu Reg.-Vereinbarungen mit der Bahn (SNCF) Fischerei und Handelshäfen	**Verkehr** Regionaler Verkehrsplan Errichtung von Flugplätzen Vereinbarungen mit der SNCF Schaffung von Kanälen, Flughäfen Förderung der Fischerei / Meereskultur
Bildungswesen Lokalisierung der Schulen, der Vor- und Grundschulklassen Finanzierung, Bau und Unterhalt der Vor- und Grundschulen Änderung der örtlichen Schulzeiten	**Bildungswesen** Investitionsplanung bei Schulbauten (collèges) Finanzierung, Bau und Unterhalt der collèges (=Sekundarstufe 1)	**Bildungswesen** Investitionsplanung bei Schulbauten (Gymnasien, Sonderschulen) Finanzierung, Bau, Unterhalt von Gymnasien, Sonderschulen, landwirtschaftlichen Schulen
Berufsbildung	**Berufsbildung** Stellungnahme der Departements-Berufsbildungsausschüsse	**Berufsbildung** Durchführung von BB.-Maßnahmen Finanzierung von BB.-Einrichtungen Regionaler Berufsausbildungsplan Regionaler Berufsbildungsfonds
Infrastruktur Bau und Unterhalt des kommunalen Straßen- und Wegenetzes	**Infrastruktur** Verteilung v. Krediten auf Kommunen Bau und Unterhalt d. Dep.-Wegenetzes	**Infrastruktur**
Sozial- und Gesundheitswesen Beteiligung an der Kosten der obligatorischen Sozialhilfe Nach Vereinbarung mit dem Dep.: Wahrnehmung der Dep.-Kompetenzen Büros für Hygiene und Seuchenbek. Bearb. der Anträge auf Sozialhilfe	**Sozial- und Gesundheitswesen** Generell: Staatliche Sozialhilfe bestimmte Einrichtungen und Hilfen f. Kinder, Alte, Familien, Behinderte Versorgungsschema im Bereich Sozial- / Gesundheitsdienste; Genehmigung v. Einrichtungen, Tarife	**Sozial- und Gesundheitswesen**
Umwelt und Kultur Errichtungen von Denkmalschutzzonen Bau und Unterhalt von städtischen Museen und Bibliotheken Pflege der städtischen Archive Stellungnahme zum Dep. Plan bezügl. der Fernwanderwege	**Umwelt und Kultur** Bau und Unterhalt von Dep. Museen Departements-Bibliotheken Pflege der Departements-Archive Departem.-Plan für Fernwanderwege	**Umwelt und Kultur** Liste der Naturdenkmäler/-schutzgebiete Bau, Unterhalt der reg. Museen Pflege der regionalen Archive

Quelle: *Uterwedde* 1991, S. 60f.

1.5.1.2.2 Das Departement

Das Departement ist ein Erbe der Französischen Revolution. Es wurde 1790 künstlich geschaffen, um die Macht der historischen Provinzen zu brechen. Im Februar 1800 stellte Napoleon den von der Zentralregierung ernannten Präfekten als Vertreter des Zentralstaats an die Spitze des Departements. Der ebenfalls unter Napoleon eingeführte *Conseil général du département* wird seit 1848 in allgemeiner Wahl bestimmt. 1871 wurde dem Departement der Status einer Gebietskörperschaft verliehen. Bis zur Dezentralisierung von 1982 änderten sich die Institutionen und Kompetenzen des Departements praktisch nicht. Heute existieren 100 Departements, davon 96 im metropolitanen Frankreich und vier Überseedepartements.

Departement als Hauptnutznießer der Reform

Das Departement kann als der große Gewinner der Dezentralisierung von 1982/83 betrachtet werden. Dies gilt insbesondere für den Departementsratsvorsitzenden *(Président du Conseil général)*, der als gewählter Repräsentant den Präfekten an der Spitze der Exekutive abgelöst hat und zum wichtigsten politischen Akteur im Departement avancierte.

Das Departement ist nach wie vor die wichtigste Gebietskörperschaft zwischen dem Zentralstaat und der Gemeinde.

Departementsrat (Conseil général)

Die Departementsräte werden für sechs Jahre nach einem Mehrheitswahlverfahren in Ein-Kandidaten-Wahlkreisen gewählt. Die Wahl findet auf der Ebene der sog. Kantone *(cantons)* statt, weshalb sie als *élections cantonales* bezeichnet werden. Da innerhalb der Departements die ländlichen Kantone überwiegen und überrepräsentiert sind, besteht in den Departementsräten ein Übergewicht konservativer Kräfte. 1991 gehörten ca. 2/3 der *conseillers généraux* der damaligen Opposition an *(Duhamel* 1991, 355).

Die Sitzungen des *Conseil général* finden öffentlich statt, allerdings vollzieht sich die wichtige Kommissionsarbeit hinter verschlossenen Türen. Die Spitze der Exekutive, der Präsident des Departementrates, wird von diesem für drei Jahre gewählt. Als Chef der Departementsverwaltung trat er an die Stelle des Präfekten. Er bereitet die Entscheidungen des *Conseil général* vor und vollzieht sie.

Der Präfekt ist weiterhin Vertreter des Zentralstaates im Departement. Seine Rolle wurde jedoch durch die Dezentralisierung deutlich beschränkt. Die Funktion als Relais zwischen den Gemeinden und der Zentralregierung bewahrt der Präfekt aber weiterhin. Außerdem spielt er eine Rolle bei der Konzertierung zwischen verschiedenen politischen Akteuren im Departement. Sein Aufgabenfeld hat sich somit vom Verwaltungshandeln weg und hin zu einer Rolle des politische Initiators und Koordinators entwickelt, ohne daß er dabei im Machtzentrum des Departements stünde *(Müller-Brandeck-Bocquet* 1990, 78).

Kompetenzen

Ein großer Teil der Gesundheits- und Sozialverwaltung im Departement – außer den von der nationalen Sozialversicherung *(Sécurité sociale)* gewährten Leistungen – wurde aus der Zuständigkeit des Sozialministeriums herausgelöst und zu einer lokalen Aufgabe gemacht. Die Ausgaben im Bereich der Gesundheits- und

Sozialdienste machen fast die Hälfte der laufenden Ausgaben (ohne Investitionen) des Departements aus. Neben der Versorgung des Departements mit Einrichtungen zur medizinischen und sozialen Grundversorgung (medizinische Versorgung in Krankenhäusern und zu Hause; Altenbetreuung, Behindertenbetreuung u.a.m.) finanzieren die Departements noch Solidaritätsprogramme, etwa für Langzeitarbeitslose ohne Sozialversicherungsansprüche, für Wohnungssuchende und in Not geratene Mieter oder für bankrotte Selbständige.

Darüber hinaus ist das Departement zuständig für die Organisation von Schultransporten und andere nicht-städtische Personentransporte sowie für den Bau und Unterhalt von Schulen für alle Schulpflichtigen *(collèges)*.

Im Bereich der Infrastrukturpolitik nimmt das Departement Aufgaben im Straßenbau wahr und unterstützt schwache Kommunen im ländlichen Raum bei ihrer Infrastrukturentwicklung (z.B. Wasser- und Elektrizitätsversorgung, Dorferneuerung und Steigerung der touristischen Attraktivität, Sportstättenbau).

Auch das Departement bietet kulturelle Dienstleistungen in Form von Bibliotheken und Museen an. Durch die Dezentralisierungsgesetze wurden ihm der Aufbau und Betrieb zentraler Leihbibliotheken übertragen, die mit Bücherbussen *(Bibliobus)* das gesamte Departement versorgen. Zusätzlich besitzt es noch Kompetenzen im Bereich des Wohnungswesens, wo es an der Definition der Wohnungsbauprioritäten mitwirkt, und es ist für Handels- und Fischereihäfen zuständig.

Vor allem die Zuständigkeit für wichtige Bereiche der Sozialpolitik und Gesundheitsversorgung ist mit finanziellen Risiken verbunden, da die staatlichen Mittelzuweisungen an die Departements kaum mit der wachsenden Aufgabenfülle Schritt gehalten haben.

1.5.1.2.3 Das Aufkommen der Regionen

Frankreich zählt insgesamt 26 Regionen, 21 im Mutterland, vier in Übersee und die Insel Korsika *(Collectivité territoriale de Corse)*, die einen Sonderstatus besitzt. Die Region ist die jüngste und zugleich die schwächste der lokalen Gebietskörperschaften Frankreichs. Sie hat sich aus den 1956 als Instrument der nationalen Raumordnungs- und regionalen Wirtschaftspolitik entstandenen Planregionen schrittweise zu ihrer heutigen Form entwickelt. 1964 wurde ein von der Zentralregierung eingesetzter Regionalpräfekt an die Spitze der Regionen gestellt und 1972 wurde der Region der Status einer Anstalt des öffentlichen Rechts *(établissement public)* und damit die juristische Rechtspersönlichkeit verliehen. Die Exekutivgewalt verblieb beim Regionalpräfekten, dem allerdings ein (nicht direkt gewähltes) beschlußfassendes Repräsentativorgan *(Conseil régional)* und ein beratendes Gremium *(Comité économique et social*, das auch nach 1982 beibehalten wurde) zur Seite gestellt wurde. Die Aufgabe der Region war im wesentlichen auf die Förderung der wirtschaftlichen und sozialen Entwicklung beschränkt.

Die Region als jüngste lokale Gebietskörperschaft

Die schrittweise Aufwertung der Regionen ist vor allem durch den Wunsch begründet, einen Rahmen für substaatliche Wirtschaftspolitik zu schaffen *(Albertin* 1988). Das Departement ist für wirksame Eingriffe in regionale Wirtschaftsabläufe viel zu klein. Und selbst die heutigen französischen Regionen sind angesichts der verschärften Wettbewerbsbedingungen im Europäischen Binnenmarkt im Vergleich zu den viel größeren deutschen Bundesländern eindeutig benachteiligt. Reformvorschläge zur Beschränkung der Anzahl der Regionen auf zehn dürften jedoch kaum Aussicht auf Erfolg haben, eher schon die Fusion einzelner benachbarter und besonders schwacher Regionen.

Der Regionalrat *(Conseil régional)*

Der Regionalrat *(Conseil régional)* wird auf sechs Jahre direkt gewählt. Es handelt sich um ein Proportionalwahlsystem, wobei die Wahl auf der Ebene des Departements durchgeführt wird. Die erste Regionalwahl fand 1986 statt. Die zweite Regionalwahl im Frühjahr 1992 brachte in einigen Regionen, aufgrund unklarer Mehrheitsverhältnisse, Schwierigkeiten bei der Wahl des Regionalratspräsidenten (Chef der Exekutive) mit sich. Da die Regionalwahl – neben der Europawahl – als einzige Wahl nach dem Verhältniswahlrecht durchgeführt wird, zeigen sich hier besonders deutlich die Entwicklungen des Parteiensystems. Die Erfolge der beiden grünen Parteien (*Les Verts* und *Génération écologie*) und der *Front National,* die bei der Regionalwahl 1992 zusammen rund 30% der abgegebenen Stimmen erreichten, verdeutlichen die Probleme eines Mehrheitswahlrechts auf nationaler Ebene, das diesen Kräften keine Repräsentation in der Nationalversammlung erlaubt.

An der Spitze der Region steht der für sechs Jahre gewählte Präsident des Regionalrats. Analog zum Departement ist die Exekutivgewalt durch die Dezentralisierung vom Regionalpräfekten auf den Regionalratspräsidenten übergegangen. Er steht nun im Entscheidungszentrum der Region, vertritt diese nach außen, in Verhandlungen mit dem Staat und anderen französischen Regionen ebenso wie bei grenzüberschreitender Regionalkooperation. Er ist für die Entscheidungsvorbereitung für den Regionalrat sowie für den Entscheidungsvollzug verantwortlich und ist oberster Dienstherr der Regionalverwaltung.

Der Staatsvertreter in der Region kann die Beschlüsse des Regionalrats und die Akte der Exekutive, die er für gesetzeswidrig hält, innerhalb von zwei Monaten vor dem Verwaltungsgericht anfechten.

Die personelle Ausstattung der Regionalverwaltungen ist mit 50 bis mehreren hundert Beschäftigten zwar deutlich verbessert worden, jedoch nach wie vor vergleichsweise schwach.

Kompetenzen

Region als Rahmen subnationaler Wirtschaftspolitik

Auch nach der Dezentralisierung sind die Kompetenzen der Regionen, die im französischen Mutterland zwischen zwei und acht Departements umfassen, im wesentlichen auf wirtschaftliche Aufgaben beschränkt. Die Regionen erstellen eigene mittelfristige regionale Wirtschaftspläne und sind an der nationalen Wirtschaftsplanung beteiligt. Sie haben die Möglichkeit, mit dem Staat Planverträge abzuschließen, die ein Ineinandergreifen des nationalen und regionalen Plans gewährleisten sollen. In diesem typischen Muster von Politikverflechtung erhält der Zentralstaat Einflußmöglichkeiten auf die Regionalpolitik, umgekehrt gewinnt aber auch die Region Einfluß auf die zentralstaatliche Politik.

Durch Subventionsvergabe können die Regionen zur Schaffung von Arbeitsplätzen sowie zur Unternehmensgründung beitragen und Industrieansiedlungen fördern. Außerdem gewähren sie Unternehmen indirekte Hilfen, z.B. in Form von Kreditgarantien, und haben Unternehmensberatungsdienste aufgebaut.

Die Regionen spielen auch zunehmend eine subsidiäre Rolle im Bereich der Technologie- und Forschungspolitik und bemühen sich um eine Vernetzung zwischen den Forschungseinrichtungen und den Unternehmen der Region (*Neumann* 1989). Im Hinblick auf den Europäischen Binnenmarkt wurden sie zusätzlich auch im Bereich der Exportförderung aktiv.

Im Bildungsbereich wurden ihnen Kompetenzen im Bereich der Berufsbildung, der Lehrlingsausbildung und der beruflichen Fortbildung übertragen. Auch sind die Regionen für Bau und Unterhalt von Gymnasien (*Lycées*) und besonderen Schuleinrichtungen zuständig. Sie werden von der Zentralregierung bei der Planung des Hochschulausbaus konsultiert und streben zunehmend eine Verstärkung ihrer Kompetenzen im Hochschulwesen an, was zum Abschluß von sogenannten Planverträgen (*Contrats de plan*) zwischen dem Zentralstaat und einzelnen Regionen mit dem Ziel des gemeinsamen Hochschulausbaus führte.

Wie die Departements und Gemeinden bieten auch die Regionen kulturelle Dienstleistungen an und unterhalten Bibliotheken und Museen. Darüber hinaus sind sie für die Wasserstraßen und Flußhäfen und die Modernisierung der Fischereiflotte zuständig. Gemeinsam mit den Departements und Kommunen legen sie Prioritäten für den Wohnungsbau fest und können sich am Ausbau städtischer Infrastrukturen sowie an der sozialen Entwicklung von Stadtteilen beteiligen. Zunehmend bieten sie auch Informationsdienstleistungen für Verwaltungen und Unternehmen an.

1.5.1.3 Die Finanzen der lokalen Gebietskörperschaften

Die Dezentralisierung war mit einem Ressourcentransfer an die lokalen Gebietskörperschaften verbunden. Dieser erfolgte allerdings auf der Grundlage der damaligen Ausgaben des Staates für den jeweiligen Politikbereich. Vor allem die schnell wachsenden Ausgaben für die Sozial- und Gesundheitsdienste haben die lokalen Gebietskörperschaften – v.a. das Departement – vor finanzielle Probleme gestellt.

Insgesamt wuchsen die öffentlichen Haushalte der lokalen Gebietskörperschaften während der achtziger Jahre deutlich schneller als diejenigen des Zentralstaates. Während die Ausgaben der Zentralregierung im Jahresdurchschnitt 1983-1987 um 0,81% und im Jahresdurchschnitt 1987-1990 um 1,07% wuchsen, betrug das reale Wachstum der Ausgaben aller lokalen Gebietskörperschaften 1983-1987 2,89% und 1987-1990 4,08%.

Allerdings sind die Steuereinnahmen der lokalen Gebietskörperschaften viel zu gering, um ihre Ausgaben abdecken zu können. So sind sie auf staatliche Finanztransfers in erheblicher Höhe angewiesen. Im Jahre 1991 hatten die Steuereinnahmen der lokalen Gebietskörperschaften (inkl. Zweckverbände, Stadtverbände u.ä.) einen Anteil von 40% an ihren Gesamteinnahmen, während die staatlichen Finanzzuweisungen ein rundes Drittel (33,5%) ausmachten.[14] Die

Fehlende Finanzreform als Schwachpunkt der Dezentralisierung

---

14 Wo nicht anders vermerkt, stammen die angegebenen Zahlen zur Finanzsituation der lokalen Gebietskörperschaften aus dem Jahrbuch „Les collectivités locales en chiffres", Ausgabe 1995, *Ministère de l'Intérieur* 1995, teilweise beruhen sie auch auf eigenen Berechnungen auf der Grundlage dieser Datenquelle.

restlichen Einnahmen setzten sich v.a. aus Gebühren, Gewinnen aus Wirtschaftstätigkeit sowie Krediten zusammen. Der hohe Anteil staatlicher Finanzzuweisungen an den Lokalfinanzen begrenzt die lokale Autonomie in empfindlicher Weise. Diese noch ungelösten Probleme der Lokalfinanzen bilden die „Achillesferse der Dezentralisierungsreform" (*Müller-Brandeck-Bocquet* 1990, 75). Die staatlichen Finanztransfers in Form von Globalzuweisungen für bestimmte Ausgabenposten *(dotations globales)* halten die lokalen Gebietskörperschaften in einer finanziellen Abhängigkeit von der Zentralregierung. Da ihre Höhe jährlich im Haushaltsgesetz neu festgelegt wird, fehlt den lokalen Gebietskörperschaften eine verläßliche Grundlage ihrer Einnahmen- und Ausgabenplanung. Die auf Dauer unvermeidliche Finanzreform zur Stärkung der Eigenmittel der Gemeinden, Departements und Regionen muß allerdings mit wirksamen Mechanismen des Finanzausgleichs verbunden sein, soll sie nicht die lokalen und regionalen ökonomischen Disparitäten verstärken.

Die Gemeinden verfügten im Jahr 1993 über ein Budget (inkl. Kreditaufnahme) von 415 Mrd. FF. (zum Vergleich: Staatshaushalt 1993 – 1502 Mrd FF). Die finanziellen Ressourcen der Gemeinden haben sich vor allem seit Mitte der siebziger Jahre – also schon vor Verabschiedung der Dezentralisierungsgesetze – schrittweise verbessert. Ihre Steuereinnahmen stiegen deutlich schneller als diejenigen des Zentralstaates. Die kommunalen Haushalte setzen sich zusammen aus eigenen direkten und indirekten Steuereinnahmen, die im Jahre 1993 43% ihrer Haushaltsmittel ausmachten, aus staatlichen Globalzuschüssen (*dotation globale de fonctionnement* für den Verwaltungshaushalt und *dotation globale d'équipement* für Investitionen), die 32% der Einnahmen erbringen, sowie aus Gebühren und anderen Einnahmen und Neuverschuldung (1993 durchschnittlich 10,5% des Gesamtbudgets). Die Ausgaben der Gemeinden entfallen zu rund 2/3 auf den Verwaltungshaushalt und zu 1/3 auf Investitionen, wobei der Anteil der Verwaltungsausgaben in den letzten 20 Jahren deutlich zugenommen hat.

Die strukturellen Probleme der kleinen und Kleinstgemeinden in Frankreich spiegeln sich in ihrer Finanzsituation. So erreicht das Steuerpotential der Gemeinden mit weniger als 2 000 Einwohnern im Jahre 1988 mit 1 063 FF. pro Einwohner nur die Hälfte desjenigen der Städte über 100 000 Einwohner (2 308 FF. im Jahre 1988, s. L'évolution des finances..., S. 19).

Tabelle 7: Ausgabenentwicklung der Gebietskörperschaften (in Mrd. lfd. FF.)

Jahr	1985	1987	1989	1991	1993
Kommunen	250	295	338	377	414
Departements	120	140	162	187	208
Regionen	18	28	40	55	62
Staatshaushalt	1059	1123	1213	1336	1503

Quelle: *Ministère de l'Intérieur* 1995, S. 56ff.

Die Gesamtausgaben der Departements beliefen sich 1993 auf 208 Mrd. FF., wovon 77. Mrd. FF. auf Investitionsausgaben entfielen. Fast zwei Drittel (63%) der Gesamtausgaben des Departements entfielen 1993 – wie schon vor der Dezentralisierung – auf die laufenden Ausgaben. Der Löwenanteil dieser laufenden Ausgaben geht in Form von Transferzahlungen oder von Personalausgaben in den

Sozialbereich (*Copé/Werner* 1990, 19). Rund 50% der Gesamtausgaben werden mit eigenen Steuereinnahmen finanziert, 31,5% mit staatlichen Finanztransfers.

Die Gesamtausgaben der Regionen beliefen sich 1993 auf lediglich 62,5 Mrd. FF. Allerdings weisen die Haushalte der Regionen deutlich höhere Steigerungsraten auf als diejenigen der Gemeinden, Departements und des Zentralstaats. 1980 lagen die Gesamtausgaben der Regionen noch bei lediglich 5 Mrd. FF. Die nominale Steigerung der Ausgaben lag im Zeitraum 1984-1993 bei 432%, während sie für die Departements im gleichen Zeitraum bei 190%, für die Gemeinden bei 183% und für die zentralstaatliche Ebene bei 151% lag. Vor allem die Verwaltungsausgaben der Regionen stiegen schnell an, so daß sich die Regionalpolitik heute auf gut ausgebaute Verwaltungsstrukturen stützen kann. Dennoch besteht der Regionalhaushalt – im Gegensatz zu den Haushalten der Gemeinden und der Departements – zu fast zwei Dritteln aus Investitionsausgaben (1993: 64%).

1.5.2 Frankreich und die Europäische Union

Die französische Politik wurde seit 1945 zunehmend mit Problemen konfrontiert, die auf nationalstaatlicher Ebene immer weniger erfolgreich zu beantworten waren. Ob es sich um die Wirtschafts- und Währungspolitik, um die Umweltpolitik (z.B. Luftreinhaltung), um die Reaktion auf internationale Migrationsströme oder um die Garantie äußerer Sicherheit handelt: Die Handlungsfähigkeit des Nationalstaates in einem interdependenten internationalen System reicht auf zahlreichen Politikfeldern nicht mehr aus, adäquate Problemlösungen im nationalen Rahmen zu finden. Diese zunehmende Aushöhlung der Handlungsfähigkeit des Nationalstaates mußte Frankreich als „Nationalstaat par excellence" besonders empfindlich treffen. Der Nationalstaat ist inzwischen, mit den Worten des amerikanischen Soziologen Daniel Bell, für die großen Dinge zu klein und für die kleinen zu groß geworden. Die französische Antwort auf diese doppelte Herausforderung bestand einerseits in dem beschriebenen Prozeß der Dezentralisierung der staatlichen Verwaltungsstruktur seit 1982. Eine zweite, schon ältere Antwort besteht in der seit Jahrzehnten betriebenen aktiven Politik zur Vertiefung der Europäischen Integration. Das Ergebnis beider Prozesse ist eine zunehmende Verflechtung verschiedener Entscheidungsebenen (EU-Zentralstaat-lokale Gebietskörperschaften).

Im folgenden soll weder die französische Europapolitik nachgezeichnet noch das Funktionieren der Institutionen der Europäischen Union erläutert werden. Vielmehr wird die Bedeutung der europäischen Integration für das politische System Frankreichs knapp umrissen. Dabei soll untersucht werden:

A. Welche Kompetenzen von der nationalen auf die europäische Ebene verlagert worden sind oder von beiden Ebenen gemeinsam bzw. komplementär ausgeübt werden.
B. Welche Auswirkungen die Mitgliedschaft in der EU für die institutionelle Struktur der V. Republik hat.
C. Welche Konsequenzen sich für die Rechtsordnung ergeben.
D. Schließlich soll im nachfolgenden Unterkapitel (1.5.3) die Frage gestellt werden, inwieweit sich die politischen Entscheidungsprozesse und -muster

durch den doppelten Einfluß der Dezentralisierung und der europäischen Integration verändert haben.

Wachsende Bedeutung der EG/EU auf zahlreichen Politikfeldern

A. Die zunehmende Bedeutung der Europäischen Union für die Politikgestaltung in Frankreich wurde vielen Franzosen erst im Verlauf der breit geführten Debatte um die Maastrichter Verträge zur Fortentwicklung der europäischen Integration voll bewußt. Diese innerfranzösische Debatte im Vorfeld des Referendums über die Ratifizierung des „Vertrags über die Europäische Union" im September 1992 führte vielen Bürgern die bereits erfolgten und die in Zukunft zu erwartenden Souveränitätsübertragungen von der nationalen auf die europäische Ebene deutlich vor Augen.

Schon früher besaß die Europäische Gemeinschaft auf einigen Politikfeldern, wie der gemeinsamen Agrarpolitik oder der Außenhandelspolitik, umfassende Zuständigkeiten. Ihre Kompetenzen sind jedoch durch die beiden Revisionen der Römischen Verträge (die Gründungsverträge der Europäischen Wirtschaftsgemeinschaft und der Europäischen Atomgemeinschaft von 1957) in der „Einheitlichen Europäischen Akte" von 1986 und im „Vertrag über die Europäische Union" (Februar 1992) spürbar ausgeweitet worden. Vor allem im Wirtschaftsbereich kam es nach Verabschiedung der Einheitlichen Europäischen Akte 1986, die das Ziel der Binnenmarktverwirklichung bis zum 31.12.1992 festschrieb, zu einer umfassenden Verabschiedung von Rechtsakten der Europäischen Gemeinschaft zur Gewährleistung der sogenannten „vier Freiheiten" (freier Waren-, Dienstleistungs-, Kapital- und Personenverkehr). Eine Vielzahl wirtschaftlicher Reglementierungen fällt nunmehr in die gemeinschaftliche Zuständigkeit, ob es sich um Finanzdienstleistungen, um öffentliche Subventionen an Unternehmen, um die Bewilligung von Unternehmenszusammenschlüssen oder um Fragen industrieller Normen handelt.

Der Maastrichter Vertrag hat der EU neue Kompetenzen im Bereich der Kultur und Bildung, im Bereich des Verbraucherschutzes und von Infrastrukturmaßnahmen (Verkehr, Telekommunikation, Energie) zum Aufbau „transeuropäischer Netze", in der Industriepolitik und im Gesundheitswesen verliehen. Schon bestehende Zuständigkeiten für Umweltschutz- und sozialpolitische Fragen, für Forschung und technologische Entwicklung sowie für Maßnahmen, die dem wirtschaftlichen und sozialen Zusammenhalt der Gemeinschaft dienen, wurden ausgeweitet. Neben die durch Gemeinschaftsrechtsetzung zu regelnden Bereiche treten zusätzlich der sogenannte zweite und dritte Pfeiler der Europäischen Union, nämlich die Gemeinsame Außen- und Sicherheitspolitik der Union (GASP) und die Zusammenarbeit in der Innen- und Rechtspolitik. Diese beiden Pfeiler sind außerhalb des geänderten EWG-Vertrags angesiedelt und werden nach dem Einstimmigkeitsprinzip außerhalb der Gemeinschaftsinstitutionen in einer reinen Regierungszusammenarbeit („intergouvernemental") behandelt.

Währungsunion als beispiellose Souveränitätsübertragung auf die europäische Ebene

Vor allem das Kernstück des Maastrichter Vetrages, die Bestimmungen zur Währungsunion, werden, falls sie wie vorgesehen in Kraft treten, den neben der Außen- und Verteidigungspolitik wohl bedeutendsten Bestandteil nationalstaatlicher Souveränität auf die Ebene der EU verlagern: die Zuständigkeit für die Geld- und Wechselkurspolitik. Das neben der Haushalts- und Fiskalpolitik wichtigste Instrument der Wirtschaftspolitik wird somit der Verfügungsgewalt nationaler Regierungen vollständig entzogen. Damit wird gleichzeitig ein enormer Druck in Richtung verstärkter Harmonisierung der öffentlichen Haushaltspolitik in den an der Währungsunion beteiligten Ländern entstehen.

Aufgrund der Beschlüsse zur Europäischen Union werden in Zukunft zahlreiche Bereiche (Außen- und Sicherheitspolitik, Umweltschutz, Industrie-, Technologie- und Forschungspolitik, Verbraucherschutz, Verkehrspolitik, Sozialpolitik, Bildungspolitik u.a.) sowohl in die Zuständigkeit der nationalen wie auch der europäischen Ebene fallen. Die Kompetenzabgrenzung zwischen europäischer, nationaler und subnationaler Ebene in den Bereichen, für die die EU keine ausschließliche Zuständigkeit besitzt, soll nach dem „Subsidiaritätsprinzip" (der Begriff stammt aus der katholischen Soziallehre) geregelt werden. Damit ist gemeint, daß die europäische Ebene nur dann tätig werden soll, „sofern und soweit die Ziele der in Betracht gezogenen Maßnahmen auf der Ebene der Mitgliedsstaaten nicht ausreichend erreicht werden können und daher wegen ihres Umfangs oder ihrer Wirkungen besser auf Gemeinschaftsebene erreicht werden können" (Art. 3b des Vertrags über die Europäische Union). Entscheidungen sollen möglichst bürgernah auf der untersten für die jeweilige Materie handlungs- und leistungsfähigen Ebene getroffen werden.

Eine klare Abgrenzung der Zuständigkeiten zwischen europäischer und nationaler Ebene – etwa vergleichbar der Kompetenz*trennung* zwischen Bundes- und Einzelstaaten im amerikanischen Föderalismus – existiert innerhalb der EU allerdings nicht. Vielmehr weisen die Beziehungen zwischen der europäischen und nationalen Ebene deutliche Parallelen zur Kompetenz*verflechtung* (mit ähnlichen effizienzmindernden Folgen) im bundesdeutschen Föderalismus auf (vgl. *Scharpf* 1985).

Zunehmende Kompetenzverflechtung als Novum für das französische Regierungssystem

B. Welche Auswirkungen hat nun die EU-Mitgliedschaft auf die Verfassungsordnung und die institutionelle Struktur Frankreichs? Die Ratifizierung des Vertrags von Maastricht hat eine Änderung der französischen Verfassung notwendig gemacht. Der von Staatspräsident Mitterrand mit der Überprüfung der Verfassungskonformität des Maastrichter Vertragswerks beauftragte *Conseil constitutionnel* verwies in seiner Entscheidung vom 9. April 1992 auf drei Vertragsinhalte, die mit der französischen Verfassung nicht vereinbar seien: die dritte Phase der Europäischen Währungsunion, die seit 1. Januar 1996 begonnene gemeinsame Visapolitik der EU sowie das aktive und passive Wahlrecht von in Frankreich lebenden Unionsbürgern bei Kommunalwahlen. Die Verfassungsänderung vom 26. Juni 1992 fügte einen neuen Abschnitt („Titre XIV") mit vier Artikeln (Art. 88.1 bis 88.4) in die Verfassung ein und machte somit den Weg frei für die Ratifizierung des „Vertrags über die Europäische Union" (*Grewe* 1992). Neben der nunmehr Verfassungsrang besitzenden Feststellung, daß die Französische Republik Mitglied der Europäischen Gemeinschaften und der Europäischen Union ist, besitzt vor allem der Artikel 88.4 besondere Bedeutung (vgl. *Gaillard* 1993). Er verpflichtet die Regierung dazu, Vorschläge zur Verabschiedung von Verordnungen und Direktiven, die dem EU-Ministerrat von der EU-Kommission vorgelegt werden, an die beiden Kammern des französischen Parlaments weiterzuleiten, *bevor* sie auf EU-Ebene verabschiedet werden. Diese können dann Stellungnahmen zu den geplanten bzw. in der Diskussion befindlichen Rechtsakten

Stärkere parlamentarische Kontrolle der Europapolitik

der EU abgeben. Ziel dieser Verfassungsänderung ist ein Abbau des „demokratischen Defizits" der Europäischen Integration, indem die Kontrolle der Normsetzung auf europäischer Ebene durch das nationale Parlament verstärkt wird. Damit wird gleichzeitig das krasse Ungleichgewicht zwischen der französischen Exekutive und Legislative zugunsten der letzteren etwas abgebaut. Gleichzeitig wurde dem Parlament erstmals seit 1958 wieder das Recht verliehen, politische Resolutionen zu verabschieden. Allerdings profitierte das Parlament aufgrund mangelnden Willens des Senats nicht von dieser Gelegenheit der Verfassungsreform, um Europaausschüsse zu bilden oder die politische Rolle der *Délégations parlementaires pour les Communautés européennes* (1994 in *Délégation pour l'Union européenne* umbenannt und seither auch mit den Materien des zweiten und dritten Pfeilers der EU befaßt) der Nationalversammlung und des Senats aufzuwerten (*Gaillard 1993*, 709f.). Letztere wurden 1979 eingerichtet und dienen in erster Linie der Information der Parlamentarier über europäische Angelegenheiten und Rechtsakte (*Lequesne 1993*, 233ff.) Die Europapolitik wird trotz dieser verbesserten Kontrolle durch das Parlament und dessen inzwischen systematischer Befassung mit Rechtsakten der Europäischen Gemeinschaft auch in Zukunft in allererster Linie eine Prärogative der Exekutive bleiben. Dies wurde in zwei Urteilen des *Conseil constitutionnel* (v. 17.12.1992 und 12.1.1993) bestätigt (*Lequesne 1993*, 250f.).

Europapolitik zwischen Innen- und Außenpolitik

Wie hat sich die zunehmende Bedeutung der Europapolitik nun auf die französische Exekutive ausgewirkt? Die Zugehörigkeit zur Europäischen Union macht es immer schwieriger, eine klare Trennungslinie zwischen Innen- und Außenpolitik zu ziehen. Dies spiegelt sich auch im europapolitischen Entscheidungsprozeß wider (*Lequesne* 1993). Die Fäden der europapolitischen Entscheidungsfindung laufen nicht etwa beim Außenministerium zusammen. Die entscheidende Schaltstelle ist das SGCI (*Secrétariat général du Comité interministériel pour les questions de coopération économique européenne*). Dieses wurde schon 1948 gegründet, seine Bedeutung hat jedoch ständig zugenommen. Es ist für die tägliche interministerielle Koordinierung der Europapolitik zuständig und untersteht dem Premierminister. Hier werden die Positionen festgelegt, die die französischen Vertreter dann in den Verhandlungen in den Ministerräten der EU und im Ausschuß der ständigen Vertreter der nationalen Regierung bei der EG (*Comité des Représentants Permanents*, COREPER) zu vertreten haben.

Daneben sind innerhalb der einzelnen Ministerien Europareferate entstanden, die ihrerseits nicht nur mit Brüsseler Dienststellen, sondern auch mit ihren Gegenstücken in anderen EU-Mitgliedstaaten Kontakt halten (zu den deutsch-französischen europapolitischen Konsultationsprozeduren s. *Lequesne* 1990). Bei Interessenkonflikten zwischen verschiedenen Ministerien entscheidet in aller Regel der Premierminister. Die großen Leitlinien und europapolitischen Prioritäten werden jedoch vom Präsidenten der Republik vorgegeben. Auch kann er bei Meinungsverschiedenheiten zwischen Einzelministerien jederzeit anstelle des Premierministers die französische Position festlegen. Nur in Zeiten der „Kohabitation" mit einem Premierminister aus dem gegnerischen Lager sind die beiden Protagonisten der doppelköpfigen französischen Exekutive auf eine ständige Suche nach Kompromissen angewiesen (*Lequesne* 1993, 133-182).

Abbildung 6: Organigramm der Beziehungen zwischen den französischen und den europäischen Institutionen

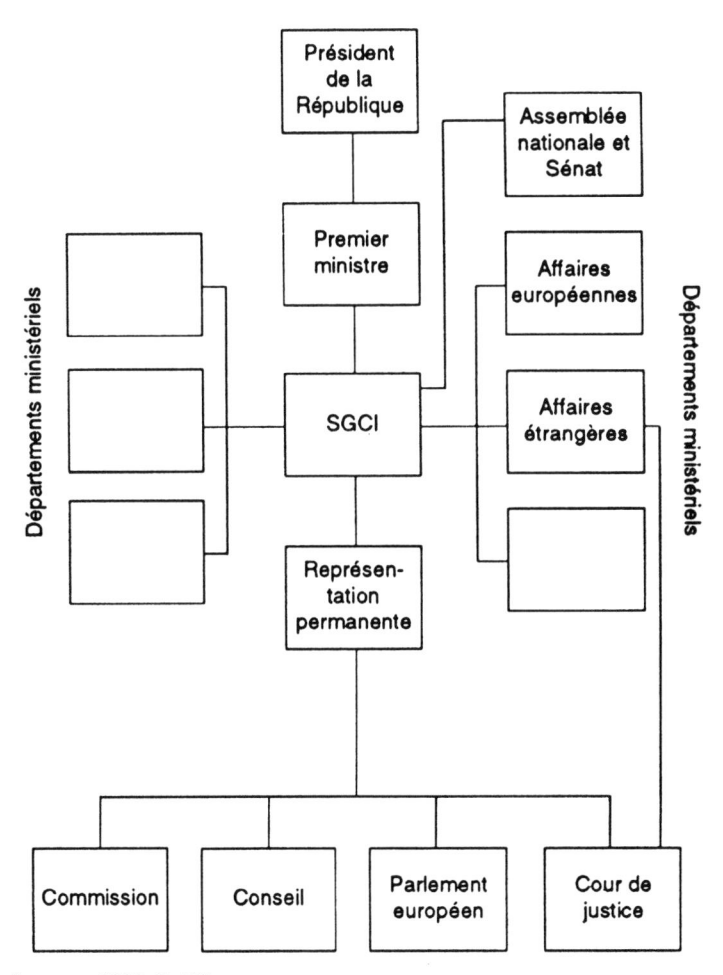

Quelle: *Lequesne* 1993, S. 239

C. Natürlich hat der Prozeß der Europäischen Integration nicht lediglich Auswirkungen auf die institutionelle Ordnung Frankreichs und die Beziehungen zwischen den verschiedenen Verfassungsorganen. Auch die Rechtsordnung ist berührt. Die in Richtlinien *(directives)* der Gemeinschaft festgelegten Ziele müssen durch Erlaß oder Abänderung nationaler französischer Gesetze in nationales Recht überführt werden. Und Rechtsakte der Gemeinschaftsorgane in Form von Verordnungen *(règlements)* stellen für alle EU-Mitglieder unmittelbar geltendes Recht dar, das von den nationalen Gerichten anzuwenden ist. Die volle Anerkennung der Regel, daß das Gemeinschaftsrecht dem französischen Recht übergeordnet ist, vollzog sich in Frankreich allerdings erst Ende der achtziger Jahre

Gemeinschaftsrecht hat Vorrang vor nationalem Recht

in zwei bahnbrechenden Entscheidungen des *Conseil d'Etat* (oberstes Verwaltungsgericht und gleichzeitig Beratungsorgan der Regierung).[15]

1.5.3 Politikverflechtung als Herausforderung

Aufgrund der zentralistischen Tradition fällt es Frankreich gewiß schwerer, sich auf diese neuen Formen der Politikverflechtung zwischen supranationaler, nationaler und subnationaler Ebene einzustellen als der föderalistisch aufgebauten Bundesrepublik, deren politische Akteure – sowohl die Gebietskörperschaften als auch Parteien und Verbände – über Jahrzehnte Erfahrungen mit den Vorteilen und Problemen der Polikverflechtung gesammelt haben.

Von der Entscheidungspyramide zu Entscheidungsnetzwerken?

Die nationale Ebene hat nicht nur Kompetenzen an die lokalen Gebietskörperschaften und an die Europäische Union abgeben müssen. Sie muß sich auch auf neue Formen der Mehr-Ebenen-Kooperation einstellen. Statt einer *Entscheidungspyramide*, an deren Spitze die Pariser Zentralstaatsebene steht, gilt es sich nunmehr in einem Umfeld zurechtzufinden, das eher durch *Entscheidungsnetzwerke* strukturiert ist. Es ist geprägt von einer Vielzahl von Akteuren (EU-Gemeinschaftsorgane, EU-Organe der intergouvernementalen Zusammenarbeit, nationalstaatliche Regierungen und Parlamente, substaatliche öffentliche Akteure, nationale Parteien und europäische Parteienbünde, Interessengruppen und Verbände auf lokaler, nationaler und europäischer Ebene), deren politisches Wirken nicht auf ein zentrales Entscheidungszentrum hin ausgerichtet ist. Der französische Zentralstaat muß somit bestimmte politische Ziele mit wechselnden Partnern (EU, Regionen, Departements, Verbänden, z.B. Bauernverband) verfolgen, ohne daß ihm in dem komplexen politischen Kräftefeld notwendigerweise die „maîtrise d'oeuvre", also die politische Führungsrolle zukommt. Zudem entstehen vermehrt Beziehungen zwischen der subnationalen und der europäischen Ebene oder zwischen französischen und ausländischen lokalen Gebietskörperschaften, die an der Pariser Regierung vollkommen vorbeilaufen. Nicht nur die französischen Regionen, auch viele größere Städte (Lyon, Bordeaux u.a.) haben ihre dank der Dezentralisierung gewonnene neue Handlungsfähigkeit genutzt, um ihre Aktivitäten auf europäischer Ebene deutlich auszuweiten (*Ladrech* 1994, 80ff.). Die Regionalpartnerschaft zwischen den Regionen (bzw. Bundesland) Rhône-Alpes, der Lombardei, Katalonien und Baden-Württemberg sowie die Euro-Region, die die französische Region Nord-Pas-de-Calais mit Kent, Wallonien, Flandern und der Brüsseler Hauptstadt-Region verbindet, mögen als Beispiele dienen. Zudem sind die französischen lokalen Gebietskörperschaften in dem durch den Maastrichter Vertrag geschaffenen Regionalausschuß mit beratenden Befugnissen in Brüssel am Integrationsprozeß beteiligt.

---

15 Mit seinen Urteilen vom Dezember 1987 („arrêt Daniélou"), vom Oktober 1989 im Fall Nicolo („arrêt Nicolo") und im Dezember 1990 im Fall Boisdet akzeptierte der *Conseil d'Etat* – im Gegensatz zu früheren Entscheidungen – die Rechtsauffassung des Europäischen Gerichtshofs (EuGH), daß das Gemeinschaftsrecht in den Mitgliedstaaten unmittelbar anzuwendendes Recht darstellt, das auch durch nachträglich verabschiedete französische Gesetze nicht abgeändert werden darf (vgl. *Lerche* 1990).

Diese abnehmende Fähigkeit der nationalstaatlichen Ebene, den (europa-)politischen Entscheidungsprozeß zu zentralisieren, zeigt sich nicht lediglich im Verhältnis zwischen EU-, nationaler und subnationaler Ebene. Auch auf der nationalstaatlichen Ebene wird es aufgrund der ständig zunehmenden Bedeutung der Europapolitik für eine größer werdende Zahl von Politikbereichen immer schwieriger, den europapolitischen Willensbildungsprozeß zusammenzufassen. Der beste Kenner des europapolitischen Entscheidungsprozesses in Frankreich spricht von einer

Zunehmende Komplexität des (europa-)politischen Entscheidungsprozesses

„wachsenden Unmöglichkeit, eine zentralisierte Koordination aller von den verschiedenen Organen vertretenen Positionen zu gewährleisten (...) Das SCGI (ein dem Premierminister unterstehendes Organ) kann unmöglich, im Jahre 1993, die Gesamtheit der formellen und informellen Beziehungen, die diese (französischen, J.S.) Ministerien mit allen Institutionen der Gemeinschaft (Kommission, Europäisches Parlament...), mit den Ministerien anderer Mitgliedsländer, dem nationalen Parlament, aber auch mit Interessengruppen unterhalten, kontrollieren." (*Lequesne* 1993, 265)

Damit vollzieht sich ein Wandel in der Art und Weise, wie Politik in Frankreich in diesem komplexer gewordenen Umfeld formuliert und implementiert wird. Das französische „Modell", sektorale Politik zu betreiben (vgl. *Muller* 1992, 275ff.), wie es sich nach 1945 und insbesondere zu Beginn der V. Republik entwickelt hat, und in dem dem Zentralstaat die zentrale Rolle in der Definition von Problemgegenständen, in der Vermittlung zwischen widerstreitenden gesellschaftlichen Interessen und auch in der lokalen Umsetzung der Politik zukam, ist mit dieser Entwicklung in Frage gestellt worden.

Der Prozeß der Europäischen Integration hat nicht nur die Abhängigkeit Frankreichs von der Normsetzung auf europäischer Ebene vergrößert. Insbesondere das Binnenmarktprojekt der Marktintegration hat darüber hinaus die Fähigkeit nationaler Politik, Marktprozesse zu regulieren und zu steuern, deutlich vermindert. Doch die auf nationaler Ebene verloren gegangenen Handlungsmöglichkeiten sind auf der EU-Ebene nicht zurückgewonnen worden. Diese Entwicklung stellt also gemeinsam mit der gleichzeitig gewachsenen Autonomie der lokalen Politik eine grundlegende Herausforderung für den französischen (Zentral-)Staat dar. Dieser verliert seine unangefochtene Schlüsselstellung in der Politikgestaltung und muß sich in einem wohl länger dauernden Anpassungsprozeß erst an seine neue Funktion in einem komplexer gewordenen Umfeld anpassen.

1.6 Schlußbetrachtung: Machtkonzentration und Demokratiedefizit – ein Legitimationsproblem

Das Regierungssystem der V. Republik hat die zentralen Zielsetzungen seiner Gründungsväter – de Gaulle und Michel Debré – verwirklicht. Die Machtverlagerung von der Legislative zur Exekutive und ein stabiles Regieren wurden durch die Institutionen der V. Republik gewährleistet – erstmals nach fast einem Jahrhundert. Gleichzeitig haben sich die Verfassung und das Institutionengefüge als flexibel und anpassungsfähig genug erwiesen, um unter unterschiedlichen parlamentarischen Kräftekonstellationen zu funktionieren (*Hoffmann* 1991, 47ff.). Die V. Republik hat – entgegen den Erwartungen vieler politischer Beobachter – nicht nur den Abgang de Gaulles und den Wahlsieg der Linken 1981 überlebt. Auch unter den Bedingungen einer parlamentarischen Mehrheit, die nicht aus dem politischen Lager des Staatspräsidenten stammt (1986-1988 und 1993-1995), und ebenso angesichts einer fehlenden absoluten parlamentarischen Mehrheit für Regierung und Staatspräsident (1988-1993) haben sich die Institutionen der V. Republik bewährt.

Die Gründe für das Funktionieren des Regierungssystems der V. Republik – die enorme Machtkonzentration in Händen der Exekutive, vor allem des Staatspräsidenten, und das verfassungsrechtliche Instrumentarium des „rationalisierten Parlamentarismus" – sind jedoch gleichzeitig mitverantwortlich für die Funktions*defizite* des politischen Systems der V. Republik.

Der zentralistische Staatsaufbau, die Machtballung in Händen des Staatspräsidenten, die radikal beschnittene Rolle des Parlaments, die verzerrte Repräsentation der Wählerstimmen durch das Mehrheitswahlrecht und auch die soziale Homogenität der politischen und Verwaltungseliten führen zu einem *Demokratiedefizit* und einem *Effizienzproblem* der V. Republik.

Effizientes Regieren setzt einen engen Kontakt mit den von staatlichen Entscheidungen betroffenen Bevölkerungsgruppen voraus. Gerade in einem hochzentralisierten Staat mit einer starken Exekutive und einem technokratischen Regierungsstil stellt sich das Dauerproblem des Kontakts und des Informationsflusses zwischen Regierung und Zivilgesellschaft, der für die Entscheidungsvorbereitung und die Umsetzung getroffener Entscheidungen unerläßlich ist. Macht wurde von Karl W. Deutsch in kommunikations- und lerntheoretischer Perspektive definiert als „Fähigkeit, nicht lernen zu müssen" („the ability to afford not to learn"). In politischen Systemen mit großer Machtkonzentration ist demnach die systemische Lernfähigkeit – und damit die Anpassungsfähigkeit an veränderte soziale, wirtschaftliche und politische Umweltbedingungen – tendenziell geringer entwickelt als in politischen Systemen mit geringerer Machtkonzentration. Die Stabilität des französischen Regierungssystems und seine pyramidale Machtkonzentration mit dem Präsidenten an der Spitze geht einher mit einem Mangel an Reform- und Wandlungsfähigkeit sowie einem Mangel an politischer Effizienz.

Demokratie ohne aktive Teilhabe der citoyens?

Damit eng verbunden ist das Problem des Demokratiedefizits der V. Republik. Das Fehlen soziopolitischer Vermittlungsstrukturen zwischen Zivilgesellschaft und Staat hat sich seit Beginn der V. Republik keineswegs geändert. Zwischen dem *citoyen* und dem Staat fehlen weiterhin die *forces intermédiaires* als Interessenvermittlungsinstanz. Dies ist gewiß keine direkte Folge des Regierungssystems der V. Republik, sondern prägte auch schon die III. und IV. Republik. Allerdings wirken die Institutionen der V. Republik diesem Zustand auch nicht entgegen und bieten wenig Anreize für politische Beteiligung in Verbänden, gesellschaftlichen Vereinigungen und Parteien. Die Entwicklung neuer Parteien, die veränderte gesellschaftliche und politische Wertorientierungen in den Willensbildungsprozeß einbringen könnten, wird durch das Mehrheitswahlrecht gebremst. Und immer weniger Franzosen fühlen sich überhaupt durch eine Partei oder einen Spitzenpolitiker repräsentiert.

„Die doppelte Krise der politischen Klasse und der Repräsentation hat zu einer Krise der französischen Demokratie geführt, deren Tragweite seit Beginn der V. Republik unerreicht ist." (*Mayer/Perrineau* 1992, 145)

Die Schwierigkeiten des Regierungs- und Parteiensystems, die französische Bevölkerung politisch zu repräsentieren und ihr genügend Raum für politische Beteiligung zu gewähren, haben zu einem ernsthaften *Legitimationsproblem* der demokratischen Herrschaftsausübung geführt. Damit ist der Lebensnerv eines demokratischen Regierungssystems berührt.

Repräsentationskrise als Legitimationsproblem

Eine von Präsident Mitterrand 1992 angekündigte Verfassungsreform, die unter anderem eine Reduzierung der Kluft zwischen Wählern und politischen Eliten zum Ziel hatte, ist – wie zu erwarten war – von der rechten Regierung Balladur nur in sekundären Punkten (Reform des „Conseil supérieur de la magistrature" und der „Haute Cour de justice") weiterverfolgt worden. Eine Verfassungsreform zur Demokratisierung der Institutionen, zur Verbesserung der Herrschaftskontrolle, etwa durch die Stärkung des Parlaments, und eine Verbesserung der direkten politischen Teilhabemöglichkeiten der Bürger über „von unten", durch die Bevölkerung initiierte Referenden ist momentan nicht in Sicht. Auch wurde die zweite Etappe der Dezentralisierung nicht zu einer Vitalisierung der demokratischen Willensbildung auf lokaler Ebene genutzt, statt wie bisher zu einer Stärkung der Notablenelite beizutragen.

Die große Kluft zwischen der Bevölkerung und ihrer politischen Elite, die Krise der politischen Repräsentation und der politischen Beteiligung in Parteien und Verbänden hat sich zwar bisher nicht in einer generellen Unzufriedenheit mit dem politischen Regime und in einem Legitimationsverlust desselben niedergeschlagen. Beim Fortdauern dieser Krisensymptome und bei anhaltend schlechten wirtschaftlichen Leistungsdaten und den damit verbundenen sozialen Spaltungstendezen ist jedoch ein Schwinden der Legitimationsressourcen des politischen Systems keineswegs ausgeschlossen.

Übersichtsdarstellungen zum politischen System

Charlot, Jean: La politique en France, Paris: Ed. de Fallois, 1994 (Le Livre de poche; 509).
Developments in French politics./Ed. by Peter A. Hall ... – Houndmills u.a.: Macmillan Education, 1990.
Duhamel, Olivier: Le pouvoir politique en France. La Ve République, vertus et limites. – Paris: Ed. du Seuil, 1993.
Duverger, Maurice: Le système politique français. Droit constitutionnel et systèmes politiques. – 20e édition entièrement refondue – Vendome: Presses Universitaires de France, 1990 (Thémis: Science Politique).
Frankreich. Politik, Gesellschaft, Wirtschaft. / Hrsg. von Günther Haensch ... Unter Mitarbeit von Paul Bonnefoy ... – 2., neubearb. Aufl. – München: Beck, 1993 (Beck'sche Reihe: Aktuelle Länderkunden; 831).
Grote, Rainer: Das Regierungssystem der V. französischen Republik. Verfassungstheorie und -praxis, Baden-Baden: Nomos Verl.-Gesellschaft, 1995 (Beiträge zum ausländischen und vergleichenden öffentlichen Recht; Bd. 6).
Safran, William: The French polity, 4. Aufl, New York u. London: Longman, 1995.
Searching for the new France. / Ed. by James F. Hollifield ... – New York u.a.: Routledge, 1991.
La vie politique en France. / Sous la dir. de Dominique Chagnollaud. – Paris: Ed. du Seuil, 1993. (Points: Série essais; 264)

2 Wirtschaft

Henrik Uterwedde

2.0 Einleitung

Die französische Wirtschaft, und mit ihr die Gesellschaft, haben nach 1944 einen wahren Sprung in die Moderne vollzogen. In knapp drei Jahrzehnten ist ein durchgreifender, außerordentlich rascher, sprunghafter Strukturwandel erfolgt, in dessen Verlauf eine noch stark landwirtschaftlich und kleinindustriell geprägte, mit traditionellen Strukturen durchsetzte Wirtschafts- und Gesellschaftsstruktur einen beschleunigten, nachholenden Weg in die moderne Industrie- und Dienstleistungsgesellschaft fand. Das erhebliche Modernisierungsproblem Frankreichs ausgangs des Zweiten Weltkriegs ist zentral für das Verständnis der Grundmotivation französischer Wirtschafts- und Gesellschaftspolitik in den Jahrzehnten seit 1945: „Modernisierung oder Dekadenz" umschrieb der Vater der französischen Planification, Jean Monnet, die Herausforderung. Modernisierung wurde zur nationalen Aufgabe erklärt, die das Handeln einer ganzen Generation von Staats- und Verwaltungseliten und Unternehmern prägte und in deren Namen Öffentlichkeit und Akteure in Wirtschaft, Gesellschaft und Politik mobilisiert wurden.

Diese Aufgabe, so lautete ein weiterer Grundkonsens nach 1945, bedurfte der Initiierung und Steuerung durch massive staatliche Impulse. Damit wurde dem Staat, vor allem seiner Verwaltungselite, eine Schlüsselrolle für die wirtschaftliche Erneuerung und Entwicklung gegeben; eine Reihe von direkten und indirekten Instrumenten der Intervention entstand, die dem französischen Weg nach 1945, dem Wiederaufbau und der Modernisierung, ein unverwechselbares Gepräge gegeben haben. Zentralstaatliche Wirtschaftssteuerung und Investitionslenkung, der Einsatz zahlreicher nationalisierter Unternehmen vor allem im Bankensektor zur Erreichung der ehrgeizigen Entwicklungsziele, eine ausgeprägte Industriepolitik der Förderung strategischer Sektoren und hochtechnologischer Projekte: dies sind die Merkmale einer Modernisierung durch den Staat, die sich von Leitbild und Praxis der sozialen Marktwirtschaft in der Bundesrepublik deutlich unterscheiden.

Die Ergebnisse dieses französischen Weges der Modernisierung sind widersprüchlich. Einerseits hat er unzweifelhaft dazu beigetragen, Frankreich zu einem der führenden Industriestaaten der westlichen Welt zu machen. Die staatlichen Impulse, Finanzierungen und Steuerungen erwiesen sich als notwendiges und vielfach erfolgreiches Substitut für fehlende bzw. mangelnde unternehmerische Strukturen und Initiativen. Andererseits geriet der staatliche Interventionismus zunehmend an seine Grenzen: der Zentralismus erwies sich als Hemmschuh für die Herausbildung einer eigenständigen regionalen Wirtschaftsentwicklung; die einseitige Ausrichtung der Industriepolitik an Großunternehmen und Prestigeprojekten vernachlässigte die notwendige Modernisierung der Klein- und Mittelunternehmen und konnte so den Dualismus zwischen moderner und rückständiger Wirtschaft nicht überwinden; mit der zunehmenden Komplexität der Wirtschaft erwiesen sich die Instrumente der staatlichen Wirtschaftslenkung immer öfter als unbrauchbar; die wachsende Einbindung der französischen Wirtschaft in außenwirtschaftliche Verflechtungen und in die europäische Integration begrenzte darüber hinaus zusätzlich die Wirkung einer auf nationale Ziele ausgerichteten Wirtschaftspolitik.

Daher sieht sich der französische Weg schon seit zwei Jahrzehnten einem wachsenden Veränderungsdruck ausgesetzt, und er hat sich vor allem seit den achtziger Jahren stark gewandelt. Die starke Rolle des zentralstaatlichen Interventionismus ist allenthalben abgeschwächt worden. An seine Stelle sind stärker indirekte, dezentrale und marktwirtschaftliche Steuerungsformen getreten. Dieser Veränderungsprozeß wird im folgenden Kapitel an zahlreichen Stellen angesprochen. Auch wenn er heute bei weitem noch nicht abgeschlossen ist, so steht doch schon fest, daß die Besonderheiten der französischen Wirtschaftsentwicklung mit ihren massiven zentralstaatlichen Interventionsformen sich zunehmend abgeschliffen haben und daß insofern eine „Normalisierung" Frankreichs im Vergleich zu seinen europäischen Nachbarn eingetreten ist.

Spezialliteratur

(mit * gekennzeichnete Titel sind besonders zur Einführung geeignet)

*   Günter Ammon: Der französische Wirtschaftsstil. München: Eberhard 1989, 270 S.
-    Wolfgang Brücher: Zentralismus und Raum. das Beispiel Frankreich. Stuttgart: Teubner 1992, 218 S.
-    Frankreich-Jahrbuch. Opladen: Leske und Budrich 1988ff.
-    René Lasserre/Wolfgang Neumann/Robert Picht (Hrsg.): Deutschland-Frankreich. Bausteine zum Systemvergleich. Band 2: Wirtschaft und soziale Beziehungen, Gerlingen: Bleicher 1981, 430 S.
-    Wolfgang Lerch: Das „Experiment Barre". Köln: Institut für Wirtschaftspolitik an der Universität Köln 1983, 464 S.
*   Wolfgang Neumann/Henrik Uterwedde: Industriepolitik. Ein deutsch-französischer Vergleich. Opladen: Leske und Budrich 1986, 302 S.
-    Henrik Uterwedde: Die Wirtschaftspolitik der Linken in Frankreich. Programme und Praxis 1974-1986. Frankfurt/M.: Campus 1988, 320 S.

2.1 Ökonomische Herausforderungen 1945-1997

2.1.1 Die Ausgangslage 1944

Der wirtschaftliche Neubeginn ausgangs des Zweiten Weltkrieges stand in Frankreich im Zeichen einer doppelten Belastungsprobe.

- Der Weltkrieg hatte auch in Frankreich seine Spuren hinterlassen und die Wirtschaft des Landes schwer geschädigt. Während der deutschen Besatzung 1940-1944 waren weite Bereiche der Produktion zugunsten der deutschen Kriegswirtschaft umgelenkt und ausgebeutet worden; die mit der Landung der Alliierten in der Normandie 1944 eingeleiteten Kämpfe zur Befreiung des Landes führten zu schweren Zerstörungen vor allem der Transportwege (Brücken, Hafenanlagen, Bahnhöfe und Schienennetze, Güterwaggons, Frachtschiffe usw.). Die industrielle Produktion erreichte im Jahre 1944 nur 38% des Vorkriegsniveaus (1938); es sollte bis 1953 dauern, bis der Produktionswert von 1929/30 wieder erreicht wurde. (*Guyard* 1970, 8). Wie seine Nachbarn stand Frankreich mithin vor dem Problem des wirtschaftlichen Wiederaufbaues.
- Für Frankreich kam als zweites Problem ein Rückstand in der wirtschaftlich-industriellen Entwicklung hinzu. Industrialisierung und ökonomischer Strukturwandel hatten sich im Verlauf des 19. und in der ersten Hälfte des 20. Jahrhunderts vergleichsweise zögernd vollzogen; noch 1946 war die Landwirtschaft der Sektor, in dem am meisten Menschen beschäftigt waren (vgl. Tabelle 8). Zudem war das wirtschaftliche Wachstum deutlich geringer als etwa in Deutschland gewesen (vgl. Tabelle 9). Die Folge: Frankreich war 1944 ein noch weitgehend landwirtschaftlich geprägtes Land; die Industrialisierung hatte sich noch nicht vollständig durchgesetzt; einige wenige moderne Wachstumsindustrien konnten die überwiegend traditionelle, von kleinen Familienunternehmen geprägte Wirtschaftsstruktur nicht aufwiegen. Darüber hinaus hatte sich der Industrialisierungsprozeß auf einige wenige Regionen (Pariser Großraum, Norden, Osten) konzentriert, während weite Räume im Zentrum, im Westen und Südwesten weiterhin landwirtschaftlich geprägt blieben.

Industrieller Entwicklungsrückstand

Tabelle 8: Erwerbstätigkeit nach dem Drei-Sektoren-Modell (Anteile der jeweiligen Sektoren in %)

Jahr	Frankreich			Deutschland		
	Landw.	Industrie	Tertiärer S.	Landw.	Industrie	Tertiärer S.
1881	47	27	26	43	34	23
1906	43	29	28	35	40	25
1926	38	33	29	31	41	28
1946	36	32	32	22	45	33
1960	21	35	43	14	48	38
1970	13	38	49	9	49	43
1980	9	35	56	6	44	50
1990	6	30	64	3	40	57
1994	5	27	68	3	37	60

Anmerkung: Zahlen für Deutschland: Deutsches Reich, ab 1950 Bundesrepublik , 1990, 1993 ohne neue Länder; leicht verschobene Jahreswerte: 1882; 1907; 1925; 1950.
Quelle: Eigene Zusammenstellung nach *INSEE/Stat. Bundesamt*

Fast ein Jahrhundert lang hatte der vorsichtige, gebremste Strukturwandel zur politischen und sozialen Stabilität Frankreichs beigetragen, weil er dem Land Probleme und Konflikte weitgehend erspart hatte, die anderswo mit dem raschen

Industrialisierungsprozeß und seinen gesellschaftlichen Umwälzungen verbunden waren. Nach 1944 war aber den Verantwortlichen klar, daß Frankreich sich den „Luxus" einer in einem halbindustriellen Stadium verharrenden Wirtschaftsstruktur nicht länger würde leisten können: Eine veränderte Welt, in der die wirtschaftliche Dynamik und industrielle Basis zu entscheidenden Machtfaktoren der internationalen Politik geworden waren, die gewaltigen Probleme des Wiederaufbaus und die beginnende internationale Wirtschaftsverflechtung erforderten eine Wirtschaft, die so schnell wie möglich den Anschluß an den Geleitzug der fortgeschrittenen westlichen Industriestaaten finden mußte.

Schon ab 1940, sowohl in der Widerstandsbewegung als auch innerhalb des Vichy-Regimes, hatte der Prozeß des Nachdenkens über notwendige strukturelle Veränderungen in Staat, Verwaltung, Wirtschaft und Gesellschaft eingesetzt. Nach der Befreiung 1944 bildete sich, vor allem bei führenden Vertretern der staatlichen Verwaltung, der politischen Parteien und der Arbeiterbewegung, ein neuer, „modernistischer" Grundkonsens heraus, der die Wirtschafts- und Gesellschaftspolitik weitgehend beeinflußte und eine durchgreifende Industrialisierung und Modernisierung des Landes in Gang setzen wollte.

<small>Modernisierung als nationale Aufgabe</small>

„Modernisierung oder Dekadenz" überschrieb der Vater der französischen *Planification*, Jean Monnet, seinen ersten Wiederaufbauplan (vgl. auch Kapitel 2.2.3). Die umfassende Modernisierung der ökonomischen und gesellschaftlichen Strukturen – in erster Linie wurde darunter ein beschleunigtes Nachholen des Industrialisierungsprozesses nach US-amerikanischem bzw. deutschem Vorbild verstanden – sowie die Überwindung der als Stagnation, Blockierung und Malthusianismus[17] kritisierten Kennzeichen der Vorkriegswirtschaft wurden zur Hauptaufgabe französischer Politik erklärt (*Rehfeldt* 1989, 74f). Das Bewußtsein, daß Frankreich nicht nur, wie seine Nachbarn, ein Wiederaufbauproblem kriegszerstörter Produktionsanlagen und Infrastrukturen hatte, sondern darüber hinaus ein spezifisches Entwicklungsproblem, hat eine ganze Generation von Nachkriegspolitikern und Entscheidungseliten geprägt und ist ein unentbehrlicher Schlüssel zum Verständnis der Motivationen und Grundentscheidungen französischer Wirtschafts- und Sozialpolitik in den Nachkriegsjahrzehnten.

2.1.2 Die Jahre des Wiederaufbaus (1945-1958)

Wiederaufbau und Industrialisierung Frankreichs standen von Anfang an im Zeichen umfangreicher staatlicher Koordinierung und Lenkung. Während sich in der Bundesrepublik 1948 das Leitbild der „sozialen Marktwirtschaft" durchsetzte, das den Wirtschaftsprozeß weitgehend den Marktkräften überlassen wollte, wurden in Frankreich andere Zeichen gesetzt. Nicht ohne Grund sah man Markt und Unternehmen überfordert, um gleichzeitig den Wiederaufbau und die industrielle Modernisierung voranzutreiben.

---

17 Malthusianismus: Der nach dem englischen Ökonomen *Thomas R. Malthus* (1766-1834) benannte Begriff bedeutet ursprünglich eine Bevölkerungspolitik mit dem Ziel einer Begrenzung des natürlichen Bevölkerungswachstums. In Frankreich wird er auch in einem erweiterten, wirtschaftspolitischen Sinn benutzt und bezeichnet dann eine Verhaltensweise oder Politik, die auf die Verlangsamung der Produktion abzielt.

Mit der 1944-46 eingeleiteten Nationalisierung zahlreicher Großunternehmen, vor allem im Kredit-, Transport- und Energiesektor, schuf sich der Staat einen direkten Einfluß auf Unternehmens- und Investitionsentscheidungen in wichtigen Industriezweigen und damit die Möglichkeit, seine Politik des Wiederaufbaus zielgerichtet durchzusetzen (vgl. dazu auch Kapitel 2.2.4). Ergänzend dazu wurde ein System der Wirtschaftsplanung (*Planification*) eingerichtet, das zwar keine bürokratische Zwangsplanung nach osteuropäischem Muster darstellte, aber doch eine weitgehende staatliche Lenkung des wirtschaftlichen Wiederaufbaus ermöglichte (ausführlich dazu Kapitel 2.2.3).

Nationalisierungen

Der erste Wiederaufbauplan 1946-1953 (nach dem Initiator der *Planification* auch „Monnet-Plan" genannt) konzentrierte sich ganz auf die Entwicklung von sechs „Basissektoren", die für die übrige Wirtschaft entscheidende Bedeutung hatten: Kohleförderung, Eisen- und Stahlindustrie, Zement, landwirtschaftliche Maschinen, Elektrizität, Transportsektor. Detaillierte staatliche Entwicklungspläne für diese Sektoren gingen einher mit der vorrangigen Bereitstellung staatlicher Finanzmittel. Die knappen finanziellen Ressourcen, vor allem die im Rahmen der US-Marshallplans für Europa bereitgestellten Devisenhilfen, wurden so in diejenigen Bereiche gelenkt, deren Funktionieren eine unabdingbare Voraussetzung für den Wiederaufbau und die Modernisierung der Wirtschaft darstellten: Energie- und Grundstoffversorgung, Infrastruktur für das Transportwesen, Maschinen für die bislang völlig unzureichende Mechanisierung der Landwirtschaft. Die alles in allem erfolgreiche Koordinierung und Lenkung der Wiederaufbaupolitik durch den Monnet-Plan hat viel zum Prestige der *Planification* beigetragen.

Monnet-Plan für den Wiederaufbau

Der zweite Plan (1953-1957) setzte neue Akzente, indem er qualitative Aspekte der Modernisierung in den Vordergrund rückte (Forschung, Qualifikation der Beschäftigten, öffentliche Infrastruktur, Spezialisierung und Marktanpassung der Unternehmen) und sich sektoral nunmehr auf die verarbeitende Industrie konzentrierte.

Mit der – durch die Wiederaufbaupläne eingeleiteten – Modernisierung der Landwirtschaft und der Produktionsanlagen begann eine Phase raschen Wachstums. Gleichzeitig wurde der umfassende Strukturwandel der Produktion und der Beschäftigung in Gang gesetzt.

Zu den Schattenseiten der Wiederaufbauphase – die im wesentlichen mit der Lebensdauer der IV. Republik 1946-1958 identisch ist – zählten die ungebändigte Inflation, ein wachsendes Defizit der Zahlungsbilanz, das wiederholt zu einer Abwertung des Franc führte, sowie die hohe Staatsverschuldung, die nicht zuletzt auch auf die Kolonialkriege in Indochina und in Algerien zurückzuführen war. Die schwachen Regierungen der problembeladenen und krisengeschüttelten IV. Republik waren nicht in der Lage, die wirtschaftliche Nachkriegsexpansion mit einem gesamtwirtschaftlichen Gleichgewicht zu verbinden.

Tabelle 9: Wirtschaftliches Wachstum in Frankreich und Deutschland
(Durchschnittliches jährliches Wachstum des Bruttosozialprodukts in %)

Zeitraum	Frankreich	Deutschland
1870/1913	1,6	2,9
1913/1950	0,7	1,2
1950/1960	4,8	8,5
1961/1970	5,6	4,5
1971/1980	3,3	2,7
1981/1990	2,4	2,2
1990/1995	1,3	2,4

Quelle: Frankreich-Jahrbuch 1995, 249 (nach Zahlen in *OECD* 1974, 14, sowie der *EU-Kommission*).

2.1.3 Europäische Öffnung und industrielle Expansion (1958-1973)

Der Zerfall der IV. und der Übergang zur V. Republik 1958 stellte auch für die Wirtschaft einen tiefen Einschnitt dar. Die mit dem Regimewechsel verbundene Stabilisierung des Institutionensystems, die Stärkung der Exekutive und die Wiederherstellung der staatlichen Autorität veränderten die Rahmenbedingungen für die wirtschaftliche Entwicklung erheblich. Auch die außenpolitischen, auf eine verstärkte Rolle und nationale Eigenständigkeit Frankreichs in der Weltpolitik zielenden Ambitionen des Gründers der V. Republik und ihres ersten Staatspräsidenten (1958-1969), Charles de Gaulle, hatten Auswirkungen auf die wirtschaftliche Entwicklung.

EWG als Bewährungsprobe

Darüber hinaus stellten die 1957 erfolgte Gründung der Europäischen Wirtschaftsgemeinschaft (EWG) und die 1962 abgeschlossene Entkolonisierung Frankreichs eine neue Bewährungsprobe für die Wirtschaft dar. Der Wiederaufbau- und Modernisierungsprozeß nach 1944 hatte sich im Schutz eines weitgehenden Protektionismus vollzogen: hohe Zollmauern und zahlreiche Handelshemmnisse schirmten die französischen Unternehmen von der Auslandskonkurrenz ab. Diese starke Orientierung der Wirtschaft auf den Binnenmarkt sowie auf die ebenfalls vor der Konkurrenz geschützten kolonialen Märkte entfiel mit der Entkolonisierung und der 1959 beginnenden EWG-Zollunion schrittweise, aber unwiderruflich. Die erst in den Anfängen ihrer Modernisierung stehende, vielfach noch brüchige und strukturschwache französische Industrie mußte sich nunmehr im internationalen Konkurrenzkampf behaupten – im Gegensatz etwa zur stark exportorientierten westdeutschen Industrie eine ungewohnte, neue Situation für die Unternehmen.

Die Regierung de Gaulles reagierte mit zwei entscheidenden Weichenstellungen auf die neuen Herausforderungen:

– Zum einen wurde 1959 mit Hilfe eines einschneidenden Sanierungsplanes versucht, die Inflation und die öffentliche Finanzkrise einzudämmen. Der Franc wurde drastisch abgewertet und danach auf eine neue Rechengrundlage gestellt: Der „neue Franc" im Wert von 100 alten Francs (bis heute ist es allerdings in Frankreich üblich, Preise auch in alten Francs auszudrücken). Harte Sparmaßnahmen im Staatshaushalt, die Abschaffung von zahlreichen gebräuchlichen Indexierungsformeln[18] und die Liberalisierung des Außenhandels vervollständigten das Sanierungsprogramm.

- Nach der weitgehend gelungenen Sanierung der Wirtschaft wurde eine umfassende, ehrgeizige Industriepolitik eingeleitet, die die industrielle Expansion und Modernisierung vorantreiben sollte und die französischen Unternehmen in die Lage versetzen sollte, der ausländischen Konkurrenz im Rahmen der EWG standzuhalten. Diese, vor allem mit dem Premierminister (1963-1968) und späteren Staatspräsidenten (1969-1974) Georges Pompidou verbundene „gaullistische" Industriepolitik hatte zahlreiche Facetten: eine Förderung des Wirtschaftswachstums mit allen Mitteln, eine Konzentrationsförderung mit dem Ziel, in den wichtigen Branchen Großkonzerne internationalen Zuschnitts zu schaffen, ehrgeizige Sektorenentwicklungspläne in Bereichen, die als „strategisch" für die übrige Wirtschaft angesehen wurden, eine strenge Kontrolle ausländischer Investitionen in Frankreich in ebensolchen „strategischen" Branchen. Besondere Bedeutung erhielten in dieser Zeit einige industriell-technologische Großprojekte, mit deren Hilfe der Staat nationale französische Produktionskapazitäten aufbauen wollte: etwa in der zivilen und militärischen Kernkrafttechnik, in der Rüstungsindustrie, in der Flugzeug- und Raumfahrtindustrie oder in der Elektronik. Militärpolitische Motive (z.B. de Gaulles Wille, Frankreich zur Atommacht zu machen) und außenpolitisches Prestigedenken spielten bei der Auswahl dieser kostspieligen Entwicklungsprojekte ebenso eine Rolle wie wirtschaftspolitische Überlegungen (ausführlich dazu: Kapitel 2.2.5).

Geburt der gaullistischen Industriepolitik

Tatsächlich begann mit den sechziger Jahren eine stürmische Wachstumsperiode der französischen Wirtschaft, während gleichzeitig Inflation und Staatsdefizit relativ erfolgreich eingedämmt werden konnten. Eine anhaltende industrielle Expansion, ein rascher sozio-ökonomischer Strukturwandel, Landflucht und Verstädterung, steigende Einkommen und die Entstehung einer Konsumgesellschaft sind die markanten Kennzeichen dieser Zeit. Im Hintergrund, doch durchaus spürbar, zeichneten sich allerdings auch einige Kehrseiten der „goldenen Sechziger" ab:

Stürmisches Wachstum mit Kehrseiten

- wachstums- und wanderungsbedingte Folgeprobleme (weil die notwendige Schaffung öffentlicher Infrastruktur wie Verkehrswege, öffentliche Einrichtungen usw. mit der raschen Expansion der städtischen Ballungszonen nicht mithalten konnte),
- anhaltende Brüche der Wirtschaftsstruktur (regionales Entwicklungs- und Strukturgefälle, zentralistische Entscheidungsstrukturen und fehlende dezentrale Entfaltungsmöglichkeiten, wachsende Kluft zwischen modernen und traditionellen Betrieben und Branchen),
- ein offenkundiger Widerspruch zwischen ökonomischer Modernisierungspolitik und sozialpolitischem Konservativismus (z.B. die sich öffnende

---

18 Indexierung: hier: automatische Erhöhung der Einkommen um die Inflationsrate. Damit sollen für die Einkommensbezieher die Auswirkungen der Geldentwertung neutralisiert werden; gleichzeitig wird aber die Inflation durch derartige Mechanismen de facto festgeschrieben.

Schere der sozialen Ungleichheiten oder die anhaltenden autoritären Verhältnisse in den Unternehmen). Diese Probleme äußerten sich z.B. in einem langsamen, aber stetigen Anstieg struktureller Arbeitslosigkeit ab Ende der sechziger Jahre, aber auch in einer Reihe schwerer sozialer Konflikte und in der sozialen Explosion des Mai 1968, die eine Reihe der hier skizzierten Defizite der gaullistischen Modernisierungspolitik thematisierte.

2.1.4 Weltwirtschaftliche Strukturumbrüche als neue Herausforderungen (1974-1990)

Die 1973/74 mit der „Ölkrise" einsetzende weltweite Wirtschaftskrise veränderte schlagartig in allen westlichen Ländern die Rahmenbedingungen für die Wirtschaftsentwicklung und -politik. Der drastische Rückgang des wirtschaftlichen Wachstums bewirkte eine Massenarbeitslosigkeit und stellte die bisherigen, auf stetigem Wachstum basierenden Grundlagen staatlicher Wirtschafts- und Sozialpolitik in Frage. Die plötzliche Erhöhung der Erdölpreise löste binnen- und außenwirtschaftliche Ungleichgewichte aus. Die verschärfte weltweite Konkurrenz und das Auftauchen neuer konkurrenzfähiger Anbieter in den Schwellenländern, z.B. in Südostasien, führte insbesondere in Europa zu einer Strukturanpassungskrise, die zahlreiche Industriebranchen erfaßte. Frankreich war von diesen Problemen in vielerlei Hinsicht besonders stark betroffen.

Wachstumsschwäche — Die Wirtschafts- und Sozialpolitik der sechziger Jahre hatte, wie wir gesehen haben, besonders stark auf hohe, „japanische" Wachstumsraten gesetzt, um den Strukturwandel voranzutreiben und gleichzeitig besser bewältigen zu können. Nunmehr mußte der noch unabgeschlossene Modernisierungsprozeß unter ungleich schärferen Bedingungen fortgesetzt werden. Schrumpfungsprozesse in traditionellen Branchen und Unternehmen wurden nicht mehr wie bisher durch starke Wachstumsraten in anderen Wirtschaftszweigen kompensiert. Dazu kamen die Folgen der raschen Bevölkerungsentwicklung der unmittelbaren Nachkriegszeit: In Frankreich drängten ab Anfang der sechziger Jahre besonders geburtenstarke Jahrgänge auf den Arbeitsmarkt. Auch deshalb (um der rasch wachsenden Zahl von Arbeitsuchenden eine Beschäftigung bieten zu können) hatte die französische Wirtschaftspolitik stärker auf Wachstum gesetzt als ihre Nachbarn. Die Folge war ein steiler, scheinbar unaufhaltsamer Anstieg der Arbeitslosigkeit (vgl. Abbildung 19).

Strukturprobleme der Industrie — Die sich verschärfende internationale Konkurrenz um die Exportmärkte legte Schwächen der französischen Wirtschaftsstruktur bloß, die nichts anderes als die Folgen des raschen, aber unvollständigen und teilweise widersprüchlichen Modernisierungsprozesses waren: ein starkes Gewicht traditioneller Branchen, weil häufig eine Struktur-Erhaltungspolitik eine rechtzeitige Anpassung der Produktion behindert und verzögert hatte; eine brüchige Industriestruktur, weil zahlreiche Wirtschaftszweige und vor allem der mittelständische Unternehmensbereich nur unzureichend von der Modernisierungspolitik erfaßt worden waren. Infolgedessen ergaben sich zahlreiche Wettbewerbsschwächen gerade in wichtigen Industriezweigen. Die französische Industrie sah sich einer doppelten Zangenbewegung ausgesetzt: traditionelle Industrien wurden zunehmend von der Konkurrenz aus neuindustrialisierten, mit billigen Löhnen produzierenden Staaten bedroht, während die modernen Branchen in einen verschärften Wettbewerb mit Unternehmen aus hochindustrialisierten Nachbarstaaten gerieten.

Die Probleme zahlreicher Branchen verstärkten zusätzlich die strukturelle Arbeitslosigkeit, während sie gleichzeitig ab 1974 zu einer drastischen Verschärfung des Handelsbilanzdefizits führten.

Ein damaliger Berater des Präsidenten Giscard d'Estaing faßte diese „große industrielle Bedrohung" so zusammen:

„Um die Wahrheit zu sagen, ist heute fast ein Drittel der französischen Industrie bedroht. Dutzende von Branchen, die das französische Wachstum begründet haben, sind heute überholt, sowohl von den Ländern der Dritten Welt als auch von den hochentwickelten Industriestaaten. Kaum daß Frankreich seine große landwirtschaftliche Strukturumwälzung abgeschlossen hat, muß es sich in eine gigantische industrielle Mutation begeben, und das in einem sehr viel schwierigeren Umfeld..." (*Stoffaes* 1978, 18f.)

Die französische Wirtschaftspolitik stand damit vor der Aufgabe, die brüchige, unausgewogene Wirtschaftsstruktur zu modernisieren, um die notwendige Anpassung an die veränderten weltwirtschaftlichen Konkurrenzbedingungen meistern zu können. Diese neue Herausforderung durch die weltweite Krise fiel zusammen mit dem Ende der gaullistischen Vorherrschaft in Frankreich. Der 1974 neugewählte Präsident Valéry Giscard d'Estaing versuchte, einen liberaleren Weg der Strukturanpassung einzuschlagen und insofern die bisherige gaullistische Politik zu revidieren. Die Entwicklung der französischen Industriestruktur sollte sich streng und marktgerecht an den Zwängen der internationalen Arbeitsteilung orientieren; die Unternehmen sollten sich auf moderne, zukunftsträchtige Marktnischen konzentrieren, in denen sie Aussicht auf Erfolg hatten, während unrentable Produktionszweige, in denen Frankreich keine Wettbewerbsvorteile besaß, aufgegeben werden sollten.

Giscard: zaghafte Liberalisierung

Dieser Kurs der industriellen Strukturanpassung, der zahlreiche Arbeitsplätze bedrohte, wurde nach 1978 ergänzt durch den Versuch von Premierminister Raymond Barre, eine durchgreifende Liberalisierung der französischen Wirtschaftsordnung zu erreichen und den staatlichen Dirigismus zurückzudrängen. Dies stieß allerdings auf heftigen Widerstand der Gewerkschaften, der (in den siebziger Jahren erstarkten) oppositionellen Linksparteien und sogar bei den gaullistischen Koalitionspartnern Giscards, so daß die Ansätze einer liberal-marktwirtschaftlich orientierten Wirtschaftspolitik letztlich steckenblieben.

So scheiterte Giscard weitgehend mit seinem Anspruch einer liberalen Erneuerung der Wirtschaftspolitik. In einer Zeit starker Rechts-Links-Polarisierung, unter dem Druck der Opposition und vor dem Hintergrund wachsender Arbeitslosigkeit wurden im Gegenteil die sozialstaatlichen Absicherungen ausgebaut, was die Steuer- und Abgabenbelastung insbesondere der Unternehmen weiter erhöhte und ihre finanzielle Situation damit weiter belastete. Weder die Arbeitslosigkeit, die sich 1981 der Zwei-Millionen-Grenze näherte, noch die schwierige Wettbewerbsposition der französischen Wirtschaft konnte er mit dieser Politik in den Griff bekommen.

Mitterrand: sozialistische Reformpolitik

Nach dem Machtwechsel 1981 vollzog der neue sozialistische Präsident François Mitterrand zunächst eine Kehrtwende der Wirtschaftspolitik. Er versuchte, mit einem Wachstums- und Beschäftigungsprogramm die Folgen der Rezession und des zweiten „Ölschocks" 1979/80 zu überwinden, leitete Strukturreformen ein (Dezentralisierung 1982; Auroux-Gesetze zur Unternehmensreform 1981) und führte umfangreiche Verstaatlichungen im Industrie- und Bankensektor durch. Allerdings scheiterte dieser Versuch einer alternativen Krisenbewältigung schon nach kurzer Zeit, weil er Inflation, Außenhandels- und Staatsdefizit anheizte, ohne die erhofften Wachstums- und Beschäftigungsimpulse zu erzielen.

In dieser Lage wurde 1983 unter dramatischen Begleitumständen und gegen heftige innenpolitische Widerstände vom damaligen Wirtschaftsminister Jacques Delors ein Spar- und Stabilisierungsprogramm durchgesetzt, mit dem die sozialistische Reformpolitik faktisch aufgegeben wurde: Fortan war die Überwindung der Inflation oberstes Ziel der Wirtschaftspolitik, der sich auch die Haushalts- und Wachstumspolitik unterordnen mußten. Ergänzt wurde dieser Kurs durch eine Politik des „starken Franc" innerhalb des Europäischen Währungssystems: Der Wechselkurs gegenüber der DM, der wichtigsten EWS-Währung, wurde stabil gehalten, was zusätzlichen Druck auf Politik, Unternehmen und Gewerkschaften ausübte, sich an der damals niedrigeren deutschen Inflationsrate zu orientieren.

Der Kurswechsel von 1983

Die Kehrtwende von 1983 hat eine weitreichende Bedeutung, die über die reine Kurskorrektur der sozialistischen Regierungspolitik hinausgeht. Sie markiert den Bruch mit einer zuvor jahrzehntelang praktizierten inflationären Wachstumspolitik, weil sie erstmals eine konsequente und erfolgreiche Stabilitätspolitik durchsetzen konnte. Sie beendete eine seit 1974 anhaltende Verschlechterung der Finanzlage der Unternehmen, indem sie neue verteilungspolitische Akzente zugunsten der Unternehmergewinne setzte. Und sie begann – im Unterschied zu Raymond Barre erfolgreich –, die zahlreichen in der französischen Wirtschaftsordnung vorhandenen staatlichen Dirigismen und Kontrollen abzubauen und marktwirtschaftliche Strukturen und Regelungen aufzuwerten. Es ist nicht das mindeste Paradox der jüngeren Wirtschaftsgeschichte Frankreichs, daß ausgerechnet eine sozialistische Regierung, die ursprünglich auf staatliche Lenkungsinstrumente gesetzt hatte, jene Liberalisierung der Wirtschaft in Gang setzte, an der ihre bürgerlichen Vorgänger gescheitert waren.

Beschleunigt wurde diese Entwicklung sicherlich durch die – auch von Frankreich maßgeblich mit vorangetriebenen – Beschlüsse der EG-Mitgliedstaaten von 1985, bis Ende 1992 einen gemeinsamen Binnenmarkt ohne Schranken zu verwirklichen. Im Zuge der Verwirklichung des Binnenmarktes mußten auch in Frankreich in zahlreichen Fällen markt- und wettbewerbswidrige Regelungen und Kontrollen abgebaut werden, was den Liberalisierungskurs der Regierung zusätzlich antrieb. Seit 1985 wurde die Wirtschaftspolitik Frankreichs somit zunehmend von der Perspektive des EG-Binnenmarkts beherrscht: sei es durch notwendige Anpassungen der nationalen Gesetzgebung, sei es durch Strukturreformen oder politische Weichenstellungen, die die Stellung der französischen Wirtschaft gegenüber der zu erwartenden schärferen Binnenmarktkonkurrenz stärken sollen.

2.1.5 Die neunziger Jahre: auf der Suche nach einem neuen Wirtschaftsmodell

So hat sich in der Ära Mitterrand eine wahre Metamorphose der französischen Wirtschaft vollzogen. Der einst allgegenwärtige staatliche Dirigismus ist auf zahlreichen Feldern abgebaut worden und macht marktwirtschaftlicher Steuerung Platz; frühere ideologische Glaubenskriege, z.B. um die Verstaatlichung von Unternehmen, sind einer nüchternen, pragmatischeren Sichtweise gewichen. Die 1982 eingeleitete Dezentralisierung hat ihrerseits dazu beigetragen, den Städten, Departements und Regionen neue Handlungsspielräume für die Wirtschaftsförderung zu eröffnen und die Schwerfälligkeit zentralstaatlicher Reglementierungen abzubauen. Die Steuer- und Abgabenpolitik hat die Abgabenbelastungen der Unternehmen deutlich verringert und damit ihre Gewinnsituation und Investitionsfähigkeit erhöht. Die gesamtwirtschaftliche Entwicklung hat schrittweise ihre langjährige inflationäre Tendenz überwunden und weist die stabilsten Preise innerhalb der EG auf. Die Unternehmen haben ihrerseits die verbesserten Rahmenbedingungen genutzt und ab 1985 umfangreiche Modernisierungsinvestitionen unternommen; darüber hinaus haben sie die Herausforderung des EG-Binnenmarktes angenommen und ihre Strategien zunehmend internationalisiert. Auch die Wettbewerbsfähigkeit scheint sich seit Mitte der achtziger Jahre verbessert zu haben, da die Exportwirtschaft die seit den siebziger Jahren verlorenen Marktanteile zumindest teilweise wieder zurückgewinnen konnte (vgl. dazu Kapitel 2.5.2).

Bilanz mit Licht und Schatten

Die Schattenseiten und Grenzen dieser positiven Entwicklungen sind allerdings nicht zu übersehen. Zum einen konnte die ab etwa 1985 wirksame Neuorientierung den in den zehn Jahren zuvor verzeichneten Modernisierungs- und Investitionsstau nur bisher teilweise ausgleichen. Eine Reihe von Wettbewerbsschwächen der französischen Industrie sind geblieben und sind in der weltweiten Rezession Anfang der neunziger Jahre offen zutage getreten.

Zum anderen wurde die Sanierung der Wirtschaft, ebenso wie die strenge Stabilitätspolitik seit 1983, mit einer steigenden Arbeitslosigkeit erkauft, die 1993 die Drei-Millionen-Grenze überschritt (11%). Unter den großen OECD-Staaten ist Frankreich dasjenige Land, das seit 1974 den stärksten und auch am längsten anhaltenden Anstieg der Arbeitslosigkeit aufweist. Da die wohlfahrtsstaatliche Absicherung längst an ihre finanziellen Grenzen gestoßen ist und Einschnitte hinnehmen mußte, ist der soziale Zusammenhalt der Gesellschaft ernsthaft gefährdet; ein gespaltener Arbeitsmarkt mit zunehmend ungesicherten Arbeitsplätzen, neue Armut und soziale Ausgrenzung greifen um sich.

Dieses offensichtliche Scheitern Mitterrands in den achtziger Jahren, ökonomische Modernisierung, Sanierung der Unternehmen und Rückkehr zur Stabilität sozialverträglich zu gestalten, ist ein Grund unter mehreren für die 1993 erfolgte Abwahl der Sozialisten und die Rückkehr einer konservativen Regierung gewesen. Sie hat darüber hinaus neue, parteiübergreifende Debatten um Alternativen zu der seit 1983 verfolgten Politik entfacht. Vertreter einer „anderen" Politik sprechen sich dafür aus, der Wachstums- und Beschäftigungspolitik Vorrang vor der Preis- und Währungsstabilität zu geben; auch greifen Forderungen nach gewissen protektionistischen Maßnahmen zum Schutz französischer Produzenten und Arbeitsplätze um sich und gewinnen angesichts der sozialen Krisensituation neue Popularität. Schon das Referendum um den Vertrag von Maastricht im Herbst 1992, das mit 50,04% Ja-Stimmen nur äußerst knapp ausfiel, legte eine tiefgreifende öffentliche Unzufriedenheit mit der Wirtschaftspolitik seit 1983 offen, die stets mit der notwendigen Anpassung an den EG-Binnenmarkt und mit der europäischen Einbindung Frankreichs begründet worden war (vgl. auch Kapitel 2.5.4). Allerdings hielt die im März 1993 an die Macht gekommene konservative Regierung an wesentlichen Elementen der stabilitäts- und marktorientierten Politik ihrer sozialistischen Vorgänger fest.

Der im Mai 1995 neu gewählte Präsident Jacques Chirac hatte sich im Präsidentschaftswahlkampf die Kritik an der bisher verfolgten Wirtschaftspolitik zu eigen gemacht und sich für eine grundlegende Neuorientierung ausgesprochen. Es versprach, eine neue Balance zwischen ökonomischen Anpassungszwängen und der Bewahrung des sozialen Zusammenhalts zu finden und die Resignation der Politik gegenüber den Realitäten einer international verflochtenen, in europäische Regelwerke eingebundenen Volkswirtschaft zu überwinden. In erster Linie geht es dabei darum, daß Frankreich die Teilnahme an der für 1999 geplanten Europäischen Währungsunion anstrebt, dafür aber die harten Eintrittsbedingungen in Bezug auf Inflation und vor allem öffentliche Verschuldung erfüllen muß. Dies macht harte Einsparungen in den öffentlichen Haushalten und der Sozialversicherung unvermeidlich, ein Kurs, der wiederum wegen seiner sozialen Folgen hart umstritten ist.

So vollzieht die Wirtschaftspolitik weiter einen Drahtseilakt zwischen einer nicht nur aus europäischen Anpassungszwängen gebotenen harten Spar- und Stabilitätspolitik einerseits und einer öffentlich wiederholt eingeforderten Beschäftigungs- und Wachstumspolitik andererseits. Diese Fragezeichen über den künftigen Kurs der Wirtschaftspolitik in Frankreich werden bis auf weiteres nicht ausgeräumt werden.

Ungelöste Strukturprobleme

Unabhängig von diesen Unsicherheiten konzentriert sich die Debatte seit Beginn der neunziger Jahre auf die ungelösten Strukturprobleme der französischen Wirtschaft. Nachdem die französische Wirtschaft zur Preisstabilität zurückgekehrt ist und die unternehmerischen Rahmenbedingungen verbessert worden sind, konzentrieren sich die Überlegungen stärker auf qualitative Elemente der Wettbewerbsfähigkeit. Im Mittelpunkt steht jetzt die Innovations- und Anpassungsfähigkeit der Unternehmen; gefragt ist „eine offensivere Wettbewerbsstrategie, die auf der Qualität der Produkte und Dienstleistungen und damit auf der Qualifikation der Arbeitskräfte beruht" (*Commissariat général du plan* 1993, 16). Eine solche Strategie der „globalen" Wettbewerbsfähigkeit legt den Schwerpunkt auf notwendige Veränderungen in den Unternehmen (Arbeitsorganisation, Produktionskonzepte, Personal- und Entlohnungspolitik), auf den Ausbau von Partnerschaften, Kooperationen und Vernetzungen zwischen den Unternehmen, aber auch zwischen diesen und Ausbildungs- und Forschungseinrichtungen, auf die Reform des Systems der beruflichen Ausbildung, auf die Modernisierung der staatlichen Verwaltung, und vieles mehr. Deutlich wird hier, wie sehr die Zukunft der Wirtschaft und ihrer Leistungsfähigkeit im Zusammenhang mit sozialen, administrativen, politischen und letztlich kulturellen Elementen gesehen wird.

„....die ‚globale Leistungsfähigkeit'... kann nur durch eine Verbindung aller Akteure erreicht werden. Sie betrifft in der Tat sowohl die Unternehmen wie die Nation, in dem Maße wie die anzustrebenden Fortschritte das Handeln sämtlicher Akteure auf allen Ebenen erfordern: Unternehmenschefs und Angestellte, Staat, Gebietskörperschaften, Sozialpartner, Zivilgesellschaft... [Die globale Leistungsfähigkeit] beruht auf einer glücklichen Verkettung zwischen der Wirtschaft und der Gesellschaft, und auf dem Ziel eines langfristigen Erfolges. Sie impliziert mit Sicherheit... eine tiefgreifende Veränderung unserer Verhaltensweisen." (*Commissariat général du plan* 1993, 5f.)

In diesen neueren Debatten werden auch immer klarer die Grenzen und Kehrseiten jenes spezifisch französischen Weges der Modernisierungspolitik nach 1945 zur Sprache gebracht. Die wesentlich durch zentralstaatliche Impulse und Lenkung vorangetriebene Modernisierung „von oben" ist in den vergangenen zwei Jahrzehnten immer mehr mit den neuen Erfordernissen einer „globalen Leistungsfähigkeit" und mit den gesellschaftlichen Erwartungen und Werten in Konflikt geraten:

Grenzen der Modernisierung „von oben"

– Aufgrund ihres staatstechnokratischen und zentralistischen Charakters hat sie lokale, dezentrale Initiativen ebensowenig gefördert wie mittelständische Strukturen. Erst in den letzten Jahren wird der Mittelstandspolitik verstärkte Aufmerksamkeit zuteil, und seit der Dezentralisierung von 1982 werden die lokalen und regionalen Gebietskörperschaften allmählich zu Akteuren der Wirtschaftspolitik.
– Unter Modernisierung wurde lange Zeit einseitig die beschleunigte, nachholende Industrialisierung und Rationalisierung der Produktion nach amerikanischem oder deutschem Vorbild bzw. die Entwicklung hochtechnologischer Produkte verstanden. Dies verleitete zu Gigantismus und Prestigeobjekten; wesentliche Aspekte der Modernisierung (wie die Verbreitung moderner Methoden der Unternehmensführung bis in den mittelständischen Bereich, die Frage der innerbetrieblichen Sozialbeziehungen, der Qualifikation und Mitsprache der Arbeitnehmer) wurden vernachlässigt.
– Die jahrzehntelange Orientierung auf Wachstum und Industrialisierung hat ökologische Fragen länger als z.B. in der Bundesrepublik in den Hintergrund gedrängt, erst in den vergangenen Jahren hat hier ein Prozeß der Neuorientierung eingesetzt.

Frankreich ist also auf der Suche nach einem neuen ökonomisch-sozialen Entwicklungsmodell, dessen Realisierung Veränderungen in zentralen Strukturen, Verhaltensweisen und Regulierungsformen erfordert.

Neues Entwicklungsmodell?

„Gefordert wird
– ein globaler, über die Wirtschafts- und Industriepolitik hinausgehender Handlungsansatz, der auch die qualitativen, nicht primär ökonomischen Faktoren des Wirtschaftsstandortes Frankreich langfristig zu verbessern sucht (z.B. durch Strukturreformen im Bereich des Steuersystems, der Funktionsweise des öffentlichen Dienstes, des Bildungs- und Ausbildungssystems),
– ein stärker kooperativer, akteursbezogener Ansatz, der das Zusammenspiel und die dezentrale Vernetzung von Staat, Gebietskörperschaften, Unternehmen und Wirtschaftsorganisationen, Forschungs- und Bildungseinrichtungen fördert,
– ein stärker dezentraler Ansatz, der mehr als bisher auf die endogenen Entwicklungspotentiale von Regionen und lokalen Beschäftigungsmärkten setzt." (*Uterwedde* 1991, 25)

Tabelle 10: Synoptischer Überblick 1944 – 1995

1944	**Befreiung Frankreichs**	Nationalisierungen 1944-46
	Provisorische Regierung 1944-46	Sozialversicherung: Sécurité sociale 1945
1946	**IV. Republik**	Planification; Plan Monnet 1947-53
		Inflationäres Wachstum
	Montanunion 1952	Finanzkrise
	Indochinakrieg 1946-54	A. Pinay: Stabilisierungspolitik 1952
	Algerienkrieg 1954-62	
1958	**V. Republik**	Sanierungsplan (Plan Rueff/Armand)
	de Gaulle Präsident 1958-69	Neuer Franc
	EWG 1958	Industriepolitik, Großprojekte
	Entkolonisierung bis 1962	Raumordnungspolitik: DATAR 1963
		Stabilisierungsplan 1963
		Konzentrationsförderung
		Bankenreform 1966
1968	Mai 1968: **Soziale Krise**	Matignon-Abkommen 1968:
		Lohnerhöhungen, Gewerkschaftsrechte
	Pompidou Präsident 1969-74	Franc-Abwertung 1969
	Krise des Weltwährungssystems 1971	
1974	Weltwirtschaftskrise	Wachstumsprogramm 1974
	Giscard Präsident 1974-81	Kernenergieprogramm 1974
		R.Barre: Stabilisierung, Liberalisierung ab 1978
	Europäisches Währungssystem 1979	Industriepolitik: Redéploiement industriel
1981	Mitterrand Präsident 1981-95	Nationalisierungen 1981, Industriepolitik
	1. Linksregierung 1981-86	Auroux-Gesetze zur Unternehmensreform 1981
		Dezentralisierung 1982
		Franc-Abwertungen 1981-83
		J. Delors: Wende der Wirtschaftspolitik 1983
		Stabilisierung, „starker Franc"
	Einheitliche Europäische Akte 1986	Liberalisierungen/Deregulierungen ab 1984
	1. Cohabitation:	
	Regierung Chirac 1986-88	Privatisierungen 1986-88
		Franc-Abwertung 1986
	2. Linksregierung 1988-93	Rocard: Mindesteinkommen (RMI), Modernisierung der Verwaltung
1990	**Deutsche Einheit, Öffnung Europas**	
	Vertrag von Maastricht 1992	
	EG-Binnenmarkt 1993	
	2. Cohabitation:	Giraud-Plan zur Beschäftigungspolitik
	Regierung Balladur 1993-95	Privatisierungen ab 1993
		Gesetz zur Raumordnungspolitik 1994
1995	Chirac Präsident 1995-	Plan zur Reform der Sozialversicherung 1995
		Streik und Protestwelle (Dezember 1995)

Quelle: eigene Zusammenstellung.

2.2 Staat und Wirtschaft

2.2.1 Die Tradition des Colbertismus

Frankreich gilt gemeinhin als Land mit einer langen Tradition staatlicher Eingriffe in die Wirtschaft, als Land des Interventionismus, des Dirigismus und der *Planification*. Der Colbertismus (nach dem Intendanten des Königs Ludwig XIV, Jean-Baptiste Colbert, 1619-1683) wird bis heute als Charakteristik der französischen Wirtschafts-, Industrie- und Außenhandelspolitik angesehen.

Unter Colbertismus, der französischen Variante der Wirtschaftsdoktrin des Merkantilismus, versteht man eine Politik, deren oberstes Ziel die Hebung der Wirtschaftskraft und damit der politischen Macht eines Landes ist. Ihre Hauptelemente sind eine Außenwirtschaftspolitik, deren Ziel eine möglichst positive Handels- bzw. Zahlungsbilanz ist und die sich auch protektionistischer Maßnahmen bedient, sowie eine aktive staatliche Gewerbeförderungspolitik, die die produktiven Strukturen des Landes gegenüber anderen stärken will und in deren Rahmen der Staat auch selbst als Unternehmer tätig wird. *(Randnotiz: Definition des Colbertismus)*

Diese Tradition des Colbertismus lebt für viele Beobachter bis heute fort. In seiner Arbeit über die französische Wirtschaftskultur sieht Günther Ammon es als ein wesentliches Zeichen für das Nachwirken colbertistischer bzw. merkantilistischer Leitbilder, daß auch im heutigen Frankreich

„...ökonomische Probleme unter bestimmten Bedingungen dem politischen Bereich zugeordnet und deshalb auch politisch gelöst werden.
Ganz im Sinne der merkantilistischen Sichtweise werden wirtschaftliche Probleme auf der makroökonomischen Ebene aus einem politischen Blickwinkel betrachtet. Die wirtschaftlichen Schwierigkeiten der ‚nation' werden also nur in politischen Kategorien wahrgenommen. Das wirtschaftspolitische Denken ist im Kern ein *politisch-strategisches Denken.*" (*Ammon* 1989, 118f; Hervorhebung im Original)

Für Ammon hat der Staat in Frankreich einen „sakralen Charakter" und „ist Dreh- und Angelpunkt des französischen Wirtschaftslebens" (*Ammon* 1989, 148).

Auch französische Beobachter sehen ihr Wirtschaftssystem in der Tradition des Colbertismus und problematisieren die darin zum Ausdruck kommende allgegenwärtige Rolle des Staates, deren Spiegelung die unzureichende Ausbildung marktwirtschaftlicher Strukturen bildet. So nennt der Industrieexperte Elie Cohen die französische Industriepolitik im Bereich der Hochtechnologien einen „High-Tech-Colbertismus" (*Cohen* 1992), und der frühere Plankommissar Jean-Baptiste de Foucauld kritisiert den „Sozial-Colbertismus", der das französische Wirtschaftsmodell seit 1945 gekennzeichnet habe:

„Es ist ein schwerfälliges Modell, aus einem Block, stark geprägt von Voluntarismus und Ideologie, das die Wirtschaft wie ein großes Arsenal betrachtet. Ein Modell, das sich eher der Wirklichkeit aufzwingen will, als sich ihr anzupassen (...). Ein in hohem Maße etatistisches und politisches Modell, das geradewegs aus der Planungsbewegung der Zwischenkriegszeit und des Widerstands stammt: es ist eine Wiederkehr der colbertistischen Tradition." (*de Foucauld* 1988, 23)

In der Tat ist es bemerkenswert, in welch intensiver Weise die französische Nachkriegsentwicklung von staatlichen Impulsen und Steuerungen geprägt worden ist. Auch heute noch treten, im Rahmen der Europäischen Gemeinschaft, die Unterschiede zwischen deutschen und französischen Konzeptionen offen zutage, wenn es beispielsweise um die Notwendigkeit einer europäischen Industriepolitik oder um die EG-Außenhandelspolitik geht.

Tradition und Wandel

Aber die Betonung dieser colbertistischen Traditionslinien birgt die Gefahr in sich, den Wandel zu unterschätzen, dem die Rolle des Staates in der Wirtschaft auch in Frankreich unterworfen war und ist. Die besondere Rolle des Staates für den französischen Weg in die Moderne war und ist nicht ein für alle Male festgeschrieben; sie hat sich vielmehr in einer spezifischen historischen Konstellation Ende des Zweiten Weltkrieges herausgebildet (vgl. dazu im folgenden Kapitel 2.2.2). Ein genauer Blick auf die staatliche Steuerung und Lenkung der französischen Nachkriegsmodernisierung zeigt überdies, daß zentrale Instrumente wie die *Planification*, der verstaatlichte Wirtschaftssektor oder die Industriepolitik in der Realität nicht immer so „dirigistisch" und „planwirtschaftlich" funktioniert haben, wie sie mancherorts dargestellt werden, und daß sich ihre Rolle im Verlauf der vergangenen Jahrzehnte stark verändert hat (vgl. dazu Kapitel 2.2.3 – 2.2.5). Schließlich hat sich in den achtziger Jahren, im Zuge der Verwirklichung des Europäischen Binnenmarktes, ein geradezu dramatischer Wandel vollzogen, der das Verhältnis zwischen Staat, Zivilgesellschaft und Wirtschaft auf eine neue Grundlage zu stellen beginnt (vgl. dazu Kapitel 2.2.6).

2.2.2 Modernisierung durch den Staat

Die wirtschaftliche Rolle des Staates im 19./20. Jahrhundert bis 1945 war nicht ausgeprägt dirigistisch, sondern alles in allem von eher konservativer Zurückhaltung geprägt. Nur zögernd und allmählich wandelten sich im und nach dem Ersten Weltkrieg die Natur und der Umfang der staatlichen Interventionen und Regulierungen. Während in der Zwischenkriegszeit aus unterschiedlicher ideologischer Richtung neue Konzepte entstanden, die eine aktive, planerische Rolle des Staates im Wirtschaftsleben entwarfen, blieb die Praxis weitgehend zurückhaltend.

Dies änderte sich grundlegend mit dem Ende des Zweiten Weltkrieges. Schon die demütigende militärische Niederlage 1940 (als die hitlerdeutschen Truppen die französische Armee innerhalb weniger Wochen überrannten) wurde von zahlreichen Beobachtern auch als Bankrott eines politischen, gesellschaftlichen und wirtschaftlichen Systems aufgefaßt, das den westeuropäischen Industrialisierungsprozeß und Strukturwandel verschlafen hatte und dadurch in einen scheinbar hoffnungslosen Modernisierungsrückstand geraten war. Die neuen Eliten, die nach der Befreiung 1944 die Schalthebel in Staat und Verwaltung übernommen hatten, waren der festen Überzeugung, daß die doppelte Aufgabe des wirtschaftlichen Wiederaufbaus und der nachholenden wirtschaftlich-sozialen Modernisierung der Impulse eines erneuerten, aktiven Staates bedürfe. Hinzu kam ein weitverbreitetes Mißtrauen gegen ein Unternehmertum, das sich teilweise durch die Kollaboration mit dem Hitler-Regime diskreditiert hatte, dessen fortschrittsfeindlicher „Malthusianismus" für den Modernisierungsrückstand verantwortlich gemacht und dem eine Unfähigkeit zur Erneuerung vorgeworfen wurde.

„Das neue Engagement des Staates als wirtschaftlicher Akteur ist zunächst eine Antwort auf dringende materielle Probleme ohne historisches Vorbild. Aber es ist gleichzeitig Ausdruck eines kulturellen Bruches: Die Erfahrung des Krieges hat den Blick der französischen Gesellschaft auf den Staat verändert. Zahlreiche Faktoren haben dazu beigetragen: der starke Antikapitalismus der Widerstandsbewegungen, der sich aus der Anklage ‚ökonomischer Feudalherrschaften' und der Verachtung für die disqualifizierten herrschenden Klassen speiste; das Verschwinden des Mißtrauens der Linken gegenüber dem Staat als Unternehmer infolge der sozialen Reformen 1945-46; das Vordringen einer keynesianischen Sichtweise der Wirtschaft in den Rängen einer ganzen Generation junger Spitzenbeamter." (*Rosanvallon* 1990, 243f.)

In einer solchen Situation wurde die Aufgabe der Modernisierung weitgehend in die Hände staatlicher Verantwortung gelegt. Der Staat schuf sich eine neue Wirtschaftsverwaltung und ein leistungsfähiges Instrument volkswirtschaftlicher Statistik und Gesamtrechnung. Zahlreiche spezialisierte öffentliche Institutionen zur Finanzierung von Investitionen und Infrastrukturen entstanden. Eine indikative Wirtschaftsplanung (*Planification*) koordinierte erfolgreich den Einsatz der knappen Finanzen für den Wiederaufbau. Mit den 1944-47 vorgenommenen Nationalisierungen entstand ein umfangreicher staatlicher Wirtschaftssektor im Bereich des Verkehrs, der Energie, teilweise der Industrie und vor allem im Banken- und Versicherungswesen. Schließlich wurde 1944-46 das moderne System der Sozialversicherung (Sécurité sociale) geschaffen. Insgesamt entstand so ein ansehnliches Arsenal staatlicher Wirtschaftslenkung und Steuerung.

Träger und Betreiber dieser neuen Rolle des Staates als Impulsgeber für Wiederaufbau und Erneuerung war vor allem die Verwaltungselite, die das Leitmotiv einer notwendigen Modernisierung der Gesellschafts- und Wirtschaftsstrukturen, der Überwindung ihrer „Rückstände" und „Archaismen" propagierte und damit gleichzeitig ihren Führungsanspruch legitimierte. Diese „Modernisten" und die von ihnen maßgeblich mitgeschaffenen neuen Administrationen haben sich (und damit den Staat) so zum maßgeblichen Initiator und Promoter der französischen Nachkriegsmodernisierung machen können.

Eine neue modernistische Verwaltungselite

„Die französische Spezifizität des Verhältnisses des Staates zur Gesellschaft liegt zum großen Teil in dieser soziologischen Variable. Die Generation der hohen Beamten, die aus der Befreiung hervorgeht, fühlt sich in gewisser Weise *über* der als rückständig und archaisch beurteilten Gesellschaft, in einer Position des Führers und Pädagogen. Die Gründung der ENA 1945 rechtfertigt diesen Anspruch. Dieses Merkmal ist es wohl, was Frankreich am grundlegendsten von den angelsächsischen Ländern unterscheidet: die antikapitalistische Ethik und die Weihe der hohen Beamten als zentrale Eliten haben sich vereint, um den Staat wieder neu zu legitimieren, der in der Zwischenkriegszeit stark angegriffen worden war." (*Rosanvallon* 1990, 258; Hervorhebung im Original)

Die führende Rolle der Verwaltungs-Technokratie wurde zusätzlich dadurch verankert, daß sich mit dem französischen System der Elitenrekrutierung über die *Grandes écoles* eine enge Verschränkung der führenden Verwaltungs- und der Wirtschaftskräfte herausbildete, deren Ausbildungswege, Denk- und Karrieremuster einander ähnelten.

Dieser Gründermythos und diese Grundmotivation einer kleinen, aber entscheidenden Gruppe von „Modernisten" in Staat, Verwaltung, Medien und (später) Wirtschaft haben der französischen Nachkriegsmodernisierung durch den Staat für Jahrzehnte ihren Stempel aufgedrückt. Der letztlich erfolgreiche Sprung in die Moderne in den folgenden drei Nachkriegsjahrzehnten (den „dreißig glorreichen Jahren" nach Jean Fourastié, vgl. *Fourastié 1979*) hat seinerseits dieses „etatistische" Modernisierungsmodell in der französischen Öffentlichkeit zusätzlich legitimiert.

2.2.3 Die Planification: Mythen und Realitäten

Vor allem im Ausland ist die 1945 erfolgte Einrichtung einer indikativen Planung (*Planification*) häufig zum Inbegriff des französischen Weges einer gelenkten Wirtschaft geworden. Das Wort erinnert an Planwirtschaft, schwerfällige Bürokratie, Dirigismus. Dieses Mißverständnis hat sich hartnäckig bis heute erhalten. Dabei ist das Gegenteil der Fall:

Das Plankommissariat

Das 1945 geschaffene Plankommissariat (*Commissariat général du Plan*) war von Anfang an eine kleine, interministerielle Behörde, die direkt dem Regierungschef (später teilweise einem Ministerium) zugeordnet war und deren Hauptfunktion darin bestand, Tagespolitik und Ressortegoismus der einzelnen Ministerien zugunsten einer mittelfristig angelegten Gesamtstrategie zu überwinden – nicht durch schwerfällige bürokratische Verordnungen, sondern durch die Erstellung übergreifender Analysen und Prognosen als Entscheidungshilfe für die Politik sowie durch die Organisierung und Koordinierung von Arbeitsgruppen (Plankommissionen), in denen Vertreter der Ministerien, Wirtschafts- und Sozialexperten sowie Vertreter der Unternehmer-, Branchen- und Gewerkschaftsverbände zusammenarbeiten.

So haben beispielsweise an den vorbereitenden Arbeiten des gegenwärtig laufenden 11. Plans (1993-97) 1992/93 insgesamt etwa 600 Beamte, Experten und Interessenvertreter teilgenommen, die in 14 thematisch spezialisierten Plankommissionen zusammenarbeiten. Jede dieser Kommissionen hat einen Bericht erstellt, der jeweils eine Analyse der Herausforderungen, der Probleme und des politischen Handlungsbedarfs enthält und Orientierungen für notwendige bzw. wünschenswerte Reformen oder Maßnahmen gibt. Aufgrund der vorbereitenden Berichte wird der Plan dann vom Parlament als Gesetz verabschiedet; darin werden in der Regel auch bestimmte Haushaltsmittel für prioritäre Aufgaben des Planes vorgesehen.

Wirtschaftslenkung oder -planung im engeren Sinne hat eigentlich nur der erste Plan (1947-1953) betrieben, der den unmittelbaren Wiederaufbau nach dem Zweiten Weltkrieg erfolgreich mitgestaltete. Sein Initiator Jean Monnet konzentrierte die damals äußerst knappen Finanz- und Devisenressourcen auf sechs für den wirtschaftlichen Wiederaufbau unerläßliche Engpaßbereiche (Energie, landwirtschaftliche Maschinen, Grundstoffe, Verkehr) und betrieb damit eine Art Investitionslenkung zugunsten von strategischen Schlüsselsektoren. Die oben angesprochene Doppelaufgabe der französischen Wirtschafts- und Sozialpolitik nach 1945 (Wiederaufbau und Modernisierung; vgl. Kapitel 2.1.1.) kam auch in der Bezeichnung des Planes als „Modernisierungs- und Ausrüstungsplan" (*Plan de modernisation et d'équipement*) zum Ausdruck; in den sechziger Jahren wurde er in „wirtschaftlicher und sozialer Entwicklungsplan" (*Plan de développement économique et social*) umgetauft.

Der weitgehende Erfolg des Monnet-Planes hat wesentlich zum Gründermythos der *Planification* beigetragen. Dies hat nicht verhindert, daß die folgenden Pläne nicht nur ihren Charakter als Steuerungs- und Planungsinstrument, sondern auch an Bedeutung verloren. Erst in der V. Republik wurde die *Planification* als Instrument strategischer Orientierung der Wirtschafts- und Sozialpolitik von Staatspräsident de Gaulle wieder politisch aufgewertet; der 4., 5. und teilweise der 6. Plan bemühte sich jeweils, das außerordentlich schnelle wirtschaftliche und industrielle Wachstum der sechziger Jahre zu meistern, was das gesamtwirtschaftliche Gleichgewicht, die sektorale Strukturentwicklung, die regionalen bzw. territorialen Auswirkungen, die sozialen Begleitprobleme und die notwendige Bereitstellung von Infrastruktur angeht. Die mittelfristige Finanzplanung wichtiger Investitions- und Infrastrukturvorhaben war ein Instrument dieser Zeit.

Mit dem Beginn der weltweiten Wirtschaftskrise und dem Amtsantritt des liberal-konservativen Präsidenten Giscard d'Estaing 1974 verlor die *Planification* an Bedeutung. Auch die Ära Mitterrand hat daran nichts geändert, trotz des Bekenntnisses der Linken zum Planungsprozeß und einer 1982 verabschiedeten Reform, die unter anderem eine Dezentralisierung der *Planification* vorsah. Heute ist sie weit davon entfernt, die „brennende Verpflichtung" aller Franzosen zu sein, wie dies General de Gaulle in den sechziger Jahren einmal formulierte.

Dennoch kann die *Planification* nicht einfach als unbrauchbar gewordenes Fossil der unmittelbaren Nachkriegszeit abgetan werden. Sie nimmt weiterhin wichtige Funktionen wahr, die sie in den vergangenen fünf Jahrzehnten, wenngleich in unterschiedlicher Form und Intensität, ausgeübt hat:

<small>Funktionen der Planification</small>

– Die *„pädagogische" Rolle* (oder auch ideologische Funktion) war immer ein bestimmendes Merkmal der *Planification*. Die großen Themen und Leitziele des Planes dienten häufig zur Einstimmung und Mobilisierung der wichtigsten Akteure in Wirtschaft, Gesellschaft und Politik in Hinblick auf große Herausforderungen. In der unmittelbaren Nachkriegszeit ging es um die Sensibilisierung der Öffentlichkeit für die Notwendigkeit einer umfassenden, tiefgreifenden Modernisierung des Landes: „Modernisierung oder Dekadenz" lautete denn auch das popularisierende Motto, das Jean Monnet dem ersten Plan gab. In den sechziger Jahren ging es um die „industrielle Herausforderung", in den siebziger Jahren um die Anpassungsprobleme angesichts der internationalen Wirtschaftskrise, in den achtziger Jahren um die Vorbereitung auf den Eintritt in den EG-Binnenmarkt. Wenngleich in unterschiedlicher Form und Intensität, haben die jeweiligen Pläne immer auch dazu beigetragen, die jeweiligen großen Herausforderungen einer breiteren Öffentlichkeit nahezubringen.
– Die *Planification* erfüllt nach wie vor die Funktion einer *mittelfristigen Vorausschau* für die Wirtschafts-, Finanz- und Sozialpolitik. Die in ihrem Rahmen erstellten mittelfristigen Prognosen und Szenarien liefern Problemanalysen, weisen auf drohende Fehlentwicklungen hin und stecken damit mögliche Pfade der sozialen und wirtschaftlichen Entwicklung ab, die der Politik der kommenden Jahre als Entscheidungshilfe dienen.

Tabelle 11: Hauptziele der französischen Wirtschaftspläne

IV. Republik	1. Plan (1947-53)	Wiederaufbau nach dem Krieg Beseitigung der Produktionsengpässe 6 prioritäre Sektoren: Kohle, Elektrizität, Stahl, Zement, Transport, landwirtschaftliche Maschinen
	2. Plan (1954-57)	Entwicklung bei volkswirtschaftlichem Gleichgewicht Erhöhung der Produktivität
V. Republik	3./Übergangsplan (1955-58)	Anpassung an die EWG-Zollunion Wachstum bei volkswirtschaftlichem Gleichgewicht Stabilisierungsmaßnahmen (Übergangsplan 1960/61)
	4. Plan (1962-65)	Wirtschaftliche und soziale Entwicklung im Rahmen der offenen Wirtschaft Förderung der öffentlichen Infrastruktur, Raumordnungspolitik Wirtschaftswachstum von 5,5% jährlich
	5. Plan (1966-70)	Wirtschaftswachstum von 5% jährlich Entwicklung der Spitzenbranchen Bildung von Großkonzernen internationalen Zuschnitts
	6. Plan (1971-75)	Hohes Wachstum von 5,8%-6% jährlich bei volkswirtschaftlichem Gleichgewicht; Steigerung der Wettbewerbsfähigkeit, Priorität für die Industrie
	7. Plan (1976-80)	Wirtschaftswachstum von 5,5%-6% jährlich Schaffung von 1,1 Millionen Arbeitsplätzen, Inflationsbekämpfung
	8. Plan	(nicht ausgeführt infolge des Regierungswechsels)
	Übergangsplan (1981-83)	Dauerhaftes Wirtschaftswachstum Solidarität als Prinzip der Sozial- und Beschäftigungspolitik
	9. Plan (1984-88)	Behauptung des französischen Gewichts in der Welt Modernisierung der Produktionsstrukturen aktive Beschäftigungspolitik Solidarität zwischen den Franzosen
	10. Plan (1989-93)	Vorbereitung auf den europäischen Binnenmarkt aktive Beschäftigungspolitik Prioritäten: Bildung, Ausbildung, Forschung, Raumordnung, Reform des öffentlichen Dienstes
	11. Plan (1994-97)	„Globale" Wettbewerbsfähigkeit der Wirtschaft Sozialer Zusammenhalt der Gesellschaft Reform des Staates und der Verwaltung

Quellen: eigene Zusammenstellung nach Dokumenten der *Planification*.

- Eine der wichtigsten Rollen der *Planification* dürfte sein, daß sie einer der wenigen in Frankreich existierenden Orte eines permanenten *sozialen Dialogs* ist. In einem Land, in dem die Tarifvertragsbeziehungen sich äußerst mühselig und konflikthaft gestalten und in dem die Verhandlungs- und Vertragskultur zwischen Unternehmerverbänden und Gewerkschaften immer gering ausgebildet war, ist dies nicht unbedeutend. Die *Planification* bietet dagegen einen quasi neutralen, ideologisch unverdächtigen Rahmen, innerhalb dessen die unterschiedlichen Interessenvertreter zusammen mit anderen an den Zukunftsproblemen des Landes arbeiten können. Allein diese dialogorientierte Form der Planerstellung, die Einbeziehung der wichtigen gesellschaftlichen Kräfte und ihrer Organisationen, trägt dazu bei, zumindest teilweise Konsens in Hinblick auf wichtige künftige Aufgabenstellungen herzustellen bzw. auch die Kontroversen fruchtbar und konstruktiv zu gestalten, indem sie auf zentrale Fragen der Zukunftsgestaltung gelenkt werden.

2.2.4 Funktionswandel des nationalisierten Sektors

Eines der „Markenzeichen" der französischen Nachkriegsentwicklung und des Verhältnisses zwischen Staat und Wirtschaft stellt zweifellos die Existenz eines umfangreichen staatlichen Wirtschaftssektors dar. Der „secteur nationalisé" im allgemeinen und einige seiner Flaggschiffe im besonderen – der Automobilkonzern Renault, die Energiegesellschaft EDF-GDF, der Flugzeugkonstrukteur Aérospatiale, die Atomenergieagentur CEA, um nur einige zu nennen – zählen bis heute zu den Symbolen einer erfolgreichen Modernisierung und Industrialisierung nach dem Zweiten Weltkrieg.

Im folgenden sollen der Umfang und die Entwicklung des nationalisierten Sektors sowie seine Rolle in der französischen Wirtschaft dargestellt werden. Dabei wird es vor allem darum gehen, den Funktionswandel zu verstehen, den der staatliche Sektor seit 1945 durchlaufen hat, und jenseits plakativer, meist ideologisch bestimmter Urteile für oder wider staatliche Unternehmen ihre Leistungen und Grenzen zu bewerten.

Die erste große Verstaatlichungswelle 1945-48 war ebenso wie die Einführung der *Planification* ein weiterer Grundstein des französischen Weges, Wiederaufbau und Modernisierung nicht allein den Marktkräften und den Unternehmern zu überlassen, sondern als nationale Aufgabe aufzufassen, die der staatlichen Koordination und Lenkung bedarf. Nach der Befreiung Frankreichs 1944 herrschte in großen Teilen der Öffentlichkeit, aber auch der politischen Kräfte des Landes, eine antikapitalistische Stimmung vor. Diese speiste sich aus der Verurteilung der teils zwiespältigen, teils offen kollaborationistischen Haltung vieler Unternehmer gegenüber der deutschen Besatzungsmacht und warf dem Unternehmertum darüber hinaus vor, sich als unfähig zur Modernisierung erwiesen zu haben und damit mitverantwortlich für den Entwicklungsrückstand Frankreichs zu sein. Insofern stießen die Nationalisierungen auf eine breite politische Zustimmung; man verstand sie als „symbolhafte Wiederaneignung durch die Nation von Elementen der Souveränität, die von unfähigen Oligarchien und egoistischen Feudalherrlichkeiten konfisziert worden waren" (*Rosanvallon* 1990, 145).

Nationalisierungen nach 1945

Die noch von der provisorischen Regierung General de Gaulles eingeleiteten Nationalisierungen (vgl. Tab. 12) hatten im einzelnen unterschiedliche Motivationen: Zum Teil war die Verstaatlichung eine Sanktion für die Kollaboration mit dem deutschen Nazi-Regime (z.B. Renault); zum Teil betraf sie strategische Sektoren, die die Grundlage für den Wiederaufbau und die Entwicklung einer modernen Wirtschaftsstruktur bildeten (z.B. Gas- und Elektrizitätswirtschaft, Transport und Verkehr, Bergbau); der Banken- und Versicherungssektor wiederum galt zu Recht als unentbehrliches Instrument, um den unermeßlichen Finanzierungsbedarf für den Wiederaufbau und die Errichtung moderner Infrastrukturen zu decken und die Finanzressourcen entsprechend den Erfordernissen in die als prioritär angesehenen Sektoren zu lenken.

Kontroverse Bilanz   So entstand ein nationalisierter Sektor, der schon 1946 1,2 Millionen Beschäftigte umfaßte und ein Viertel der industriellen Investitionen vornahm. Seine Rolle für die französische Nachkriegsentwicklung wird überwiegend positiv, teilweise aber auch kontrovers beurteilt.

- Vor allem in den Grundlagensektoren, in denen die öffentlichen Unternehmen – wie in anderen Ländern auch – de facto eine Monopolstellung innehatten, hat der nationalisierte Sektor einen bedeutenden Beitrag zur Modernisierung der französischen Wirtschafts- und Industriestruktur geleistet. Im Bereich der Energieversorgung oder dem Schienenverkehr etwa haben sich die Unternehmen schnell aufgrund ihrer technologischen Qualität eine weltweit anerkannte Stellung sichern können.
- Desgleichen hat der öffentliche Banken- und Versicherungssektor als nützliches Relais der staatlichen Industrieförderung und der Modernisierung der öffentlichen Infrastrukturen (Verkehr, Energie, Städte- und Wohnungsbau, Kommunikation usw.) gedient und ihre Finanzierung gesichert. Dies hat die drei großen staatlichen Banken (BNP, Crédit Lyonnais, Société générale) nicht daran gehindert, wie andere private Geschäftsbanken zu expandieren und zu europaweit führenden Instituten zu werden.
- Der öffentliche Sektor hat eine wichtige sozialpolitische Rolle gespielt. Angesichts konflikt- und lückenhafter und wenig kontinuierlicher Tarifvertragsbeziehungen in der Privatwirtschaft kam dem Staat als „Unternehmer" häufig eine Pilotfunktion im Bereich der Lohnverhandlungen, der Arbeitnehmer- und der Gewerkschaftsrechte zu. Neue Wege im Bereich der Entlohnungssysteme, der Arbeitsbedingungen, der sozialen Beziehungen wurden in öffentlichen Unternehmen gleichsam wie in einem sozialen Laboratorium erprobt und später auf dem Verhandlungs-, Gesetzes- oder Verordnungsweg auf die übrige Wirtschaft ausgedehnt.

Mit der weltweiten Wirtschaftskrise 1973 und dem Beginn der schwierigen Strukturanpassungen der Industrie begann eine neue Debatte über die Nationalisierungen. In einem durch starke ideologische Links-Rechts-Polarisierung geprägten Klima waren es vor allem die oppositionellen Linksparteien, die – unterstützt von den beiden größten Gewerkschaften CGT und CFDT – eine neuerliche Nationalisierungswelle forderten. Die Motive waren wiederum gemischt: Ein Teil der Linken betonte die Schlüsselrolle der Nationalisierungen für die Verwirklichung des angestrebten „Bruches mit dem Kapitalismus" und die staatliche Kontrolle über strategische Wirtschaftsunternehmen. Angesichts erheblicher Finanztransfers zugunsten der Privatwirtschaft und der hohen Abhängigkeit mancher privater Industriekonzerne von staatlichen Subventionen (so hingen die Stahlkonzerne Usinor und Sacilor mittlerweile völlig am Finanztropf des Staates), so lautete ein weiteres Argument, war es ebenso sinnvoll wie legitim, solche Unternehmen in öffentlichen Besitz zu übernehmen, um für eine strukturpolitisch sinnvolle Verwendung der staatlichen Finanzhilfen zu sorgen. Vorherrschendes Motiv wurde indes ein anderes: Die Nationalisierungen wurden als notwendige und nützliche Maßnahme angesehen, um die industriellen Strukturen des Landes zu stärken und zu festigen, deren Schwächen durch die Krise seit 1973 offengelegt worden waren und einer kurzfristig profitorientierten Politik der Privataktionäre angelastet wurden. Der so entstehende große öffentliche Wirtschaftssektor sollte „Speerspitze" einer angestrebten ehrgeizigen Industriepolitik sein.

Sofort nach dem Machtwechsel 1981 verwirklichte die neue Linksregierung denn auch ein umfangreiches Nationalisierungsprogramm (1982), das neben den noch verbliebenen Privatbanken und den wichtigen Finanzholdings Suez und Paribas vor allem die wichtigsten Industriekonzerne des Landes einbezog: Usinor und Sacilor in der Eisen- und Stahlindustrie, Dassault und Matra in der Rüstungsindustrie, CGE, Thomson und CII-Honeywell Bull in der Elektronik- und Computerbranche, Rhône-Poulenc und Roussel-Uclaf in der Chemie, Pechiney in der Aluminium- und Saint-Gobain in der Glasherstellung (vgl. Tab. 12). Der so erweiterte nationalisierte Sektor umfaßte nunmehr fast den gesamten Bankensektor, den überwiegenden Teil der Versicherungen und in der Industrie 22% der Beschäftigten, 29% des Umsatzes und 53% der Investitionen.

Zweite Nationalisierungswelle 1982

Damit hatte die sozialistisch-kommunistische Regierung dem Staat eine Schlüsselrolle und zahlreiche neue Instrumente zur Durchsetzung seiner Politik geschaffen. Aber so hoch die Ansprüche und Erwartungen waren, die die Regierung selbst geweckt hatte, so tiefgreifend fielen nach kurzer Zeit die Enttäuschungen aus: Der nationalisierte Sektor konnte das ihm selbst gesteckte Ziel, zentrales Instrument einer Stärkung der Industriestrukturen zu sein, nicht oder nur sehr unzureichend erfüllen. Die Gründe hierfür sind vielfältig. Ein großer Teil der verstaatlichten Industriekonzerne steckte in strukturellen Schwierigkeiten und arbeitete mit Defiziten, die sich für den Staat, dem neuen Aktionär, als äußerst kostspielig herausstellten. Die ehrgeizigen Ziele einer Erneuerung und Stärkung der französischen Produktionsstrukturen, z.B. in der Elektronikbranche, erwiesen sich als zu umfangreich und zu teuer; linke Kritiker monieren allerdings umgekehrt, daß der Staat seine industriepolitischen Ambitionen zu schnell aufgegeben und ihre Realisierungschancen nicht wirklich erprobt habe.

Vor allem aber hatte man offensichtlich die Schwierigkeiten unterschätzt, Industrieunternehmen, die sich in internationalem Wettbewerb befanden und die als große Organisation ihre Eigenlogik und eigene Funktionsweise hatten, durch staatliche industriepolitische Vorgaben zu instrumentalisieren.

Die (den Erwartungen und Versprechungen entsprechend hohen) Enttäuschungen und Kritiken, die sich in den achtziger Jahren schnell ausbreiteten und erstmals das Prinzip der Nationalisierungen als solches massiv infrage stellten (s.unten), dürfen allerdings nicht die positiven Auswirkungen der Nationalisierungen im Bereich der Industrie verdrängen. Zum einen hat sich der Staat – im Gegensatz zu den früheren privaten Anteilseignern – für die Industriekonzerne in der Regel als großzügiger Aktionär erwiesen, der ihnen neues Eigenkapital zuführte, damit ihre notorische Unterkapitalisierung beseitigte und eine Grundlage für weitere Entwicklung sicherte. Zum zweiten hat die Verstaatlichung die Restrukturierung einiger Sektoren erleichtert, z.B. in der Grundstoffchemie und im Elektroniksektor, die den beteiligten Gruppen eine sinnvollere, rentablere Abgrenzung ihrer Produktionsbereiche brachte. Zum dritten wurden neue Managementmethoden vorangetrieben und vertragliche Beziehungen zwischen Staat und öffentlichen Unternehmen geschaffen, die letzteren ein Höchstmaß an Autonomie der Geschäftsführung zusicherte – ohne allerdings den Konflikt zwischen Unternehmensautonomie und staatlichen Vorgaben auflösen zu können. Viertens traten ab 1984 die industriepolitischen Direktiven des Staates in den Hintergrund; erste Priorität der Konzerne war jetzt, aus der Verlustzone herauszukommen. Diese finanzielle Gesundung konnte zumeist erfolgreich vollzogen werden, allerdings um den Preis teilweise harter Sanierungsmaßnahmen, bedeutender Arbeitsplatzverluste sowie einer „Banalisierung" der staatlichen Unternehmen, in dem Sinne, daß sie sich in ihrer Geschäftspraxis immer weniger von ihren privaten Konkurrenten unterschieden und damit ihre Besonderheit verloren. Dies wiederum verstärkte die Frage nach dem Sinn der Nationalisierungen.

Sozialisierung der Verluste

So ist es ein ironisches Ergebnis der Nationalisierungspolitik der Linksregierung, daß sie durch massive öffentliche Finanztransfers und die Ermöglichung von durchgreifenden Rationalisierungsmaßnahmen die Kapitalbasis und Wettbewerbsfähigkeit der verstaatlichten Unternehmen verbessert – und sie damit für private Investoren zu attraktiven Objekten der ab 1986 einsetzenden Privatisierungswelle gemacht hat: Eine Sozialisierung der Verluste und der Kosten für die Sanierung der Unternehmen, der nunmehr eine Privatisierung der Gewinne folgen konnte.

Reprivatisierung ab 1986

Der Gedanke einer Reprivatisierung und einer Verringerung des umfangreichen staatlichen Wirtschaftssektors hatte mit den Schwierigkeiten der linken Regierungspolitik und den enttäuschten Hoffnungen in den Staat als Unternehmer schnell an Boden gewonnen. Auch die oben erwähnte „Banalisierung" der Geschäftspolitik vieler öffentlicher Unternehmen trug dazu bei. Seit 1986 hat eine – noch andauernde – Phase der Reprivatisierung eingesetzt, an deren Ende das wirtschaftliche Engagement des Staates deutlich zurückgestutzt sein wird und unter dem 1945 erreichten Niveau liegen dürfte (vgl. Tab. 12).

– Nach dem Wahlsieg der Rechtsparteien, die daraufhin 1986-88 die Regierung stellten, begann eine erste Reprivatisierungswelle. Ein gutes Dutzend Unternehmergruppen, insgesamt gut 1000 Unternehmen mit insgesamt 333.000 Beschäftigten, ging in den privaten Sektor über.
– Nach dem neuerlichen Sieg der Linken 1988 wurde die Privatisierungspolitik offiziell gestoppt. Aber in der Praxis wurden weitere Lockerungen in Form von Teilprivatisierungen vorgenommen; 1990 wurde eine Allianz zwischen Renault und dem schwedischen Volvo-Konzern, 1991 der Einstieg des japanischen NEC-Konzerns bei der staatlichen Computerfirma Bull genehmigt; 1991 wurden generell private Minderheitsbeteiligungen bis 49% des Kapitals zugelassen. Die Grenzen zwischen staatlichen und privaten Unternehmen wurden immer fließender.
– Seit der Regierungsübernahme durch die Rechtsparteien im Frühjahr 1993 hat eine zweite Reprivatisierungswelle eingesetzt, die im Banken-, Versicherungs- und Industriesektor weitgehend das Ende des staatlichen unternehmerischen Engagements bringen dürfte.

Tabelle 12: Nationalisierungen und Privatisierungen wichtiger Unternehmen

Nationalisierung vor 1945	Nationalisierung ab 1945	Nationalisierung 1981/82	Privatisierung ab 1986
Banken			
	Banque de France 1946		
	Crédit Lyonnais 1946		Crédit Lyonnais 1993*
	Société générale 1946		Société générale 1987
	BNP 1946		BNP 1993
		CCF	CCF 1987
		Paribas	Paribas 1987
		Suez	Suez 1987
Versicherungen			
	AGF 1946		AGF 1996
	GAN 1946		GAN 1997*
	UAP 1946		UAP 1994
Transport, Kommunikation			
	RATP 1945		
	SNCF 1945		
	Air France 1945/48		Air France 1997*
Energie			
	EDF 1946		
	GDF 1946		
	CEA 1946		
	Charbonnages de France 1946		
		Usinor-Sacilor	Usinor-Sacilor 1995
Industrie			
Elf-Aquitaine 1936			Elf-Aquitaine 1994
Aérospatiale 1941			Aérospatiale 1997*
	Renault 1946		Renault 1994/96
	SNECMA 1946		SNECMA 1996
	CII (1966)		
	SNIAS (1970)		
		Bull	Bull 1997*
		Pechiney	Pechiney 1995
		Thomson	Thomson 1996
		CGE	CGE 1987
		Dassault	
		Matra	Matra 1988
		Rhône-Poulenc	Rhône-Poulenc 1993
		Saint-Gobain	Saint-Gobain 1986

* Privatisierung 1993 beschlossen, aber noch nicht durchgeführt (Stand 1997)
Quelle: eigene Zusammenstellung

Die Debatte um Sinn und Zweck der Verstaatlichungen hat sich im Verlauf der vergangenen zehn Jahre deutlich verändert. Die ideologischen Grabenkriege sind verschwunden. Der überwiegende Teil der Linken hat angesichts der Erfahrungen der achtziger Jahre Abschied von der Vorstellung genommen, staatliche Industrieunternehmen systematisch als industriepolitische „Waffe" einsetzen zu können. Die ebenfalls ideologisch motivierte Feindschaft der Rechtsparteien, die ihren Kampf gegen die Nationalisierungen zur Auseinandersetzung zwischen Kollektivismus und Freiheit hochstilisiert hatten, ist gleichfalls einer nüchterneren Betrachtungsweise gewichen. Diese erkennt an, daß die Privatisierung allein ebensowenig wie die Nationalisierung ein Zaubermittel zur Stärkung der Wirtschaft darstellt. Die Frage der (staatlichen oder privaten) Eigentumsform der führenden französischen Unternehmen ist zurückgetreten zugunsten der Frage ihrer Wettbewerbsfähigkeit.

2.2.5 Industriepolitik: Vom „High-Tech-Colbertismus" zur marktwirtschaftlichen Strukturanpassung

Ein dritter symbolträchtiger Bereich, in dem der französische Weg umfangreicher direkter Staatsinterventionen in der Wirtschaft zum Ausdruck kommt, ist die Industriepolitik. Darunter ist die Gesamtheit aller Maßnahmen zu verstehen, die a) die industrielle Entwicklung und das Industriewachstum allgemein fördern und b) die sektorale Struktur des Produktionsapparates aufgrund staatlicher Entwicklungsziele, z.B. durch gezielte Förderung bzw. Stützung bestimmter Branchen, zu beeinflussen versuchen. Angesichts der Ausgangslage Frankreichs 1945, in der der Entwicklungsrückstand auf dem Wege in die moderne Industrie- und Dienstleistungsgesellschaft als Hauptproblem Frankreichs diagnostiziert wurde, wird verständlich, warum der Industriepolitik ein breiter Stellenwert für die Modernisierungsstrategie des Landes zukam.

„Trotz veränderter Herausforderungen und Problemstellungen seit 1945 haben sich einige *Konstanten der französischen Industriepolitik* herausgebildet...:

– die Überzeugung, daß die Marktkräfte alleine nicht geeignet seien, die Modernisierungsprobleme des Landes zu lösen, und daß es einer voluntaristischen staatlichen Politik bedürfe, die den Strukturwandel beschleunigt und in die politisch gewünschten Bahnen steuert;
– die Notwendigkeit, der Industrie im Rahmen der Produktions- und Beschäftigungsstruktur jene Priorität zu geben, die etwa die bundesdeutsche Wirtschaft kennzeichnet – eine Priorität, die sie in der französischen Gesellschaft nie hatte;
– der Wille, die Entwicklung ‚moderner' Sektoren zu fördern, wobei diese Sektoren im Laufe der Zeit unterschiedlich bestimmt werden, aber relativ früh großtechnologische ‚Projekte' im Mittelpunkt der Industriepolitik stehen;
– eine zurückhaltende Position bezüglich des Freihandelsprinzips und der Gesetze des internationalen Wettbewerbs, denen gegenüber das Recht des Staates betont wird, seine nationalen Entwicklungsziele zu verfolgen und zu realisieren." (*Neumann/Uterwedde* 1986, 90f; Hervorhebung im Original)

Natürlich hat die Industriepolitik sich seit 1945 in ihren Zielsetzungen und Interventionsformen gewandelt. In der Wiederaufbauphase dominierte das Ziel, durch die gezielte Förderung von „Basissektoren" im Monnet-Plan die Grundlagen für eine spätere industrielle Expansion zu schaffen und den anderswo (USA, Deutschland) bereits beschrittenen Weg der Industrialisierung in beschleunigter Form nachzuholen: industrielles Wachstum, Modernisierung der Produktionsmethoden und Steigerung der Produktivität, Beschleunigung des sektoralen Strukturwandels durch Mechanisierung und Modernisierung der landwirtschaftlichen

Produktion usw. In dieser Zeit spielten staatliche Investitionsprogramme und -finanzierungen, zunächst direkt aus dem Staatshaushalt, in den fünfziger Jahren zunehmend in Form der Mischfinanzierung und mit Hilfe der zahlreichen öffentlichen Kreditinstitute, eine große Rolle. Der in den fünfziger Jahren starke Protektionismus sicherte die beginnende industrielle Entwicklung nach außen ab.

Die eigentliche Hochphase der französischen Industriepolitik aber begann in der gaullistischen Ära in den sechziger Jahren, als die Entkolonisierung und die Öffnung der Wirtschaft aufgrund der EWG-Zollunion die Industrie unter erheblichen Modernisierungs- und Anpassungsdruck setzte. Angesichts dieser „industriellen Herausforderung" entwickelte sich unter Präsident de Gaulle und seinem Premierminister (und späteren Präsidenten ab 1969) Georges Pompidou eine umfassende, in hohem Maße interventionistische Industriepolitik. Diese Politik bestand:

Gaullistische
Industriepolitik

– in einer forcierten Wachstumspolitik, die vor allem die industrielle Expansion mit allen Mitteln fördern wollte;
– in einer Konzentrations- und Fusionsförderung, die den (in Frankreich noch wenig vorangeschrittenen) Zusammenschluß zu großen Konzernen erreichen wollte und als Ziel die Bildung von je ein bis zwei nationalen Branchenführern internationalen Zuschnitts anstrebte. Beim Zustandekommen solcher „Elefantenhochzeiten", Umstrukturierungen und Neugruppierungen in den einzelnen Wirtschaftszweigen mischte der Staat kräftig mit, entweder durch Einsatz der öffentlichen Unternehmen oder durch steuerliche Anreize, Subventionen usw.;
– in einer Umlenkung staatlicher Mittel vom öffentlichen in den privaten Sektor, um die Investitionstätigkeit der Privatindustrie zu beschleunigen;
– in Branchen-Entwicklungsplänen, in denen der Staat in Absprache mit der betreffenden Industriebranche Finanzmittel zur Verfügung stellte, während sich die Unternehmen zur Erreichung bestimmter Entwicklungsziele verpflichteten: Beispiele dafür sind diverse Pläne für den Werkzeugmaschinenbau (*plan machine-outil*), für die Eisen- und Stahlindustrie (*plan Ferry*, 1966) oder für die Datenverarbeitung (*plan calcul*, 1966);
– im Versuch einer wirksamen Kontrolle ausländischer Direktinvestitionen, die verhindern sollte, daß wichtige, als „strategisch" angesehene Branchen wie die Computerindustrie, der Rüstungssektor oder der Flugzeugbau unter ausländische Kapitalkontrolle gerieten;
– und vor allem in technisch-industriellen Großprojekten (*grands projets*), mit deren Hilfe bestimmte, technologisch anspruchsvolle Produkte unter staatlicher Führung und Koordinierung entwickelt wurden.

Besonders die Großprojekte sind der beste Ausdruck für die gaullistische Industriepolitik. Sie stellen zugleich eine originelle, in anderen Staaten in dieser Form nicht vorhandene Form des Zusammenwirkens von Staat, Forschungseinrichtungen und Großindustrie dar. Am Anfang jedes Projekts stand ein – zumeist vom Staat, oft mehr aus militärisch-politischen als aus ökonomischen Motiven definiertes – Entwicklungsziel, etwa das Überschallflugzeug „Concorde". Unter der Projektführerschaft einer staatlichen Behörde oder Agentur wurde die Entwicklungsarbeit im Zusammenspiel zwischen staatlichen Forschungseinrichtun-

Industrielle
Großprojekte

gen und einem oder mehreren (staatlichen oder privaten) Großunternehmen in Auftrag gegeben und mit Hilfe mehrjähriger staatlicher Finanzprogramme finanziert. Wenn das Produkt serienreif war, sorgte der Staat, als Initiator und Koordinator der Projekte, durch öffentliche Aufträge und Exporthilfen für den Absatzmarkt.

Beispiele für derart entwickelte Produkte bzw. Produktlinien sind in der Flugzeugindustrie die „Caravelle" Ende der fünfziger Jahre sowie die „Concorde" und das europäische Großraumflugzeug „Airbus" in den sechziger Jahren, in der Raumfahrt die „Ariane"-Rakete, in der Rüstungsindustrie diverse hochtechnologische Güter, in der Kernenergie die Entwicklung einer französischen Kernreaktorlinie, im Bereich des Schienentransports die Entwicklung der Regionalmetro RER in den sechziger und des Hochgeschwindigkeitszuges TGV in den siebziger Jahren, in der Telekommunikation die Entwicklung und Diffusion des Bildschirmtextsystems „Minitel" sowie der Satelliten-Kommunikation. Dabei wird deutlich, daß die Politik der Großprojekte zunächst einer politisch-diplomatischen bzw. einer technologischen und erst in zweiter Linie einer kommerziellen Logik folgten, und daß sie zumeist in Sektoren angesiedelt waren, in denen öffentliche Märkte dominieren. In einigen Fällen (Airbus, Ariane, Rüstungsprojekte) wurden die Projekte zumeist aus Kostengründen für Kooperationen mit anderen europäischen Partnern geöffnet.

„High-Tech-Colbertismus" nennt der französische Industrieexperte Elie Cohen diese Form der Hochzüchtung hochtechnologischer Produktion unter tatkräftiger Mitwirkung und Schutz des Staates (*Cohen* 1992). Die Politik der Großprojekte kann auf eine Reihe bemerkenswerter Erfolge verweisen: die europäische Trägerrakete Ariane, das europäische Großraumflugzeug Airbus, der Hochgeschwindigkeitszug TGV, das Bildschirmtextsystem „Minitel" oder auch die Kernkrafttechnologie der Firma Framatome sind nur einige Beispiele dafür, daß sich mit Hilfe dieser Projekte international führende französische Produkte und Unternehmen herausgebildet haben und daß dieser französische Weg teilweise auch Vorbild für erfolgreiche europäische Initiativen geworden ist. In solchen Bereichen, in denen aufgrund immenser Entwicklungskosten und staatlich bestimmter Märkte eine privatwirtschaftliche Produktentwicklung kaum denkbar war, fand eine derartige staatlich koordinierte Projektpolitik ihre Rechtfertigung.

Kritik an den Großprojekten

Die Kehrseite des Erfolges sind die hohen Kosten, die zur Entwicklung solcher hochtechnologischen Projekte notwendig waren und die die öffentlichen Finanzen erheblich belasteten, in Zusammenhang mit dem Hang zu ökonomisch fragwürdigen Prestigeobjekten. Ein Beispiel dafür ist das in den sechziger Jahren entwickelte Überschallflugzeug Concorde, eine französisch-britische Koproduktion, die technologisch eine Meisterleistung, kommerziell aber ein totaler Mißerfolg war. Denn die Markt- oder Kundenorientierung spielte bei der überwiegenden Mehrzahl der Großprojekte wenn überhaupt nur eine untergeordnete Rolle.

Fraglicher Beitrag zur Modernisierung

Auch der Beitrag der Großprojekte zur ökonomischen Modernisierung Frankreichs ist umstritten. Kritiker haben dieser Politik zu Recht vorwerfen können, daß sie Milliarden öffentlicher Gelder für einige wenige Projekte und einige wenige beteiligte Großunternehmen reservierte, darüber aber die notwendige breite Modernisierung der gesamten Wirtschaft vernachlässigte. Die Folgen für die Industriestruktur Frankreichs sind bis heute sichtbar: diese ist besonders stark in Branchen und Produkten, bei denen der Staat oder staatliche Unternehmen als Käufer auftreten bzw. die Märkte beeinflussen (Rüstungsproduktion, Luft- und Raumfahrt, Schienenverkehr, Energie usw.), während wichtige marktorientierte Branchen wie der Maschinenbau und darüber hinaus weite Bereiche der mittelständischen Wirtschaft Schwächen aufweisen (vgl. dazu Kapitel 2.3.3).

Der oben erwähnte Industriesoziologe Elie Cohen weist im übrigen darauf hin, daß sich das Modell der gaullistischen Industriepolitik der sechziger Jahre und der Großprojekte aus verschiedenen Gründen erschöpft hat und daß ein nationaler „High-Tech-Colbertismus" in einer immer stärker internationalisierten Welt keine Chance mehr hat:

„Eine solche Politik wird in Frankreich heute längst nicht mehr praktiziert – und erscheint im nationalen Rahmen auch nicht mehr sinnvoll.
 Das Modell des großen colbertistischen Industrieprojekts hat ausgedient, weil es auf einer einmaligen Kooperation von Staat, Forschung, Industrie und Abnehmer beruht, etwa in der Telekommunikation. Die Projekte waren nur erfolgreich, weil der Staat anfangs einen offensiven Protektionismus betrieb, die industrielle Entwicklung vorfinanzierte, für öffentliche Aufträge und damit große Serien sorgte und einen öffentlichen oder privaten Industriechampion heranzüchtete.
 Vor allem die Dynamik innerhalb der Industrie macht es kaum möglich, solche Projekte zu wiederholen. Denn dabei entstehen nationale Großkonzerne, die sich aufgrund der hohen Forschungs- und Entwicklungskosten sowie dem Zwang zu größeren Marktanteilen von der nationalen Basis lösen. Das französische Fernmeldeunternehmen Alcatel ist heute eben keine leicht vom Staat zu beeinflussende mittelständische Firma mehr, sondern einer der größten Telekommunikationskonzerne der Welt." (*Cohen* 1992a, 43)

Die hier angesprochenen Grenzen, Widersprüche und Fehlentwicklungen der Großprojekte, aber darüber hinaus auch der interventionistischen Industriepolitik der sechziger Jahre, traten mit Beginn der weltweiten Wirtschaftskrise offen zutage. Der 1974 gewählte liberal-konservative Präsident Valéry Giscard d'Estaing grenzte sich von seinen gaullistischen Vorgängern deutlich ab und kündigte eine liberalere Industriepolitik an: Nicht mehr der Gestaltungswille und die Entwicklungsziele des Staates, sondern die Gesetze der Weltmarktkonkurrenz sollten nunmehr oberste Richtschnur der Industriepolitik sein. Nicht mehr die staatliche Industriepolitik, sondern die Unternehmen sollten in erster Linie die Wirtschaftsstruktur bestimmen. Letztere sollten sich auf rentable Produktionen spezialisieren, bei denen sie Wettbewerbsvorteile auf den internationalen Märkten hatten bzw. erreichen konnten: unternehmerische Marktnischen-Strategie statt staatlicher Branchenförderungen lautete die Devise.

Giscard: Anpassung an der Weltmarkt

In der Praxis konnte Giscard diesen liberalen Kurs nur ansatzweise durchsetzen. Sein Regierungspartner, die gaullistische Partei RPR, hielt ebenso an ihrer Politik eines aktiven, direkten staatlichen Engagements in der Industrie fest wie die sozialistisch-kommunistische Opposition.

Die Linksregierung versuchte nach dem Machtwechsel 1981 dagegen, die industriepolitische Rolle des Staates noch auszuweiten: ihr Verstaatlichungsprogramm, das unter anderem die 12 größten Industriekonzerne umfaßte (vgl. Kapitel 2.4.), sollte der Unterstützung einer ehrgeizigen Industriepolitik dienen, die die seit 1973 krisengebeutelte französische Industriestruktur wieder stärken sollte. Die französische Industrie sollte nicht nur einzelne Marktnischen besetzen, sondern

Linke Industriepolitik

ganze Produktionsketten beherrschen können. Unter einer Produktionskette (frz. *filière*) versteht man die Gesamtheit der Branchen, die von der Produktentwicklung über Vor- und Zulieferer sowie Weiterverarbeiter bis zur Endproduktion und Vermarktung einer Produktgruppe reicht.

So wurde in einem als besonders strategisch angesehen Bereich ein Plan für die „Produktionskette Elektronik" aufgelegt: Die staatliche Industriepolitik wollte – mit Hilfe der nunmehr staatlichen Großunternehmen in diesem Zweig sowie unter dem Einsatz all ihrer Instrumente der Industrie-, Forschungs- und Entwicklungsförderung – erreichen, daß die französische Industrie in allen wichtigen Segmenten dieser Produktionskette präsent ist. Die Beherrschung dieses als zentral angesehen Elektroniksektors galt als Voraussetzung für die Fähigkeit der französischen Produktionsstruktur, ihre künftige Entwicklung zu gestalten und zu sichern.

Diese – im Grunde genommen an die gaullistische Politik der sechziger Jahre anknüpfende – Politik des industriellen Voluntarismus (d.h. einer staatlich gewollten sektoralen Entwicklung) und des Colbertismus (Entwicklung einer möglichst kompletten, von Importen möglichst unabhängigen nationalen Produktionsstruktur) stieß sehr schnell an empfindliche Grenzen. Diese lagen zum einen in der finanziellen Überforderung angesichts einer industriellen Anpassungskrise, die zahlreiche Branchen erfaßt hatte, zum anderen aber auch in konzeptionellen Schwächen einer zentralstaatlichen sektoralen Entwicklungspolitik. Der Ökonom Alain Lipietz faßt die Schwierigkeiten wie folgt zusammen:

„Der Staat konnte schlicht und einfach nicht alles machen, selbst wenn er es wollte – eine Produktionskette in der Elektronik entwickeln, ein hyperambitioniertes Kernkraftprogramm ausführen, und gleichzeitig ... eine Reihe von Krisenbranchen erhalten (Stahl, Kohle, Schiffbau). Aber der wichtigste Grund lag in einer Unterschätzung von Problemen der Arbeitsbeziehungen und der industriellen Organisation. [Industrieminister Jean-Pierre Chevènement] erwähnte nur in höchst vagen, ideologischen Formeln das, was in der italienischen und japanischen Industrie bereits praktiziert wurde und was die ... Experten über ‚Partnerschaften zwischen Unternehmen', ‚endogene lokale Entwicklung' oder ‚Mobilisierung des know-hows der Beschäftigten' dachten. Im Kontrast dazu drehte sich der Kern der Überlegungen des Ministers und seiner Kollegen ausschließlich um Begriffe wie Finanzierung und Automatisierung mit dem Ziel der Errichtung von Produktionsketten. (...)

Hohe Beamte handelten, als ob steigende Ausgaben für Forschung und Entwicklung eine Mikroprozessor-Industrie schaffen würden, die dann ihrerseits den restlichen Teil des französischen Produktionsapparates ausrüsten würde. Dies war ein nobles Projekt, aber die Schaffung einer solchen Produktionskette brauchte ein Jahrzehnt – wenn man genug Geld aufbringen konnte –, und während dieser Zeit konnte die übrige Industrie jederzeit kollabieren." (*Lipietz* 1991, 33)

<small>Liberale Kurswende ab 1984</small>

Schon ab 1984 begann eine Kurswende der Industriepolitik, die eine Abkehr vom Anspruch des Staates einleitete, die sektorale Industriestruktur nach selbstgesetzten Entwicklungszielen gestalten zu können. Im veränderten Klima ab Mitte der achtziger Jahre (vgl. Kapitel 2.1.5) begannen die Sozialisten nunmehr durchzusetzen, was unter Giscard d'Estaing noch mißlungen war: die Umorientierung der Industriepolitik auf die Setzung günstiger Rahmenbedingungen für die Unternehmen, denen nun die Hauptverantwortung für die Bewältigung der industriellen Anpassungsprobleme gegeben wurde, sowie auf begleitende Politiken im Bereich der Forschungsförderung, der Infrastrukturen, der beruflichen Aus- und Fortbildung usw. Die 1986-88 und dann wieder ab 1993 von der

Rechtsregierung eingeleitete umfassende Reprivatisierung (vgl. Kapitel 2.2.4) tat ihr übriges, um das direkte industriepolitische Engagement des Staates (im Sinne einer sektoralen Lenkung und Gestaltung) weiter zurückzudrängen. Das heißt nicht, daß der Staat auf jeglichen gestaltenden industriepolitischen Einfluß verzichtet hätte: Neben einer horizontalen, d.h. nicht auf spezifische Sektoren ausgerichteten, sondern die allgemeinen Rahmenbedingungen aller Unternehmen verbessernden Politik ist es vor allem die Technologiepolitik, die zugunsten bestimmter Produkte und Sektoren sowie zur Stärkung der technologischen Wettbewerbsfähigkeit eingesetzt wird. Auch die gegenwärtige Privatisierungspolitik wird vom Staat dazu benutzt, um den Zuschnitt, die Kapitalstruktur, die Beteiligungsverhältnisse und die strategischen Allianzen der künftig privaten Unternehmen zu beeinflussen.[19] Aber der Rückgang der Großprojekte und die Abkehr von massiven Sektoren-Entwicklungsplänen im Sinne der oben erwähnten Produktionsketten-Strategie bedeuten doch einen Bruch mit einer jahrzehntelangen, seit 1945 vorherrschenden Tradition einer umfangreichen sektoralen Steuerung der industriellen Modernisierung.

2.2.6 Staat und Wirtschaft im Wandel

Die französische Wirtschaftsentwicklung seit 1945 ist mehr als die deutsche oder englische durch ausgeprägte, vielfältige staatliche Interventionen gekennzeichnet, die wir am Beispiel der *Planification*, der Nationalisierungen und der Industriepolitik erläutert haben. Sie hat der französischen Wirtschaftsordnung den Ruf eingetragen, besonders dirigistisch bzw. colbertistisch zu sein. Dieses Bild einer allumfassenden Staatswirtschaft in Frankreich hat sich bis heute gehalten und wird bei allerlei Anlässen wieder aufpoliert.[20] Dabei werden allerdings die teilweise dramatischen Veränderungen unterschlagen, die die Rolle des Staates in der französischen Wirtschaft durchlaufen hat.

1. Der staatliche Interventionismus war seit 1945 einem permanenten Wandel in dem Maße unterworfen, wie sich die ökonomischen Herausforderungen wandelten: Die Situation des Mangels und der Kriegszerstörungen sowie der immense Modernisierungsbedarf rechtfertigte 1945 massive, direkte staatliche Steuerun-

Interventionismus im permanenten Wandel

---

19 Dies geschieht dadurch, daß die Regierung vor dem eigentlichen öffentlichen Verkaufsangebot eine Gruppe sogenannter stabiler Aktionäre (z.B. Banken, Versicherungen o.ä.) zusammenstellt, die sich für längere Zeit in dem betreffenden Unternehmen engagieren wollen. Vgl. *Uterwedde* 1994.

20 Ein Beispiel für viele ist ein Kommentar des Ökonomen Wolfram Engels in der Wirtschaftswoche vom 27.8.1993 anläßlich unterschiedlicher Positionen Frankreichs und Deutschlands in den GATT-Zollsenkungsverhandlungen unter dem Titel „Frankreichs Traditionen": „Grob vereinfacht besagt die in Deutschland (noch) vorherrschende Meinung, der Staat möge sich aus der Wirtschaft heraushalten. (...) Die herrschende französische Auffassung dagegen sieht die Wirtschaftsentwicklung als staatliche Aufgabe an, zu deren Erfüllung man sich, wenn es zweckmäßig ist, auch des Marktes bedienen kann. Das Wort Laissez-faire kommt zwar aus dem Französischen, aber die Idee der Marktwirtschaft hat in Frankreich keine Tradition. (...) Schützen wir die Franzosen vor ihrer eigenen wirtschaftspolitischen Tradition. Damit sind unsere Nachbarn schon einmal glänzend gefahren."

gen und Anschubfinanzierungen, während nach Abschluß der ersten Wiederaufbauphase Anfang der fünfziger Jahre, als sich die Märkte und der Wirtschaftskreislauf wieder herausgebildet hatten, indirektere Interventionsformen möglich wurden. Die Dekolonisierung, der Eintritt in die EWG-Zollunion und der damit beginnende internationale Konkurrenzdruck stellten für Frankreich eine neue industrielle Herausforderung dar, die die vielfach noch zerbrechliche französische Produktionsstruktur zu zerreißen drohte – insofern hatte der gaullistische Weg einer colbertistischen, umfassenden Industrieförderung seine – wenngleich umstrittene – Logik. Die weltweite Krise der siebziger Jahre und die inzwischen weit vorangeschrittene Internationalisierung der Wirtschaft (vgl. Kapitel 2.5) stellten wiederum die Industrie vor neue, drastische Anpassungsprobleme. Allgemein gesprochen hat die erfolgte Modernisierung und die wachsende Komplexität der Wirtschaft seit 1945 immer differenziertere, teilweise auch neue Antworten des Staates erfordert.

Internationaler Anpassungsdruck

2. Ein starker Wandlungsdruck auf den Staatsinterventionismus ging ab 1958 von der zunehmenden europäischen Einbindung und internationalen Verflechtung der französischen Wirtschaft aus (vgl. dazu Kapitel 2.5).

Einerseits war die internationale Konkurrenz, der sich die Industrie mit der schrittweisen Verwirklichung der EWG-Zollunion ausgesetzt sah, Anlaß zu der beschriebenen intensiven Industriepolitik der sechziger Jahre – eine in gewisser Weise notwendige Politik zur Stärkung der Industriestruktur und der Wettbewerbsfähigkeit. Auch später schufen die fortschreitende EG-Integration und die sich vertiefende Internationalisierung der französischen Wirtschaft – d.h. die Intensivierung der Außenhandels- und Auslandsinvestitionsströme und die Herausbildung von transnationalen Konzernen – wiederholt Anpassungsprobleme und erforderten staatliches Handeln.

Auf der anderen Seite haben Europäisierung und Internationalisierung den Handlungsspielraum für nationalstaatliche Politik immer stärker eingeschränkt: so ist die Agrar- und Außenhandelspolitik längst in die Kompetenz der EG übergegangen. Im Zuge der Verwirklichung des EG-Binnenmarktes mußten ab 1985 Hunderte von nationalstaatlichen Regelungen des Wirtschaftslebens abgeschafft bzw. auf die Erfordernisse des Binnenmarkts umgestellt werden. Das 1979 eingeführte Europäische Währungssystem (EWS) zwingt die teilnehmenden Staaten immer stärker in die Disziplin: Wachstums-, Haushalts-, Geld- und Währungspolitik müssen sich gemeinsamen Spielregeln unterwerfen. Der Vertrag von Maastricht von 1992 sieht die Verwirklichung einer Wirtschafts- und Währungsunion mit einer einheitlichen Währung und einer Europäischen Zentralbank bis zum Jahre 1999 vor, die den Spielraum der nationalen Staaten weiter einschränken dürfte.

Der überwiegend liberale Charakter der EG-Integration, vor allem des EG-Binnenmarktes, hat vor allem in den achtziger Jahren die Liberalisierung der französischen Wirtschaft vorangetrieben und die erwähnte marktwirtschaftliche Wende der Wirtschaftspolitik durchzusetzen geholfen. Französische Wirtschaftspolitik, ebenso wie die ihrer Nachbarn, ist heute in ein umfassendes europäisches Regelwerk überwiegend liberalen Charakters eingebunden, das sie beachten muß.

3. Die Erfahrungen der weltweiten Wirtschaftskrise ab 1973/74 und der unterschiedlichen politischen Lösungsversuche unter Giscard und Mitterrand haben ihrerseits dazu beigetragen, das Interventionsmodell der sechziger Jahre infragezustellen. Dies vor allem deshalb, weil mittlerweile die Krise auch als Zeichen für die Erschöpfung des Wachstumsmodells angesehen wird, das die westliche Welt in den ersten drei Nachkriegsjahrzehnten geprägt hat. Die früher dominierende standardisierte Massenproduktion wird zunehmend abgelöst von neuen Produktionskonzepten, in denen Spezialisierung und Flexibilisierung der Produktion, intelligente, kundengerechte Problemlösungen, „tertiäre" Tätigkeiten (Beratung, Forschung und Entwicklung, Marketing) immer mehr Bedeutung erhalten. Die Faktoren, die über die Wettbewerbsfähigkeit eines Unternehmens, einer Branche bzw. eines Wirtschaftsraumes entscheiden, werden komplexer: die früher dominierenden Faktoren der Lohn- und Produktionskosten werden durch qualitative Faktoren ersetzt und erfordern zunehmend eine „globale" Strategie seitens der Unternehmen und der Politik. Lokale Vernetzungen und Partnerschaften zwischen Unternehmen, Forschungs- und Ausbildungsstätten oder die Qualität regionaler Wirtschaftsräume gewinnen an Gewicht.

Erschöpfung des Wachstumsmodells

Alle diese Entwicklungen, die hier nur angedeutet werden können, erfordern nicht unbedingt einen Abbau, auf jeden Fall aber einen Umbau staatlicher Aktivitäten im Wirtschaftsleben:

- eine stärkere Hinwendung zu qualitativen Reformen zur Verbesserung der wirtschaftlichen Wettbewerbsfähigkeit, z.B. die Modernisierung der öffentlichen Verwaltung oder die Reform der beruflichen Ausbildung,
- mehr dezentrale Kompetenzen für die Gebietskörperschaften, um regionale Wirtschaftspotentiale freisetzen und besser fördern zu können,
- stärker partnerschaftliche, kooperative Beziehungen zwischen Staat, Gebietskörperschaften, Unternehmen, Wirtschaftsverbänden, Forschungs- und Bildungseinrichtungen.

Dieser Umbau ist seit Ende der achtziger Jahre in vollem Gange. Die 1989 vom damaligen Premierminister Michel Rocard angestoßene Staats- und Verwaltungsreform geht davon aus, daß der Staat (z.B. über die Qualität und Effizienz seiner Verwaltung, der Infrastrukturpolitik im Bereich der Bildung, der Forschung, des Verkehrs und der Kommunikation) selbst ein wichtiger Faktor der ökonomischen Wettbewerbsfähigkeit geworden ist, und daß die staatliche Verwaltung ihre Funktionsweise grundlegend ändern müsse. Die Leistungsfähigkeit der Verwaltung soll ebenso gesteigert werden wie die Qualität ihrer Dienstleistungen; die Beamten sollen besser qualifiziert und motiviert werden; die dezentrale Entscheidungsautonomie soll ausgeweitet werden. Die staatlichen Verwaltungsstellen sollen sich in eine neue, stärker partnerschaftlich-kooperative Rolle gegenüber der Wirtschaft einüben. Allerdings stellt der hier proklamierte gründliche Umbau der staatlichen Verwaltungslogik eine schwierige Reform dar, die in zahlreiche tradierte Interessen und Gewohnheiten eingreift und allenfalls mittelfristig Erfolg versprechen kann.

Umbau des staatlichen Interventionismus

Die Suche nach einem neuen Gleichgewicht zwischen Staat und Wirtschaft in Frankreich ist nicht abgeschlossen. Sie wird dadurch erschwert, daß es mit dem einfachen Abbau staatlicher Interventionen nicht getan ist. Vielmehr stellt sich jetzt die Frage, was denn an die Stelle der nunmehr entfallenden staatlichen

Steuerungen und Regulierungen treten soll. Die Verbände, jene organisierten Kräfte der Zivilgesellschaft, auf deren Fähigkeit zur Selbstregulierung gebaut werden könnte, sind in Frankreich eher schwach entwickelt (vgl. Kapitel 1.1.3). Dementsprechend sind die etwa in der Bundesrepublik zu beobachtenden Formen neokorporatistischer Interessenvermittlung und Mitwirkung gesellschaftlicher Verbände in Frankreich weit weniger ausgeprägt.

Die Zersplitterung und dramatische Mitgliederkrise der Gewerkschaften (vgl. Kapitel 3.3.3), die großen Lücken in den Tarifbeziehungen (vgl. Kapitel 3.4), das nur zögernde Engagement der Unternehmen in der beruflichen Bildung (vgl. Kapitel 3.6) sowie die nur schwach ausgebildeten Partnerschafts- und Kooperationsstrukturen zwischen den Unternehmen (Industrie und Handel, Industrie und Banken, Produzenten und Zulieferer; Unternehmen und Ausbildung/Forschung) sind Beispiele dafür, daß der Rückzug des Staates in vielen Bereichen Lücken reißt, von denen unklar ist, wie (und durch wen) sie ausgefüllt werden können.

Angesichts dieser Widersprüche muß offen bleiben, wie weit die marktwirtschaftliche Reform der französischen Wirtschaftsordnung gehen kann – und welche Regulierungsformen sich im Dreieck Staat, Markt und Zivilgesellschaft herausbilden werden.

2.3 Branchen- und Unternehmensstruktur

In diesem Kapitel soll der in den vorherigen Kapiteln bereits angesprochene tiefgreifende Strukturwandel der französischen Wirtschaft nach 1945 im Bereich der drei großen Sektoren der Wirtschaft: Landwirtschaft, Industrie, Dienstleistungen, sowie anhand der Unternehmensstruktur näher erläutert werden.

Gleichzeitig geht es darum, Erfolge und Grenzen der erfolgten Modernisierung darzustellen, diese auch im Lichte der im Kapitel 2.2 behandelten „Modernisierung durch den Staat" zu bewerten sowie Stärken und Problempunkte der französischen Wirtschaft aufzuzeigen.

2.3.1 Strukturwandel der Landwirtschaft

Frankreich ist ein Land mit starker landwirtschaftlicher Tradition. Die Landwirtschaft war derjenige Sektor, in dem noch 1946 am meisten Franzosen beschäftigt waren: 7,5 Millionen Menschen (36% der Erwerbstätigen) gegenüber je 6 Millionen (32%) in der Industrie und im Dienstleistungsbereich (vgl. Tabelle 13). Sie war aber gleichzeitig ein Ausdruck traditioneller Arbeits- und Produktionsweisen, geringer Produktivität und Einkommen, kurz: des erwähnten ökonomischen Modernisierungsrückstandes Frankreichs. Kein Sektor ist durch die Modernisierung der Nachkriegszeit derart tiefgreifenden Umwälzungen ausgesetzt worden wie die Landwirtschaft. Der rasche Industrialisierungsprozeß hat eine massive Landflucht und Entvölkerung der ländlichen Regionen in Gang gesetzt; von den 7,5 Millionen landwirtschaftlichen Erwerbstätigen sind heute noch ganze 1,3 Millionen übrig geblieben.

Aber die Landwirtschaft war nicht nur Opfer eines Schrumpfungsprozesses. Gleichzeitig begann ein umfassender Modernisierungsprozeß im Agrarsektor, der durch die Politik wie auch durch einen reformorientierten Teil der Agrarverbände nachhaltig unterstützt wurde. Ziel war es, durch verbesserte Anbaumethoden, Flurbereinigungen, Vergrößerung der Betriebe und Mechanisierung der Produktion sowie eine Verbesserung der Vermarktungsmethoden der Landwirtschaft einen zukunftsfähigen Platz in der französischen Produktionsstruktur zu sichern.

Modernisierung der Landwirtschaft

Ergebnis dieser Politik waren ein erheblicher Produktivitätssprung und eine durchgreifende Modernisierung der französischen Landwirtschaft, die Frankreich zu einem der führenden Agrarproduzenten und -exporteuren gemacht haben. Der französische Soziologe Jean Fourastié hat in seinem Buch über die „dreißig glorreichen Jahre" nach 1945 das Ausmaß des Strukturwandels am Beispiel eines Dorfes veranschaulicht (*Fourastié* 1979; vgl. Tabelle 13).

Tabelle 13: Landwirtschaftlicher Strukturwandel 1946-1975 am Beispiel des Dorfes Douelle

	1946	1975
Erwerbstätige	**279**	**215**
– davon Landwirtschaft	208	53
– davon Arbeiter	12	35
– davon Handwerk	27	25
– davon Dienstleistungen	32	102
Landwirtschaft		
- Zahl der Betriebe	92	39
– durchschnittliche Betriebsgröße	5 ha	13 ha
– Ertrag je Hektar: Weizen	12 dz	35 dz
– Ertrag je Hektar: Tabak	20 dz	30 dz
– Ertrag je Hektar: Tafelwein	25 hl	100 hl
– Ertrag je Hektar: Qualitätswein	–	60 hl
– Arbeitskräfte je 100 Hektar	28	8
– Zahl der Zugtiere	100	1
– Zahl der Traktoren	2	40

Quelle: *Fourastié* 1979, 16f.

Zu dieser Entwicklung hat auch die – maßgeblich von Frankreich durchgesetzte – gemeinsame Agrarpolitik der Europäischen Wirtschaftsgemeinschaft (EWG) in den sechziger Jahren beigetragen, mit deren Hilfe die französische Landwirtschaft ihre günstigen natürlichen Voraussetzungen und ihre gute Wettbewerbsposition in Europa voll ausschöpfen konnte: Frankreich gewann neue Absatzmärkte für seine Agrarprodukte in den EWG-Mitgliedstaaten und profitierte auch von der aktiven Exportförderung der EWG in Drittstaaten.

Heute nimmt die französische Landwirtschaft eine führende Position innerhalb der EG ein. Sie ist mit Abstand größter Getreide- und Weinproduzent der Gemeinschaft (35% bzw. 40% der gesamten EG-Produktion 1990) und etwa gleichauf mit der Bundesrepublik größter Milch- und Fleischerzeuger. Frankreich ist vor allem nach den USA der zweitgrößte Exporteur von landwirtschaftlichen Produkten und Nahrungsmitteln. Besonders die Getreideproduktion und Getränke sowie in geringerem Umfang Milchprodukte und Fette tragen zu erheblichen Exportüberschüssen der Landwirtschaft bei. In den Agrarexporten

Agrarexporte

wird die vergleichsweise hohe wirtschaftliche Bedeutung klar, die die Landwirtschaft auch heute noch in Frankreich besitzt. Zwar stellen die 1,3 Millionen landwirtschaftlich Beschäftigten nur knapp 6% der französischen Erwerbstätigen dar und erwirtschaften gerade 4% des Bruttoinlandsprodukts. Aber die landwirtschaftlichen Produkte einschließlich der Nahrungsmittel besitzen mit rund 16 % (1994) ein hohes Gewicht für die Exportwirtschaft (zum Vergleich: 3% in der Bundesrepublik). Dies ist für ein Land, das in den vergangenen Jahrzehnten häufig eine defizitäre Handelsbilanz beklagte, ein großer Aktivposten (vgl. Kapitel 2.5).

Auch die französische Landwirtschaft hat seit den siebziger Jahren mit vermehrten Absatzschwierigkeiten zu kämpfen. Die aus Kostengründen immer restriktivere Preispolitik der EG, die 1992 schließlich in eine Reform der gemeinsamen Agrarpolitik mündete,[21] bedeutet für die französische wie die europäische Landwirtschaft erhebliche Anpassungsschwierigkeiten: Die bisherigen Preis-Mengen-Garantien entfallen bzw. werden stark eingeschränkt, die Preise für manche Produkte werden drastisch gesenkt; Auflagen zur Produktionsbegrenzung werden gemacht; dadurch werden die Einkommens- und Entwicklungsperspektiven der Landwirtschaft beeinträchtigt. Besondere Unruhe hat in Frankreich der von den USA im Rahmen der GATT-Verhandlungen über ein weltweites Handelsabkommen im Frühjahr 1993 durchgesetzte Kompromiß verursacht, nach dem die EG sich in den kommenden Jahren zu einer Einschränkung ihrer Agrarexporte verpflichten soll. Dies berührt, wie wir gesehen haben, einen Kernbereich französischer Interessen. Frankreich hält demgegenüber am Grundsatz fest, daß die EG auch künftig seine Agrarexporte fördern müsse und sich durch die US-Konkurrenz keine Fesseln anlegen lassen dürfe. Die Regierung blockierte im Herbst 1993 mit einem strikten Veto den erzielten Agrarkompromiß und kalkulierte damit ein Scheitern der gesamten GATT-Verhandlungen ein.

Problematische Perspektiven

Vor dem Hintergrund dieser Schwierigkeiten erscheint die Zukunft der französischen Landwirtschaft in einem problematischen Licht. Experten sagen eine „neue Agrarrevolution" voraus: Die Konzentration der verbliebenen Betriebe dürfte weiter zunehmen; von den (1987) 982 000 landwirtschaftlichen Betrieben dürften im Jahre 2000 noch etwa 600 000 bis 650 000 übrig geblieben sein. Über die Hälfte der selbständigen Landwirte war 1988 älter als 50 Jahre; die Nachfolgefrage ist in den allermeisten Fällen ungeklärt. Der technische Fortschritt, vor allem die Anwendung neuer biotechnologischer Methoden, könnte weitere Produktivitätssprünge erlauben. Entwicklungschancen könnten in spezialisierten Sonderkulturen und in Produktbereichen außerhalb des Grundnahrungsbedarfs bestehen. Schließlich dürfte sich die regionale Spezialisierung weiter fortsetzen.

Regionale Vielfalt

Die besondere regionale Vielfalt der französischen Landwirtschaft, die sich aus der Geographie, der Bodenbeschaffenheit und den Klimaverhältnissen ergibt, erlaubt im übrigen keine pauschale Bewertung ihrer Entwicklungschancen. Die Unterschiede in den Betriebsgrößen, den Einkommen und den Produktionen sind erheblich. So dominiert in Nordfrankreich eine gemischte Landwirtschaft (Acker-

---

21 Diese Reform sieht erhebliche Preissenkungen, z.B. um 35% für Getreide und um 15% für Rindfleisch, vor. Im Gegenzug sollen direkte Beihilfen erhöht werden, die aber an bestimmte Bedingungen gebunden sind (z.B. Flächenstillegungen, Brachen, Produktionshöchstmengen usw.). Ziele sind die verstärkte Extensivierung der Produktion, umweltschonendere Anbauweisen und der Erhalt auch kleinerer Bauernhöfe.

bau, Viehzucht) in mittelgroßen Betrieben, im Pariser Becken eine quasi industriell betriebene Getreideproduktion in großen Betrieben, im Languedoc (Südfrankreich) eine Spezialisierung auf den Weinbau sowohl in sehr kleinen als auch in sehr großen Betrieben. Abb. 7 zeigt die regionale Spezialisierung der Produktion.

So gestalten sich die Entwicklungsperspektiven der Landwirtschaft unterschiedlich. Gute Aussichten werden der Getreideproduktion im Pariser Becken eingeräumt; ebenso der Milchproduktion im Westen (Normandie, Bretagne), Südwesten (Pays de la Loire) und Osten (Raum Lyon, Franche-Comté), der Rinderzucht in einigen Regionen und der bodenunabhängigen Aufzucht in der Bretagne und am Atlantik (Pays de la Loire). In Abb. 8 werden dagegen die von der landwirtschaftlichen Krise bedrohten Räume dargestellt. Ihre Aussichten sind schlecht:

Abbildung 7:   Regionale Schwerpunkte der Landwirtschaft

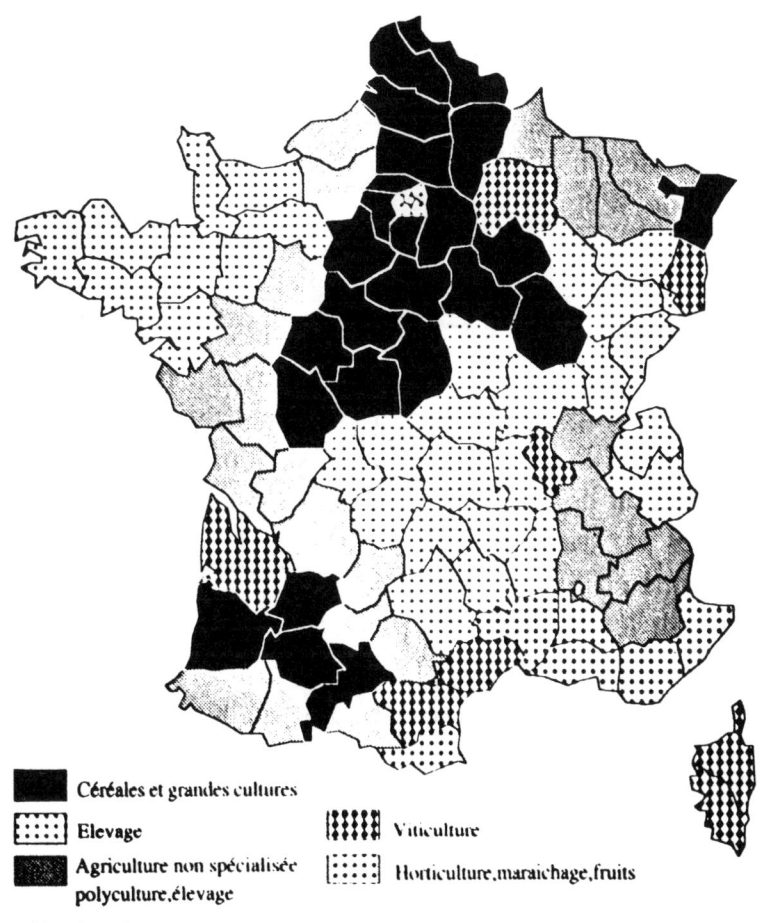

- ■ Céréales et grandes cultures
- ▨ Elevage
- ▨ Agriculture non spécialisée polyculture, élevage
- ▨ Viticulture
- ▨ Horticulture, maraîchage, fruits

1) Getreide 2) Ackerbau 3) Milchkulturen 4) Wein 5) Obst, Gemüse
Quelle: *Charvet* 1994, 51

„... eine Reihe von Regionen wird wahrscheinlich den Kern ihrer Landwirtschaft verschwinden sehen. Natürlich werden einige wenige Betriebe, z.B. in den fruchtbaren Tälern, sowie verstreute Zuerwerbsbetriebe überleben. Diese Regionen zählen zu den am meisten benachteiligten, zum Beispiel: die trockenen Berggegenden (Korsika, südliche Alpen, Cevennen, östliche Pyrenäen), die Feucht- und Sumpfgebiete (Sologne, Brenne, Sümpfe im Westen), gewisse feuchte, immer häufiger mit Wäldern wiederbepflanzte Berge (Vogesen, Morvan, Haut-Limousin, Livradois), die engen, feuchten Flußtäler im Westen.... Trotz ihrer Ausdehnung stellen diese Regionen im europäischen Maßstab nur wenig dar im Vergleich zu den Bergzonen Italiens, Spaniens, Portugals und Griechenlands, die ihre Landwirtschaft verlieren dürften." (*Neveu* 1992, 20)

Abbildung 8:   Bedrohte landwirtschaftliche Regionen

- Secteurs de recul démographique (1982-1990)
- Fort pourcentage d'exploitations agricoles sans repreneur (baisse prévisible de la surface agricole utilisée)
- Forte proportion actuelle de landes et friches
- Cantons ruraux en situation difficile

1) Regionen mit abnehmender Bevölkerung
2) Hoher Anteil landw. Betriebe ohne Nachfolger
3) Hoher Anteil von Heide und Brachland
4) Ländliche Bezirke mit sozialen und ökonomischen Problemen

Quelle: L'Etat de la France 1995, 227

2.3.2 Stärken und Schwächen der Industrie

In Kapitel 2.1 und 2.2 ist bereits mehrfach darauf hingewiesen worden, daß der außerordentliche Modernisierungssprung der französischen Wirtschaft in erster Linie in einem nachholenden, beschleunigten Industrialisierungsprozeß bestand.

Insgesamt kann man von einer erfolgreichen Bewältigung dieser „industriellen Herausforderung" sprechen. In den ersten drei Nachkriegsjahrzehnten hat sich eine moderne, diversifizierte Industriestruktur herausgebildet. Frankreich ist heute nach den USA, Japan und Deutschland das Land mit der viertgrößten Industrieproduktion.

Stärken und Schwächen der Industriestruktur spiegeln den besonderen Weg Frankreichs wider: die massive Förderung der industriellen Entwicklung durch den Staat. Diese hat sich, wie wir in Kapitel 2.2 gesehen haben, vor allem durch industrielle Großprojekte und Sektoren-Entwicklungspläne, also durch die Entwicklung strategisch wichtiger, als wachstumsträchtig angesehener Branchen und ihrer Unternehmen ausgezeichnet.

Problematisch an dieser Politik war, daß ihre Finanzmittel und ihre Aufmerksamkeit fast ausschließlich einigen wenigen Sektoren und Projekten galten, deren Auswahl nicht immer nach ökonomisch sinnvollen Kriterien erfolgt war, und daß sie einer kleinen Zahl von privaten oder staatlichen Großunternehmen zugute kam, während der übrige Teil der Wirtschaft, vor allem die breite Masse der Klein- und Mittelunternehmen, vernachlässigt wurde. So entwickelte sich ein gewisser Bruch zwischen den modernen bzw. modernisierten Teilen der Produktionsstruktur und der traditionellen Restwirtschaft, der Ende der sechziger Jahre von einem britischen Beobachter wie folgt charakterisiert wurde: *Brüche in der Produktionsstruktur*

> „In Frankreich existieren in einem spannungsgeladenen Nebeneinander zwei Volkswirtschaften: eine moderne, die zum größten Teil seit dem Krieg von den Technokraten und einigen wenigen großen privaten und staatlichen Unternehmungen aufgepfropft wurde, und darunter eine alte brüchige Infrastruktur, die sich auf Handwerk, niedrigen Absatz bei hohen Gewinnspannen und das Ideal des kleinen Familienbetriebes gründet." (*Ardagh* 1969, 27)

Bis heute ist die Industriestruktur von derartigen Brüchen gekennzeichnet, die ihre globale Leistungs- und Wettbewerbsfähigkeit beeinträchtigen.

Ein weiteres Probleme der forcierten Industrialisierung nach 1945 liegt darin, daß sowohl die Wirtschaftspolitik als auch eine Reihe von Industriebranchen dazu neigten, bestehende Strukturen zu konservieren und notwendige Strukturanpassungen zu verschleppen. Bis 1958 bestanden hohe Zollmauern, die die französischen Produzenten schützten; auch nach dem schrittweisen Zollabbau im Rahmen der EWG-Zollunion in den sechziger Jahren suchten zahlreiche Unternehmen und Branchen Protektion. Vor allem in den traditionellen Konsumgüterindustrien (z.B. Textil- und Bekleidungsindustrie, Leder- und Schuhindustrie) unterblieben Modernisierungsinvestitionen und die Anpassung der Produktionsmethoden und Produktpaletten. In anderen Bereichen, wie der Kohleförderung, der Stahlindustrie oder dem Schiffbau, trug der Staat durch seine Politik zur Strukturerhaltung und zur Verschleppung von Strukturanpassungen bei. Als 1974 in der weltweiten Wirtschaftskrise schlagartig die veränderten internationalen Wettbewerbsbedingungen sichtbar wurden und die Wirtschaft der westlichen Industriestaaten unter erheblichen Konkurrenz- und Anpassungsdruck setzten, war die *Strukturkonservierung* französische Industrie aufgrund versäumter Strukturanpassungen stärker betroffen als beispielsweise die deutsche.

Problematische Produktionskonzepte

Ein drittes Problem der französischen Nachkriegsindustrialisierung liegt darin, daß die rasch expandierenden Industriezweige und Unternehmen häufig auf wenig qualifizierte, billige Arbeitskräfte setzten, die in den fünfziger und sechziger Jahren aufgrund der massiven Abwanderung aus der Landwirtschaft, später durch Immigranten aus Nordafrika, zahlreich zur Verfügung standen. Während beispielsweise in der Bundesrepublik der aus dem dualen System der Lehrlingsausbildung hervorgegangene Facharbeiter das Rückgrat der Produktion in den zentralen Industriebranchen bildete, setzten die französischen Unternehmen in höherem Maße angelernte Arbeiter (*ouvriers spécialisés*, OS) ein. Entsprechend rigide und hierarchisch waren die Arbeitsorganisation und die innerbetrieblichen Führungsmethoden. Dies hat vor allem in den achtziger Jahren die Umstellung der Produktion auf neue technologische Verfahren, z.B. in der Automobilindustrie, sowie allgemein den Übergang von tayloristischen Arbeitsmethoden zu Formen der flexiblen Fertigung stark erschwert.[22]

Alle diese Faktoren führten dazu, daß die französische Industrie seit den siebziger Jahren eine starke Krise durchlaufen hat, in deren Verlauf über 1,5 Millionen industrielle Arbeitsplätze, das ist fast jeder dritte, verlorengegangen sind. Dieser Prozeß erfaßte vor allem die erwähnten traditionellen Branchen im Bereich der Grundstoff- und Konsumgüterindustrien: Eisen- und Stahlproduktion, Kohleförderung, Textil- und Bekleidungsindustrie, Lederverarbeitung. Aber auch moderne Branchen wie der Maschinenbau und die Automobilindustrie gerieten ab den achtziger Jahren in den Sog der Umstrukturierungen und Rationalisierungen und bauten massiv Arbeitsplätze ab (vgl. Tabelle 14).

Starke Sektoren

Bezogen auf die Wettbewerbsfähigkeit, weist die französische Industrie heute eine Reihe sektoraler Stärken auf:

– Der Flugzeugbau, die Raumfahrtindustrie und die Rüstungsproduktion, in dem die Politik der industriellen Großprojekte und der staatlich vermittelten Exportaufträge eine große Rolle gespielt haben, von denen Firmen wie Aérospatiale, SNECMA, Dassault, Matra und das europäische Konsortium Airbus Industries profitierten;
– der Schienenfahrzeugbau, in denen der französisch-britische Konzern GEC-Alstholm nicht nur durch den Bau des Hochgeschwindigkeitszuges TGV eine führende Rolle einnimmt;

---

22 Der Taylorismus ist eine nach dem US-Arbeitswissenschaftler Frederick W. Taylor benannte Arbeitsorganisation, die auf der Zerlegung eines Arbeitsvorgangs in einzelne Handgriffe und einer entsprechenden Arbeitsteilung beruht. Damit wird eine Rationalisierung der Arbeit und eine Steigerung der Produktivität ermöglicht, aber auch eine strikte Trennung von Konzeption und Produktion vollzogen. Der Taylorismus ist eng mit der Massengüter- und Fließbandproduktion sowie mit dem Wachstumstypus der Nachkriegsjahrzehnte in der westlichen Welt verbunden. Der technologische Fortschritt (z.B. Mikroelektronik), aber auch Veränderungen der Nachfragestrukturen ermöglichen und erfordern heute zunehmend Formen flexibler Fertigung und Spezialisierung, d.h. Fertigung in kleinen, auf Kundenwünsche zugeschnittenen Serien. Dies erfordert in der Regel die Ablösung der tayloristischen Arbeitszerlegung durch integriertere, vielseitigere Formen der Arbeitsorganisation. Vgl. dazu z.B. *Piore/Sabel 1989*.

- die Nahrungsmittelproduktion, in der Frankreich sein großes landwirtschaftliches Potential mit Hilfe einer leistungsfähigen Verarbeitungsindustrie (z.B. BSN-Danone) „veredelt" und vermarktet;
- einige Luxus-Konsumgüter (Parfüm, Haute Couture, Weine und Spirituosen), in denen sich das traditionelle Frankreich-Bild weiterhin als verkaufsfördernd erweist;
- die Automobilindustrie (Renault, Peugeot-Citroën), die allerdings in den achtziger Jahren Wettbewerbseinbußen hinnehmen mußte und sich erst nach großen Rationalisierungs- und Modernisierungsanstrengungen mühsam stabilisieren konnte;
- die Telekommunikation, die sich aus einer Situation der Rückständigkeit und Abhängigkeit von ausländischer Technologie in den vergangenen zwanzig Jahren erfolgreich befreien konnte und heute eine auch international führende Position erlangt hat. Mit Alcatel hat sich ein weltweit führender Großkonzern herausgebildet, und auch die noch staatliche France-Télécom genießt einen international guten Ruf;
- die Chemie (Rhône-Poulenc, Elf, EMC), die sich in den achtziger Jahren erfolgreich umstrukturieren und als Wachstumsbranche behaupten konnte, wobei ein erheblicher Teil der französischen Chemieproduktion unter ausländischem Kapitaleinfluß steht.

Beruhen die Stärken in hohem Maße auf traditionellen Standortvorteilen (Nahrungsmittel, Luxusgüter) oder aber auf staatlicher industriepolitischer Förderung (Luft- und Raumfahrt, Rüstungssektor, Telekommunikation, Schienenfahrzeuge), so sind die Industriezweige mit Struktur- und Wettbewerbsschwächen eher durch das Gewicht mittelständischer Unternehmen, durch „normale", wenig staatlich beeinflußbare Märkte und durch die Abwesenheit prestigeträchtiger staatlicher Projekte gekennzeichnet: *Schwache Sektoren*

- Die traditionellen Konsumgüterindustrien (Textil-, Leder-, Möbelindustrie), die es versäumten, ihre Produktion rechtzeitig umzustellen und zu modernisieren, die daher unter einer Verdrängungskonkurrenz aus Niedriglohnländern leiden und deren Wettbewerbsfähigkeit sich seit den siebziger Jahren verschlechtert hat;
- die Haushalts-Elektrowaren und die Unterhaltungselektronik;
- einige Investitionsgüterbranchen wie der Maschinen- und Werkzeugmaschinenbau, wo trotz wiederholter staatlicher Förderpläne die französischen Anbieter in den vergangenen 20 Jahren weiter an Boden verloren haben und wo empfindliche Lücken in der Produktionsstruktur entstanden sind. Angesichts der strategischen Bedeutung dieses Sektors für die Zukunftsentwicklung der Industrie werden die Probleme der französischen Produktion als besonders empfindlicher Schwachpunkt angesehen.

Die Situation der Industrie in den neunziger Jahren ist widersprüchlich. Die gegenwärtige Diskussion in Frankreich betont vor allem eine qualitative Herausforderung für die industriellen Unternehmen: Die Abkehr von traditionellen Produktionsmethoden und die Umstellung auf grundlegend veränderte Wettbewerbsbedingungen. *Neue Herausforderungen*

„Die Assimilation [der amerikanischen] Methoden hat die Modernisierung der französischen Wirtschaft begleitet und war eine der Ursachen für das starke Wachstum unserer Wirtschaft. Sie hat sich ohne allzugroße Schwierigkeiten vollzogen, denn die tayloristischen Methoden standen nicht im Widerspruch zu unseren kulturellen Traditionen der hierarchischen Distanz, und sie bestärkten die Rolle der Ingenieure im Unternehmen und in der Arbeitsorganisation.

Heute sind wir mit radikal neuen Herausforderungen konfrontiert: Es genügt nicht mehr, mehr zu produzieren, um mehr zu verkaufen und eine stetig wachsende Nachfrage zu befriedigen; es gilt, schneller verfügbare Produkte mit geringeren Kosten und höherer Qualität zu produzieren, um sich gegen die Konkurrenten durchzusetzen.

Daraus ergeben sich Konsequenzen für die Unternehmensführung. Die Notwendigkeiten der Diversifizierung.., der Qualität, der Flexibilität, des just in time, stellen die hergebrachten tayloristischen Methoden grundlegend infrage." (de Foucauld in: *Commissariat général du plan* 1992, 3)

Die Bewältigung dieser Herausforderung erfordert von allen am Wirtschaftsprozeß Beteiligten Anpassungsleistungen. So muß der Staat seine massiven zentralistischen und colbertistischen Interventionsmethoden der sechziger und siebziger Jahre, die an ihre Grenzen gestoßen sind, radikal überdenken (vgl. 2.2.), und die Unternehmen müssen sich von tradierten, in Frankreich besonders hierarchisch geprägten Methoden des Managements, der innerbetrieblichen Strukturen, der Sozialbeziehungen und der Arbeitsorganisation verabschieden. Mit anderen Worten: Die Zukunft der Industrie hängt nicht mehr nur von unternehmerischen und ökonomischen, sondern in zunehmendem Maße auch von politischen, sozialen und letztlich kulturellen Faktoren ab.

Tabelle 14: Entwicklung der Beschäftigung in ausgewählten Industriebranchen (Angaben in 1000)

	1960	1974	1993	1960/74	1974/93
Kohleförderung	218,6	88,3	14,5	- 130,6	- 73,8
Eisen und Stahl	225,0	228,3	74,6	+ 3,3	- 153,7
Nahrungsmittel	596,9	628,8	551,3	+ 31,9	- 77,5
Chemie, pharmazeut. Industrie	272,1	362,1	281,1	+ 90,0	- 81,0
Metallverarbeitung	499,7	573,7	403,4	+ 74,0	- 170,3
Maschinenbau	474,8	620,4	485,3	+ 145,6	- 235,3
Elektro- und Elektronikindustrie	252,3	475,6	428,1	+ 223,3	- 47,5
Automobile, Schienenfahrzeuge	316,1	515,2	358,1	+ 199,1	- 157,1
Schiff- und Flugzeugbau	207,2	232,9	151,6	+ 25,7	- 81,3
Textil/Bekleidung	926,8	721,1	285,6	- 205,7	- 435,5
Lederverarbeitung	169,0	141,4	57,3	- 27,6	- 84,1
Holzverarb./Möbel	343,9	573,7	271,8	+ 156,4	- 301,9
Gesamt	4502,4	5161,5	4055,0	+ 659,1	- 1106,5

Quelle: eigene Berechnungen und Zusammenstellung nach *INSEE* 1989, 112f., *INSEE* 1995, 125.

2.3.3 Der Dienstleistungssektor

Während die Industrie in den vergangenen zwei Jahrzehnten ein verlangsamtes Wachstum verbunden mit einem tiefgreifenden Modernisierungs- und Rationalisierungsprozeß durchlaufen hat, in dessen Folge 1,5 Millionen industrielle Arbeitsplätze verlorengegangen sind, haben sich in der gleichen Zeit die Dienstleistungen erheblich ausgeweitet und sind zum eigentlichen Wachstumssektor geworden. Allein seit 1974 sind knapp 3 Millionen neue Arbeitsplätze entstanden. Seit langem dominiert der Tertiäre Sektor in Frankreich die Beschäftigungs- und Produktionsstruktur (sein Anteil beträgt je etwa zwei Drittel).

Was verbirgt sich hinter dieser scheinbar unaufhaltsamen Dynamik des Tertiären Sektors? Zunächst einmal ist festzuhalten, daß dieser Sektor sich aus sehr unterschiedlichen Einzelbereichen zusammensetzt. Man kann zum einen unterscheiden zwischen marktbestimmten Dienstleistungen (*services marchands*), die wie eine Ware auf dem Markt gehandelt und bezahlt werden, sowie den nicht marktbestimmten Dienstleistungen (*services non marchands*), hinter denen sich im wesentlichen staatliche bzw. öffentliche Verwaltungs- und Dienstleistungsaktivitäten einschließlich des öffentlichen Sozial- und Gesundheitswesens verbergen.

Ungebremste Dynamik

Die nicht marktbestimmten öffentlichen Dienstleistungen haben in den vergangenen drei Jahrzehnten ein relativ langsames, aber stetiges Wachstum erlebt, was die Beschäftigung angeht (vgl. Abb. 9). Dahinter verbirgt sich die in allen westlichen Staaten zu verzeichnende Ausdehnung der staatlichen Verwaltung und mehr noch die Ausweitung des wohlfahrts- bzw. sozialstaatlichen Leistungsnetzes. Noch stärker sind die marktbestimmten Dienstleistungen gestiegen. Hier ist wiederum zu unterscheiden zwischen dem Groß- und Einzelhandel (mit einem insgesamt mäßigen Zuwachs), dem Transport- und Telekommunikationsbereich, dem Banken- und Versicherungswesen, den Dienstleistungen für private Haushalte sowie den Dienstleistungen für Unternehmen. Die größte Dynamik verzeichnen Banken, Telekommunikation sowie vor allem Dienstleistungen für Unternehmen: Mit zunehmender Modernisierung der Wirtschaft hat die Bedeutung von Dienstleistungen wie Forschung und Entwicklung, Unternehmensberatung, Marketing, Finanzdienstleistungen oder Personalvermittlung erheblich zugenommen.

Hier wird deutlich, daß die Entwicklung des Tertiären Sektors zu einem guten Teil in engem Zusammenhang mit der industriellen Dynamik des Landes steht. Für industrielle Unternehmen führt der technologische und strukturelle Wandel der Produktion dazu, daß der eigentliche Produktionsprozeß von immer mehr vor-, neben- und nachgelagerten Dienstleistungstätigkeiten begleitet wird. Diese tragen zum Wachstum „tertiärer" Tätigkeiten innerhalb der Industrieunternehmen und in Form von Dienstleistungen an Unternehmen bei.

Hoffnungen, die Beschäftigungsverluste der Industrie auch künftig durch vermehrte tertiäre Arbeitsplätze ausgleichen zu können, finden hier ihre Grenze. Eine mangelnde Dynamik oder Wettbewerbsfähigkeit in der Industrie kann nicht einfach durch einen leistungsfähigen Dienstleistungssektor kompensiert werden, sondern wirkt sich auch negativ auf die Entwicklungschancen des Dienstleistungsbereichs aus.

Konzentration im Einzelhandel

Der Tertiäre Sektor hat sich nicht nur erheblich ausgeweitet, sondern ist auch selber Teil des Modernisierungsprozesses und des Strukturwandels im Frankreich der Nachkriegszeit. Dies soll im folgenden am Beispiel des Einzelhandels und der Banken dargestellt werden.

Im *Einzelhandel* hat sich eine wahre Revolution vollzogen. Bis in die sechziger Jahre hinein war Frankreich das Land der vielen kleinen selbständigen Händler, die den Einzelhandel dominierten. Seit 1957 der erste Supermarkt und 1963 der erste Hypermarkt (über 2 500 qm Verkaufsfläche) gegründet wurde, haben die großen Handelsketten sich vor allem im Lebensmittel-Einzelhandel mit großer Geschwindigkeit ausgebreitet. Dabei sind es im Unterschied zu Deutschland vor allem die Hypermärkte mit mehr als 2 500 qm Verkaufsfläche, die sich an den Rändern der Ballungsgebiete ausgebreitet haben. Hyper- und Supermärkte kontrollieren heute etwa die Hälfte des Lebensmittel-Einzelhandels gegenüber weniger als einem Viertel 1974 (vgl. Tabelle 15). Die Giganten der Hypermarchés wie Leclerc (137 Märkte 1987), Mammouth (87), Euromarché (67) oder Carrefour (67) haben die Hypermarkt-Verkaufsform längst auch in das Ausland exportiert; insgesamt gibt es heute knapp 100 Hypermärkte französischer Gruppen in Europa, aber auch in den USA und in Südamerika.

Tabelle 15: Super- und Hypermärkte in Frankreich

	1970	1987	1995
Zahl der **Hypermärkte**	114	687	1 043
Verkaufsfläche (in 1000 qm)	650	3 549	5 857
Anteil am Lebensmittel-Handel	3,6 %	23,2 %	30 %
Anteil am Einzelhandel insg.	2,1 %	14,7 %	14,4 %
Zahl der **Supermärkte**	1 828	5 788	7 400
Verkaufsfläche (in 1000 qm)	1 262	4 727	7 100
Anteil am Lebensmittel-Handel	8,8 %	22,9 %	28,6 %
Anteil am Einzelhandel insg.	4,0 %	9,5 %	4,3 %

Quelle: Eigene Berechnung und Zusammenstellung nach: *INSEE* 1989, 239, *INSEE* 1995, 161

Reglementierter Bankensektor

Der *Bankensektor* war bis 1965 durch eine extreme Spezialisierung gekennzeichnet. Im Gegensatz zum Prinzip der Universalbank, die die gesamte Palette der Anlage- und Finanzierungsgeschäfte anbietet, gab es eine strikte Trennung zwischen sogenannten Depotbanken (*banque de dépôts*) – die im wesentlichen die Kundengeschäfte der privaten Haushalte abwickelten, aber z.B. keine langfristigen Investitionskredite an Unternehmen gewähren durften – und den Geschäftsbanken (*banque d'affaires*), die ihr Eigenkapital in Beteiligungen oder langfristige Kredite an Unternehmen einsetzten, denen aber das Sammeln von Geldeinlagen durch Privatkonten untersagt war. In diesem System voneinander abgeschotteter Finanzkreisläufe kam dem Staat als Aufsichts- und Reglementierungsinstanz eine wichtige Rolle zu. Eine strikte staatliche Kontrolle des Kreditrahmens der Banken (*encadrement du crédit*) und eine ausgedehnte Politik unterschiedlicher Zinssubventionen und Vorzugskredite zählten zu den wichtigsten Instrumenten des Staates. Darüber hinaus sicherten staatliche Investitionsbanken nach 1945 die Finanzierung der großen Wiederaufbau- und Modernisierungsinvestitionen. Im Wohnungs- und Städtebau zum Beispiel fungierte die staatliche *Caisse des Dépôts* als zentrale Sammelstelle für die auf den Giro- und

Sparkonten der Sparkassen in ganz Frankreich angesammelten Gelder, die sie dann den Gebietskörperschaften und gemeinnützigen Wohnungsbaugesellschaften zur Finanzierung ihrer Vorhaben als zinsgünstige Kredite weitergab.

Dieses noch aus dem 19. Jahrhundert stammende System der Abschottung und staatlichen Kontrolle der Finanzierungs- und Kreditkreisläufe war indessen den immer ausgedehnteren und differenzierteren Bedürfnissen der Wirtschaft nicht mehr angemessen. Außerdem verhinderte es die notwendige Transparenz der Finanzmärkte und behinderte die Entwicklung des Bankensektors. Eine Reform hob daher 1966/67 die rechtliche Unterscheidung zwischen Depot- und Geschäftsbanken auf und eröffnete den Banken neue Anlage- und Geschäftsformen. Damit begann eine neue Wachstumsphase, in der die Banken den Wettbewerb um die Kunden intensivierten: Allein zwischen 1965 und 1975 wurden dreimal soviel neue Bankfilialen eröffnet wie in den drei Jahrzehnten zuvor. Zudem wurde der Weg für neue technische Möglichkeiten eröffnet: ab 1968 wurden Magnetkarten, ab 1979 Bankkarten mit Speicherchips von den Banken flächendeckend eingesetzt – früher und wesentlich umfassender als in Deutschland.

Abbildung 9: Entwicklung der Beschäftigung nach großen Sektoren (1960-1988) (Angaben in 1000)

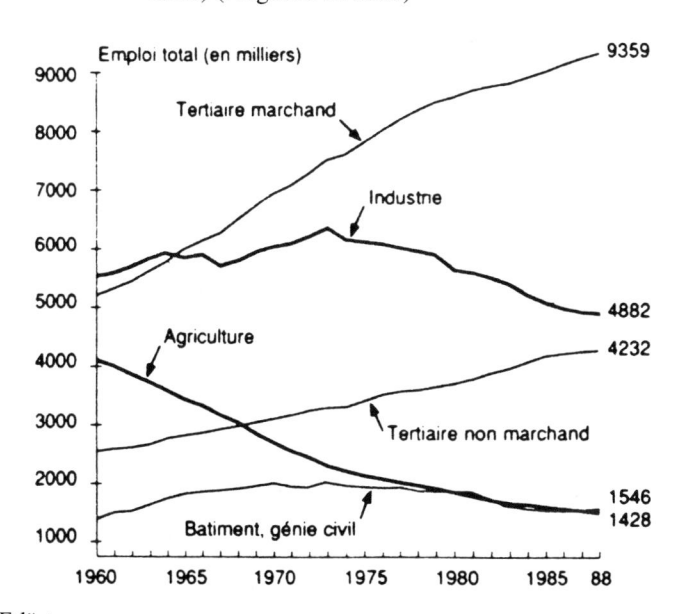

Erläuterungen:
Tertiaire marchand: marktbestimmte Dienstleistungen
Agriculture: Landwirtschaft
Tertiaire non marchand: nicht marktbestimmte Dienstleistungen
Bâtiment, génie civil: Bausektor

Quelle: *INSEE* 1989, 111.

Liberale Reformen

Die damit einsetzende kommerzielle Dynamik und internationale Expansion der französischen Banken hat zur Herausbildung einiger großer Institute beigetragen. Vier französische Banken (Crédit agricole, Banque nationale de Paris – BNP, Crédit Lyonnais, Société générale) zählen zu den zwanzig größten Kreditunternehmen der Welt.

Die umfangreichen staatlichen Kontrollen und Reglementierungen allerdings blieben zunächst weitgehend bestehen. Sie wurden erst in den achtziger Jahren im Zuge der Verwirklichung des EG-Binnenmarktes abgebaut, als die sozialistische Regierung 1985 eine weitgehende Liberalisierung und marktwirtschaftliche Neuordnung des Kreditwesens durchführte. Die Privatisierungspolitik der Rechtsparteien 1986-88 und vor allem ab 1993 hat ihrerseits zum Abbau des früher umfassenden staatlichen Einflusses im Bankensektor beigetragen.

Die Banken hatten ab Ende der siebziger Jahre zunächst eine Krise zu überstehen, die aus dem teilweise übermäßigen Filialgründungsboom im Wettlauf um die Kunden resultierte. Nach einer Zeit der Restrukturierung und Rationalisierung haben sie wie in den Nachbarstaaten ihre Allianzen mit dem Versicherungssektor verstärkt (Allfinanz-Prinzip) und sind neue Kooperationen mit europäischen Partnern eingegangen.

Tabelle 16: Beschäftigte im Dienstleistungssektor 1960-1994

	1960	1974	1994	1960/94
Einzelhandel	619	858	977	+358
Großhandel	1 324	1 570	1 663	+339
Kfz-Handel/Reparatur	220	377	388	+168
Hotel- und Gaststättengewerbe	510	570	778	+268
Transport	769	877	840	+71
Post, Telekomm.	278	400	427	+149
Dienstleistungen für Haushalte	858	1 489	2 007	+1 149
Dienstleistungen für Unternehmen	400	818	1 444	+1 044
Versicherungen	73	125	158	+85
Banken, Finanzen	163	368	441	+278
nicht marktbestimmte Dienstleistungen	2 586	3 297	6 148	+3 562
Tertiärer Sektor	7 814	10 803	15 323	+7 509

Quelle: Eigene Berechnungen und Zusammenstellung nach *INSEE* 1989, 113, *INSEE* 1995, 125.

2.3.4 Probleme der Unternehmensstruktur

Die französische Unternehmenslandschaft war bis 1945 geprägt von dem Ideal des kleinen Familienbetriebes, von traditionellen Formen der Unternehmensführung und von Verhaltensweisen, die mehr vom Sicherheits- und Stabilitätsdenken als von der Eroberung neuer Märkte geleitet waren und die insbesondere die industrielle Entwicklung nur vorsichtig vorantrieben. Dies hat den französischen Unternehmern nach der Befreiung 1944 den Vorwurf des „Malthusianismus" (vgl. Kapitel 2.1.1, Fußnote) eingetragen – ein Vorwurf, der in dieser Pauschalität sicher nicht stimmt, wie neuere wirtschaftshistorische Forschungen ergeben haben. Dennoch waren die auf Bewahrung, Protektion und (in den Sozialbeziehungen) Autorität des Unternehmers gerichteten Verhaltensweisen im Unternehmerlager stark vertreten. In der Debatte über die Schaffung der Europäischen Wirtschaftsgemeinschaft in den fünfziger Jahren sprach sich beispielsweise eine Mehrheit des Unternehmerverbandes gegen die Wirtschaftsintegration aus.

Die nach 1945 eingeleitete Modernisierungspolitik leitete auch hier einen grundlegenden Strukturwandel ein. Der sektorale Wandel trug ebenso wie der beginnende Konzentrationsprozeß zu einer Vernichtung zahlreicher selbständiger Existenzen und zur Schließung von Unternehmen in Handel, Handwerk und Industrie bei. Im Gegenzug bildeten sich langsam große Unternehmen heraus, teils durch die Nationalisierung in Form von staatlichen Unternehmen (z.B. die Bahngesellschaft SNCF, der Energie-Monopolkonzern EDF-GDF), teils durch Konzentration in der Privatwirtschaft. Allerdings war die Unternehmensstruktur Anfang der sechziger Jahre immer noch von traditionellen Klein- und Mittelunternehmen geprägt, während die Großunternehmen im Größenvergleich mit ihren deutschen oder britischen Konkurrenten häufig als zu klein erschienen. Die gaullistische Industriepolitik der sechziger Jahre (vgl. Kapitel 2.5.) formulierte daher das Ziel, die Konzentration und die Bildung einer Reihe von Großkonzernen in der Industrie weiter voranzutreiben: „Die Schaffung einer kleinen Zahl von Unternehmen von internationalem Niveau in jeder Branche" (so die Formulierung des 6. Planes 1966-1970).

Die staatliche Politik dieser Jahre trieb denn auch mit allen Mitteln den Konzentrationsprozeß voran: direkte Einflußnahmen auf Fusionen und Restrukturierungen bei öffentlichen Unternehmen, aber auch in der Privatwirtschaft; steuerliche Begünstigung von Unternehmensfusionen; Politik der Sektorenpläne und Großprojekte, die vorzugsweise mit den großen Unternehmen, den jeweiligen Branchenführern, ausgehandelt und verwirklicht wurden, usw. Diese Politik hatte insofern Erfolg, als in den folgenden Jahren tatsächlich eine Reihe großer Konzerne entstanden ist. Gleichzeitig hat sie aber durch ihre einseitige Vorzugsbehandlung der „Großen" die ebenso notwendige Modernisierung der kleinen und mittleren Unternehmen vernachlässigt. Folge ist die bereits erwähnte Spaltung des Unternehmensnetzes (vgl. Kapitel 2.3.2).

<small>Staatliche Konzentrationspolitik</small>

Erst in den siebziger und achtziger Jahren begann die staatliche Wirtschaftspolitik, den kleinen und mittleren Unternehmen (*petites et moyennes entreprises, PME*) verstärkte Aufmerksamkeit zu widmen. Denn in der Krise zeigte sich, daß es häufig mittelständische Unternehmen waren, die sich behaupten konnten, und daß neue Arbeitsplätze eher in mittelständischen als in den Großunternehmen entstanden. Die Bedeutung der Kleinbetriebe ist ferner gewachsen, weil die „Großen" eine Reihe von Produktionen und Dienstleistungen nicht mehr in eigener Regie durchführen, sondern zunehmend auslagern. Damit wächst aber auch die Verflechtung der Unternehmen untereinander und die Abhängigkeit der gesamten Volkswirtschaft von der Leistungsfähigkeit aller Unternehmen.

Tabelle 17: Die Größenstruktur der Unternehmen (1991)

Unternehmen mit... Beschäftigten	Zahl der Unternehmen	Zahl der Beschäftigten
keiner	1 283 898	0
1 bis 9	977 930	2 628 109
10 bis 19	78 475	1 045 958
20 bis 499	75 259	4 687 564
mehr als 500	1 987	3 745 626
Gesamt	2 417 549	12 107 257

Quelle: *Taddéi/Coriat* 1993, 106

Aufwertung der Unternehmen

Vor allem hat in Frankreich, wo den Unternehmen lange Zeit ein weitverbreitetes Mißtrauen entgegenschlug, in den achtziger Jahren eine weitgehende Rehabilitierung der Unternehmerfunktion eingesetzt. Die enttäuschenden Erfahrungen der sozialistischen Regierungspolitik und des nationalisierten Sektors haben wesentlich dazu beigetragen, die wichtige Rolle der Unternehmen für Modernisierung und Entwicklung der Wirtschaft herauszustellen. Die Bereitschaft, direkte staatliche Eingriffe in die Wirtschaft abzubauen und dafür die allgemeinen unternehmerischen Rahmenbedingungen zu verbessern, nahm zu. Sie führte ab 1983/84 zu einer Politik, die die Belastung der Unternehmen mit Steuern und Sozialabgaben deutlich senkte, die die Unternehmergewinne im Verteilungskampf gegenüber den Löhnen bevorzugte und die die Existenzgründung von Unternehmen sowie die Belange der Klein- und Mittelunternehmen mehr denn je förderte.

Wenngleich diese neuen, unternehmerische Eigeninitiative und Freiheiten betonenden Ansätze der Wirtschaftspolitik positive Ergebnisse hervorgebracht haben, wird die Situation zu Beginn der neunziger Jahre gemischt beurteilt:

„In Begriffen der Erneuerung des Unternehmensnetzes ist die französische Situation paradox. Die nationale Industriestruktur beweist eine starke Vitalität, da die Zahl der jährlichen Neugründungen im Durchschnitt der zwölf vergangenen Jahre 16 850 beträgt – eine Zahl, die man mit der durchschnittlichen Zahl der Klein- und Mittelunternehmen in der Industrie (32 525) vergleichen muß. Dies wirkt sich dennoch als Schwäche aus, da die ‚Sterberate' eine der höchsten in Europa ist: allein 1991 liegt sie um 60% über dem Durchschnitt unserer hochentwickelten EG-Partner, so daß weniger als 10% der neugegründeten Unternehmen eines Tages auf zehn oder mehr Beschäftigte kommen.

Diese französische Besonderheit bleibt: Sie kennzeichnet die Unfähigkeit der Wirtschaft, ihr industrielles Unternehmensnetz grundlegend zu erneuern. Sie zeigt auch, daß die Politik der achtziger Jahre zugunsten der Unternehmensgründungen zwar das Thema in der öffentlichen Meinung aufwerten konnte, aber nicht die erwarteten Ergebnisse erreicht hat. Das Ziel einer quantitativen Entwicklung der Unternehmen muß abgelöst werden durch das Ziel, ihre Qualität und damit ihre langfristigen Überlebenschancen zu verbessern." (*Commissariat général du plan* 1992, 26f.)

Fortbestand des Dualismus

Ferner scheint sich der erwähnte Dualismus zwischen modernen und traditionellen Unternehmen fortzusetzen. Es existieren offensichtlich gegensätzliche Wettbewerbsstrategien zwischen denjenigen Firmen, die eine offensive, auf Qualifizierung der Beschäftigten, sozialen Dialog und Innovation setzende Politik verfolgen, sowie denjenigen Unternehmen, die einseitig die Senkung der Lohnkosten und die Steigerung der Arbeitsproduktivität bevorzugen.

Diese Dualisierung des Unternehmensnetzes beeinträchtigt die Wettbewerbsfähigkeit der französischen Wirtschaft. Sie steht in Zusammenhang mit den bislang in Frankreich nur schwach entwickelten Partnerschafts- und Kooperationsstrukturen zwischen den Unternehmen: zwischen Produzenten und Zulieferern, Industriellen und Handel, Industriefirmen und dem Bankensystem. Gerade der Ausbau derartiger Partnerschaften, Kooperationen und Vernetzungen zwischen den Unternehmen (oder auch zwischen diesen und den Ausbildungs- und Forschungseinrichtungen) stellt eine zentrale Voraussetzung einer erneuerten Wettbewerbsfähigkeit der französischen Wirtschaft dar.

2.4 Regionale Wirtschaftsstruktur

Die französische Wirtschaft ist durch charakteristische regionale Ungleichgewichte gekennzeichnet. Im folgenden sollen diese Ungleichgewichte und ihre Ursachen beschrieben werden; ferner soll auf die Veränderungen eingegangen werden, die die regionale Wirtschaftsstruktur im Verlaufe der Nachkriegsmodernisierung erfahren hat. Daneben sollen auch die Versuche der staatlichen Raumordnungspolitik erörtert werden, die regionalen Ungleichgewichte zu mildern, und es soll auf die Frage eingegangen werden, inwiefern die 1982 begonnene Dezentralisierung den dezentralen Gebietskörperschaften neue Möglichkeiten wirtschaftlicher Entwicklung gegeben hat.

2.4.1 Traditionelle regionale Ungleichgewichte

Eine traditionelle Scheidelinie in Form einer Diagonalen, die regionale Entwicklungsunterschiede in Frankreich kennzeichnet, trennt den Nord-Ost-Raum, in dem sich die industrielle Entwicklung des Landes im wesentlichen vollzogen hat (neben dem Pariser Großraum vor allem das Elsaß, Lothringen und die Franche-Comté im Osten, Rhône-Alpes im Südosten, Nord-Pas-de-Calais im Norden), und den weitgehend durch Landwirtschaft und industrielle Unterentwicklung geprägten Süd-West-Raum vom Atlantik bis zu den Pyrenäen.

Unterentwickelter Südwesten

Der nachholende, beschleunigte Modernisierungsprozeß ab 1945, die dadurch verursachte Landflucht, Industrialisierung und Verstädterung löste Wanderungsbewegungen großen Umfangs aus, die diese Scheidelinie zunächst noch verstärkten: Der Südwestraum entvölkerte sich, weil die (zumeist jungen) Menschen in die neu entstehenden industriellen und städtischen Ballungsgebiete im Pariser Großraum, im Norden und Osten strömten.

„Zwei Frankreichs haben sich so herausgebildet, grob durch eine Linie Le Havre-Marseille getrennt. Im Osten dieser neuen Grenze ist die große Industrie, im Westen ein Territorium, das (mit Ausnahme der Bretagne) geringer besiedelt ist als Spanien, mit stagnierenden Städten und mit landwirtschaftlichen Betrieben, die zu klein waren, um einen ausreichenden Lebensstandard zu garantieren. Dieser verlassene Teil Frankreichs, der 56% der Fläche des Landes umfaßte, stellte 1960 nur noch 37% der Bevölkerung (gegenüber 48% ein Jahrhundert zuvor) und 24% der Industriebeschäftigten. Er bildete damit auf der Karte eine unterentwickelte Zone, die sich von Volkszählung zu Volkszählung noch ausweitete. Zwischen 1866 und 1946 hatte er 2 Millionen Einwohner verloren." (*Monod* 1991, 24f.)

Noch heute kann man diese Scheidelinie zwischen dem landwirtschaftlichen und dem industriellen Frankreich erkennen, wenn man z.B. in Abbildung 10 die Bedeutung der Industriebeschäftigung in den einzelnen Regionen vergleicht.

Ein zweites charakteristisches Merkmal ist das große Entwicklungsgefälle zwischen dem Pariser Großraum und dem restlichen Frankreich, für das im Jahre 1947 ein Autor die griffige Formel „Paris und die französische Wüste" fand (*Gravier* 1947). Im allgemeinen wird der seit Jahrhunderten bestehende Verwaltungszentralismus für dieses Ungleichgewicht verantwortlich gemacht. Dieser hat mit der politischen Macht alle wichtigen Verwaltungs-, Bildungs-, Forschungs- und Wirtschaftsfunktionen auf Paris konzentriert und der Provinz entzogen und damit eine eigenständige regionale Wirtschaftsentwicklung behindert. Das sternförmig von Paris ausgehende Verkehrsnetz und die demgegenüber nur schwach ausgebildeten regionalen Querverbindungen (vgl. Abbildung 11) sind bis heute Ausdruck dieser zentralistisch geprägten Wirtschaftsstruktur.

Abbildung 10: Sektorale Beschäftigungsstruktur nach Departements (1974)

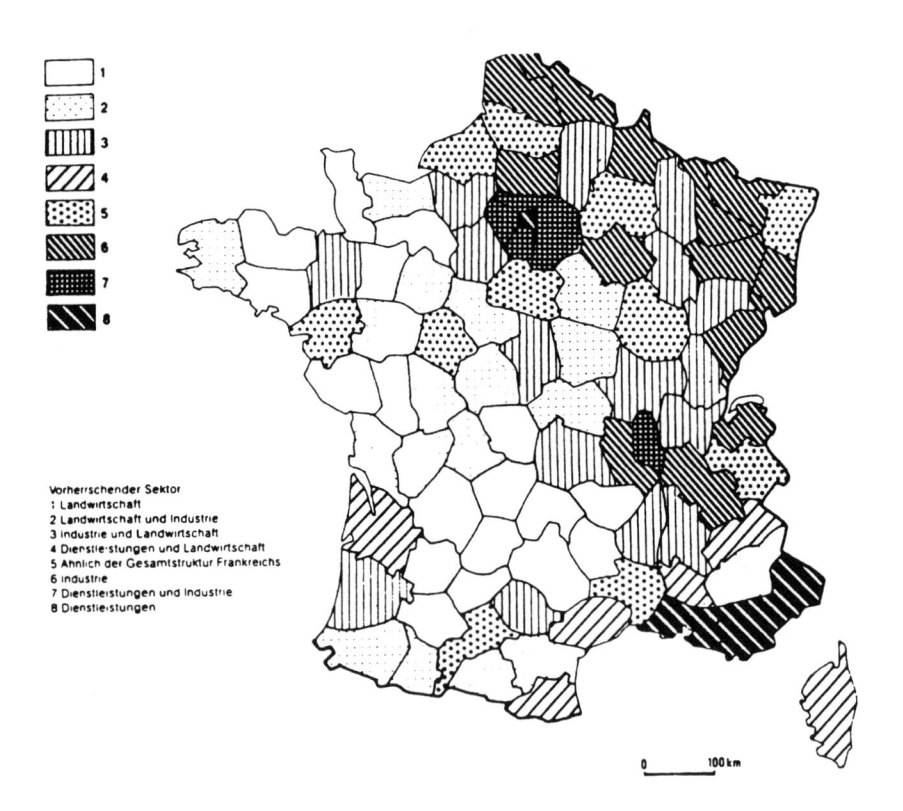

Vorherrschender Sektor
1 Landwirtschaft
2 Landwirtschaft und Industrie
3 Industrie und Landwirtschaft
4 Dienstleistungen und Landwirtschaft
5 Ähnlich der Gesamtstruktur Frankreichs
6 Industrie
7 Dienstleistungen und Industrie
8 Dienstleistungen

Quelle: *Noin* 1976, 140.

Abbildung 11: Verkehrsströme in Frankreich anhand der großen Eisenbahnverbindungen

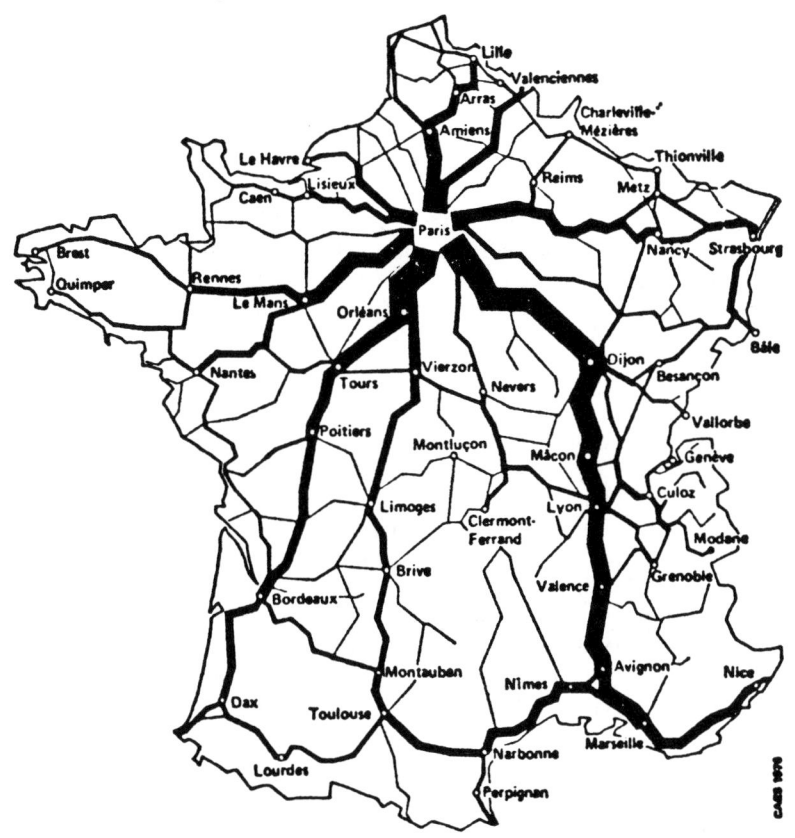

Anmerkung: Die Breite der Verbindungslinien entspricht der Bedeutung der Verkehrsströme
Quelle: *Monod* 1991, 29

Auch hier hat die Modernisierung und Industrialisierung nach 1945 zu einer Verstärkung des ohnehin bestehenden Entwicklungsgefälles beigetragen. Der Pariser Großraum wurde zu einem der bevorzugten Zentren der industriellen Entwicklung (vor allem in der Elektro-, Automobil- und chemischen Industrie) und zog überdies die hochwertigen Dienstleistungsfunktionen an sich (außer den zentralen Verwaltungsspitzen die wichtigsten Universitäten, Elite-Hochschulen und Forschungsstätten, die Konzernzentralen der Unternehmensgruppen, die Banken und Versicherungen und vieles mehr).

Die extreme wirtschaftliche Konzentration auf eine Region, die auf einem Fünfzigstel des französischen Territoriums ein Fünftel der Bevölkerung und ein Viertel der nationalen Wirtschaftsleistung auf sich vereinigt, brachte – und bringt – eine Reihe von Problemen für den Pariser Großraum mit sich: Umwelt- und

Verkehrsbelastungen, Mangel an Wohnungen und an Raum für neue wirtschaftliche Aktivitäten sind nur einige der Schwierigkeiten, die die Entwicklung des Pariser Großraums beeinträchtigen.

Probleme der altindustrialisierten Regionen

Die Probleme der regionalen Wirtschaftsstruktur wurden in den siebziger und achtziger Jahren durch eine weitere Komponente bereichert. Die altindustrialisierten Gebiete im Norden, in Lothringen und teilweise im Pariser Großraum wurden von der 1973 ausgebrochenen weltwirtschaftlichen Krise erfaßt, weil sie in hohem Maße von denjenigen traditionellen Industriezweigen abhängig waren, die von der Strukturanpassungskrise erfaßt wurden. Ähnlich wie im Ruhrgebiet in Deutschland verkehrten sich frühere Pole der wirtschaftlichen Entwicklung und des Reichtums in Problemgebiete mit massiver Arbeitslosigkeit, deren häufig extreme Abhängigkeit von „Krisenindustrien" sich nunmehr als entscheidendes Handicap der regionalen Wirtschafts- und Beschäftigungsstruktur erwies.

2.4.2 Die Raumordnungspolitik

Da der in den fünfziger Jahren einsetzende wirtschaftliche Strukturwandel die erwähnten regionalen Ungleichgewichte zunächst weiter verschärfte, versuchte der Staat relativ früh, die Entwicklung in gewünschte Bahnen zu lenken.

In den fünfziger Jahren ging es zunächst fast ausschließlich darum, eine drohende „Verstopfung" des Pariser Raumes zu verhindern. Ab 1955 wurden Neuansiedlungen oder Erweiterungen von Betrieben ab einer gewissen Größenordnung einem Genehmigungsvorbehalt unterworfen bzw. mit Gebühren belegt – eine Praxis, die später, ab den siebziger Jahren, schrittweise gelockert und 1985 ganz aufgegeben wurde. Positive Anreize für Industrieansiedlungen in der Provinz fristeten demgegenüber zunächst ein Schattendasein. Dies änderte sich erst zu Beginn der sechziger Jahre, als die Notwendigkeit einer verstärkten planerischen Beeinflussung der räumlichen Auswirkungen der beschleunigten Industrialisierung erkannt wurde. Nunmehr begann die Erarbeitung einer umfassenden Raumordnungspolitik, die eine gleichgewichtigere regionale Wirtschafts- und Siedlungsentwicklung zum Ziel hatte und den oben geschilderten Verzerrungen energischer entgegenwirken wollte.

Raumordnungsbehörde DATAR

Mit der Gründung einer zentralen Raumordnungsbehörde, der DATAR (*Délégation à l'aménagement du territoire et à l'action régionale*) wurde 1963 eine kleine, aber flexible und hochqualifizierte Behörde geschaffen, die ähnlich wie das Plankommissariat (vgl. Kapitel 2.2.3) direkt dem Premierminister zugeordnet war, die übergreifende Zielsetzungen der Raumordnungspolitik entwickelte und diese gegenüber den einzelnen Ministerien durchsetzen sollte.

Die DATAR erhielt diverse, im Laufe der Zeit weiter ausgebaute Instrumente zur Verwirklichung ihrer Ziele: An erster Stelle steht dabei die Verfügung über eigene Interventionsfonds, die sie entweder zweckgebunden für bestimmte Ziele (zur Zeit z.B. Beschäftigungspolitik in ausgewählten Problemzonen, Strukturanpassung in Bergbaugebieten, wirtschaftliche Entwicklung der Bergregionen) oder aber frei für ihre Ziele verwenden kann. Darüber hinaus hat die DATAR eine Reihe von Organisationen geschaffen, die in bestimmten Bereichen ihre Politik „vor Ort" umzusetzen helfen, und sie hat in ausgewählten Staaten Büros eingerichtet, die ausländische Investoren zur Ansiedlung in Frankreich veranlassen sollen.

Mit der Intensivierung der Raumordnungspolitik entstand ein System von Anreizen (staatliche Prämien für Investitionen in benachteiligten Gebieten) und Verboten bzw. Einschränkungen (für den Pariser Raum), mit dessen Hilfe die Gewerbe- und Unternehmensansiedlung gerade in den von der Landflucht betroffenen, unterindustrialisierten Gebieten des Südwestens gefördert werden sollte. Die aktuelle Karte der Fördergebiete für industrielle Investitionen (vgl. Abbildung 12) läßt wiederum die traditionelle Spaltungslinie zwischen dem Südwest- und dem Nordostraum erkennen: Fast der gesamte Südwestraum kommt in den Genuß von Förderprämien, wobei das Zentralmassiv, die Pyrenäen und einige kleinere Gebiete besonders stark gefördert werden. Neu seit den siebziger Jahren sind die Fördergebiete im nördlichen und nordöstlichen Grenzgebiet (Nord-Pas-de-Calais, Ardennen, Lothringen), die unter den Struktureinbrüchen der traditionellen Schwerindustrien zu leiden haben (Kohleförderung, Eisen- und Stahlindustrie, teilweise Werften und Textil- und Bekleidungsindustrie).

Anreize und Verbote

Inhaltliche Schwerpunkte der so politisch erheblich aufgewerteten Raumordnungspolitik waren in den sechziger Jahren zum einen eine gleichgewichtigere wirtschaftliche Entwicklung zwischen dem Südwesten, dem Nordosten sowie dem Pariser Großraum (Ausweitung der Genehmigungspflicht für Unternehmensansiedlungen im Pariser Raum; Ausweitung und Systematisierung der regionalen Investitionsprämien), zum anderen die Suche nach einem gleichgewichtigeren Städtenetz: als Gegengewicht zum überragenden Gewicht des Pariser Ballungsraums sollten acht „Gleichgewichtsmetropolen" (*métropoles d'équilibre*)[23] vorrangig gefördert werden. Schließlich entwickelten sich die Regionen allmählich zu raumordnungspolitischen Partnern des Zentralstaates; nach der gescheiterten Regionalreform de Gaulles 1969 erfolgte 1972 eine erste begrenzte Reform, die die Regionen nunmehr zu eigenen Akteuren neben den Städten und Departements machte.

In den siebziger Jahren erfolgte ein Niedergang der Raumordnungspolitik und ein Wandel ihrer Grundorientierung. Mit der weltweiten Wirtschaftskrise und dem Ende des seit 1945 scheinbar ungebrochenen Wachstums verschlechterten sich die Rahmenbedingungen. War früher die Korrektur räumlicher Disparitäten Hauptziel der Raumordnungspolitik gewesen, so wurde sie unter dem Eindruck von massiven, häufig regional konzentrierten Beschäftigungseinbrüchen in die Rolle einer „Feuerwehr für soziale Brände" abgedrängt. Das Ziel des räumlichen Gleichgewichts (und einer entsprechenden Privilegierung der schwächeren Gebiete) geriet immer mehr in Konflikt mit dem verschärften europäischen Standortwettbewerb (der nunmehr eine Förderung der bereits starken Regionen wie dem Pariser Raum nahelegte).

Niedergang der Raumordnung

Weitere Faktoren trugen dazu bei, die „glorreiche" Raumordnungspolitik der sechziger Jahre zu entwerten: Der zentralistische Interventionismus, der die Ära de Gaulle in der Wirtschafts- und Sozialpolitik ausgezeichnet hatte, wich zunächst unter Giscard, ab 1983 auch unter Mitterrand liberaleren Grundsätzen. In einer Zeit, die vor allem in den achtziger Jahren durch den generellen Rückzug

---

23 Es handelte sich um die Städte bzw. Ballungsgebiete Lille/Roubaix/Tourcoing, Metz/Nancy, Straßburg, Lyon/Saint-Etienne/Grenoble, Marseille, Toulouse, Bordeaux sowie Saint Nazaire/Nantes. Später wurden auch Dijon, Nizza, Clermont-Ferrand und Rennes den „Gleichgewichtsmetropolen" gleichgestellt.

des Staates aus dem Wirtschaftsleben geprägt war, schien für eine voluntaristische Steuerung der räumlichen Entwicklung offenkundig kein Platz mehr.

Ferner weitete die von den Sozialisten 1982 begonnene Dezentralisierung die Rolle der Gebietskörperschaften (Regionen, Departements, Kommunen) in Fragen der Städte- und Raumplanung sowie der Regionalpolitik erheblich aus und sorgte damit ihrerseits dafür, daß eine zentralstaatlich gelenkte Raumordnungspolitik „von oben" wie in den sechziger Jahren zunehmend obsolet wurde. Schließlich schränkte in ähnlicher Weise die wachsende internationale Verflechtung der französischen Wirtschaft und die fortschreitende europäische Integration (Binnenmarkt, Intensivierung der EU-Regionalpolitik) den Handlungsspielraum der nationalen, zentralstaatlichen Raumordnungspolitik weiter ein.

Abbildung 12: Fördergebiete der Raumordnungspolitik (Prämien für Industrieansiedlungen)

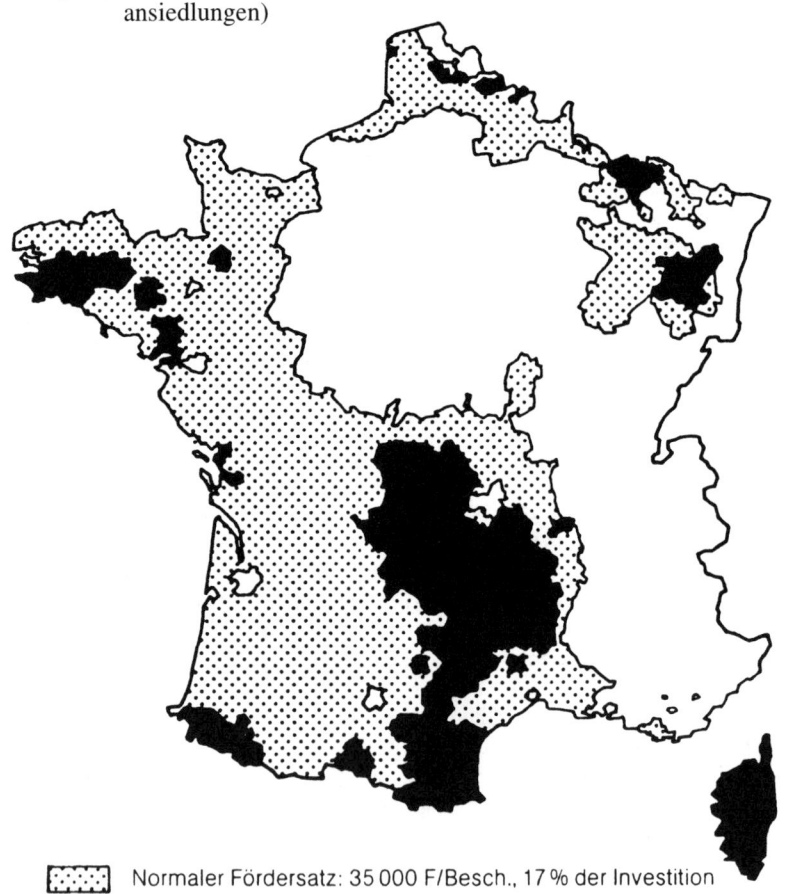

Normaler Fördersatz: 35 000 F/Besch., 17 % der Investition
Erhöhter Fördersatz: 50 000 F/Besch., 25 % der Investition

Quelle: *Monod* 1991, 54

Gegenüber diesen Tendenzen gab es 1993/94 einen neuen Anlauf des Innen- und Raumordnungsministers Charles Pasqua, die Raumordnungspolitik wieder aufzuwerten und die Fähigkeit des Zentralstaates, einen regionalen Finanzausgleich sowie eine gleichgewichtigere territoriale Entwicklung in Frankreich zu erreichen, zu stärken. Wenngleich dieser Versuch einer Renaissance der Raumordnungspolitik bislang nur wenig konkrete Ergebnisse erbrachte, hat er eine Reihe wichtiger, ungelöster Fragen thematisiert und damit erneut auf die Tagesordnung gesetzt: die Notwendigkeit einer Raumplanung in einer sich liberalisierenden Wirtschaft, die Klärung der Verantwortung zwischen Staat und Gebietskörperschaften und die Frage der nationalstaatlichen Steuerungsfähigkeit im Rahmen der europäischen Marktintegration.

2.4.3 Veränderungen der regionalen Wirtschaftsstruktur

In den vergangenen zwei Jahrzehnten hat sich das traditionelle Bild der regionalen Ungleichgewichte deutlich verändert und differenziert. Die alten Spaltungslinien (Paris – Provinz; Südwest – Nordost) sind nicht verschwunden, haben sich aber teilweise deutlich abgemildert und sind durch andere Entwicklungen überlagert worden. Zu diesen Entwicklungen zählen z.B.:

- die erwähnte massive Anpassungskrise der Industrie, die vor allem altindustrialisierte Gebiete im Norden und Osten getroffen hat;
- Teilerfolge der Raumordnungspolitik, mit deren Hilfe im Südwestraum industrielle Ansiedlungen entstanden sind, die die frühere industrielle Unterentwicklung dieser Gebiete zumindest teilweise überwunden haben;
- die Dezentralisierungspolitik seit 1982, die die Departements und Regionen in die Lage versetzt hat, durch gezielte Wirtschafts- und Technologieförderung eigenständige Anstöße zur regionalen Entwicklung zu geben;
- vor allem aber eine veränderte Entwicklungslogik, die sich seit 1974 durchzusetzen begann und deren Auswirkungen auf die räumliche Wirtschaftsentwicklung spürbar werden.

Die industrielle Entwicklung vor 1974 war von großen Unternehmen beherrscht, die in den Sektoren der Massenfertigung von Konsumgütern tätig waren. Suche nach Kostenvorteilen durch tayloristische Arbeitsorganisation (vgl. Kap. 2.3.2, Fußnote) und durch Trennung der Funktionen waren vorherrschend und begünstigten eine hierarchische regionale Arbeitsteilung: Die hochqualifizierten Führungs- und Forschungsaufgaben waren im Pariser Raum konzentriert, die qualifizierten Produktionsstätten in den traditionsreichen Industrieregionen, während die weniger qualifizierten Produktionstätigkeiten (z.B. Fließbandfertigung) sich in den Regionen rund um den Pariser Großraum, aber auch im Westen ansiedelten (sie waren häufig Ergebnis der politisch gewollten Verlagerung von industrieller Produktion in die weniger industrialisierten Gebiete).

Seit der vor zwei Jahrzehnten einsetzenden industriellen Anpassungskrise, der zunehmenden Verlagerung von standardisierten Produktionen in Niedriglohnländer, der zunehmenden „Tertiarisierung" und Flexibilisierung der Industrie und der damit einhergehenden Veränderung ihrer Produktionsweisen und Pro-

Neue regionale Entwicklungslogik

dukte hat sich die Entwicklungslogik der Industrie verändert, mit entsprechenden Konsequenzen für die regionale Struktur:

„Die neue Strukturierung des Raumes ist heute zugleich an die Entwicklung ... vor allem der innovativen Klein- und Mittelunternehmen und an die Restrukturierungen der großen Unternehmen gebunden: Schließung von Produktionsanlagen und Schaffung kleinerer Einheiten, die sich auf hochtechnologische Produkte spezialisieren und für die nicht mehr die Suche nach den geringsten Produktionskosten ... entscheidend ist, sondern vielleicht mehr die Art des regionalen Milieus, zu dessen hauptsächlichen Elementen das Ausbildungsniveau, die Qualität und das know-how der Arbeitskräfte, die soziale und industrielle Tradition, spezifische regionale Qualitäten, der regionale Gestaltungswille und Zusammenhalt zählen."
(*Alvergne* et al. 1993, 46)

Differenziertere Regionalstruktur

Daraus hat sich eine gewisse Neuverteilung der regionalen Entwicklungschancen ergeben. Auf jeden Fall ist die regionale Wirtschaftsstruktur differenzierter geworden. Heute werden die französischen Wirtschaftsräume nach ihren Entwicklungspotentialen in einer mehrfachen Hierarchisierung unterteilt in:

- Entwicklungspole: dazu zählen der Pariser Großraum (Region Ile-de-France) sowie die beiden Regionen Rhône-Alpes mit der Hauptstadt Lyon im Südosten und Provence-Alpes-Côte-d'Azur (PACA) mit Marseille am Mittelmeer.
- Regionen mit hohem eigenen Entwicklungspotential, die einen Kern hochqualifizierter Dienstleistungsbereiche aufweisen: der Südwestraum (Languedoc-Roussillon, Midi-Pyrénées, Aquitaine) sowie das Elsaß.
- Dynamische Regionen, die Nutznießer der industriellen Dekonzentrationsmaßnahmen seit den sechziger Jahren waren und denen gute Entwicklungschancen eingeräumt werden: Bretagne und Pays de la Loire im Westen sowie die Region Centre im weiteren Einzugsbereich des Pariser Großraums.
- „Passive" Regionen, die strukturelle Schwächen wie einen geringen Anteil von Dienstleistungsfunktionen und eine wenig qualifizierte Produktion aufweisen: in dieser Lage befinden sich fast die Hälfte der französischen Regionen.
- Absteigende Regionen mit hohem Anteil an traditionellen „Krisenindustrien", die Mühe haben, ihre Wirtschaft zugunsten neuer Aktivitäten umzustrukturieren: die Regionen Nord und Lothringen (*Alvergne* et al. 1993, 48-54).

2.4.4 Die Region: ein neuer wirtschaftspolitischer Akteur

Im zentralistischen Staats- und Verwaltungssystem Frankreichs standen dem Zentralstaat seit der Französischen Revolution 1789 nur die Departements und die Kommunen als örtliche Gebietskörperschaften gegenüber. Die Herausbildung größerer Regionen wurde demgegenüber stets unterdrückt (vgl. Kapitel 1.5.1). Allerdings benötigte der Staat im Zuge der Modernisierungspolitik nach 1945 und zur Lösung der oben angesprochenen regionalen Entwicklungsprobleme Partner, die seine Politik vor Ort umsetzen konnten. Die Departements waren dazu nicht geeignet, da sie zu klein waren. Daher hat sich nach 1945 eine neue regionale Handlungsebene unaufhaltsam etabliert: die Notwendigkeit wirksamer regionaler Wirtschaftsentwicklung konnte sich gegen zähe Widerstände etablierter Interessen (örtliche Notabeln und Vertreter der zentralstaatlichen Bürokratie) und jakobinisch-zentralistischer Politiker Schritt für Schritt durchsetzen (*Kukawka* 1993).

In den fünfziger Jahren wurden erstmals 22 Programmregionen (*régions de programme*) zur örtlichen Umsetzung staatlicher Programme geschaffen. Sie hatten zunächst einen rein verwaltungstechnischen Charakter. 1959 erhielten sie den Status einer Verwaltungsregion; 1964 wurde für jede Region ein Regionalpräfekt als Vertreter des Zentralstaates mit der Vorbereitung und Durchführung des regionalen Entwicklungsplanes im Rahmen der *Planification* betraut. Im gleichen Jahr wurden mit den regionalen Kommissionen zur wirtschaftlichen Entwicklung (*Commissions de développement économique régional*, CODER) erstmals beratende Körperschaften geschaffen, die die Interessen und Standpunkte der örtlichen Notabeln, Verbandsvertreter und Mandatsträger gegenüber dem Zentralstaat bzw. dem Regionalpräfekten artikulieren sollten.

Aufstieg der Regionen

Eine erste Regionalreform 1972 gab den Regionen einen verbesserten rechtlichen Status: sie waren nunmehr eine öffentliche regionale Einrichtung (*établissement public régional*), womit sie aber immer noch nicht den Departements und Gemeinden gleichgestellt waren. Dennoch: Erstmals traten die Regionen als eigenständiger, wenngleich bescheidener Akteur auf. Ihre Kompetenz wurde als „Beitrag zur ökonomischen und sozialen Entwicklung der Region" weit gefaßt, was sich in der Praxis aber auf wesentlich begrenztere Befugnisse beschränkte. Ihre wesentliche Aufgabe bestand in der Mitwirkung an der Realisierung größerer Infrastrukturvorhaben von direktem regionalem Interesse. Weiterhin behielt in jeder Region der Zentralstaat in Gestalt des Regionalpräfekten die eigentliche Entscheidungsvollmacht; der indirekt gewählte Regionalrat als Vertretung der Bürger hatte in den wesentlichen Fragen der Regional- und Raumordnungspolitik nur ein Beratungs- und Anhörungsrecht.

Damit hatte eine halbherzige Reform der Region erstmals einen öffentlichen Status verschafft, gleichzeitig aber auch in ihren Kompetenzen eng begrenzt und die herkömmlichen Rollen von Departements und Kommunen nicht angetastet. Erst die Dezentralisierung von 1982 etablierte die Region endgültig als vollwertige, den Departements und Gemeinden gleichgestellte (ihnen aber nicht übergeordnete) Gebietskörperschaft (*collectivité territoriale*). Ein direkt vom Volk gewählter Regionalrat (*Conseil régional*) wurde als neue Vertretungskörperschaft jeder Region geschaffen. Ihr jeweiliger Vorsitzender (*président du conseil régional*) wurde gleichzeitig zum Chef der (im wesentlichen neu aufzubauenden) Regionalverwaltung.

Die Regionen verfügen nunmehr über eigenständige Verwaltungs- und Finanzressourcen sowie über erweiterte Kompetenzen im Bereich der regionalen Wirtschaftsförderung. Sie sind zuständig für die regionale Wirtschaftsentwicklung und Raumordnung, die regionale Umsetzung des Planes im Rahmen der *Planification*, die berufliche Aus- und Weiterbildung in der Region sowie für den Bau, die Ausstattung und die Verwaltung der Gymnasien in ihrem Bereich. Damit wurde ihre Rolle als eigener wirtschaftspolitischer Akteur, die sich in den vergangenen Jahrzehnten de facto bereits herausgebildet hatte, auch offiziell anerkannt und festgeschrieben.

Neue Kompetenzen seit 1982

„Das Dezentralisierungsgesetz vom 2. März 1982 weist der Region eine besondere Rolle zu, indem es die Kompetenz dieser Gebietskörperschaft für ‚wirtschaftliche Entwicklung und Raumordnung' in ihrem Planungsraum erstmals institutionalisiert. Die Regionen haben diese neue

Kompetenz in vielfältiger Weise ausgeschöpft: durch Mitfinanzierung von Ausrüstungsinvestitionen, durch die Förderung regionaler Entwicklungsgesellschaften, durch ihre Beteiligung bei der Verkehrswegeplanung, durch ihre Mitwirkung bei der Flächensteuerung und durch die Vergabe von direkten Wirtschaftshilfen, die ausschließlich in ihrem Kompetenzbereich liegen:

– eine Regionalhilfe zur Förderung neugegründeter Unternehmen (Prime Régionale à la Création d'Entreprise, PRCE);
– eine Beschäftigungsförderung (Prime Régionale à l'Emploi, PRE) zur Neuschaffung, Ausweitung oder Umstellung von Arbeitsplätzen vor allem bei kleineren und mittleren Unternehmen;
– Zinsvergünstigungen bei langfristigen Krediten, die für arbeitsplatzschaffende Maßnahmen eingesetzt werden, oder bei mittelfristigen Innovationskrediten vor allem für kleine und mittlere Unternehmen." (*Neumann/Uterwedde* 1994, 97)

Planverträge Staat-Regionen

Die Verknüpfung zwischen Zentralstaat und Regionen bei wichtigen Investitionsvorhaben erfolgt in den sogenannten Planverträgen (*contrats de plan*), die im Rahmen der *Planification* für die jeweilige vierjährige Laufzeit vereinbart werden. In diesen Planverträgen einigt sich der Staat mit jeder Region auf vorrangige Aktionen und ihre gemeinsame Finanzierung. Dies betrifft die Bereiche

– Förderung der Wettbewerbsfähigkeit der Unternehmen in der betreffenden Region,
– Beschäftigungsförderung,
– Infrastrukturausstattung, insbesondere bei Bildungs- und Forschungseinrichtungen,
– Transport, Verkehr und Kommunikation.

Die im Rahmen der Planverträge vereinbarten Investitionen betrugen für den IX. Plan (1984-88) insgesamt 68 Mrd. Francs (davon übernahmen der Staat 42 Mrd. und die Regionen 26 Mrd. Francs). Diese Summe steigerte sich vier Jahre später auf 101 Mrd. Francs; der Anteil der Regionen steigerte sich mit 46 Mrd. Francs (Zentralstaat: 55 Mrd. Francs) erheblich.

Mit den Planverträgen ist ein Programm- und Finanzierungsverbund zwischen Zentralstaat und Regionen entstanden, der zum wichtigsten Steuerungsinstrument raumwirksamer Politik in Frankreich geworden ist. Zwar hat der Zentralstaat in diesem Verbund nach wie vor eine beherrschende Rolle. In dem Maße aber, wie die Regionen ihre finanzielle und personelle Austattung und ihre Sachkompetenz verbessern konnten, haben sie es vermocht, zunehmend eigenständige Akzente zu setzen (*Neumann/Uterwedde* 1994, 101f.).

Gemischte Bilanz

Die vorläufige Bilanz nach 15 Jahren Dezentralisierung fällt gemischt aus. Die Regionen, jüngste Gebietskörperschaft in Frankreich, haben sich ihre Verwaltung und die Instrumente ihrer Politik zunächst neu schaffen müssen. Daran gemessen, haben sie sehr schnell eine Rolle als wichtigster dezentraler wirtschaftspolitischer Akteur finden können. Erste Analysen der Politik regionaler Wirtschaftsförderung durch die Regionen ergeben, daß die Regionen vielfältige Interventionsformen gefunden haben (so wurden Ende der achtziger Jahre nicht weniger als 149 verschiedene Fördermaßnahmen zur regionalen Wirtschaftsentwicklung gezählt) und daß ihre Ausgaben für regionale Wirtschaftsförderung sich allein zwischen 1984 und 1989 verdreifacht haben (von 1 auf 3 Mrd. Francs) – das ist eine überdurchschnittliche Steigerung im Vergleich mit den übrigen Gebietskörperschaften. Vor allem aber sind in vielen Regionen deutliche Ansätze einer eigenständigen regionalen

Standortpolitik zu erkennen, die das Profil der Region verbessern will und sich dazu einer vielfältigen Palette von Instrumenten bedient (*Morvan* 1993).

Die Regionen haben auch begonnen, transnationale Kooperationsbeziehungen mit anderen europäischen Regionen einzugehen, die sich auf wirtschaftliche Zusammenarbeit, Forschung und Entwicklung u.a.m. erstrecken. Ein in dieser Hinsicht richtungsweisendes Beispiel ist die 1986 geschlossene Partnerschaft zwischen der Region Rhône-Alpes, dem Land Baden-Württemberg, der Lombardei (Italien) sowie Katalonien (Spanien).

Tabelle 18: Wirtschaftliche Kennzahlen der Regionen

	Bevöl-kerung	Wert-schöpfung	BIP[1] je Einw.	AL[2]-Quote	Beschäftigungsstruktur		
					Land.	Ind.	Dienst.
	(in 1000)	(Mrd.FF)	(in FF)	(in%)	(in%)	(in%)	(in%)
	1993	*1990*	*1989*	*1992*	*1993*	*1993*	*1993*
Alsace	1 649	181,8	111 697	6,0	2,7	38,7	58,4
Aquitaine	2 842	275,0	96 307	11,5	10,2	26,0	63,9
Auvergne	1 317	117,3	87 452	10,2	9,8	32.0	58,1
Bourgogne	1 614	154,8	95 950	9,7	7,9	33,1	58,9
Bretagne	2 828	244,4	87 198	10,1	11,8	26,9	61,4
Centre	2 403	239,0	99 547	9,6	7,0	34,7	58,3
Champagne-Ardenne	1 351	141,8	103 075	10,3	9,2	34,4	56,4
Corse	253	19,3	75 526	10,5	8,2	18,9	72,9
Franche-Comté	1 107	110,2	98 530	8,4	5,8	42,1	52,3
Ile-de-France	10 904	1 790,9	166 038	8,7	0,5	25,8	73,8
Languedoc-Roussillon	2 183	175,1	84 440	14,5	8,3	21,6	70,1
Limousin	718	60,8	83 374	8,9	13,0	27,3	59,8
Lorraine	2 295	208,6	92 223	9,1	3,7	35,7	60,4
Midi-Pyrénées	2 471	226,3	87 324	10,0	10,3	26,7	62,9
Nord-Pas-de-Calais	3 985	350,3	87 287	13,2	3,5	33,1	
Basse-Normandie	1 404	126,1	90 149	9,8	11,5	30,9	
Haute-Normandie	1 760	194,7	107 432	12,1		4,4	36,6
Pays de la Loire	3 112	293,2	94 000	11,1		10,3	
Picardie	1 847	166,8	91 197	10,5		6,1	34,9
Poitou-Charentes	1 617	141,0	86 845	11,7		11,9	
Provence-Alpes-Côte d'Azur	4 375	429,3	99 820	13,1			3,7
Rhône-Alpes	5 495	584,2	107 746	9,6	3,8	35,1	61,1
Frankreich insg.	**57 530**	**6 237,6**	**108 618**	**10,3**	**5,6**	**30,0**	**64,3**

1 Bruttoinlandsprodukt
2 Arbeitslosenquote

Quelle: *INSEE* 1993, passim; Ministère de l'industrie 1994, passim; *INSEE* 1995, 13

Auf der anderen Seite bleiben die finanziellen Ressourcen der Regionen – wie aller Gebietskörperschaften – weiterhin begrenzt: Gaben sämtliche Gebietskörperschaften 1989 10,8 Mrd. Francs für wirtschaftliche Fördermaßnahmen aus, so stellte diese Summe gerade ein Zehntel der entsprechenden Subventionen des Zentralstaates dar (*Morvan* 1993, 453). Dazu kommen große Unterschiede zwischen den 22 Regionen, was ihre Größe, ihre Wirtschaftskraft und damit die Möglichkeit zu einer eigenständigen regionalen Entwicklungspolitik angeht (vgl. Tabelle 18). Viele Regionen sind zu klein und zu finanzschwach, um ebenso wie die großen Regionen Rhône-Alpes, Provence-Alpes-Côte d'Azur oder Nord-Pas-de-Calais wirkliche regionalpolitische Akzente setzen zu können.

Widersprüche der Dezentralisierung

Schließlich gibt es auch Unklarheiten und Widersprüche der Dezentralisierung von 1982, die es vermieden hat, zwischen Regionen, Departements und Kommunen klare Kompetenzabgrenzungen vorzunehmen.

„Neben den ohnehin bestehenden ungleich größeren Handlungsmöglichkeiten des Zentralstaats in planerischer und finanzieller Hinsicht und seiner niemals in Frage gestellten grundsätzlichen Entscheidungskompetenz hat sich beispielsweise die vage Kompetenzumschreibung regionaler Zuständigkeit als Schwächung der dezentralen Ebenen (...) erwiesen. So ist insbesondere die Beteiligung der Region bei raumrelevanten Vorhaben der beiden anderen Gebietskörperschaften nicht klar geregelt. Dies führt dazu, daß die Region im Bereich der städtischen und ländlichen Entwicklungsplanung faktisch nicht auftritt. Andererseits muß sich die Region der Ansprüche von Departements und Kommunen erwehren, die sich bei der Erstellung und Verabschiedung der Planverträge nicht ausreichend berücksichtigt sehen.

Noch deutlicher werden diese konkurrenziellen, teilweise blockierenden Beziehungen der dezentralen Akteure im Bereich der lokalen und regionalen Wirtschaftsförderung. Die Dezentralisierungsgesetze legen hier eine Trennung zwischen Region, Departement und Kommune fest, die in der Praxis weitgehend verwischt wurde. (...) Dies führt dazu, daß jede lokale beziehungsweise regionale Einheit ihre eigene direkte und indirekte Wirtschaftsförderungspolitik betreibt." (*Neumann* 1994, 379)

Die 1982 eingeleitete Dezentralisierung und die damit vorgenommene neue Rollen- und Kompetenzverteilung ist noch nicht abgeschlossen. So bleibt abzuwarten, inwiefern sich die Regionen als eigenständiger wirtschaftspolitischer Akteur künftig behaupten können.

2.5 Außenwirtschaftliche Verflechtung

2.5.1 Die Handelsverflechtung der französischen Wirtschaft

In Kapitel 2.1. ist bereits darauf hingewiesen worden, daß sich der Wiederaufbau und die erste Phase der Nachkriegsmodernisierung in Frankreich in den fünfziger Jahren unter dem Schutzmantel einer relativ geschlossenen Wirtschaft vollzogen hat. Weite Teile der Wirtschaft waren protektionistisch eingestellt, und hohe Zollmauern schützten die sich entwickelnde Industrie vor der Auslandskonkurrenz. Die Außenhandelsverflechtung, gemessen am Anteil der Ein- bzw. Ausfuhren am Bruttosozialprodukt, entwickelte sich im Vergleich zur Bundesrepublik nur langsam (vgl. Tabelle 19). Zudem war der Außenhandel Frankreichs in den fünfziger Jahren noch weitgehend vom Kolonialreich geprägt: So gingen bis 1958 noch mehr französische Exporte in die geschützten Kolonialmärkte der Franc-Zone (1958: 37,5%) als in die europäischen Nachbarländer (27,2% in die Partnerländer der EWG).

Späte Öffnung der Wirtschaft

Die Öffnung der französischen Wirtschaft, ihre volle Eingliederung in die internationalen Handelsbeziehungen, erfolgte mit Gründung der EWG und dem ab 1959 begonnenen schrittweisen Abbau der Handelszölle zwischen den damals sechs EWG-Mitgliedstaaten. Damit setzte eine Intensivierung der Handelsströme und eine deutliche Zunahme der Handelsabhängigkeit der französischen Wirtschaft ein. Das Ausmaß der gewachsenen Außenverflechtung wird an folgenden Zahlen deutlich: Zwischen 1950 und dem Ende der achtziger Jahre hat sich die französische Wirtschaftsleistung real etwa vervierfacht, während sich der Außenhandel Frankreichs im gleichen Zeitraum verzehnfacht hat.

Gleichzeitig hat eine Umlenkung der Handelsströme stattgefunden: Der Anteil der Franc-Zone, also der früheren Kolonien, an den französischen Exporten sank rapide von 37,5% (1958) auf ganze 10% (1972), während sich gleichzeitig das Gewicht der EWG als Absatzmarkt für französische Exporte von 27,2% (1958, EWG der Sechs) auf 56% (1972, EG der Zwölf) steigerte. Darin spiegeln sich zum einen die Wirkungen der Marktintegration in die Europäische Wirtschaftsgemeinschaft, zum anderen die 1962 abgeschlossene Entkolonisierung wider. Darüber hinaus aber kommen darin zwei langfristig wirkende Trends zum Ausdruck: die Erfolge der industriellen Modernisierung Frankreichs und die wachsende Bedeutung des Handels zwischen den hochindustrialisierten Staaten innerhalb des Welthandels. Anfang der fünfziger Jahre noch wickelte Frankreich nur etwa 40% seines Außenhandels mit Industriestaaten ab; ab Anfang der siebziger Jahrs waren es gut 70%, 1991 gar 80%.

Umlenkung der Handelsströme

Tabelle 19: Außenhandelsverflechtung Frankreichs und der Bundesrepublik

	Frankreich		BR Deutschland	
	Import-quote	Export-quote	Import-quote	Export-quote
1950	10,6	10,6	11,6	8,5
1955	9,7	10,1	13,5	14,3
1960	10,2	11,2	13,9	15,7
1965	10,3	10,0	15,2	15,5
1970	12,8	12,0	15,9	18,3
1975	16,6	16,0	17,8	21,6
1980	18,9	17,3	22,9	23,5
1985	21,8	22,4	25,4	29,5
1990	22,7	22,6	22,8	26,6
1993	20,4	22,6	22,7	23,7

Quelle: Eigene Zusammenstellung und Berechnung nach: Centre Français du Commerce extérieur/BMWi/Tableaux de l'économie française (div. Jahrg.)

Die Modernisierung und die Strukturmerkmale der französischen Wirtschaft werden ebenfalls deutlich, wenn man die Warenstruktur des Außenhandels betrachtet (Tabelle 20):

Warenstruktur des Außenhandels

– Die weiter oben (Kapitel 2.3.1.) schon angesprochene Bedeutung der Landwirtschaft und der mit ihr verbundenen Nahrungsmittelindustrie für die französische Exportwirtschaft kommt deutlich zum Ausdruck: Dieser Bereich hält seit 1960 einen konstanten Anteil von etwa 16% an den französischen Exporten. Demgegenüber ist das Gewicht der Agrarprodukte bei den Importen von einem Drittel (1950) auf weniger als ein Sechstel (1987) gesunken. In dieser Entwicklung spiegeln sich die gewachsene Leistungsfähigkeit der Landwirtschaft und der nachgelagerten Verarbeitungsindustrie

wider, aber auch die Auswirkungen der EG-Agrarpolitik, die ab den sechziger Jahren hohe Erzeugerpreise mit einem Außenschutz und einer Exportförderpolitik verband und besonders den französischen Produzenten zugute kam.
- Der deutlich gesunkene Anteil der Energieimporte ist in erster Linie durch die seit 1974 mehrfach aufgetretenen, erheblichen Preisschwankungen beim Rohöl beeinflußt worden. Deutlich wird dies in den Zahlen für 1980 (als kurz nach dem zweiten „Ölschock" die Importpreise für Rohöl in die Höhe geschossen waren) und 1987 (als sowohl die Rohölpreise wie auch der Dollarkurs stark gesunken waren, was die Ölimporte auf doppelte Weise billiger machte).
- Rund vier Fünftel der französischen Exporte und drei Viertel der Importe bestehen aus industriellen Produkten. Interessant ist aber die Verschiebung der Gewichte innerhalb der Industrie: Die Grundstoffindustrie (in erster Linie Stahl- und Metallerzeugung sowie Grundstoffchemie) und noch stärker die traditionellen Konsumgüterbranchen (u.a. Textil- und Bekleidungsindustrie, Leder- und Schuhindustrie, holzverarbeitende Industrie) haben ihre frühere führende Stellung innerhalb der Exportindustrie eingebüßt. Dafür steigt der Anteil der importierten Konsumgüter.
- Investitionsgüter (Maschinen, Industrieelektronik, Schiff- und Flugzeugbau, Präzisionswerkzeuge u.a.) und Fahrzeuge (Personen- und Lastkraftwagen und Zubehör sowie Schienenfahrzeuge) haben demgegenüber ebenso deutlich an Gewicht gewonnen. Wiederum sind mehrere Faktoren ausschlaggebend: Mit steigendem Reifegrad der industriellen Entwicklung wächst die Bedeutung von Investitionsgütern; außerdem wächst aufgrund der immer höheren Produktspezialisierung und -differenzierung der Handel mit hochwertigen Industrie- und Investitionsgütern zwischen den entwickelten Staaten. Die hohe Bedeutung der Automobilproduktion für die französische Industrie zeigt sich darin, daß sie seit längerem etwa ein Achtel aller Exporte ausmacht; gleichzeitig hat die wachsende Auslandskonkurrenz zu einem deutlichen Anstieg der Importe geführt.

2.5.2 Probleme der Wettbewerbsfähigkeit

Mit der wachsenden Außenhandelsorientierung Frankreichs in den sechziger Jahren wuchsen auch die außenwirtschaftlichen Probleme. Die Handelsbilanz wies ab 1962 permanent ein Defizit (d.h. einen Überschuß der Importe gegenüber den Exporten) auf – Ausdruck der Schwierigkeiten der noch mitten in ihrer Modernisierung stehenden französischen Industrie, ihr Produktangebot preislich und qualitativ so attraktiv zu gestalten, daß es auf den europäischen und weltweiten Märkten wettbewerbsfähig war.

„Ölschock" und Handelsdefizit

Hielten sich die Defizite in den sechziger Jahren noch in relativ engen Grenzen, so änderte sich dies schlagartig mit dem ersten „Ölschock" 1973. Die sprunghaft verteuerten Öleinfuhren rissen ein tiefes Loch in die Devisenkassen des Landes. Zwar gelang es der Industrie im Gegenzug, ihren Exportüberschuß ebenfalls zu steigern: die vermehrten Deviseneinnahmen der erdölfördernden Staaten wurden von diesen zum Teil für Importe von Industriewaren genutzt, und die französische Industrie konnte dieses „Recycling der Petro-Dollars" durch vermehrte Ausfuhren in diese Staaten nutzen (vgl. Abb. 13). Per Saldo stieg dennoch das Handelsbilanzdefizit von (1973) 5,7 Mrd. Francs auf (1974) 35,2 Mrd. Franc steil an. Mit dem zweiten „Ölschock" 1979 erfolgte ein weiterer Sprung von 34,4 Mrd. Francs auf 87,6 Mrd. Francs (1980). In den achtziger Jahren verblieb es zumeist auf diesem hohen Niveau, bevor 1992 erstmals wieder ein Überschuß verzeichnet wurde.

Tabelle 20: Struktur des Außenhandels nach Warengruppen 1950-1993
(alle Angaben in%)

	1950	1960	1970	1980	1990	1994
Exporte	100	100	100	100	100	100
Agrarprodukte	11,1	5,7	7,8	7,1	7,3	5,5
Nahrungsmittel	8,4	9,2	9,0	9,2	9,0	10,0
Energie	4,4	3,9	2,4	4,5	2,7	2,6
Industrie	73,9	81,2	80,8	79,2		
– Grundstoffe	–	30,9	28,9	27,3	24,5	23,8
– Investitionsgüter	–	16,7	23,3	25,4	28,2	28,8
– Fahrzeuge	–	11,1	12,3	13,0	13,4	13,7
– Konsumgüter	–	22,6	16,0	13,5	15,0	15,5
Importe	100	100	100	100	100	100
Agrarprodukte	20,8	24,6	10,1	5,4	4,0	4,2
Nahrungsmittel	12,0	9,6	8,2	6,6	7,0	8,1
Energie	16,8	8,0	12,4	26,9	9,8	7,8
Industrie	50,4	47,8	69,2	61,1		
– Grundstoffe	–	25,6	31,2	25,1	25,9	25,2
– Investitionsgüter	–	13,8	22,4	17,7	26,7	26,6
– Fahrzeuge	–	1,6	5,2	6,1	10,4	11,6
– Konsumgüter	–	6,9	10,6	12,1	16,3	16,4

Quelle: Eigene Zusammenstellung nach C*asanova* 1991, 556f.; *INSEE* 1995, 177.

Abbildung 13: Außenhandelssalden nach Warengruppen (1973-1996)

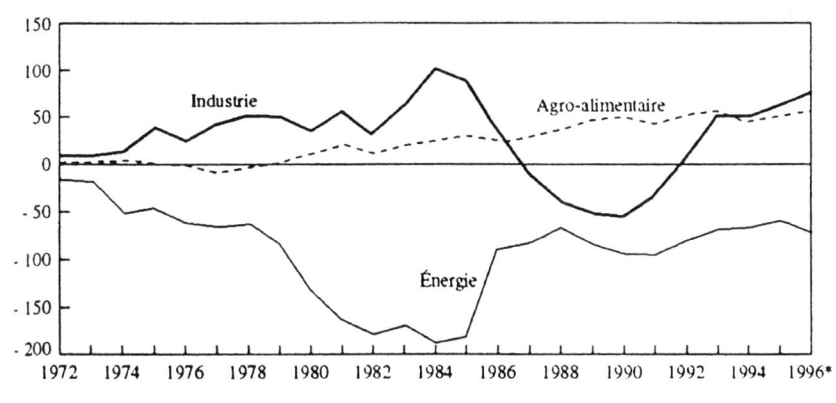

Angaben in Mrd. Francs   * Schätzung
Quelle: *OFCE* 1997, 39

Was sind die Ursachen dieser nahezu ungebrochenen Defizit-Situation des französischen Außenhandels? Der Blick auf Abbildung 13, in der die Entwicklung des Außenhandelssaldos getrennt nach dem Energie-, dem Nahrungsmittel- und dem Industriehandel aufgeführt wird, verweist zunächst auf die infolge der „Ölschocks" verteuerten Energieeinfuhren. In der Tat haben diese einen erheblichen Anteil an den Außenhandelsproblemen. Sie sind allerdings nicht deren eigentliche Ursache. Denn andere westliche Industriestaaten wie die Bundesrepublik, die ebenfalls unter den verteuerten Energieeinfuhren zu leiden hatten, waren in der Lage, sich auf die veränderten Weltmarktbedingungen einzustellen, ihre Industrieausfuhren deutlich zu steigern und konnten ab 1974 sogar ihre Exportüberschüsse erhöhen. Die französische Industrie hat dies nur in unzureichendem Maße geschafft. Sie hatte Probleme, sich auf die veränderten Nachfrage- und Wettbewerbsbedingungen einzustellen – aus Gründen, die schon in Kapitel 2.3.2 erörtert worden sind.

Diese Probleme schlugen sich vor allem in hohen Defiziten beim Handel mit den hochentwickelten Industriestaaten nieder. Die Tabelle 21 verdeutlicht, daß es vor allem die Importüberschüsse gegenüber den OECD-Staaten sind, die für das Defizit der französischen Handelsbilanz verantwortlich waren: Die französische Industrie, belastet mit ihren Strukturschwächen und zusätzlich behindert durch rückläufige Gewinne und Investitionen, hatte Mühe, unter den weltweit veränderten Verhältnissen seit der Krise 1973 – Wachstumsschwäche, dritte technologische Revolution, Verschiebungen in der Nachfrage, verschärfte Konkurrenz zwischen den Industriestaaten, Auftauchen neuindustrialisierter „Schwellenländer" – ihre Wettbewerbsfähigkeit gegenüber den fortgeschrittensten Industriestaaten, d.h. den EG- und OECD-Ländern, zu behaupten.

Tabelle 21: Außenhandelssalden Frankreichs nach ausgewählten Ländergruppen (Überschuß/Defizit jeweils in Mrd. Francs)

	1980	1990	1994
Handelsbilanz insgesamt	-101,1	-124,7	+27,2
OECD	-51,7	-105,22	-3,7
darunter:			
– EG	-21,6	-39,1	+30,7
– Nordamerika	-26,1	-31,6	-16,9
– Japan	-7,1	-29,0	-21,7
Restliche Welt	-54,7	-43,4	+30,9
darunter:			
– Afrika	+11,0	+11,8	+14,0
– Nahost	-57,2	-7,4	+7,4
– Asien	-5,1	-7,5	-3,1
Überseegebiete	+5,4	+23,9	+26,7

Quelle: Eigene Zusammenstellung nach *Problèmes économiques* Nr.2340, 8.9.1993; *INSEE* 1995, 179.

Die Probleme schlugen sich mit einer gewissen Zeitverzögerung auch in der Entwicklung der französischen Marktanteile im Welthandel nieder. Dieser Indikator, der den Anteil eines Landes an den Gesamtexporten in der Welt bzw. innerhalb einer Ländergruppe mißt, ist ein guter Gradmesser für die Wettbewerbsfähigkeit einer nationalen Wirtschaft. Abb. 14 verdeutlicht, wie die französische Exportindustrie ihren Anteil zunächst noch bis 1979 leicht steigern konnte, bevor dann ein tiefer Einbruch erfolgte. Erst nach dem wirtschaftspolitischen Wechsel von 1983/84 (vgl. dazu Kapitel 2.1.4) setzte in der zweiten Hälfte der achtziger Jahre eine Wende ein. Die seit 1983 allmählich wiedergewonnene Preisstabilität stärkte die Absatzchancen der französischen Produkte ebenso wie die seither erfolgten Restrukturierungen, Rationalisierungen und Produktumstellungen der Industrie. Die seit 1985 mit deutlich steigenden Investitionen spürbare Modernisierung der Produktionsanlagen konnte zwar die Folgen des Investitionsstaus seit 1974 bislang nicht vollständig überwinden, hat aber doch zur Verbesserung der Wettbewerbsfähigkeit beigetragen. Die Exportwirtschaft konnte einen Teil der verlorenen Marktanteile zurückgewinnen (vgl. Abbildung 14), und Anfang der neunziger Jahre erzielte die französische Handelsbilanz erstmals seit langem wieder einen Überschuß.

Man kann davon ausgehen, daß die jüngste Verbesserung der französischen Außenhandelsposition keine vorübergehende Erscheinung ist, die nur auf günstigen konjunkturellen Faktoren beruhen würde. In ihr wird ein Zeichen für eine beginnende strukturelle Verbesserung der internationalen Wettbewerbsfähigkeit gesehen: *Verbesserte Wettbewerbsfähigkeit*

Abbildung 14: Entwicklung der Marktanteile französischer Exporte
(in % der Gruppe der acht wichtigsten Exportstaaten)

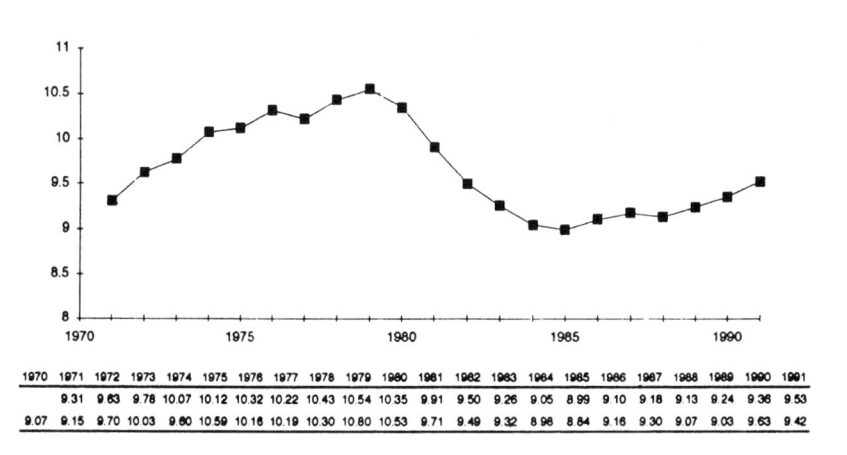

1970	1971	1972	1973	1974	1975	1976	1977	1978	1979	1980	1981	1982	1983	1984	1985	1986	1987	1988	1989	1990	1991
9.31	9.63	9.78	10.07	10.12	10.32	10.22	10.43	10.54	10.35	9.91	9.50	9.26	9.05	8.99	9.10	9.18	9.13	9.24	9.36	9.53	
9.07	9.15	9.70	10.03	9.80	10.59	10.16	10.19	10.30	10.80	10.53	9.71	9.49	9.32	8.98	8.84	9.16	9.30	9.07	9.03	9.63	9.42

Quelle: *Taddéi/Coriat* 1993, 43

„Diese Verbesserung ist auch die Folge struktureller Veränderungen unseres Außenhandels: Gewinne an Preis-Wettbewerbsfähigkeit (...), aber auch Restrukturierung unserer Exportwirtschaft und sich abzeichnende neue sektorale und geographische Spezialisierungen. So drückt sich die wachsende Internationalisierung der französischen Unternehmen in einer regelmäßigen Steigerung ihrer Exportquoten aus: Die französischen Industriellen exportieren heute im Durchschnitt ein Viertel ihres Umsatzes gegenüber nur 20% vor zehn Jahren. (...)

Die massive Reorientierung unseres Außenhandels hin zu unseren Partnern der Europäischen Gemeinschaft hat es uns erlaubt, von der Handelsöffnung der in den achtziger Jahren neu hinzugekommenen EG-Mitgliedstaaten, ebenso wie von der deutschen Einheit, voll zu profitieren."[24]

Dennoch ist die Beurteilung der Wettbewerbsfähigkeit der französischen Industrie in den kommenden Jahren zurückhaltend. Die französische Diskussion sieht Probleme im Bereich der unausgewogenen mittelständischen Unternehmensstruktur, der unzureichenden unternehmerischen Forschungs- und Entwicklungstätigkeit und der ungenügenden Ausrichtung der Unternehmen auf neue Qualitäts- und Umweltstandards. Dies sind Problemfelder, die bereits in Kapitel 2.3.2 und 2.3.4 angesprochen worden sind.

2.5.3 Die Invstitionsverflechtung

Ähnlich wie die Handelsverflechtung war die Investitionsverflechtung der französischen Wirtschaft nach 1945 nur gering ausgebildet und entwickelte sich langsam. Erst mit Gründung der Europäischen Wirtschaftsgemeinschaft 1958 verstärkten sich die *ausländischen Investitionen in Frankreich*. Der Aufbau eines großen europäischen Marktes lockte vor allem amerikanisches, später auch japanisches Kapital nach Europa, und Frankreich war in den sechziger Jahren eine besonders schnell wachsende Wirtschaft und von daher attraktiv (vgl. Kapitel 2.1.3). Darüber hinaus waren die Strukturen der mitten in ihrer Modernisierung steckenden französischen Industrie noch wenig gefestigt, was sie besonders durchlässig für ausländische Kapitaldurchdringung machte. Die Haltung der gaullistischen Politik in den sechziger Jahren – deren Ziel der Aufbau einer zusammenhängenden nationalen Produktionsstruktur war (vgl. Kapitel 2.2.5) – war im übrigen überwiegend von dem Bestreben gekennzeichnet, eine Beherrschung wichtiger „strategischer" Sektoren durch ausländische Firmen zu verhindern. Auslandsbeteiligungen über 20% waren genehmigungspflichtig, und es fehlte auch nicht an spektakulären Fällen der Verweigerung durch die Regierung.

Öffnung für ausländische Investoren

Nach 1969 wurden diese Bestimmungen schrittweise gelockert. Der Gedanke, in bestimmten Branchen oder Unternehmen, die für die nationale Wirtschaft als „strategisch" oder lebenswichtig angesehen werden, eine mehrheitliche Auslandskontrolle zu verhindern, spielt weiterhin eine Rolle. Aber heute überwiegt doch das Ziel, ausländisches Kapital anzuwerben, das für Investitionen und die Schaffung von Arbeitsplätzen dringend benötigt wird, und Frankreich als Standort für ausländische Investoren attraktiv zu machen. Auch nationalisierte Unternehmen, deren Existenz bis in die achtziger Jahre unter anderem auch mit dem Schutz vor einer sonst drohenden Übernahme durch ausländische Konzerne begründet worden war, sind mittlerweile für internationales Kapital geöffnet worden: Beispielsweise ist die staatliche Automobilfirma Renault eine Kapitalverflechtung mit dem schwedischen Volvo-Konzern eingegangen, deren Ziel eine (später gescheiterte) Fusion der beiden Gruppen war. Die 1993 wiederaufgenommene Privatisierung eines großen Teils der verstaatlichten Wirtschaft (vgl. dazu Kapitel 2.2.4) setzt im übrigen offen auf ausländische Anleger. Damit

---

24 Commerce extérieur: le retour à l'excédent, in: *Problèmes économiques* Nr.2340, 8.9.1993, S.28.

dürfte sich in den kommenden Jahren die internationale Kapitalverflechtung französischer Unternehmen weiter fortsetzen.

Heute weist die Statistik in Frankreich 2 859 Firmen auf, die unter einer ausländischen Minderheitskontrolle stehen (Auslandsanteil von 20% bis 50% am Kapital) oder mehrheitlich von ausländischen Anteilseignern beherrscht werden (Mehrheitsbeteiligungen von über 50%). In diesen Unternehmen arbeiten insgesamt 766 000 Personen, das entspricht immerhin einem guten Fünftel (22,1%) der französischen Industriebeschäftigten. Ein Viertel der Wertschöpfung und der Investitionen der Industrie Frankreichs steht unter ausländischem Kapitaleinfluß. Damit hat sich die ausländische Durchdringung der französischen Produktionsstruktur seit 1975 weiter verstärkt (vgl. Tabelle 22).

Gewicht des Auslandskapitals

Tabelle 22: Ausländische Beteiligungen in der französischen Industrie nach ausgewählten Branchen (1991) (alle Angaben: Auslandsanteil in %)

Auslandsanteil an:	Beschäftigten	Investitionen	Wertschöpfung
Branchen mit hohem Auslandsanteil:			
Grundstoffchemie	37,4	46,9	40,5
Chemische Endprodukte	47,3	49,2	52,4
Pharmaindustrie	50,9	59,2	56,8
Landwirtschaftliche Maschinen	30,6	39,1	34,8
Werkzeugmaschinen	36,5	43,5	36,9
Datenverarbeitung	55,1	74,8	74,8
Präzisionswerkzeuge	31,6	41,7	35,1
Branchen mit niedrigem Auslandsanteil:			
Eisen- und Stahlindustrie	10,0	8,0	7,5
Schiffbau		2,2[1]	3,4[1]
Flugzeugbau	7,3	4,9	6,3
Lederindustrie	4,3	7,1	5,1
Bekleidungsindustrie	6,9	8,2	7,6
Holzbearbeitung	8,2	22,7	8,6
Möbelindustrie	10,2	11,6	11,2
Industrie-Durchschnitt:			
1991		21,9	26,6
1975		14,0	17,9

1 1990

Quelle: *INSEE* 1992, 93; Ministère de l'industrie 1993, 27

Eine besonders starke Abhängigkeit besteht in der Datenverarbeitungs-Industrie (drei Viertel der französischen Produktion unter ausländischer Kapitalkontrolle), der Chemie und der pharmazeutischen Industrie (je etwa die Hälfte der französischen Produktion) sowie im Werkzeugmaschinenbau, bei landwirtschaftlichen Maschinen und Präzisionsinstrumenten (je etwa ein Drittel). Damit weisen neben dem Chemie- und Pharmasektor vor allem wichtige Bereiche der Investitionsgüterindustrie einen hohen Durchdringungsgrad durch Auslandskapital auf.

Zu den Branchen, in denen Auslandskapital nur eine untergeordnete Rolle spielt, zählen zum einen die Bereiche „strategischer" Bedeutung, in denen verstaatlichte Unternehmen vorherrschen bzw. die Gegenstand besonderer staatlicher Schutzmaßnahmen und industriepolitischer Projekte sind (Stahl, Werften,

Flugzeugindustrie). Zum anderen sind es traditionelle Konsumgüterindustrien, die sich seit längerem in Wachstums- und Umstrukturierungskrisen befinden und wenig attraktiv für Kapitalanleger sind.

Tabelle 23: Direktinvestitionen im internationalen Vergleich 1975-1990 (alle Angaben in Milliarden US-Dollar)

	1975/ 1979*	1980/ 1984*	1985	1986	1987	1988	1989	1990
USA	15,9	9,6	13,2	18,7	31,0	16,2	31,7	36,4
Japan	2,1	4,3	6,5	14,5	19,5	34,2	44,1	48,0
EG	14,0	20,7	23,1	40,6	62,4	76,0	89,1	96,0
- BRD	3,0	3,6	4,9	10,0	9,1	11,4	14,2	22,5
- Frankreich	1,6	2,9	2,3	5,3	8,8	12,7	18,1	26,6
- Großbrit.	6,2	9,3	10,7	17,2	31,4	37,3	35,6	117,5
Andere	2,1	5,0	10,9	12,2	18,1	27,6	24,4	22,4
Insgesamt	34,1	39,6	53,7	86,0	131,0	154,0	189,3	202,8

* jährliche Durchschnittszahlen
Quelle: *Taddéi/Coriat* 1992, 122.

Die *französischen Investitionen im Ausland* entwickelten sich ebenfalls nur langsam und später als in den anderen Industriestaaten. Die überwiegende Binnenmarktorientierung der Wirtschaft in den fünfziger und auch noch sechziger Jahren, die wenig vorangeschrittene Konzentration und die nur allmähliche Bildung großer Unternehmensgruppen in den sechziger Jahren, die Modernisierungsrückstände und strukturellen Schwächen der Industrie sowie die in der Krise ab 1973 drastisch gesunkenen Gewinnspannen der französischen Unternehmen bremsten die aktive Internationalisierung der französischen Wirtschaft. So waren bis zu Beginn der achtziger Jahre französische Unternehmensgruppen nur unterdurchschnittlich an der sich abzeichnenden Internationalisierung des Kapitals, der Herausbildung transnationaler Allianzen und dem Anstieg der Auslands-Direktinvestitionen beteiligt.

Sprunghafter Anstieg der Auslandsinvestitionen

Demgegenüber hat ab Mitte der achtziger Jahre eine neue Entwicklung begonnen. Allein zwischen 1985 und 1990 haben sich die französischen Direktinvestitionen im Ausland verzehnfacht (vgl. Tabelle 23). Zwei Gründe sind für diese sprunghafte Entwicklung verantwortlich: Zum einen führte die ab 1983 durchgesetzte Wende der Wirtschaftspolitik (vgl. Kapitel 2.1.4) dazu, daß die Gewinn- und Finanzsituation der Unternehmen nachhaltig verbessert wurden und daß sich diesen damit neue Spielräume für Investitionen eröffneten. Zum zweiten führte die Perspektive des europäischen Binnenmarktes, dessen Verwirklichung 1985 beschlossen worden war, zu vermehrten Allianzen und Kapitalverflechtungen zwischen europäischen Firmen, an denen sich die französischen Gruppen aktiv beteiligten. In einer wahren Aufholjagd hat so die französische Wirtschaft ihre aktive Internationalisierung durch Produktionsverlagerungen, Filialgründungen, Aufkauf ausländischer Unternehmen usw. verstärkt und so einen Teil ihres diesbezüglichen Rückstandes wettmachen können. Gleichzeitig ist eine Abkehr von der früher vorherrschenden, weitgehend auf Frankreich beschränkten Unternehmensstrategie hin zu einer internationalen, „globalen" Ausrichtung ihrer Aktivitäten vollzogen worden. Nicht wenige französische Konzerne haben sich erfolgreich als weltweit operierende Unternehmensgruppen etablieren können.

Abbildung 15: Bestände an ausländischen Direktinvestitionen nach Herkunftsländern 1982/1989 (in Mrd. US-Dollar)

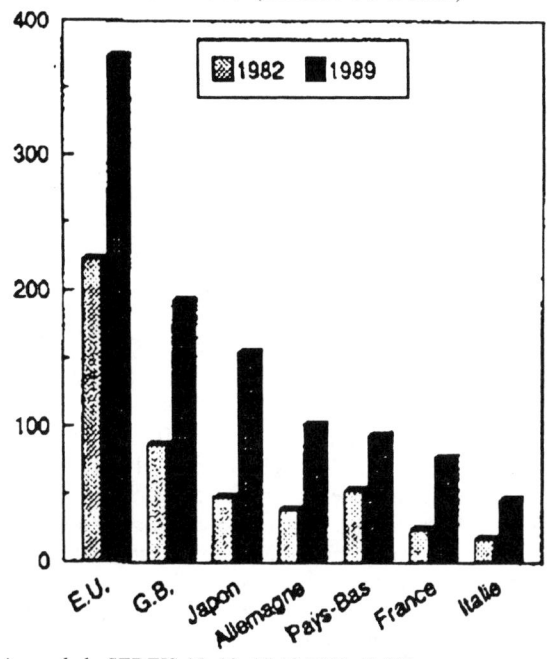

Quelle: *Chroniques de la SEDEIS*, Nr.12, 15.12.1991, S.465

Allerdings dürfen die starken Investitionsflüsse der vergangenen Jahre nicht verdecken, daß die (im Laufe der Jahre kumulierten) Bestände an Auslandsinvestitionen nach wie vor hinter anderen europäischen Staaten zurückliegen (vgl. Abb. 15). Wichtiger als diese quantitative Betrachtungsweise ist die Frage, ob denn die sprunghafte Erhöhung der Auslandsinvestitionen die Wettbewerbsposition französischer Unternehmen verbessert hat. Diese Frage wird von französischen Experten eher zurückhaltend beantwortet. Das teilweise einer Torschlußpanik (vor dem Start des EG-Binnenmarktes) ähnelnde Tempo, mit dem zahlreiche Unternehmen die Versäumisse vergangener Jahre wettmachen und die sich noch bietenden Möglichkeiten zum Einstieg bei ausländischen Partnern nutzen wollten, war zuweilen finanziell riskant und nicht immer Ausdruck einer langfristigen Unternehmensstrategie. Das schnelle externe Wachstum (d.h. Wachstum durch Kapitalbeteiligungen oder den Aufkauf von Filialen) muß ergänzt werden durch qualitative Veränderungen der Unternehmenspolitik, um wirklich die Struktur und die Wettbewerbsfähigkeit französischer Unternehmen auf dem Weltmarkt zu stärken:

„Es bleibt die Tatsache, daß die aktuelle Priorität zugunsten der Internationalisierung, die insbesondere die Form eines beschleunigten externen Wachstums annimmt, häufig andere, nicht minder wichtige Anpassungen der französischen Unternehmen verzögert hat. (...)

Dies erklärt (...) die Langsamkeit der qualitativen Veränderungen, die für die französischen Unternehmen charakteristisch ist. Wenn man sie mit ihren deutschen oder japanischen Konkurrenten vergleicht (...), ist der organisatorische Strukturwandel langsamer und weniger stark." (*Taddéi/Coriat* 1992, 137; 163)

2.5.4 Die europäische Einbindung der französischen Wirtschaft

Die Internationalisierung (im Sinne einer wachsenden internationalen Handels-, Investitions- und Prduktionsverflechtung) und die europäische Einbindung der französischen Wirtschaft im Rahmen der Europäischen Union (EU) haben sich in den vergangenen drei Jahrzehnten verstärkt und in den achtziger Jahren beschleunigt. Weil diese Internationalisierung und Europäisierung eine Wirtschaft betraf, die in vielerlei Hinsicht Entwicklungs- und Strukturschwächen und Wettbewerbsprobleme aufwies, führte sie zu vermehrten Abhängigkeiten Frankreichs und ist daher immer wieder kritisch thematisiert worden.

Kontroverse Beurteilung der Einbindung

So stand die französische Industrie der 1957 gegründeten EWG zunächst skeptisch bis ablehnend gegenüber. In den sechziger Jahren betonte die gaullistische Wirtschafts- und Außenpolitik wiederholt die notwendige „nationale Unabhängigkeit", in deren Namen auch der Schutz der heimischen Wirtschaft vor übermäßiger Auslandsabhängigkeit proklamiert und praktiziert wurde. Weite Teile der Wirtschaft, der Politik und der Öffentlichkeit haben wiederholt das Freihandelsprinzip dem Ziel nationaler Wirtschaftsentwicklung unterordnen wollen. Frankreich öffnete seine Wirtschaft im Rahmen des gemeinsamen Marktes der EG, aber es praktizierte gegenüber Drittstaaten wiederholt Schutzmaßnahmen wie in der Automobilindustrie, wo bis vor kurzem der Anteil japanischer Importe auf 3% des französischen Marktes beschränkt wurde.

Zwar gab es ab Mitte der achtziger Jahre in der Euphorie der Vorbereitung auf den EU-Binnenmarkt eine starke Zustimmung zur europäischen Öffnung und zur entsprechenden Liberalisierung der Wirtschaft. Aber mit den wachsenden Wirtschafts- und Sozialproblemen sowie der Rezession ab Anfang der neunziger Jahre verstärkte sich wieder die Kritik an zu starker außenwirtschaftlicher Verflechtung. Der äußerst knappe Ausgang des Referendums über den Vertrag von Maastricht im September 1992 hat seinerseits verdeutlicht, daß ein großer Teil der französischen Bevölkerung, vor allem in den von Krisen heimgesuchten sozialen Gruppen und Regionen, sich als Opfer eines europäischen Integrationsprozesses sieht und den Rückbezug auf nationale Lösungen sucht. Auch der jüngste Streit um das weltweite GATT-Freihandelsabkommen, das von Frankreich 1993 vor allem wegen der Agrarpolitik monatelang blockiert wurde, deutet in die gleiche Richtung.

Diese Skepsis, teilweise auch dieser Widerstand gegen eine als Bedrohung empfundene Internationalisierung und EU-Einbindung sind auch in anderen Staaten zu finden. In Frankreich haben sie eine lange Tradition und sind wiederholt von unterschiedlichen politischen, sozialen und wirtschaftlichen Kräften mobilisiert worden.

Verflechtung und Abhängigkeit

Realer Hintergrund dieses zwiespältigen Verhaltens gegenüber der wachsenden europäischen und internationalen Verflechtung der Wirtschaft sind die Struktur- und Wettbewerbsprobleme der französischen Wirtschaft, die in Kapitel 2.3 und 2.5.2 ausführlich angesprochen worden sind. Sie haben dazu geführt, daß die durch internationale Verflechtung entstehenden Abhängigkeiten in Frankreich besonders stark zur Geltung kommen und die Spielräume französischer Wirtschaftsentwicklung und -politik empfindlich einengen. Dies soll im folgenden anhand dreier Beispiele aus dem Bereich der allgemeinen Wirtschaftspolitik erläutert werden.

– Die *Abhängigkeit der Konjunkturpolitik:* Nach dem Wahlsieg der Linken 1981 wollte die neue Regierung eine wachstums- und beschäftigungspolitische Initiative starten, um die steigende Arbeitslosigkeit einzudämmen und die nach dem zweiten „Ölschock" 1979 eingetretene Wirtschaftsflaute zu überwinden. Die europäischen Partnerländer verweigerten sich allerdings dem französischen Wunsch nach einer gemeinsamen europäischen Konjunkturbelebung. Das daraufhin im nationalen Alleingang aufgelegte Wachstums- und Beschäftigungsprogramm der Linksregierung brachte nur geringe Erfolge, verstärkte aber zahlreiche Probleme und mußte schließlich 1982/83 abgebrochen werden.

Dafür gibt es im wesentlichen zwei Gründe. Zum einen hatte sich durch die isolierte französische Aufschwungpolitik ein Konjunkturgefälle ergeben, das wiederum die Importe nach Frankreich erhöhte: Das schnellere Wachstum der Nachfrage in Frankreich war für viele europäische Unternehmen eine willkommene Gelegenheit, zusätzliche Geschäfte zu tätigen, die auf den übrigen, stagnierenden Märkten in Europa nicht möglich waren. Damit kam das kostspielig von der französischen Regierung ingang gesetzte Wachstum weniger den französischen Produzenten, sondern in erster Linie ihren ausländischen Konkurrenten zugute: Weil – dies ist der zweite Grund für das Scheitern des Wachstumsprogramms – die französische Industrie aufgrund ihrer Strukturschwächen weniger als ihre Konkurrenten in der Lage war, auf die Nachfrageveränderung zu reagieren und von ihr zu profitieren. Ein nationaler Alleingang der Konjunkturpolitik, so das Fazit dieser Erfahrung, ist wegen der engen Wirtschaftsverflechtung und der Wettbewerbsprobleme der französischen Industrie heute weniger denkbar denn je.

Konjunkturpolitik: eingeengte Spielräume

– Die *währungspolitische Abhängigkeit:* Die Zugehörigkeit Frankreichs zum Europäischen Währungssystem (EWS) seit 1979 brachte ihrerseits Einschränkungen für die nationale Wirtschaftspolitik mit sich. Um den Kurs des Franc im Rahmen des EWS stabil zu halten, sah sich die Regierung gezwungen, die hohe Inflation (sie erreichte Anfang der achtziger Jahre zweistellige Raten) ernsthaft zu bekämpfen. Dieser Zwang stand hinter der Wende der Wirtschaftspolitik von 1983 (vgl. Kapitel 2.1.4): Nach dem Scheitern des Wachstumsprogramms setzte die Regierung auf einen konsequenten Spar- und Stabilisierungskurs, der die Inflation in Frankreich binnen weniger Jahre herunterschraubte und Frankreich heute zu einem der stabilsten Länder gemacht hat.

Kehrseite dieses Erfolges ist allerdings, daß Wachstum und Beschäftigung geopfert wurden. Nach der deutschen Einheit, die in Deutschland die Staatsverschuldung und die Inflation in die Höhe trieb, verkehrten sich die Erfolge der französischen Preisstabilität in ihr Gegenteil: Die Bundesbank setzte die Zinssätze hoch, und weil im EWS die DM eine dominierende Position einnimmt, waren alle anderen EWS-Partner – auch Frankreich – gezwungen, ihre Zinsen ebenso zu erhöhen, obwohl die Lage der französischen Wirtschaft dies nicht erforderte und im Gegenteil niedrigere Zinsen zur Konjunkturbelebung dringend erwünscht waren.

In einem Währungsverbund wie dem EWS und in einer künftigen europäischen Währungsunion, so das Fazit, bestehen enge Zusammenhänge zwischen der Wirtschaftsentwicklung und der Zinspolitik der beteiligten nationalen Staaten; Frankreich und andere EWS-Staaten sind nicht mehr in der Lage, ihre Zinspolitik autonom zu gestalten, sondern sehen sich mehr oder weniger gezwungen, der Politik des stärksten Partners zu folgen.

Abhängigkeit der Zinspolitik

In die gleiche Richtung wirken die Vorbereitungen für die Europäische Währungsunion, deren Start für 1999 vorgesehen ist. Die zur Teilnahme an der Währungsunion vertraglich festgelegten strengen Kriterien, vor allem in Bezug auf die öffentlichen Schulden, wurden von Frankreich Mitte der neunziger Jahre nicht erfüllt. Die Regierung sah sich daher gezwungen, eine harte Sparpolitik zu betreiben und die Defizite in der Sozialversicherung zu beseitigen. Damit wurde ihr Handlungsspielraum für die Bekämpfung der Massenarbeitslosigkeit und die Lösung zahlreicher sozialer Probleme aber empfindlich eingeengt. So ist nach der Stabilitäts- und der Zinspolitik auch die Haushaltspolitik in den Sog der europäischen Einbindungen geraten und entzieht sich immer stärker der nationalen Kontrolle.

So ist es kein Wunder, wenn die französische Öffentlichkeit Sinn und Zweck einer europäischen Einbindung kritisch hinterfragt bzw. offen kritisiert, die ihre stabilitätspolitischen Anstrengungen nicht belohnt und sie schwer erträglichen Belastungen aussetzt.

– *Abhängigkeit von EU-Regeln:* Der EG-Binnenmarkt hat den Abbau zahlreicher nationaler Reglementierungen erzwungen und gerade in Frankreich langjährige staatliche Kontrollen und Interventionen infrage gestellt (vgl. Kapitel 2.2.6). Er hat auch, im Verein mit der EU-Zuständigkeit in der Außenhandelspolitik, dazu geführt, daß Frankreichs Möglichkeiten einer Protektion gewisser Branchen immer enger werden. Im oben erwähnten Fall der Automobilindustrie hat die EU ein Abkommen mit Japan geschlossen, nach dem bis zum Ende des Jahrzehnts die (in Frankreich, Spanien und Italien noch bestehenden) Importbeschränkungen gegenüber japanischen Automobilen schrittweise abgebaut werden. Das Ende 1993 abgeschlossene GATT-Abkommen verpflichtet die EU unter anderem zu einem Abbau der Agrarsubventionen und der subventionierten Agrarexporte in Drittländer, was besonders die französische Landwirtschaft betrifft. Und in der Industrie- und Strukturpolitik unterliegen die staatlichen Subventionen, insbesondere die Finanzspritzen zugunsten nationalisierter Unternehmen, inzwischen einer engen EU-Kontrolle im Hinblick auf ihre Vereinbarung mit einem fairen Wettbewerb.

EU-Regeln und französische Wirtschaftspolitik

Diese Beispiele ließen sich beliebig verlängern. Frankreich hat die meisten der EG-Regeln mitgestaltet und kann im großen und ganzen mit ihnen leben. Aber mehrfach hat sich herausgestellt, daß die überwiegend von marktwirtschaftlichen Grundsätzen geprägten Regeln des EU-Binnenmarktes in Widerspruch geraten zu dem in Frankreich vorherrschenden wirtschaftspolitischen Leitbild. So kommt es immer wieder zu grundsätzlichen Kontroversen zwischen Frankreich und manchen seiner Partner (vor allem Deutschland): Frankreich fordert beispielsweise verstärkte Politiken der EG im Bereich der Außenhandels-, der Industrie- und der Technologiepolitik, die in der Regel bei den Partnern auf wenig Gegenliebe stoßen.

Die Internationalisierung der Wirtschaft und die europäische Integration engen mithin nationale Handlungsspielräume zunehmend ein und stellen die Fähigkeit des Nationalstaates, Lösungen für Probleme zu finden, infrage. Darüber hinaus – dies wurde bereits in Kapitel 2.2.6 bezüglich der Rolle des Staates thematisiert – wird gerade die in Frankreich lange Zeit vorherrschende Rolle des Zentralstaats und seiner Interventionsmuster immer fragwürdiger. Wenn Frankreich sich heute mitten in einem – schwierigen – Umbau und einem Modernisierungsprozeß des Staates befindet, dann ist dies nicht zuletzt auf den Veränderungsdruck zurückzuführen, der von der Außenverflechtung ausgeht.

3 Gesellschaft

René Lasserre/Henrik Uterwedde

3.0 Einleitung

„Modernisierung", „Mutation", „Revolution": Wenn es um die Entwicklung der französischen Gesellschaft nach 1945 geht, werden häufig Formeln benutzt, die nicht einfach einen (mehr oder minder raschen) sozialen Wandel Frankreichs kennzeichnen, sondern vielmehr eine tiefgreifende Umwälzung der Gesellschaftsstruktur signalisieren. In sehr kurzer Zeit hat Frankreich, das noch 1945 das „bäuerlichste" Land unter den großen Industrienationen war, den Sprung zur modernen Industrie- und Dienstleistungsgesellschaft vollzogen. Nun sind die in den folgenden Abschnitten ausführlich behandelten Entwicklungslinien der Tendenz nach auch in Deutschland und den übrigen europäischen Staaten zu beobachten: Landflucht und Urbanisierung, Ausbreitung der Industrie und später des Dienstleistungssektors, des Wohlfahrtstaates und des Massenkonsums, der technischen Modernisierung usw. Insofern fügt sich die französische Nachkriegsmodernisierung in einen langfristigen internationalen Entwicklungstrend ein.

Wo liegen demgegenüber die Besonderheiten des französischen Weges? Zum einen erfaßte die Dynamik der „dreißig glorreichen Jahre" (*Fourastié* 1979) ein Land, das sich bis 1945 durch einen sehr verhaltenen Strukturwandel und eine gebremste wirtschaftliche wie soziale Dynamik ausgezeichnet hatte. Frankreichs Wirtschafts- und Gesellschaftsstruktur war durch zahlreiche traditionelle Züge gekennzeichnet; der Durchbruch zur Industriegesellschaft hatte sich noch nicht wie z.B. in Großbritannien oder Deutschland in allen Bereichen vollzogen. Die von den Entscheidungseliten nach 1945 als notwendig angesehene durchgreifende Modernisierung (vgl. dazu ausführlich 2.0 bis 2.2) bedeutete zunächst Wachstum und gesteigerte Produktivität der Wirtschaft, vor allem aber die endgültige Durchsetzung der Industrialisierung in einem nachholenden, beschleunigten Prozeß. Das damit verbundene hohe Tempo, die Sprunghaftigkeit der Veränderungsprozesse kennzeichnen den französischen Weg nach 1945, auch in den dadurch ausgelösten Brüchen, Widersprüchen und Konflikten.

Nun ist im Ergebnis einer fünfzigjährigen Nachkriegsmodernisierung in vielen Fällen eine Angleichung der französischen Gesellschaftsstruktur an die ihrer wichtigsten Nachbarn eingetreten. Zahlreiche soziale Probleme sind mittlerweile gemeinsame Probleme der europäischen Gesellschaften: das Ende der Wachstumsgesellschaft und die Ausbreitung von Massenarbeitslosigkeit und

Verarmungsprozessen; die wachsenden Finanzierungsprobleme der Sozialversicherung, usw.

Dennoch bleiben charakteristische Eigenarten in der Sozialstruktur. Beispiele, die im folgenden ausführlich behandelt werden, sind: die Binnenstruktur der Unternehmen, was die Arbeitsorganisation, die innerbetrieblichen Hierarchien oder die Führungsstile anbelangt; die Funktionsweise der Verbände (Unternehmerverbände, Gewerkschaften), die Sozialbeziehungen und die Mechanismen der Konfliktaustragung und -regulierung; damit zusammenhängend die ausgeprägte interventionistische Rolle des Staates und der Verwaltung in den Sozialbeziehungen; schließlich das Bildungs- und Ausbildungssystem und die (problematische) Eingliederung junger Menschen in das Berufsleben.

Kurz: In all jenen Bereichen, in denen gesellschaftliche und kulturelle Traditionen, kollektive Verhaltensweisen und soziale bzw. politische Organisations- und Regulierungsformen im Vordergrund stehen, kommt die eigenständige Dynamik der französischen Gesellschaft in besonderem Maße zum Tragen. Auch wenn sich soziale Probleme heute immer mehr auf internationaler, z.B. europäischer Ebene stellen, so bleiben doch die Antworten und Lösungsversuche stark von den nationalen Traditionen, Strukturen, Werte- und Verhaltensmustern geprägt. Dies ist ein Grund mehr zu versuchen, die Funktionsweise der französischen Gesellschaft, ihre eigene, oft von der deutschen Gesellschaft abweichende innere Dynamik zu verstehen.

Spezialliteratur

(die mit * gekennzeichneten Titel sind zur Einführung geeignet)

- Frankreich-Jahrbuch 1991. Schwerpunktthema Sozialer Wandel in Frankreich. Opladen: Leske und Budrich 1991, S.35-173.
* Ernst Ulrich *Grosse/H.-H. Luege:* Frankreich verstehen. Eine Einführung mit Vergleichen zur Bundesrepublik. Darmstadt: Wissenschaftliche Buchgesellschaft 1996, 431 S.
- Gerhard *Haupt:* Sozialgeschichte Frankreichs. Frankfurt/M.: Suhrkamp 1989, 314 S.
- Peter *Jansen* et al.: Gewerkschaften in Frankreich. Geschichte, Organisation, Programmatik. Frankfurt/M.-New York: Campus 1986, 289 S.
* Hartmut *Kaelble:* Nachbarn am Rhein. Entfremdung und Annäherung der französischen und deutschen Gesellschaft seit 1880. München: Beck 1991, 294 S.
- Leo *Kissler*/René *Lasserre:* Tarifpolitik. Ein deutsch-französischer Vergleich. Frankfurt/M.-New York: Campus 1987, 225 S.
- Leo *Kissler* (Hrsg.): Modernisierung der Arbeitsbeziehungen. Direkte Arbeitnehmerbeteiligungen in deutschen und französischen Betrieben. Frankfurt/M.-New York: Campus 1989, 412 S.
* Henrik *Uterwedde:* Sozialer Wandel in Frankreich, in: SOWI Nr.4/1990, S.215-221.

3.1 Sozialer Strukturwandel seit 1945

In diesem Kapitel sollen die Hauptelemente des sozialen Wandels im Frankreich der Nachkriegszeit überblicksartig dargestellt werden.

In Kapitel 2.1 ist bereits darauf hingewiesen worden, daß Frankreich – nach einer langen, seit Mitte des 19. Jahrhunderts andauernden Phase außerordentlich langsamer Strukturveränderungen – ab 1945 einen wahren Sprung in die Moderne vollzogen hat. Diese beschleunigte, tiefgreifende Umwälzung der Wirtschafts- und Gesellschaftsstruktur hat binnen drei Jahrzehnten den Übergang von einer traditionellen, weitgehend agrarisch-kleinindustriell geprägten Sozialstruktur zu einer modernen Wohlfahrts-, Industrie- und Dienstleistungsgesellschaft bewältigt.

„Dreißig glorreiche Jahre" hat der Ökonom Jean Fourastié in einem 1979 erschienenen Buch diese Zeit der Strukturumbrüche genannt. Das Buch ist ein Bestseller geworden, und sein Titel „Les trente glorieuses" hat sich als populäre Kurzformel für den sprunghaften Modernisierungsprozeß in den Jahrzehnten raschen Wachstums (1945-1975) eingebürgert (*Fourastié 1979*).

Tabelle 24: Ausgewählte Indikatoren zur Bevölkerungsstruktur und zum Lebensstandard (1946 und 1975)

	1946	1975
Bevölkerung (in Mio.)	40,5	52,6
Erwerbstätige (in Mio.)	20,5	21,8
– davon Landwirtschaft (in %)	36	10
– davon Industrie/Bau (in %)	32	39
– davon Dienstleistungen (in %)	32	51
Schüler über 14 Jahre (in Mio.)	0,65	4,0
Jährl. Arbeitszeit (in Stunden)	2 100	1 875
Zahl der privaten Pkw (in Mio.)	1,0	15,3
Säuglingssterblichkeit (auf 1000 Geburten)	84,4[1]	13,8
Lebenserwartung (Männer)	61,9[2]	69,1
Lebenserwartung (Frauen)	67,4[2]	77,0
Lebensstandard[3] Indexwert; 1938 = 100)	87	320
Realer Stundenlohn einer Putzfrau (Indexwert; 1939 = 100)	1254	4205

1 Zahlen für 1945 und 1946
2 Zahlen für 1946-1950
3 Durchschnittliches Nationaleinkommen je Einwohner
4 Zahl für 1949
5 Zahl für Oktober 1976

Quelle: *Fourastié 1979*, 36

3.1.1 Die Modernisierung der Gesellschaft: Die wichtigsten Charakteristika

Der durch eine umfassende, ehrgeizige staatliche Modernisierungspolitik (vgl. Kapitel 2.1) wesentlich beschleunigte und gestaltete soziale Wandel seit 1945 hat zahlreiche Facetten, die im folgenden ansatzweise umrissen werden sollen. In seinen großen Entwicklungslinien (d.h. der Ausformung einer hochentwickelten, differenzierten Industrie- und Dienstleistungsgesellschaft sowie der Entwicklung des modernen Sozial- und Interventionsstaates) ist er ähnlich verlaufen wie in den übrigen westeuropäischen Nachbarländern. Aber er erfolgte vielfach als nachholender, beschleunigter Prozeß und damit vergleichsweise stürmischer, sprung- und konflikthafter als beispielsweise in der Bundesrepublik. Zudem weist er auch eine Eigenlogik auf, die es verbietet, die französische Nachkriegsentwicklung einfach als verspätetes Beschreiten des deutschen Modernisierungspfades zu begreifen.

Als tragende Elemente des Strukturwandels sind zu nennen:

Elemente des Strukturwandels

– Eine dynamische *Bevölkerungsentwicklung,* die mit der Quasi-Stagnation der Vorkriegszeit kontrastiert: Von 1950 bis 1994 wuchs die Einwohnerzahl Frankreichs von 41,6 auf 57,8 Millionen, also um 16 Millionen in gut 40 Jahren. In den 100 Jahren davor hatte der Bevölkerungszuwachs ganze 6 Millionen betragen!
Zeitversetzte Folgen dieser Bevölkerungsdynamik – die in erster Linie auf die rasche, bis 1970 anhaltende Zunahme der Geburten zurückzuführen ist – waren eine „Explosion" des Bildungssystems (1946 gab es 650 000 Schüler und Studenten über 14 Jahren, 1975 4 Millionen) sowie ab Mitte der sechziger Jahre eine rasche Zunahme der Erwerbstätigen, als die geburtenstarken Jahrgänge auf den Arbeitsmarkt drängten.

– Ein tiefgreifender *sektoraler Wandel der Beschäftigung:* Von den früher 6 Millionen Beschäftigten in der Landwirtschaft (das waren 1946 36% der Erwerbstätigen, mehr als in der Industrie, weit mehr als in Westdeutschland zum gleichen Zeitpunkt) sind heute knapp 1,5 Millionen (6%) übrig geblieben, während sich die Zahl der Beschäftigten in der Industrie (bis 1970) und noch mehr im Dienstleistungssektor stark ausdehnte. Dazu kommen Strukturumbrüche innerhalb der Sektoren wie die Mechanisierung und „Industrialisierung" der Landwirtschaft und die Rationalisierung in der industriellen Produktion.

– Eine Veränderung der *beruflich-sozialen Schichtung* der Gesellschaft (vgl. Tabelle 25): Der alte, selbständige Mittelstand (Bauern, Kleinunternehmer, Handwerker, Besitzbürger), tragende soziale Klasse der Vorkriegszeit, wurde im Zuge der wirtschaftlichen Konzentration, Modernisierung und Tertiarisierung von den neuen abhängigen Mittelklassen (mittlere und leitende Angestellte, akademische Berufe) verdrängt. Die „cadres" – eine soziale Kategorie, die in dieser Form keine Entsprechung in Deutschland findet – nehmen nunmehr an den Schaltstellen in Wirtschaft und Verwaltung eine zentrale Rolle in der Gesellschaft ein. Auch im unteren Bereich der Lohnabhängigen verschoben sich die Gewichte zwischen Arbeitern (deren Zahl ab

1974 massiv zurückgeht) und einfachen Angestellten in Büro, Handel und Verwaltung (die heute zahlreicher sind als die Arbeiter).
- Massive *Wanderungsbewegungen* im Zuge des sektoralen Wandels: Ländliche Departements im Westen, Südwesten und im Zentralmassiv haben sich entvölkert, während die industriellen Zentren im Norden und Osten (Pariser Großraum, Rhône-Alpes) sowie allgemein die städtischen Ballungsgebiete sich stark ausdehnten – ein Verstädterungsprozeß, der häufig unkontrolliert verlief und durch fehlende städteplanerische und soziale Begleitmaßnahmen in den achtziger und neunziger Jahren zur Ursache sozialer Brennpunkte werden sollte (vgl. Kapitel 3.1.3).
- Eine *ungleiche Verteilung des Wohlstandes:* Wachstum, Modernisierung und dadurch ausgelöste Produktivitätsgewinne haben den nationalen Wohlstand (ausgedrückt im durchschnittlichen Pro-Kopf-Einkommen) allein von 1946 bis 1975 vervierfacht (vgl. Tabelle 1). Gleichzeitig hat sich aber in den fünfziger und sechziger Jahren die Einkommensschere weit geöffnet, wobei besonders Lohnabhängige gegenüber Selbständigen und Arbeiter gegenüber mittleren und leitenden Führungskräften benachteiligt wurden. Die Verringerung der sozialen Ungleichheiten, vor allem bei den Löhnen und Einkommen, ist seit Ende der sechziger Jahre zu einem Dauerthema der Wirtschafts- und Sozialpolitik geworden. Der wachsende Druck der Gewerkschaften und die staatliche Lohnpolitik bewirkten danach eine Erhöhung der Lohnquote und eine teilweise Einebnung der Lohnunterschiede. Seit sich die Schere 1984 wieder geöffnet hat, ist eine neue Debatte um die „inégalités sociales" entflammt (vgl. Kapitel 3.5).
- Eine *unvollständige Modernisierung der Unternehmensführung:* Die sozioökonomische Modernisierung geriet in zunehmenden Widerspruch zu den autoritären Strukturen in den Betrieben. Arbeitnehmer- bzw. Gewerkschaftsrechte sowie die Möglichkeit zur Mitsprache wurden den Beschäftigten vorenthalten. Die soziale Bewegung des Mai 1968, die vielschichtige Ursachen hatte, war auch ein Protest gegen überkommene Hierarchien in den Betrieben (und darüber hinausgehend gegen eine als zentralstaatlich-autoritär empfundene konservative Modernisierungspolitik „von oben"). Nach einem ersten Gesetz über Gewerkschaftsrechte im Betrieb, 1968 von den Gewerkschaften erzwungen, dauerte es bis zum Machtwechsel 1981, bevor mit den „Auroux-Gesetzen" weitere Fortschritte erzielt wurden (vgl. dazu Kapitel 3.3). Dennoch bleibt die Gestaltung partizipativer Sozialbeziehungen in den Unternehmen, die sich auf sozialen Dialog, Initiative und Qualifikation der Mitarbeiter stützen, weiterhin eine uneingelöste Forderung.

Die weltweite Wirtschaftskrise ab 1974, mit der die langanhaltende Wachstumsperiode der „dreißig glorreichen Jahre" zum Abschluß kam, markiert einen Einschnitt auch für die soziale Entwicklung Frankreichs und seiner Nachbarländer. In ihrem Zuge hat sich ein Strukturwandel des Arbeitsmarktes vollzogen (vgl. Kapitel 3.2).

Die Folgen der Krise

Die Arbeitslosigkeit stieg in Frankreich schon seit Ende der sechziger Jahre und hat sich seit 1974 sprunghaft ausgeweitet. Im Gegensatz zur BRD setzte nach den „Ölschocks" von 1974 und 1980 keine Erholung ein. Nach einer kurzen Atempause 1987-1990, in der die Zahl der Arbeitslosen auf dem Niveau von

2,5 Millionen (ca. 10%) verharrte, setzte sich der Anstieg weiter fort und erreicht heute 3,3 Millionen (ca. 12%). Ein besonderes Problem Frankreichs ist dabei die hohe Jugendarbeitslosigkeit, die heute etwa jeden vierten jungen Menschen unter 25 Jahren betrifft und die auf gravierende Probleme des staatlichen Systems der beruflichen Erstausbildung verweist (vgl. Kapitel 3.6).

Neben der Massenarbeitslosigkeit hat sich in Frankreich wie in den Nachbarstaaten die Zahl der ungesicherten, in Frankreich treffend „prekär" genannten Arbeitsplätze in den achtziger Jahren stark erhöht. Dazu zählen Zeitarbeit, zeitlich befristete Arbeitsverträge, die zahlreichen Arbeitsbeschaffungsmaßnahmen zugunsten von Jugendlichen und Langzeitarbeitslosen sowie (erzwungene) geringfügige bzw. Teilzeitbeschäftigung. 1993 waren laut Statistik 1,4 Millionen Personen (7% aller Arbeitnehmer, bei jungen Beschäftigten sogar 24%) in solchen Arbeitsverhältnissen, die in der Regel schlechter bezahlt und mit einem hohen Risiko der Arbeitslosigkeit behaftet sind. Hier hat sich eine neue Grauzone zwischen Beschäftigung und Arbeitslosigkeit herausgebildet. Die Unternehmen nehmen Neueinstellungen heute überwiegend in Form von atypischen Arbeitsverträgen vor, die den Unternehmen mehr Flexibilität geben, das Arbeitsplatzrisiko schwankender Auftragslage aber auf die Beschäftigten abwälzen.

Massenarbeitslosigkeit und prekäre Beschäftigung (die nichts weiter ist als eine Form verdeckter Arbeitslosigkeit) verweisen auf das Problem einer möglichen Spaltung der Gesellschaft infolge der Ausgrenzung einer wachsenden Zahl von Menschen. Denn die sozialstaatliche Absicherung erfaßt längst nicht mehr alle Personen: 1,2 Millionen Arbeitsuchende erhielten Ende der achtziger Jahre keine Unterstützung; 500 000 davon lebten in Haushalten ohne jedes Berufseinkommen. Hier liegt eine, wenngleich nicht die einzige Quelle der Herausbildung einer neuen Armut, von der nach vorsichtigen Schätzungen 2,5 Millionen Personen, das sind 5% der Bevölkerung, betroffen sind. Der Kampf gegen die soziale Ausgrenzung wachsender Bevölkerungsschichten ist damit zu einer zentralen Herausforderung der Wirtschafts- und Sozialpolitik geworden.

3.1.2 Die Veränderung der beruflich-sozialen Struktur

Der oben dargestellte Strukturwandel hat sich auch in Verschiebungen der beruflich-sozialen Schichtung ausgedrückt. Diese wird in Frankreich von der amtlichen Statistik relativ genau erfaßt. Das nationale Statistikamt INSEE verwendet ein Kategoriensystem zur Unterscheidung sozialer Gruppen, die beruflich-sozialen Kategorien (*catégories socio-professionnelles*), das zahlreichen statistischen Erhebungen zugrundeliegt und damit ein relativ differenziertes Bild der französischen sozialen Gruppen und ihrer Veränderungen erlaubt (vgl. Tabelle 25).

Abnahme der Landwirte   Die Gruppe der selbständigen Landwirte (ebenso wie die der landwirtschaftlichen Arbeiter) ist im Zuge der Landflucht und der Industrialisierung, aber auch der Modernisierung innerhalb der Landwirtschaft selber (vgl. Kapitel 2.3.1) am stärksten geschrumpft. Dieser in den fünfziger Jahren einsetzende Prozeß hat sich auch in den achtziger Jahren weiter fortgesetzt, wobei vor allem die Zahl der Landwirte mit kleinen und mittelgroßen Betrieben stark rückläufig ist. Sie hat sich in den achtziger Jahren halbiert: Diese Gruppe von Landwirten ist stark überaltert (die Mehrheit ist über fünfzig Jahre alt), und man nimmt an, daß sich der Schrumpfungsprozeß weiter fortsetzen wird. Dagegen wird im Weinanbau und in der Tierzucht eine Zunahme jüngerer Landwirte festgestellt, die größere, spezialisierte Betriebe leiten.

Die in Frankreich traditionell hohe Zahl kleiner selbständiger Gewerbetreibender (Kleinindustrielle, Kleinhändler, Handwerker) ist ebenfalls bis 1975 stark zurückgegangen, was als Folge der wirtschaftlichen Modernisierung und dem damit einhergehenden Konzentrationsprozeß gesehen werden kann (vgl. Kapitel 2.3.4). Interessanterweise ist dieser Schrumpfungsprozeß aber seit der Wirtschaftskrise weitgehend gestoppt worden. Dahinter verbirgt sich zum einen eine neue Welle von – staatlich immer stärker geförderten – Unternehmensgründungen seit den achtziger Jahren, zum anderen auch ein interner Strukturwandel: Während die Zahl der Einzelhändler und Handwerker im Lebensmittel-Bereich weiterhin stark rückläufig ist, verzeichnen Unternehmer im Bereich Hotellerie und Gastronomie sowie in spezialisierten Dienstleistungen starke Zuwächse.

Den spektakulärsten Aufstieg verzeichnen die mittleren und leitenden Führungskräfte, in Frankreich auch unter der Bezeichnung „cadres" zusammengefaßt. Die „cadres" können als die eigentlich zentrale soziale Schicht des französischen Modernisierungsprozesses angesehen werden; ihre Zahl hat sich allein seit 1954 vervierfacht. Sie stellen darüber hinaus eine Besonderheit der französischen Sozialstruktur dar, denn man wird in der deutschen oder auch der angelsächsischen Sozialstatistik vergeblich nach einer ähnlichen Kategorie suchen.

Aufstieg der Führungskräfte

„‚Cadres' sind nicht einfach mit Angestellten gleichzusetzen; auch der bei uns übliche Begriff ‚Leitende Angestellte' deckt sich nur zu einem kleinen Teil mit der französischen Definition. Als ‚cadres' werden Personen bezeichnet, die ein gewisses Maß an Verantwortung als leitende oder mittlere Angestellte tragen und/oder ein spezielles (meist akademisches) Ausbildungsniveau vorweisen können. Die Definition ist auch in Frankreich nicht eindeutig und vereint recht heterogene Gruppen unter einem Dach: ‚leitende' und mittlere Manager in der Wirtschaft, leitendes und mittleres Verwaltungspersonal im öffentlichen Dienst, Ingenieure, Experten und Techniker... (...) Umworben von Medien und Politik, mit einer eigenständigen gewerkschaftlichen Organisation versehen (...), nimmt die Gruppe der ‚cadres' einen in jeder Hinsicht originellen Platz im sozialen Gefüge der französischen Gesellschaft ein." (*Uterwedde 1989, 237*)

Die Gruppe der einfachen Angestellten (so lautet die richtige Übersetzung der französischen Kategorie „employé") hat ebenfalls stark zugenommen. Hier handelt es sich um Angestellte in untergeordneten Tätigkeiten in Unternehmen (z.B. Schreibkräfte), im Einzelhandel (Verkäufer) oder in der Verwaltung, aber auch um Dienstpersonal für private Haushalte (z.B. Putzfrauen). Diese Gruppe besteht überwiegend (über drei Viertel) aus Frauen. Vom Sozialprestige und von ihrer Einkommenssituation her unterscheiden sich die einfachen Angestellten kaum von den Arbeitern.

Die Zahl der Arbeiter nahm im Zuge der verspäteten Industrialisierung Frankreichs zunächst zu, um dann unter dem Einfluß der Krise, die im wesentlichen auch eine Strukturanpassungskrise der Industrie darstellt (vgl. Kapitel 2.3.2), stark abzunehmen. Von den Rationalisierungsmaßnahmen und Umstrukturierungen waren vor allem qualifizierte wie unqualifizierte Arbeiter in traditionellen Branchen betroffen. Mehr noch als der zahlenmäßige Rückgang ist die

Auflösung der Arbeiterklasse

Auflösung der früher relativ starken Klassenbindungen innerhalb der Arbeiterschaft bemerkenswert.

„Traditionell mit der organisierten Arbeitnehmerschaft in den Großbetrieben des industriellen Nordens, Ostens und des Pariser Großraums identifiziert, dort politisch, ideologisch und kulturell dominiert von der kommunistischen Arbeiterbewegung (PCF, CGT), hat diese Arbeiterklasse schon in den sechziger Jahren Erosionserscheinungen hinnehmen müssen. In den neuindustrialisierten Regionen des Westens und des Südwestens entstanden Arbeiterschichten, die aus ihrer ländlich-katholischen Tradition heraus nicht mehr dem oben skizzierten Idealtypus entsprachen. Hinzu kamen wachsende Differenzierungen infolge unterschiedlicher Branchenentwicklungen. Mit der massiven Strukturkrise gerade in den altindustrialisierten Regionen setzte in den siebziger Jahren eine weitere Erosion ein, die begleitet wurde von der allmählichen Auflösung traditioneller Arbeitermilieus in den ‚banlieues rouges', z.B. im ‚roten Gürtel' um Paris oder im Norden. Die Gewerkschaftskrise, der Niedergang der Kommunistischen Partei und der ursächlich damit verbundene Niedergang des ideologischen Referenzmodells von PCF und CGT taten ihr übriges, um die Arbeiterklasse im Sinne einer politisch bewußten Arbeiterbewegung auszuhöhlen." (*Uterwedde 1991, 42 f.*)

Tabelle 25: Entwicklung der Berufsgruppen 1954-1994

	Gesamtzahlen in 1000			Anteile in %		
	1954	1975	1994	1954	1975	1994
Landwirte	3 966	1 691	855	20,7	7,8	3,4
Landw. Arbeiter	1 161	355	[1]	6,0	1,6	[1]
Unternehmer	2 301	1 766	1 696	12,0	8,1	7,7
Freie Berufe/ Leitende Führungskräfte	554	1 551	2 799	2,9	7,1	12,7
Mittlere Führungskräfte	1 113	3 480	4 577	5,8	16,0	20,8
Einfache Angestellte	2 066	4 349	6 145	10,8	20,0	27,9
Arbeiter	6 493	7 763	5 726[1]	33,8	35,8	26,0[1]
Dienstpersonal	1 017	744	–	5,3	3,4	–
Andere	514	–	224	2,7	–	1,0
Insgesamt	19 185	21 699	22 022	100	100	100

1   1994: Arbeiter einschl. landwirtschaftl. Arbeiter

Quelle: eigene Berechnung nach *INSEE* (Zahlen 1954 und 1975: Volkszählung; 1994: Mikrozensus)

3.1.3 Frankreichs Urbanisierungsprozeß

Späte Urbanisierung

Wie in anderen Staaten auch, hat in Frankreich seit Mitte des 19. Jahrhunderts die ländliche Bevölkerung langsam, aber stetig abgenommen, während schon früher ein Wachstum der Stadtbevölkerung einsetzte (vgl. Abbildung 16). Dennoch sind zwei Besonderheiten der französischen Entwicklung bemerkenswert: Zum einen ist der Verstädterungsprozeß in Frankreich bis 1945 aufgrund des zögernden Industrialisierungsprozesses deutlich langsamer verlaufen als etwa in Deutschland, weil die französische Gesellschaft fast ein Jahrhundert lang einen im internationalen Vergleich gebremsten sozio-ökonomischen Strukturwandel verzeichnete. Ebenso wie die französische Landwirtschaft noch 1945 stärkster Beschäftigungssektor war und erst danach von der Industrie überrundet wurde (in Deutschland geschah dies knapp 50 Jahre früher), lebten bei Kriegsende mehr als die Hälfte der Franzosen auf dem Land oder in kleinen Landstädten (während in Deutschland schon um 1900 die Städte mehr als die Hälfte der Bevölkerung ausmachten)[25]. Zum zweiten setzte nach 1945 – parallel zum ökonomischen und sozialen Strukturwandel – ein außergewöhnlich rascher Verstädterungsprozeß ein. So hat Frankreich in den Nachkriegsjahrzehnten nicht nur seinen Sprung in die Moderne vollzogen, sondern auch „in weniger als 30 Jahren .... die schnellste und tiefgreifendste urbane Revolution seiner Geschichte erlebt" (*Burgel 1985, 135*).

Abbildung 16: Urbanisierung in Frankreich 1806-1982

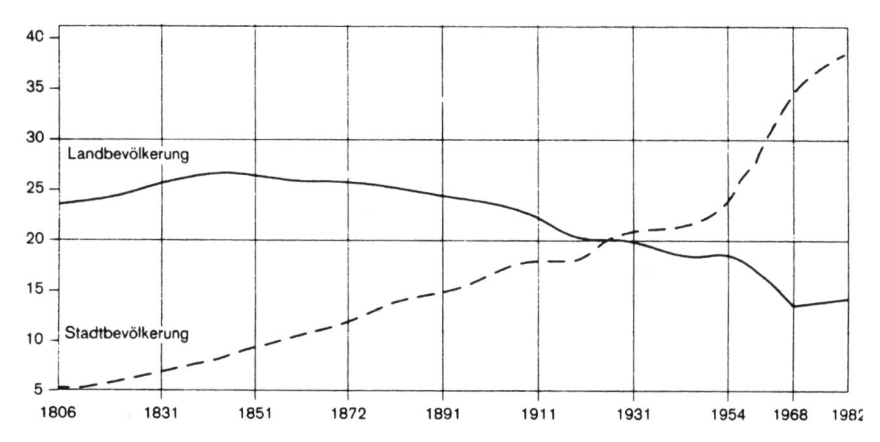

Anmerkung: Als „Landbevölkerung" (population rurale) werden die Einwohner in Gemeinden bis 2000 Einwohnern bezeichnet, als „Stadtbevölkerung" (population urbaine) alle in Gemeinden über 2000 Einwohnern lebenden Personen.

Quelle: INSEE première Nr.44, November 1989, S.1.

Innerhalb von 21 Jahren (1954-1975) wuchs die Einwohnerzahl in den Gemeinden über 5000 Einwohnern um 13 Millionen, während sie von 1911 bis 1954, also in 43 Jahren, um 6 Millionen gestiegen war. Dieses urbane Wachstum, das sich vor 1945 auf Paris und die acht größten Städte Frankreichs konzentriert hatte, erfaßte nach dem Zweiten Weltkrieg das gesamte Territorium Frankreichs, auch und gerade die mittleren Ballungsräume. Im Zeitverlauf lassen sich deutlich zumindest zwei Phasen des städtischen Wachstums unterscheiden.

Rasches Wachstum der Städte nach 1945

Der Zeitraum zwischen 1945 bis 1975 war gekennzeichnet von einem massiven Urbanisierungsschub im Zuge der Landflucht und der weiteren Industrialisierung Frankreichs, in der die städtische Bevölkerung deutlich schneller wuchs als die Gesamtbevölkerung. Allein zwischen 1954 und 1968 stieg die Einwohnerzahl in den Städten jährlich um 2,5 % (während sie ein Jahrhundert lang, von 1854 bis 1954, gerade um 0,9 % jährlich gewachsen war). Dieses sich rasch entwickelnde städtische Frankreich konnte man vor allem in den industriellen Ballungszentren im Pariser Großraum, im Osten (Raum Straßburg-Mulhouse),

---

25 Zum unterschiedlichen Industrialisierungs- und Urbanisierungsprozeß in Frankreich und Deutschland vgl. *Kaelble* 1992, 30ff und 156ff.

Südosten (Rhône-Alpes im Großraum Lyon-Grenoble), am Mittelmeer (Raum Marseille), sowie im Norden (Raum Lille-Dunkerque) finden. Dagegen verzeichneten die ländlichen Räume der Bretagne, des Südwestens und des Zentralmassivs starke Wanderungsverluste, die zum Teil durch das allgemeine Geburtenwachstum ausgeglichen werden konnten, in 10 Departements aber zu absoluten Bevölkerungsverlusten führten (vgl. Abb. 18).

Ab 1975 setzten gegenläufige, allerdings nicht immer eindeutige Entwicklungen ein. Das rasche Wachstum der städtischen Ballungszentren wurde deutlich gebremst. So verzeichneten von den 111 Ballungsräumen über 50 000 Einwohnern 105 einen nur noch verlangsamten Anstieg, darunter 43 sogar einen absoluten Rückgang ihrer Einwohnerzahl. Dagegen erlebten sowohl die Landgemeinden als auch Kleinstädte unter 20 000 Einwohnern eine neue Dynamik ihrer Bevölkerungsentwicklung. Die Landflucht wurde ab 1968 gestoppt, zunächst in denjenigen Landgemeinden, die im Einzugsbereich städtischer Ballungsgebiete lagen, später auch generell. Allerdings ist diese Renaissance des ländlichen Frankreich zum einen regional unterschiedlich; in einer Reihe wenig bevölkerter, wirtschaftlich wenig dynamischer Departements (z.B. im südlichen Umkreis des Zentralmassivs) verlieren die dörflichen Gemeinden weiter an Einwohnern. Zum anderen ist die „Wiederbelebung" ländlicher Gemeinden abhängig von der jeweiligen städtischen Dynamik ihrer Region und den Freizeit- und Wohnpräferenzen der Städter: „Nunmehr ist das demographische Los des ländlichen Raumes an das Wohnverhalten der Städter und an die Formen der räumlichen Organisation der Stadt gebunden..." (*Burgel 1985, 170*).

Im Zeitraum 1982 bis 1990 ist ein neuer Wachstumstrend zugunsten der großen Ballungsräume über 200 000 Einwohner zu beobachten, der einem bestimmten Muster folgt: Die Kernstädte stagnieren, während sich die Vorstädte (*banlieues*) und auch die am Rande der Ballungsgebiete liegenden ländlichen Kleingemeinden immer stärker bevölkern.

Ferner geht die fortgesetzte Urbanisierung vor allem in den Großstädten nicht mehr mit einer Verdichtung der Besiedlung in den Ballungszentren einher; sie äußert sich vielmehr in einer flächenmäßigen Ausbreitung städtischer Siedlungszonen, im Jargon der französischen Demographie auch „rurbanisation" genannt: „Die Stadt breitet sich auf dem Land aus" (*INSEE 1988, 12*).

Merkmale des urbanen Frankreich

Die heutige Siedlungsstruktur zeigt die Resultate der schnellen Urbanisierung Frankreichs in aller Deutlichkeit. 40 Millionen, fast drei von vier Franzosen, leben in städtischen Ballungsräumen, davon allein über 9 Millionen (knapp jeder sechste Franzose) im Ballungsraum Paris, weitere 12 Millionen in 28 großstädtischen Ballungsräumen mit über 200 000 Einwohnern. Das eigentlich ländliche Frankreich nach der neuen Definition der INSEE zählt nunmehr weniger als 6 Millionen Einwohner.

Das urbane Frankreich ist auf wenige regionale Schwerpunkte verteilt. Frankreich, das mit weniger Einwohnern als in der alten Bundesrepublik, aber mehr als der doppelten Fläche eine durchschnittliche Bevölkerungsdichte von 104 Einwohnern je km^2 aufweist, kennt starke Kontraste in seiner Siedlungsstruktur. Es gibt fünf große regionale städtische Ballungszentren, in denen die Bevölkerungsdichte über 200 Einwohner je km^2 liegt: den bereits erwähnten Großraum Paris, den Norden (Region Nord-Pas-de-Calais mit Lille), den elsässischen

Raum, den Großraum Lyon (Rhône-Alpes) sowie den Mittelmeerraum zwischen Marseille und Nizza (vgl. Abb. 17). Dazu kommen einige sekundäre, isolierte Ballungsräume an der Atlantikküste (Brest, Nantes, Bordeaux) sowie im Südwesten (Toulouse). Dem stehen weite Teile des Landes, vor allem eine Diagonale von den Pyrenäen im Südwesten bis zur Champagne im Nordosten, mit einer äußerst dünnen Besiedlung gegenüber. Der Kontrast zwischen den bevölkerungsreichen, weiter wachsenden Departements und Regionen und den sich entvölkernden Gebieten entlang dieser Diagonale scheint sich nach den Erkenntnissen der Volkszählung 1990 weiter zu vertiefen (*Faur/Pumain 1991, 1*).

Das außerordentlich rasche Wachstum der französischen Städte hat sich in erster Linie in Form von Stadterweiterungen an der Peripherie vollzogen. Dort entstanden in zahlreichen Ballungsgebieten gleichsam auf der grünen Wiese vor den Toren der Städte innerhalb kurzer Zeit neue Wohnviertel, häufig als Großsiedlungen (*Grands ensembles*), um den immens wachsenden Wohnraumbedarf in den rasch wachsenden wirtschaftlichen Zentren zu befriedigen. Diese oft in standardisierter Billigbauweise als Sozialwohnungen errichteten, oft schlecht an die Kernstädte angebundenen und nicht immer mit genügend Infrastrukturen (Verkehrsverbindungen, Schulen, Kindergärten, Sozialeinrichtungen usw.) ausgestatteten Großsiedlungen stellen bis heute ein besonderes, das Stadtbild zahlreicher Ballungsräume prägendes Merkmal des Verstädterungsprozesses in Frankreich dar (*Neumann/Uterwedde 1993*).

Haben diese Großsiedlungen in den fünfziger und sechziger Jahren ihre Funktion, die in die Städte strömenden, meist jungen Arbeitskräfte und ihre Familien aufzunehmen, weitgehend erfüllt (sie stellten meist eine Durchgangsstation auf dem Weg zum Eigenheim dar, begleiteten also die Arbeiter- und Angestelltenfamilien in ihrer regionalen Mobilität und ihrem sozialen Aufstieg), so hat sich die Situation seit Beginn der Wirtschftskrise 1973/74 verändert. Seither konzentriert sich die Wohnbevölkerung der Großsiedlungen immer stärker auf die schwächsten, problembeladenen sozialen Gruppen: kinderreiche Arbeiterfamilien, Alleinerziehende, Arbeitslose und Sozialhilfeempfänger, junge Arbeitslose ohne beruflichen Abschluß, Immigranten. Für diese Bevölkerungsgruppen, die in der Regel verschiedene Handicaps (Arbeitslosigkeit, schlechte Ausbildung, zerrüttete Familiensituation usw.) kumulieren, stellen die Sozialwohnungen der Großsiedlungen oft die einzige Möglichkeit dar, eine bezahlbare Wohnung zu bekommen. Die Großsiedlungen sind für diese Gruppen also nicht mehr wie früher eine Durchgangsstation, sondern – aufgrund fehlender beruflicher Perspektiven und angesichts des Wohnungsmarktes – häufig die Endstation, weshalb in den französischen Medien auch überzogen von einer „Ghettoisierung" gesprochen wird.[26]

Sozialer Brennpunkt: die Großsiedlungen

Diese veränderte Situation hat dazu beigetragen, daß eine Reihe von französischen Vorstädten und Großsiedlungen zu sozialen Brennpunkten wurden. Seit den achtziger Jahren waren sie – medienwirksam überhöht – wiederholt Schauplatz von gewalttätigen Unruhen, die häufig von Jugendlichen ausgingen. Diese Krise der Vorstädte wird von einem Bündel sich ergänzender sozialer Entwick-

---

26 Im Sinne einer faktisch zwangsweisen, durch Verarmung und die Zwänge des Wohnungsmarktes erfolgenden Konzentration bestimmter sozialer Gruppen auf diese Wohnviertel.

lungen und Probleme verursacht: von der Wirtschaftskrise, der Massenarbeitslosigkeit, der sich ausbreitenden Verarmung von Teilen der Bevölkerung, aber auch von der Perspektivlosigkeit für zahlreiche Jugendliche, die nach ihrem Schulabschluß keinen Zugang zum Berufsleben finden, von der abnehmenden sozialen Bindung in den Stadtvierteln, von ethnischen Konflikten und anderem mehr. Für den Soziologen François Dubet ist die Krise der Vorstädte auch ein Symptom für die zerfallenden traditionellen Klassenstrukturen. Er bezeichnet die Vorstädte als eine „dualisierte Gesellschaft, gespalten zwischen denen, die – wenngleich schwach – am Konsummodell und Lebensstil der Mittelklassen partizipieren, und denen, die davon ausgeschlossen sind"(*Dubet 1991, 5*). Die heutige Situation der Großsiedlungen hat mit den traditionellen „roten" Arbeiter-Vorstädten und ihrem dichten sozialen Netz nur noch wenig gemein:

Abbildung 17:   Ballungsräume über 100 000 Einwohner 1982

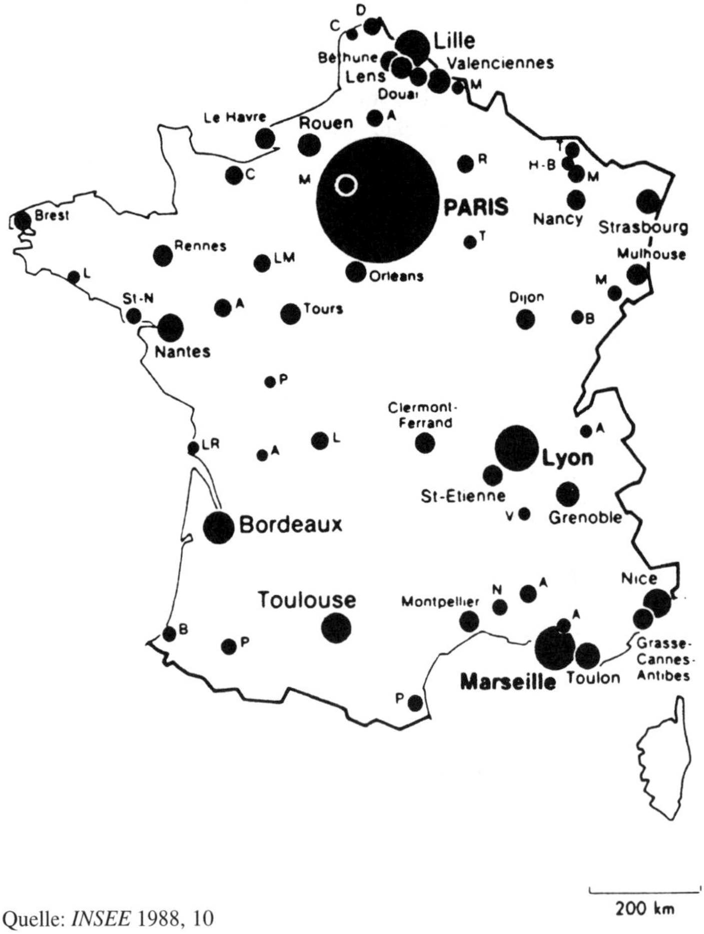

Quelle: *INSEE* 1988, 10

„Innerhalb von zehn Jahren (...) ist aus den Problemen der Vorstädte und des Aufruhrs das Symbol für soziale Probleme geworden. (...) Es muß festgestellt werden, daß die frühere Gestalt der roten Vorstädte sich grundlegend geändert hat. (...) Die Welt der Vorstädte ist ausgesprochen heterogen und unorganisiert. Sie ist nicht mehr um jenen Kern von qualifizierten Arbeitern und einfachen Angestellten angeordnet, die für Kohäsion sorgten. (...)

Die Jugendlichen befinden sich im Zentrum dieses sozialen Zergliederungsprozesses. Die soziale Desorganisierung der Viertel, der Prozeß des sozialen Ausschlusses im Zusammenhang mit der sie massiv treffenden Arbeitslosigkeit (über 40% an bestimmten Orten) sowie das Erlahmen der politischen Modelle und des Klassenbewußtseins treffen sie gleichermaßen. Diese Jugendlichen machen eine höchst unangenehme Erfahrung, die sie als ‚la galère' bezeichnen und die der Krise der Arbeiterkulturen entspricht. Sie können sich nur negativ definieren, durch Anomie, sozialen Ausschluß und die ‚Wut' derer, die sich ohnmächtig fühlen." (*Dubet 1993, 90f.*).

Abbildung 18: Entwicklung der französischen Bevölkerung nach Departements (1954-1975)

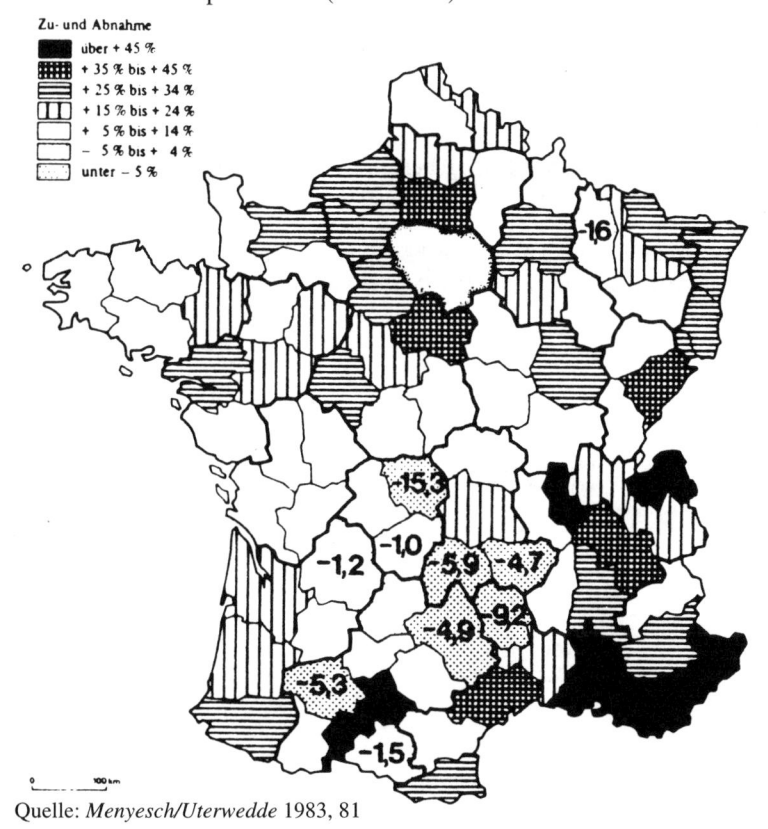

Quelle: *Menyesch/Uterwedde* 1983, 81

3.2 Beschäftigung und Arbeitslosigkeit

3.2.1 Entwicklung der Erwerbstätigkeit

Der rasche Strukturwandel seit 1945 (vgl. Kapitel 3.1.1) hat die Entwicklung der Erwerbstätigkeit nachhaltig beeinflußt. Dies gilt vor allem für den starken Bevölkerungszuwachs, der vor allem infolge der Geburtenzunahme („baby boom") nach 1945 zu verzeichnen war. Er hat ab Anfang der sechziger Jahre, als die geburtenstarken Jahrgänge auf den Arbeitsmarkt zu drängen begannen, zu einem stetigen Zuwachs der Erwerbspersonen geführt. Allein zwischen 1960 und 1988 stieg die Zahl der potentiell Arbeit suchenden Menschen von 19 auf 24 Millionen. Abbildung 19 verdeutlicht diesen Anstieg und zeigt auch, daß die zunächst parallel wachsende Zahl der Arbeitsplätze ab Beginn der siebziger Jahre – also mit Beginn der Wirtschaftskrise – zu stagnieren begann, so daß sich in der Folge die Schere der Arbeitslosigkeit weit öffnete.

Der sogenannte demographische Druck auf den Arbeitsmarkt, d.h. die wachsende Nachfrage nach Arbeit infolge geburtenstarker Schulabgänger-Jahrgänge, war in Frankreich in den vergangenen drei Jahrzehnten deutlich stärker als in der Bundesrepublik. Der durch die natürliche Bevölkerungsentwicklung verursachte Zuwachs an Arbeitssuchenden betrug beispielsweise seit 1968 jährlich knapp 170 000, in den Jahren 1975-82 sogar über 210 000.

Abbildung 19: Entwicklung der Erwerbsbevölkerung, der Arbeitsplätze und der Arbeitslosigkeit (1960-1988, in Millionen)

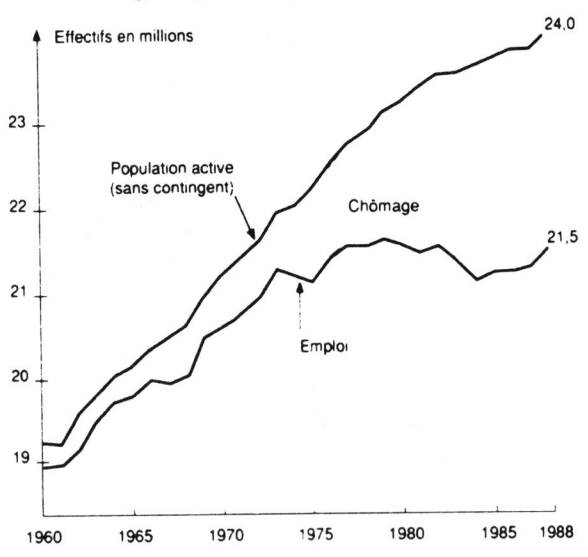

Population active (sans contingent): Erwerbspersonen (ohne Wehrpflichtige)
Chômage: Arbeitslosigkeit
Emploi: Arbeitsplätze
Quelle: *INSEE* 1989, 107

Neben der globalen Zunahme der Erwerbspersonen sind längerfristige Veränderungen des Erwerbsverhaltens verschiedener Bevölkerungsgruppen bemerkenswert, die als Ergebnis des sozialen Wandels, aber auch veränderter Wertvorstellungen und Verhaltensweisen zu deuten sind.

Erwerbsverhalten

Betrachtet man die Entwicklung der Erwerbsquote[27] nach Altersgruppen und Geschlecht seit 1967 in Frankreich, so stellt man eine Reihe unterschiedlicher Entwicklungen fest (vgl. Abbildung 20):

- Bei den 15- bis 24-jährigen männlichen (und abgeschwächt auch den weiblichen) Personen ist ein deutlicher Rückgang der Erwerbsquote zu verzeichnen – Ergebnis der wachsenden Zahl der Schüler weiterführender Schulen sowie der Studenten, d.h. allgemein der verlängerten Ausbildungszeiten, die den Eintritt ins Berufsleben verzögern.

Rückgang bei jungen und alten Männern

- Eine ähnliche Tendenz läßt sich bei den über 50-jährigen Männern beobachten: 1967 stand noch über die Hälfte im Erwerbsleben, Ende der achtziger Jahre nur noch jeder Dritte. Dabei hat sich der Abwärtstrend ab 1981 noch verstärkt. Darin kommt zum einen eine längerfristige Entwicklung zur Senkung des Rentenalters zum Ausdruck (das 1981 von der Linksregierung auf 60 Jahre festgelegt wurde, womit aber nur eine bereits weitgehend bestehende Situation rechtlich festgeschrieben wurde). Zum anderen ist er Ergebnis der Strukturkrise in der Industrie, die in zahlreichen Fällen zu Vorruhestandsregelungen und somit zum Ausscheiden älterer Arbeiter aus dem Erwerbsleben führte.
- Nahezu unverändert blieb dagegen die sehr hohe Erwerbsquote der Männer zwischen 25 und 49 Jahren und die – sehr niedrige – Erwerbstätigkeit der Frauen über 50 Jahre.
- Den bemerkenswertsten Langzeittrend allerdings stellt die starke, unverminderte Zunahme der Frauen-Erwerbstätigkeit von 45% auf über 70% innerhalb von zwei Jahrzehnten dar. Die französische Diskussion spricht nicht von Ungefähr von einer „Feminisierung" der Erwerbstätigkeit, die eine Reihe von Berufsgruppen kennzeichnet.

Wachsende Frauen-Erwerbstätigkeit

„...die Ursachen dieser Zunahme der Frauenerwerbstätigkeit sind vielfältig und komplex. Die Schulausbildung der jungen Mädchen hat sich entwickelt. Entgegen dem traditionellen Modell sind sie heute stärker im Bildungswesen vertreten als die Jungen. Die Rolle und der Status der Frau in der Gesellschaft hat sich verändert, in Verbindung mit dem Rückgang der Geburtenhäufigkeit, der Fruchtbarkeit und der wachsenden Zahl der Ehescheidungen. Man beobachtet das Zusammengehen zwischen gesunkener Fruchtbarkeit und Erhöhung der beruflichen Tätigkeit, beides Trends, die Mitte der sechziger Jahre aufgetreten sind. Die Lebens- und Konsumweisen haben sich ebenfalls verändert. Im übrigen haben sich die Bedürfnisse der Unternehmen und Verwaltungen in Richtung tertiärer Tätigkeiten und Teilzeitarbeit gewandelt, Formen der Arbeit also, die durch die wachsende Frauen-Berufstätigkeit gefördert worden sind." (INSEE 1989, 109).

---

27 Erwerbsquote: prozentualer Anteil der tatsächlichen Erwerbstätigen (einschließlich Arbeitslosen) an den prinzipiell erwerbsfähigen Personen.

Abbildung 20: Erwerbsquote nach Geschlecht und Altersgruppen (1967-1987)

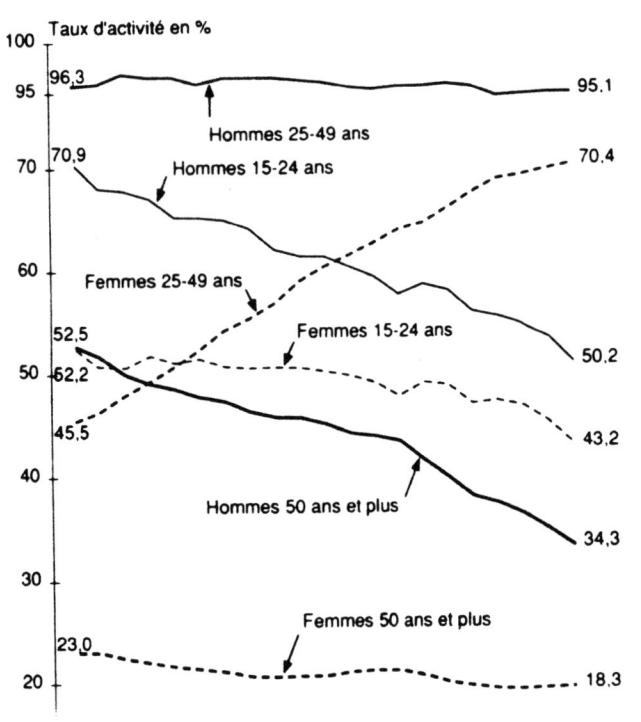

Taux d'activité: Erwerbsquote
Hommes .... – .... ans: Männer .... – .... Jahre
Femmes .... – .... ans: Frauen .... – .... Jahre
50 ans et plus: älter als 50 Jahre
Quelle: *INSEE* 1989, 108

Auch in der sektoralen Entwicklung der Erwerbstätigkeit kommt der Strukturwandel zum Ausdruck. Während die Arbeitsplätze in der Landwirtschaft (seit 1945) und in der Industrie (seit 1974) massiv zurückgegangen sind, haben sich die Dienstleistungstätigkeiten sowohl im öffentlichen Dienst als auch im privaten Bereich erheblich ausgeweitet (vgl. Kapitel 2.3.3).

Strukturen der Arbeitslosigkeit

Die seit 1974 sprunghaft gestiegene Arbeitslosigkeit weist eine Reihe bemerkenswerter Charakteristika auf. Generell sind Frauen wesentlich stärker betroffen als Männer. In allererster Linie trifft die Arbeitslosigkeit aber die 15- bis 24-jährigen Frauen und – etwas geringer – Männer: bei ihnen ist die Arbeitslosenquote doppelt bis viermal höher als bei allen übrigen Gruppen (vgl. Abbildung 21). Die hohe Jugendarbeitslosigkeit stellt ein französisches Sonderproblem dar, das eng mit dem problematischen System der beruflichen Ausbildung zusammenhängt (vgl. Kapitel 3.6). Wenn demgegenüber die Arbeitslosigkeit der älteren Beschäftigten unterdurchschnittlich hoch ist, so liegt dies wesentlich daran, daß viele dieser Arbeitnehmer durch Vorruhestandsregelungen und die Senkung des Rentenalters bereits den Arbeitsmarkt verlassen haben.

Abbildung 21: Entwicklung der Arbeitslosenquoten nach Altersgruppen und Geschlecht (1968-1988)

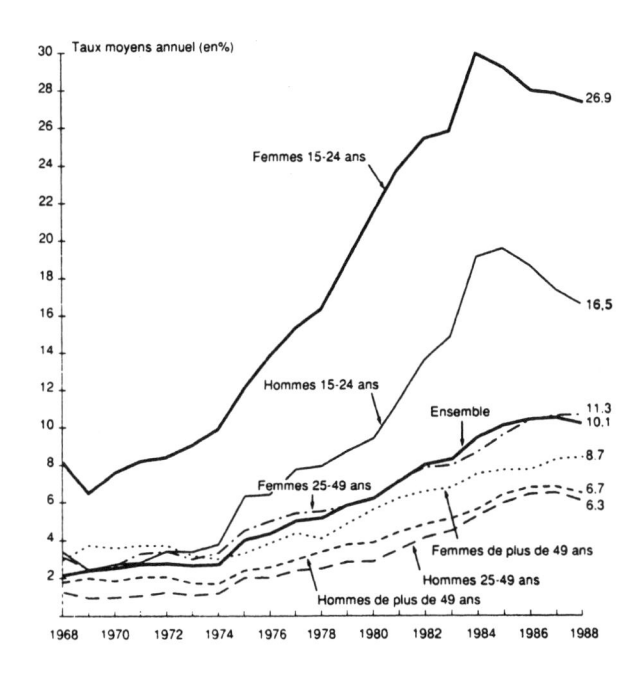

Taux moyen annuel (en %): Jahresdurchschnittsquoten (in %)
Hommes .... – .... ans: Männer .... – .... Jahre
Femmes .... – .... ans: Frauen .... – .... Jahre
Ensemble: insgesamt (Durchschnittwert)
Hommes/Femmes de plus de 49 ans: Männer/Frauen über 49 Jahre

Quelle: *INSEE* 1989, 116

Die Struktur der Arbeitslosigkeit nach Qualifikation und nach Berufsgruppe ergibt ebenfalls starke Unterschiede: Es sind vor allem die nicht oder schlecht qualifizierten Personen (ohne bzw. Hauptschulabschluß), die erwerbslos sind, und es sind Arbeiter und einfache Angestellte (hier wiederum besonders die Frauen), die gegenüber allen anderen Berufsgruppen (mittlere Angestellte, Führungskräfte usw.) auf dem Arbeitsmarkt benachteiligt sind. Die Wirtschaftskrise mit ihren schweren Strukturanpassungen und Rationalisierungen in den Unternehmen (vgl. Kapitel 2.1.4) hat sich, so gesehen, in erster Linie zu Lasten der schwächsten sozialen Gruppen (Arbeiter, einfache Angestellte, schlecht ausgebildete Personen, jugendliche Schulabgänger) ausgewirkt. Dies hat dazu beigetragen, die Struktur der sozialen Ungleichheiten in Frankreich zu verfestigen (vgl. Kapitel 3.5).

3.2.2 Strukturwandel des Arbeitsmarktes

Atypische Arbeitsplätze Parallel zur Entwicklung der Arbeitslosigkeit hat sich in den achtziger Jahren die Spaltung des Arbeitsmarktes in „normale" (d.h. Vollzeitarbeit in unbefristetem Arbeitsverhältnis) und „atypische" Beschäftigungsformen vertieft. Während die Zahl der normalen Arbeitsplätze um über eine Million zurückgegangen ist, haben sich atypische Arbeitsformen (Zeit- bzw. Teilzeitarbeit, zeitlich befristete Verträge, Arbeitsbeschaffungsmaßnahmen) in gleichem Umfang ausgeweitet (vgl. Tabelle 26).

Dieser Strukturwandel ist teilweise auf neue Bedürfnisse der Arbeitnehmer nach zeitlich flexibleren Arbeitsformen zurückzuführen, etwa im Bereich der Zeit- oder der Teilzeitarbeit. Ausschlaggebender aber ist die veränderte Personalpolitik der Unternehmen. Diese streben eine größtmögliche Flexibilität ihres Arbeitskräfteeinsatzes je nach Wirtschaftslage an und versuchen, die Risiken schwankender Auftragslage auf die Arbeitnehmer abzuwälzen. So werden Kernbelegschaften reduziert, bestimmte Tätigkeiten aus den Unternehmen ausgelagert und vor allem bei Neueinstellungen auf weniger bindende Vertragsformen zurückgegriffen.

Wachsende Instabilität 22,6% aller Beschäftigten befanden sich 1994 in einem derartigen atypischen Beschäftigungsverhältnis. Dabei ist die Zuordnung der 2,8 Mio. Teilzeitarbeitsplätze schwierig. Wenngleich diese Art der Beschäftigung häufig dem Wunsch der betroffenen Arbeitnehmer entspricht, verweisen die Erhebungen des Statistikamtes INSEE auch auf einen erheblichen Anteil unfreiwilliger Teilzeitarbeit: 1994 waren dies über 1 Mio. von 2,8 Mio. Beschäftigten, also über 40 % (INSEE 1995, 77). Die in Frankreich verwendeten Bezeichnungen *emploi précaire* (prekäre Arbeitsplätze) oder *petits boulots* (kleine Jobs) verweisen sehr treffend auf die Problematik dieser Beschäftigungsformen: sie sind überwiegend instabil und häufig nur ein kurzfristiges Durchgangsstadium zur Arbeitslosigkeit. Nur in seltenen Fällen sind prekäre Arbeitsplätze eine Art Vorstufe für dauerhafte Beschäftigung.

So erhöht sich die Rotation zahlreicher Arbeitssuchender auf dem Arbeitsmarkt, und die Segmentierung und Dualisierung des Arbeitsmarktes vertieft sich:

„Neben einem sich weiter zurückbildenden Kern dauerbeschäftigter Arbeitnehmer entwickelt sich also eine Gruppe mobiler Arbeitnehmer, von denen einige, nach einer befristeten ‚Probezeit', sich auf Dauer in das Beschäftigungssystem eingliedern können, während andere in beschleunigtem Tempo auf dem Arbeitsmarkt rotieren. (...) hinter der scheinbaren Immobilität des Arbeitsmarktes verbergen sich de facto erhebliche Bewegungen." *(Elbaum 1988, 313).*

Wenngleich die hier geschilderten neuen, atypischen Beschäftigungsformen auch in den anderen hochentwickelten Industriestaaten anzutreffen sind, so haben die französischen Unternehmen ihre Personalpolitik in besonderem Maße auf diese Form der „externen" Flexibilisierung (die auf prekäre Arbeitsformen und die damit erleichterte Entlassung zurückgreift) aufgebaut. Hier sehen Experten, neben den Folgen für eine wachsende Zahl von Beschäftigten, auch negative Begleiterscheinungen für die Wettbewerbsfähigkeit der Unternehmen, da „auf mittlere Sicht (...) der Kompetenz- und Gedächtnisverlust, der mit dem Abgang erfahrener Arbeitnehmer verbunden ist, ein Gefährdungsfaktor für das Unternehmen ist. Die Verschlechterung des Sozialklimas, das die Entlassungsaktionen begleitet, kann der Leistungsfähigkeit des Unternehmens im übrigen nur schaaden." *(Commissariat Général du Plan 1992, 51).*

Tabelle 26: Entwicklung atypischer Arbeitsplätze (1982-1994)

Zahlen in 1000	1982	1988	1994
Arbeitsplätze insgesamt	17 977	18 038	18 965
Vollzeitarbeitsplätze	15 978	15 067	14 681
Atypische Arbeitsplätze	1 999	2 971	4 284
– Zeitarbeit	(127)	(164)	(210)
– Befristete Arbeitsverträge	(306)	(538)	(614)
– Praktika in Unternehmen	(59)	(188)	(395)
– Praktika im öffentl. Dienst	(15)	(178)	(185)
– Teilzeitarbeit	(1 492)	(1 903)	(2 880)

Quelle: Clerc 1989, 9; INSEE 1995, 75, 77.

3.2.3 Möglichkeiten und Grenzen der Beschäftigungspolitik

Die Politik hat auf den wachsenden Problemberg mit zahlreichen beschäftigungspolitischen Maßnahmen zugunsten spezifischer „Problemgruppen" (junge, ältere sowie Langzeitarbeitslose) reagiert, die, trotz immer neuer Etiketten und auch realer Innovationen im Zeitverlauf, seit 1974 durchaus ähnliche Grundmuster aufweisen.[28]

Entlastung des Arbeitsmarkts

Eine Hauptachse dieser Maßnahmen war die Entlastung des Arbeitsmarktes durch die (künstliche) Reduzierung der Zahl der Arbeitssuchenden:

– durch diverse Formeln von berufsbildenden Maßnahmen vor allem zugunsten von jugendlichen Arbeitslosen, ab 1983 auch von Langzeitarbeitslosen (*stages*; 1992: knapp 203 000);
– durch Beschäftigung von jugendlichen Arbeitslosen in gemeinnützigen öffentlichen Einrichtungen (*travaux d'utilité collective*, heute *contrats emploi-solidarité*; 1992: 350 000);
– durch Vorruhestandsregelungen zugunsten älterer Arbeitsloser (*préretraites*; 1993: knapp 163 000);
– sowie durch Qualifizierungsmaßnahmen im Rahmen von Sanierungsplänen in der Industrie (*congés de conversion*, ab 1984; 1992: 77 000).

Diese Maßnahmen liefen also weitgehend auf eine künstliche Senkung der Zahl der Erwerbssuchenden (Vorruhestandsregelungen sowie Praktika für Jugendliche und eine ebenso künstliche Erhöhung der Zahl der Arbeitsplätze (Arbeitsbeschaffungsmaßnahmen: TUC, *travaux d'utilité collective*; subventionierte Arbeitsplätze) hinaus, um die sich weiter öffnende Schere zwischen Arbeitssuchenden und tatsächlichen Arbeitsplätzen zumindest teilweise zu schließen (vgl. Abb. 22).

Gegenüber diesen weitgehend auf eine soziale Behandlung der Arbeitslosigkeit hinauslaufenden Beschäftigungsprogrammen (*traitement social*) haben sich ab Mitte der achtziger Jahre Maßnahmen in den Vordergrund geschoben, die die Schaffung von wirklichen Arbeitsplätzen in den Unternehmen zum Ziel haben und darauf hinauslaufen, die Arbeitskosten für die Unternehmen zu senken (*traitement économique*; 1992: 778 000). Dies betrifft einmal selektive finanzielle

Senkung der Arbeitskosten

---

28 Zu den nur kurzlebigen alternativen Ansätzen 1981/82 (Stellenausweitung im öffentlichen Dienst, Arbeitszeitverkürzung usw.) vgl. *Colin* et al.

Anreize (z.B. Befreiung von den Arbeitgeber-Sozialabgaben) für die Schaffung von Arbeitsplätzen bzw. den Abschluß von Ausbildungsverträgen, zum anderen eine Reihe von Lockerungen im Arbeitsrecht, die den Unternehmen eine flexiblere Arbeitskräfteplanung erlauben und damit einen Anreiz für Neueinstellungen geben sollten. Unter anderem wurde die Genehmigungspflicht bei Entlassungen aus ökonomischen Gründen aufgehoben, eine Lockerung der Bedingungen für Zeitarbeit und befristete Beschäftigung vorgenommen und die Möglichkeit der Arbeitszeitflexibilisierung durch Tarifvertrag eröffnet.

Die Bilanz dieser spezifischen Beschäftigungspolitik ist gemischt.[29] Eine Analyse der Maßnahmenpakete von 1974 bis 1988 hat ergeben, daß damit in jedem Jahr zwischen 200 000 und 300 000 Arbeitslose vermieden worden sind, wobei bis 1985 die Vorruhestandsregelungen, seither die Arbeitsbeschaffungsmaßnahmen den Hauptanteil daran haben. Allerdings ergibt sich auch eine im Zeitverlauf stark nachlassende Wirksamkeit zahlreicher Programme infolge von Gewöhnungs- und Mitnahmeeffekten. Dazu kommt die hohe Kostenbelastung für die öffentlichen Haushalte: 1996 machten die Maßnahmen der Arbeitsmarktpolitik 165 Mrd. Francs aus, was eine Verdreifachung der Kosten innerhalb von 10 Jahren entspricht. Schon von daher ergeben sich Grenzen dieser Politik, ohne daß allerdings überzeugende Alternativen in Sicht wären.

Krisen-Management statt Ursachenbekämpfung

So bleibt eine allgemeine Ratlosigkeit; nach 17 Jahren gibt es kaum einen Lösungsansatz, der nicht versucht worden wäre; „die Ideenkiste ist praktisch leer".[30] Insbesondere die Maßnahmen zur Bekämpfung der Jugendarbeitslosigkeit vermitteln den Eindruck, daß eher kurzfristiges Krisenmanagement als eine wirkliche Ursachenbekämpfung betrieben worden ist. Die verschiedenen Praktika und Berufsausbildungs-Programme stellen bis heute nur einen Ersatz für das in Frankreich völlig unzureichende staatliche System der Berufsausbildung dar, das nicht in der Lage ist, den jungen Schulabgängern eine von der Wirtschaft anerkannte Berufsqualifikation zu vermitteln (vgl. Kapitel 3.6).

Nicht umsonst ist daher die Reform der beruflichen Bildung in den Mittelpunkt des politischen Interesses gerückt. Dabei sind die verschiedenen Reformansätze in den vergangenen Jahren auf harten Widerstand in der Bürokratie der Bildungsverwaltung gestoßen, aber auch auf die durchaus begrenzte Bereitschaft des Unternehmerlagers, eine wirkliche Verantwortung für die berufliche Ausbildung der Jugendlichen mit zu übernehmen.

Weitergehende Überlegungen sehen auch in der weiterhin vorherrschenden tayloristischen Tradition der französischen Industrie (vgl. Kap. 2.3.2, Fußnote) und ihren kurzfristigen, einseitig an den Arbeitskosten orientierten Rationalisierungskonzepten eine tiefere Ursache für strukturelle Arbeitslosigkeit, die es zu überwinden gelte. Demgegenüber empfiehlt beispielsweise eine Arbeitsgruppe im Rahmen des XI. französischen Planes (vgl. Kapitel 2.2.3) den Unternehmen „eine offensivere Wettbewerbsstrategie, die auf der Qualität der Produkte und Dienstleistungen und damit auf der Qualifikation der Arbeitskräfte beruht"

---

29 Vgl. zum folgenden die vom Wirtschaftsforschungsinstitut OFCE und dem Arbeitsministerium gemeinsam erarbeitete quantifizierte Bilanz, der auch sämtliche hier verwendeten Zahlen entnommen sind: *Cornilleau* et al. 1990, 1990a; eine aktuellere Bilanz bietet DAYAN 1995.

30 So Alain Lebaube in Le Monde v. 27.4.91, S.27.

(*Commissariat Général du Plan 1992, 16*). Dahinter steht ein Plädoyer für neue Produktionskonzepte, die den Unternehmen tiefgreifende Veränderungen ihrer Arbeitsorganisation, ihrer Personalpolitik, ihrer innerbetrieblichen Managements- und Organisationsstruktur und nicht zuletzt auch ihrer Sozialbeziehungen abverlangen.

Abbildung 22: Auswirkung der beschäftigungspolitischen Maßnahmen auf den Arbeitsmarkt (1974-1995)

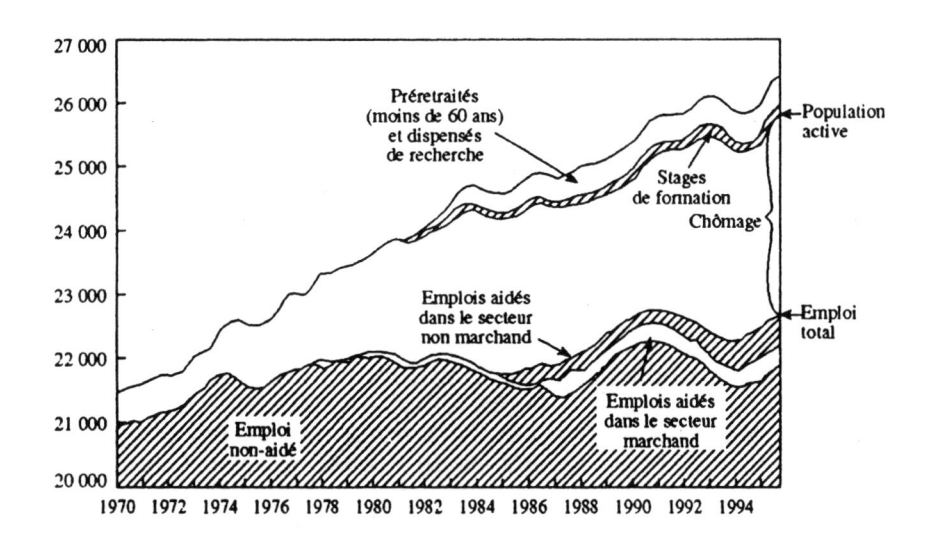

Angaben in 1000

1 Préretraites et dispenses de recherche d'emploi: Vorruhestand/Frühverrentung
2 Stages de formation professionnelle: berufsbildende Praktika
3 Population active: Erwerbsbevölkerung
4 Chômage: Arbeitslose
5 TUC et autres emplois publics spécifiques: Arbeitsbeschaffungsmaßnahmen
6 Emploi: Beschäftigte
7 Emplois marchands et aidés et contrats de formation en entreprise: Subventionierte Arbeitsplätze; Ausbildungsverträge in Unternehmen
8 Emplois hors mesures pour l'emploi: normale Arbeitsplätze (ohne arbeitsmarktpolitische Hilfen)

Quelle: *Arbeitsministerium*

Der „Le-Monde"-Sozialexperte Alain Lebaube weist auf die enge Verkettung unterschiedlicher Ursachen der Arbeitslosigkeit in Frankreich hin, wenn er die Voraussetzungen ihrer Überwindung benennt:

„Da alles unauflöslich miteinander verbunden ist, wäre der Moment gekommen, den gordischen Knoten zu durchschlagen (...) Aber dies erforderte, gleichzeitig die sozialen Beziehungen grundlegend zu verändern und zusammen eine andere Organisation z.B. der Arbeit zu definieren, was seinerseits eine veränderte Gewerkschaftsbewegung und andere Unternehmerverbände bedeutet. Weiterhin hätte eine solche Strukturveränderung nur Erfolgschancen, wenn sie von einer Erneuerung der Funktionsweise der Unternehmen begleitet wäre, (...) die eine langfristige, strategische Unternehmensplanung statt einer kurzfristigen profitorientierten Politik betrieben. Ferner (...) müßte sich die Industrie- und Dienstleistungsproduktion auf lukrative Marktnischen verlegen, die eine hohe Wertschöpfung durch die Qualität ihrer Produkte und ihren hohen Anteil integrierter neuer Technologien erzielen. Weiterhin ist die Beschäftigung und dauerhafte Weiterbildung von Mitarbeitern erforderlich, denen im Arbeitsprozeß eine größere Autonomie und Verantwortlichkeit eingeräumt wird. Dies beruht schließlich auf einer letzten, doppelten Notwendigkeit: die Verstärkung der beruflichen Bildung (...) und noch schwieriger, die grundlegende Reform des Bildungssystems." (*Lebaube 1993, 234f.*)

Ruf nach neuen Produktionskonzepten

Die Überwindung der Massenarbeitslosigkeit geht also weit über den Einsatz der staatlichen Beschäftigungspolitik hinaus. Sie erfordert ein Umdenken bei allen Beteiligten: Staat, Unternehmen und Gewerkschaften. Letzten Endes geht es auch hier um die Ablösung des tradierten Nachkriegs-Modernisierungsmodells und seiner (zentralstaatlichen) Interventionsformen, die allen Akteuren erhebliche Anpassungsleistungen abfordern (vgl. Kapitel 2.1.5).

3.3 Gewerkschaften und Arbeitgeberverbände

Ein System der Sozialpartnerschaft zwischen Kapital und Arbeit setzt die Existenz von kooperationswilligen und vertragsfähigen Sozialpartnern voraus. Diese doppelte Voraussetzung ist in der französischen sozialen Wirklichkeit nur teilweise gewährleistet. Sowohl die Gewerkschaften als auch die Arbeitgeber stehen einer konstruktiven Zusammenarbeit mit der Gegenseite immer noch weitgehend mißtrauisch gegenüber. Hinzu kommt, daß auf beiden Seiten mehrere miteinander konkurrierende Organisationen bestehen, deren Autorität gegenüber ihren Anhängern Schwankungen unterworfen ist. Daher ist die Fähigkeit der Sozialpartner zur autonomen vertraglichen Gestaltung der Lohn- und Arbeitsbedingungen begrenzt. Demzufolge kommt dem Staat im französischen System der sozialen Beziehungen eine entscheidende Ordnungs- und Regulierungsfunktion zu.

3.3.1 Die französische Gewerkschaftsbewegung: Tradition und Selbstverständnis

Die in der französischen Gewerkschaftsbewegung tiefverwurzelte Tradition und Ideologie des Klassenkampfes weist der Kooperation mit der organisierten Arbeitgeberschaft nur einen geringen Stellenwert in den gewerkschaftlichen Strategien zu. Immer schon hat sich die französische Gewerkschaftsbewegung, zumindest in ihren wichtigsten Ausprägungen, als definitorischer Gegner der bestehenden Sozialordnung und von daher als Träger eines am Begriff der Emanzipation orientierten Programms sozialer Veränderung verstanden. Heute noch lehnen die zwei führenden Gewerkschaften CGT und CFDT, letztere allerdings nur noch programmatisch und in abgeschwächter Form, das kapitalistische System weitgehend ab und wollen, wenngleich mit unterschiedlichen gesellschaftspolitischen Konzeptionen, dieses System überwinden bzw. grundlegend neugestalten.

Diese stets klassenkampforientierte Einstellung impliziert für die Organisationen, die sich auf sie berufen, ein tiefes Mißtrauen gegenüber der Tarifverhandlung und der Zusammenarbeit auf betrieblicher Ebene. Lange mit dem Stigma des Verrats und des Paktierens mit der bestehenden Sozialordnung behaftet, hat die Tarifverhandlung und der Dialog mit der Betriebsführung auch heute noch manchmal den üblen Nachgeschmack der Klassenkollaboration. Wie Fallstricke scheut man die konsensfördernden Wirkungen der Vertragspolitik und der betrieblichen Mitwirkung. Weil sie zum sozialen Frieden beiträgt, wird der partnerschaftlichen Zusammenarbeit zur Last gelegt, sie führe insbesondere zur Lähmung der Gewerkschaftsbewegung oder zumindest zum Verlust ihrer Unabhängigkeit durch ihre allmähliche Integration in die bestehende Sozialordnung.

Die Tradition des Klassenkampfes

Dieser anhaltende Verdacht, mit dem innerhalb der Spitzenorganisationen der Gewerkschaftsbewegung die vertragliche Verpflichtung gegenüber Arbeitgebern und Staat belegt wird, bedeutet jedoch nicht, daß sozialer Dialog per se zurückgewiesen würde oder die Vorteile, die sich daraus ergeben könnten, nicht gesehen würden. Die CGT und die CFDT bestreiten nicht, daß es notwendig und von Interesse ist, Vereinbarungen zu treffen, und räumen der Tarifverhandlung und der betrieblichen Vertretung sogar einen verhältnismäßig großen Platz in ihrer Politik ein. Die Angst jedoch, Vereinbarungen könnten die Gewerkschaften auf die eine oder andere Weise dazu bringen, „das System zu bejahen" oder die gewerkschaftliche Handlungsfreiheit einschränken, ist virulent. Sie führt dazu, daß die Auffassung der Linksgewerkschaften zur sozialen Verhandlung und deren Praxis restriktiv bleibt. Die Verhandlung ist kein Ziel an sich, sondern ein Moment des Handelns, ein Kampfmittel, das sich in eine breitere Perspektive der Intensivierung der sozialen Kämpfe und der allmählichen Veränderung des kapitalistischen Systems einfügt.

Aus dieser Sicht ist die Funktion, die dem sozialen Dialog im Rahmen gewerkschaftlicher Aktion zukommt, eng begrenzt. Er soll im allgemeinen nur ein Mittel zum Zweck sein, d.h. dem Konflikt nachgeordnet bleiben. Mit anderen Worten: Verhandlungen und Vereinbarungen sollen erst dann folgen, wenn es darum geht, ein meistens durch Streik geschaffenes Kräfteverhältnis auszunützen und es durch ein konkretes Ergebnis festzuschreiben. Ein Beschluß des Bureau national der CFDT vom 15. Oktober 1970 veranschaulicht sehr gut diese Auffassung: „Der Streik ist für die Gewerkschaftsbewegung ein wesentliches Mittel zur Konkretisierung des Kräfteverhältnisses. Er kann zu Vereinbarungen führen. Ein solcher Ausgang ist jedoch nur annehmbar insofern, als er den kurzfristigen und langfristigen Interessen der Arbeitnehmer entspricht...".

Grenzen für den sozialen Dialog

Diese restriktive Auffassung des sozialen Dialogs gilt im übrigen, von einigen Nuancen abgesehen, für die gesamte französische Gewerkschaftsbewegung. Obwohl die anderen Gewerkschaftsorganisationen, unter anderen die gemäßigte CGT-Force Ouvrière und die christliche CFTC, eine weitaus größere Kooperationsbereitschaft zeigen, sind sie ebenfalls gegen eine verpflichtende Institutionalisierung der Zusammenarbeit mit der Arbeitgeberschaft. Dabei berufen sie sich auf das unantastbare Grundprinzip der freien Ausübung der gewerkschaftlichen Rechte und der gewerkschaftlichen Autonomie.

Auch wenn die Konzeptionen der französischen Gewerkschaften weiterhin stark durch die Tradition des Klassenkampfes geprägt sind, haben sich doch ihre programmatischen Orientierungen und ihre Praxis seit den achtziger Jahren erheblich gewandelt. Die Veränderung der ökonomischen Rahmenbedingungen nach den Ölschocks 1974 und 1979, der politische Machtwechsel 1981 und die Erfahrungen der Linksregierung haben die gewerkschaftlichen Handlungsweisen schrittweise verändert. Trotz einer weiterhin sehr kritischen Einstellung zum marktwirtschaftlichen System haben sie den Weg eines defensiven, aber pragmatischen Reformismus eingeschlagen. Vorrang hatte nunmehr die Verteidigung sozialer Rechte und Besitzstände gegenüber dem Strukturwandel der Wirtschaft. Diese Entwicklung verstärkte sich noch zu Beginn der neunziger Jahre nach dem Sturz der kommunistischen Regimes in Mittel- und Osteuropa, als das Ziel des Sozialismus, das in seinen verschiedenen Varianten lange Zeit weite Teile selbst der gemäßigten Gewerkschaftsbewegung beeinflußt hatte, erheblich an Attraktivität einbüßte.

So haben verschiedene Faktoren – internationale ökonomische Anpassungszwänge, interne strukturelle Anpassungen und das Ende der Ost-West-Konfrontation – einerseits einen globalen Rückgang der Gewerkschaftsbewegung verursacht und andererseits neue, realistischere und differenziertere Forderungsstrategien befördert. Die Gewerkschaften gaben den früheren Maximalismus ihrer Forderungspolitik ebenso auf wie ihre ideologische Unnachgiebigkeit; sie verlegten sich statt dessen darauf, die Möglichkeiten des Verhandlungsweges und der Konzertierung auszunutzen, um die Interessen der Beschäftigten durchzusetzen. Kehrseite dieses defensiven Pragmatismus war allerdings eine gewerkschaftliche Politik, die sich auf die Interessen ihrer Mitgliederbasis zurückzog und damit einer korporatistischen Strategie berufsständischer Interessenpolitik Vorschub leistete. Diese Entwicklung hat nicht etwa den Dialog und die Herausbildung einer strukturierten, organisierten Sozialpartnerschaft gefördert, sondern vielmehr zu einer verstärkten Spaltung zwischen rivalisierenden Gewerkschaften beigetragen und damit die gewerkschaftliche Zersplitterung verstärkt.

Somit hat der Rückgang der Klassenkampf-Ideologie die Gewerkschaftslandschaft nicht grundlegend verändert: sie hat vielmehr die traditionellen Grundzüge der französischen Gewerkschaftsbewegung – Pluralismus, Wille zur Autonomie – noch verstärkt hervortreten lassen. Der soziale Dialog ist dadurch noch brüchiger, noch unvorhersehbarer geworden.

3.3.2 Pluralismus und Wettbewerb: die wichtigsten Gewerkschaftsverbände

Die gemeinsame Sorge, dem sozialen Dialog jeglichen verbindlichen, die eigene Autonomie einengenden Charakter abzusprechen, ist jedoch mehr noch durch die pluralistische Struktur der Gewerkschaftsbewegung als durch das Gewicht der Ideologie zu erklären. Aufgrund mehrerer weltanschaulicher Strömungen und Spaltungen bestehen in Frankreich nicht weniger als vier große Gewerkschaftsverbände (vgl. Abbildung 27):

CGT – Die CGT (*Confédération Générale du Travail*) mit etwa 600 000 Mitgliedern ist die älteste und größte französische Gewerkschaft. Sie ist marxistisch orientiert und unterhält enge Beziehungen zur Kommunistischen Partei. Sie strebt weiterhin eine Veränderung der Gesellschaftsordnung auf der Grundlage von Verstaatlichung, Planung und „demokratischer Wirtschaftsführung" an.

Die CGT war immer die mit Abstand am besten organisierte Gewerkschaft mit dem größten Einfluß bei den Industriearbeitern; sie ist aber auch diejenige Organisation, die in den vergangenen 15 Jahren am meisten Mitglieder verloren hat – ähnlich wie die Kommunistische Partei. Während letztere aber nur eine begrenzte ideologische Wende vollzogen hat, hat die CGT dem Pluralismus und der innerverbandlichen Demokratie einen größeren Platz eingeräumt, damit gleichzeitig eine gewisse Unabhängigkeit gegenüber der Partei gewonnen und wieder an die Tradition gewerkschaftlicher Autonomie angeknüpft. Die CGT hat ferner in den achtziger Jahren ihre Tätigkeit auf die Verteidigung der materiellen Interessen der am wenigsten qualifizierten, krisenbedrohtesten Arbeitnehmer konzentriert. Dies gilt vor allem für die Arbeiter in den traditionellen Industrien und allgemeiner für die Arbeitnehmer, deren soziale Besitzstände bedroht sind, vor allem in den nationalisierten Unternehmen, wo die CGT weiterhin stark verankert ist. Diese defensive Gewerkschaftsstrategie, die sich vor Ort häufig auf eine aktive Verhandlungspraxis stützt, hat es der CGT in den vergangenen Jahren erlaubt, den weiteren Rückgang ihres Einflusses aufzuhalten. In dem Maße aber, in dem die CGT vor allen Dingen eine traditionelle, von Arbeitern dominierte Gewerkschaft bleibt, scheint der weitere Rückgang im Zuge der Entindustrialisierung, der Modernisierung und der Tertiarisierung (vgl. Kap. 2.3.3) unvermeidlich.

– Die CFDT (*Confédération Française Démocratique du Travail*) ist 1964 aus der christlichen CFTC hervorgegangen, als die Mehrheit ihrer Mitglieder die Berufung auf die christliche Soziallehre aufgab. Die Überwindung des kapitalistischen Systems und die Verwirklichung einer sozialistisch-demokratischen Gesellschaftsordnung sollen auf der Grundlage der „Selbstverwaltung" (*autogestion*) bzw. der direkten Partizipation der Arbeitnehmer erzielt werden. Die CFDT steht der sozialistischen Partei nahe, sie ist jedoch von ihr vollkommen unabhängig. Sie zählt etwa 480 000 Mitglieder.

CFDT

In den achtziger Jahren hat die CFDT mehr noch als die CGT ihre Unabhängigkeit gegenüber der sozialistischen Regierung zu wahren gewußt. Als Gewerkschaft, die eher die neuen Arbeitnehmerschichten repräsentiert, hat sie sich auch als realistische, verantwortliche Gewerkschaft zu profilieren versucht, indem sie das alte Ziel der Arbeiter-Selbstverwaltung (*autogestion*) in den Bereich der Utopie verwies und der Ausweitung der Mitwirkungsrechte der Beschäftigten durch die Aushandlung von Verträgen sowie durch die Konzertierung im Unternehmen Priorität einräumte. Diese eher partnerschaftliche Verhaltensweise wurde vor allem im Bereich der Arbeitszeitverkürzung und -flexibilisierung praktiziert, wo die CFDT eine aktive Verhandlungsstrategie gegenüber den Unternehmen entwickelt hat. 1995 signalisierte die CFDT-Generalsekretärin Nicole Notat die Zustimmung ihrer Gewerkschaft zu den Plänen der Regierung Juppé, die Sozialversicherungen zu sanieren, und setzte sich mit dieser „verantwortlichen", ökonomischen Zwängen nicht ausweichenden Haltung von anderen Gewerkschaften wie FO deutlich ab. Allerdings wird dieser konstruktiven Politik der CFDT-Führung seitens der Unternehmer nicht selten mit Skepsis begegnet, wird sie doch oft von der eigenen Gewerkschaftsbasis, insbesondere von einer turbulenten linken Opposition, heftig kritisiert.

Force Ouvrière — Die CGT-*Force Ouvrière* mit ebenfalls 450 000 bis 500 000 Mitgliedern ist 1947 aus der Abspaltung des nichtkommunistischen Flügels der CGT entstanden. Die Force Ouvrière bezeichnet sich seitdem als antikommunistisch und strikt neutral. Sie versteht sich als sozialdemokratisch-reformistische und sozialpartnerschaftlich orientierte Gewerkschaft und befürwortet die Tarifverhandlung als wichtigstes gewerkschaftliches Instrument. Sie ist aber gegen jegliche Form der Mitbestimmung im Betrieb, im Namen der gewerkschaftlichen Selbständigkeit, wonach Gewerkschafts- und Arbeitnehmervertreter keine Mitverantwortung bei der Unternehmensführung zu tragen haben. Die Force Ouvrière ist vorwiegend im öffentlichen und tertiären Sektor vertreten.

In den letzten Jahren hat sich FO durch einen gewissen Maximalismus in ihrer Forderungspolitik hervorgetan. Sie versuchte damit, ein Terrain zu besetzen, das von der CGT und der CFDT infolge ihrer realistischeren, gemäßigteren Politik teilweise freigegeben worden war. Vor allem während der Dezemberstreiks 1995 haben sich FO und ihr Vorsitzender Marc Blondel an die Spitze der Protestbewegung gegen den Juppé-Plan zur Reform der Sozialversicherung und zum Sanierungsplan der Eisenbahngesellschaft SNCF gestellt. Diese neue, stark korporatistische Orientierung erklärt sich zum Teil daraus, daß FO vor allem im öffentlichen Sektor und in der Selbstverwaltung der Sozialversicherung stark verankert ist und dort mit ihrer Position, die besonders vorteilhaften Statusvorteile des öffentlichen Sektors zu verteidigen, auf einen starken Rückhalt stößt. Die aktive trotzkistisch orientierte Minderheit innerhalb des Verbandes tut ihrerseits alles, um die Unzufriedenheit und die Verunsicherung der Beschäftigten des öffentlichen Dienstes zu schüren. Auch dies hat in der letzten Zeit zur Radikalisierung der Positionen einer Gewerkschaft beigetragen, die sich traditionell immer gemäßigt und verantwortlich gab.

CFTC — Die christliche CFTC (*Confédération Française des Travailleurs Chrétiens*) wurde 1919 gegründet. Nach Abspaltung der CFDT im Jahre 1964 setzte sie als Minderheitsgewerkschaft die Tradition der christlichen Soziallehre fort. Die CFTC zählt etwa 100 000 Mitglieder. Sie zeichnet sich durch eine gemäßigte, partnerschaftlich orientierte Gewerkschaftspraxis aus, deren Einsatz gleichermaßen den Interessen der einkommensschwächsten Arbeitnehmer und einer größeren sozialen Gerechtigkeit gilt.

Neben diesen vier großen Gewerkschaftsverbänden bestehen auch zwei wichtige berufsspezifische Arbeitnehmerorganisationen:

CGC — die CGC (*Confédération Générale des Cadres*), in der 100 000 höhere und leitende Angestellte organisiert sind, verteidigt die spezifischen Interessen der Führungskräfte (Cadres, vgl. Kapitel 2.1.2), vor allem was die besonderen, an den arbeitsrechtlichen Status des „cadre" gebundenen Vorteile im Bereich der Entlohnung und der Zusatzrenten betrifft. Die CGC verteidigt auch die Informations- und Mitwirkungsrechte der Führungskräfte im Unternehmen sowie eine gerechtere Verteilung der Steuerlast.

– die FEN (*Fédération de l'Education Nationale*), die bisher etwa 300 000 Mitglieder umfaßte, entstand ebenfalls 1947 aus der Spaltung von CGT und CGT-Force Ouvrière als autonome Einheitsgewerkschaft des Erziehungswesens. Die kommunistische Minderheit, die vorwiegend bei der Gewerkschaft der Gymnasiallehrer (SNES) stark vertreten war, ist allerdings Ende 1992 aus der FEN ausgetreten und hat einen Konkurrenzverband, die *Fédération syndicale unitaire* (FSU), gegründet. Die FEN, die durch diese Spaltung etwa die Hälfte ihrer Mitglieder verloren hat, bleibt jedoch bei den Volksschullehrern mit dem Syndicat National des Instituteurs (SNI) in einer starken Position.

FEN

Neben diesen sechs großen Gewerkschaftsverbänden von nationaler Bedeutung gibt es außerdem eine Vielzahl autonomer Gewerkschaften, die entweder besondere Berufsgruppen repräsentieren (Bus- oder Metrofahrer bei der Pariser Transportgesellschaft RATP oder der Eisenbahngesellschaft SNCF, Polizisten oder Flugzeugpiloten) oder aber oppositionelle Gewerkschaftsströmungen vertreten, die sich von den etablierten Gewerkschaften kritisch absetzen. Dies waren zum Beispiel in den siebziger und achtziger Jahren die ultrakonservativen, von Unternehmen unterstützten Gewerkschaften in der Automobilbranche (*Confédération des syndicats libres*). In jüngerer Zeit sind lokale Gewerkschaften aufgetreten, die sich politisch links von den traditionellen Gewerkschaftsverbänden ansiedeln und deren Arbeit als unwirksam kritisieren. Das jüngste Beispiel dafür ist die oppositionelle SUD-PTT, die die zumeist jüngeren Beschäftigten in den Postverteilungszentren der großen Städte in Südfrankreich organisiert und sich bei einer Reihe von Arbeitskämpfen hervorgetan hat.

Dieser gewerkschaftliche Pluralismus, dem eine tiefe Spaltung hinsichtlich der Mittel und Ziele der Gewerkschaftspolitik entspricht, hat einen heftigen Konkurrenzkampf zwischen den Gewerkschaftsorganisationen zur Folge. Bezogen auf die konkrete Gewerkschaftstätigkeit kommt es daher zu einem ständigen Kampf um Einfluß, wobei jede Gewerkschaftsorganisation bemüht ist, sich von den anderen abzugrenzen und als Beweis ihrer Wirksamkeit greifbare Ergebnisse zu erzielen. Dieser Wettkampf als Bedingung der organisatorischen Bestandssicherung ist ein strukturelles Merkmal des gewerkschaftlichen Pluralismus in Frankreich und stellt ein unüberwindbares Hindernis für eine intensivere Institutionalisierung des sozialen Dialogs dar. Denn dieser Pluralismus führt zu sich gegenseitig überbietenden Maximalforderungen der einzelnen Gewerkschaften und damit zu einer Verwirrung, die die Suche nach Kompromißlösungen mithin zu einem besonders schwierigen Problem macht.

Folgen des Pluralismus

Ferner ist der Pluralismus mit der Zustimmung zu effektiven tariflichen oder betrieblichen Verpflichtungen unvereinbar, da jede Organisation vor allem ihre Handlungsfreiheit zu wahren wünscht, um zum gegebenen Zeitpunkt die Initiative für Kampfmaßnahmen zu behalten oder zu ihren Gunsten wieder zu ergreifen und dabei neue Forderungen zu formulieren.

Abbildung 23: Französische Gewerkschaften im Überblick

Organisation	Gründungsjahr	Mitglieder 1990 in 1.000	Politische Tendenz	Schwerpunkte nach Branchen	Berufsgruppen
CGT	1895	600	kommunistisch	Metallindustrie, Energie, Tiefbau und Baugewerbe, Verkehrs- und Fernmeldewesen, Chemie, Graphisches Gewerbe	Arbeiter, Angestellte
CGT–FO	1948 durch Abspaltung von der CGT	450-500	sozialdemokratisch-reformistisch	Öffentlicher Dienst, Verwaltung, Post- und Fernmeldewesen, Banken, Versicherungen, Handel, Metallindustrie	Arbeiter, Angestellte, Beamte des einfachen Dienstes
CFDT	1964 durch Abspaltung von der CFTC	480	sozialistisch-demokratisch	Metallindustrie, Nahrungsmittelindustrie, Gesundheitswesen, privates Bildungswesen	Arbeiter, Angestellte
CFTC	1919	100	christlich-reformistisch	Energie, Verwaltung, Banken, Versicherungen	Arbeiter, Angestellte, Beamte des einfachen Dienstes
CGC	1944	100	liberal-reformistisch	Metallindustrie, Energie, Chemie, Banken, Versicherungen, Handel, Verwaltung	Mittlere und leitende Angestellte, Handelsvertreter, Beamte des gehobenen Dienstes
FEN FSU	1948 1992 durch Abspaltung von der FEN	150 150	sozialdemokratisch kommunistisch	Öffentliches Bildungswesen	Lehrer/Beamte des mittleren und gehobenen Dienstes

* Mitgliederzahlen: Schätzungen nach Angaben von *Michel Noblecourt*: Les syndicats en question. Paris: Editions ouvrières, 1990; Dominique Sicot: Les syndicats dans la tourmente, in: Alternatives économiques, Mai 1992, S. 30; Audience syndicale, fonctions des syndicats, Liaisons sociales, numéro spécial, 18.7.1991, S.18-21. Für FEN/FSU: Schätzung nach Angaben der Organisationen

Quelle: eigene Zusammenstellung.

Darüber hinaus hat die Gewerkschaft weder im französischen Recht noch in der Praxis eine Monopolstellung bei der Auslösung, der Durchführung und der Beendigung von Streiks. Auf diesem Gebiet wird gemäß der „Ideologie des Protestes" der französischen Gewerkschaftsbewegung dem Ausdruck von Unbehagen und der Initiative der Basis stets die größte Freiheit gelassen. Dies führt dazu, daß die etablierten Gewerkschaftsverbände bei den meisten größeren Arbeitskämpfen der letzten Jahre oft in Konkurrenz zu nicht-organisierten Koordinierungskollektiven (*coordinations*) gerieten. Diese zogen die Formulierung der Forderungen und die Durchführung des Konflikts vor Ort an sich, und sie behielten sich das Recht vor, die von den offiziellen Gewerkschaften ausgehandelten Verhandlungsergebnisse entsprechend den jeweiligen Kräfteverhältnissen zu akzeptieren oder abzulehnen. In dieser pluralistischen und von Konkurrenz bzw. spontaner Überbietung geprägten Struktur der Arbeitnehmervertretung kann der

Tarifverhandlung und der betrieblichen Zusammenarbeit eine nur begrenzt regulierende Funktion zufallen: Sie sind als rein strategisches Instrument zur einseitigen Vertretung der Arbeitnehmerinteressen konzipiert und werden als solche auch empfunden, nicht aber als Mechanismen zur gemeinsamen Organisation der Arbeitsbeziehungen.

3.3.3 Organisationsschwäche und Krise der französischen Gewerkschaftsbewegung

Der Pluralismus der Gewerkschaftsbewegung trägt jedoch nicht nur dazu bei, die Bereitschaft der Gewerkschaftsorganisationen zur Wahrnehmung ihrer Tarifautonomie zu schwächen. Seine organisatorischen Konsequenzen schränken auch die Kampfkraft und die tatsächliche Tariffähigkeit der Gewerkschaften erheblich ein. Gewerkschaftlicher Pluralismus bedeutet nicht nur Spaltung und Rivalität, sondern auch und vor allem Schwäche der Organisationen.

Die gewerkschaftliche Organisationsquote in Frankreich ist eine der niedrigsten in der industriellen Welt. Nimmt man alle Organisationen zusammen, sind heute ungefähr 2 Millionen französische Arbeitnehmer gewerkschaftlich organisiert.[31] Dies entspricht einem gewerkschaftlichen Organisationsgrad von etwa 10%. Damit sind die französischen Gewerkschaften an einem historischen Tiefpunkt angelangt, nachdem sie in der Nachkriegszeit einen Höchststand von etwa 6 Millionen Mitgliedern erreicht hatten und am Anfang der siebziger Jahre noch einen stabilen Organisationsgrad von etwa 25% verzeichnen konnten. Der jetzige Tiefstand ist das Ergebnis eines kontinuierlichen Mitgliederschwundes, der Mitte der siebziger Jahre eingesetzt hat und sich erst in den letzten Jahren zu stabilisieren scheint (vgl. Tabelle 27).

Niedriger Organisationsgrad

---

31 Die statistische Analyse des Mitgliederbestandes der französischen Gewerkschaften ist problematisch. Die Organisationen liefern keine regelmäßigen und verläßlichen Angaben über ihre Mitgliederzahlen. Ihre „offiziellen" Angaben sind nicht nur fragmentarisch wegen unzulänglicher interner Erfassungsmethodik und Buchführung, sie sind auch aus propagandistisch-kosmetischen Gründen systematisch überbewertet. Die „offiziellen" Gewerkschaftszahlen müssen in der Regel um zwei Faktoren nach unten korrigiert werden: zu einem um den Anteil (etwa 20%) der „gewerkschaftstreuen" Rentner, die weiterhin als Mitglieder gezählt werden, zum anderen um den Anteil der registrierten Mitglieder, die zwar im Besitz ihrer Gewerkschafts-"Karte" sind, aber ihre Beiträge (die in Form von „Monatsmarken" quittiert werden) nicht regelmäßig zahlen. Dieser Anteil der „Teil-Mitglieder" ist von Gewerkschaft zu Gewerkschaft wie auch innerhalb einer Organisation selbst sehr unterschiedlich, er bewegt sich aber um die 25%. Die oben angegebenen Zahlen für die verschiedenen Organisationen sind also Schätzungen auf der Grundlage dieser Korrekturfaktoren.

Tabelle 27: Entwicklung der Mitgliederzahlen der französischen Gewerkschaften 1969-1991
(nach offiziellen Angaben der Organisationen, in 1.000)

	1969	1975	1980	1983	1987	1990/1991
CGT[1]	2.060	2.074	1.634	1.362	798	653
CFDT[2]	666	821	741	665	469	480
FO[3]	636	900	1.100	1.150	1.150	930
C.F.T.C[1]	135	187	...	...	200	192
	(1970)	(1974)			(1986)	
CGC[3]	300	398	349	298	240	181
	(1970)	(1976)			(1986)	
FEN[3]	407	525	520	492	452	351
		(1976)				

1　Ohne Rentner
2　Regelmäßig zahlende Mitglieder, ohne Rentner
3　Sämtliche Mitglieder

Quellen: Für 1969-1987: *Rehfeldt 1991* (nach Angaben von Liaisons sociales: Syndicats II: Les organisations syndicales, numéro spécial, 15.10.1987). Für 1990-1991: nach Liaisons sociales: Les organisations syndicales, numéro spécial, 19.10.1992

Dieser dramatische Rückgang der Mitgliederzahlen bedeutet für die sechs großen Gewerkschaftsorganisationen, selbst für die größten unter ihnen, daß sie in der Tat jeweils nur noch eine kleine Minderheit der Arbeitnehmer vertreten. Wegen dieses stark rückläufigen und niedrigen Organisationsgrades haben die französischen Gewerkschaften an Mobilisierungs- und Führungskraft erheblich eingebüßt.

Jedoch verdeckt dieser globale Rückgang des gewerkschaftlichen Einflusses bei den Arbeitnehmern sehr unterschiedliche Situationen – je nach Sektoren und Unternehmenstypen. Im öffentlichen Dienst und in den Großunternehmen des vertaatlichten Sektors, vor allem in der Energieversorgung (EDF-GDF) und im öffentlichen Verkehr (SNCF, RATP, Air France) bleiben die Gewerkschaften in relativ starker Position, obwohl in defensiver Stellung gegenüber der anstehenden Sanierung und Deregulierung dieser staatlichen Monopole. Dort pendelt der Organisationsgrad immer noch um die 20% gegen etwa 30% am Anfang der achtziger Jahre. Demgegenüber ist der gewerkschaftliche Einfluß in der Privatwirtschaft stark gefallen: Seit Ende der siebziger Jahre haben die Gewerkschaften dort mehr als die Hälfte ihres Mitgliederbestandes verloren. Der durchschnittliche gewerkschaftliche Organisationsgrad im privaten Gewerbe ist dabei auf bzw. unter die 5%-Grenze gefallen. Diese niedrige Zahl verdeckt wiederum heterogene Situationen. In Großunternehmen der privaten Industrie behalten die Gewerkschaften schwerpunktmäßig ein gewisses Mitgliederpotential. In manchen Sektoren führen sie dagegen ein Schattendasein und in vielen mittelständischen Unternehmen sind sie sogar nur noch eine Randerscheinung.

Legitimation durch Wahlen

Dieser Niedergang des gewerkschaftlichen Einflusses gemessen an der besorgniserregenden Schrumpfung des Mitgliederbestandes muß jedoch durch die Tatsache relativiert werden, daß die Gewerkschaften sich weiterhin auf den Legitimationskanal der Betriebs- und Sozialwahlen stützen können. Die Wahlen zu den innerbetrieblichen Arbeitnehmervertretungsorganen (Betriebsausschüsse und Personalvertreter) sowie die Wahlen für die Vertretung der Arbeitnehmer in den Gremien der Sozialversicherung und der Arbeitsgerichte zeigen, daß die Gewerkschaften immer noch über ein solides Vertrauenspotential verfügen. Die Kandidaten der fünf etablierten Gewerkschaften bekommen weiterhin die überwiegende Mehrheit der Stimmen und der Vertretermandate. Allerdings zeigt eine nähere Betrachtung der Entwicklung in den zwei letzten Jahrzehnten, daß die Gewerkschaften auch auf diesem Feld einen erheblichen Legitimationsverlust hinnehmen mußten. Nicht nur ging die Wahlbeteiligung ständig zurück (auf etwa 65% bei den Betriebswahlen, unter 50% bei den Arbeitsgerichtswahlen). Der Anteil der Nicht-Organisierten bei den gewählten Belegschaftsvertretern ist auch regelmäßig – und in letzter Zeit stark – angestiegen (1992: 28%). Seit 1990 bekommen die Nicht-Organisierten sogar mehr Stimmen als die stärkste Gewerkschaft, die CGT, deren Einfluß seit zwanzig Jahren kontinuierlich zurückgeht, ohne daß die anderen reformistischen Gewerkschaften von ihrem Abstieg profitieren konnten (vgl. Tabelle 28).

Tabelle 28: Ergebnisse der Betriebsausschußwahlen 1950-1992 (in%)

	1950	1958	1966	1972	1980	1988	1990	1992
CGT	56,4	531	50,8	44,1	36,5	26,7	24,9	23,0
CFDT			19,1	18,9	21,3	20,7	19,9	19,7
CFTC	14,7	15,6	2,4	2,6	2,9	3,7	3,6	4,0
FO	11,2	10,7	8,0	7,6	11,0	13,7	12,8	12,8
CGC	2,7	4,1	4,2	5,6	6,0	6,8	6,5	5,9
sonst. Gew.	2,0	3,3	3,5	7,1	5,0	4,8	5,6	6,5
Nicht-Organisierte	13,0	13,5	12,0	14,1	16,8	23,5	26,6	28,0

Quelle: *Rehfeldt* 1991, 98. Für 1992: Liaisons sociales, 17.8.1993

Die Ursachen dieser Organisations- und Legitimationskrise der französischen Gewerkschaften sind vielfältig. Wie die anderen Gewerkschaftsorganisationen in Europa hatten auch die französischen Gewerkschaften unter dem industriellen Strukturwandel und dem damit verbundenen Beschäftigungsabbau in traditionellen Industriebranchen mit starker gewerkschaftlicher Präsenz zu leiden. Der Anstieg der Arbeitslosigkeit und die Segmentierung des Arbeitsmarktes schwächten ebenfalls ihre Mobilisierungs- und Durchsetzungskraft. Diese Faktoren sind aber keineswegs nationalspezifisch. Sie führten in anderen Ländern zu einer Stagnation bzw. Erosion des gewerkschaftlichen Einflusses, jedoch nirgends zu einem Zerfall dieses Ausmaßes.

Ursachen der Gewerkschaftskrise

Die Gründe der französischen Gewerkschaftskrise sind vielmehr in den Strukturen und im Selbstverständnis der französischen Gewerkschaftsorganisationen zu suchen. Weder die Zersplitterung der Organisationen noch ihr permanenter politisch-ideologischer Wettbewerb bieten eine angemessene Grundlage für eine tragfähige Solidarität der Arbeitnehmer und für eine sachgerechte Artikulierung ihrer Interessen. Die Ideologie des sozialen Konfliktes, die Ablehnung jeglicher Form sozio-ökonomischer Mitverantwortung verhindern zudem die Suche nach konstruktiven Kompromißlösungen und werden im Zusammenhang wachsender ökonomischer und technologischer Zwänge der Effizienz der gewerkschaftlichen Interessenvertretung immer abträglicher. Die Diskrepanz zwischen maximalen Forderungen und tatsächlich erzielten Ergebnissen, zwischen globalen gesellschaftspolitischen Zielen und konkreten Erwartungen haben zu einer wachsenden Entfremdung zwischen den Gewerkschaftsapparaten und der Arbeitnehmerbevölkerung geführt. Insofern liegt die Krise der französischen Gewerkschaften vor allem in ihrem organisatorischen und ideologischen Konservatismus, d. h. in ihrer Unfähigkeit, ihre Zersplitterung und ihre klassischen Konfliktmuster zu überwinden.

Diese geringe Führungskraft sowie das wachsende Vertrauensdefizit der Gewerkschaften schließen aus, daß sie jemals als „Ordnungsfaktor" fungieren können. Die mangelnde Glaubwürdigkeit der Gewerkschaften begründet zum Teil die anhaltende Skepsis der Arbeitgeber gegenüber einer partnerschaftlichen Zusammenarbeit, bei der immer wieder befürchtet wird, für eventuelle Zugeständnisse keine nennenswerten Gegenleistungen zu erhalten.

3.3.4 Das Selbstverständnis der französischen Arbeitgeberschaft

Autoritäre Traditionen

Es gibt eine in der französischen sozialen Diskussion geläufige Behauptung, die im übrigen durch empirische Studien in gewissem Maße bestätigt wird, derzufolge sich die Arbeitgeber generell nur widerwillig mit den Gewerkschaften an den Verhandlungstisch setzen. Auch wenn man diese Behauptung nuancieren und sich vor jeder Verallgemeinerung hüten sollte, muß man jedoch feststellen, daß die Arbeitgeber sich in der Mehrheit sehr zurückhalten, wenn es darum geht, mit den Arbeitnehmerorganisationen Lösungen auf dem Verhandlungswege zu finden. Dieses Mißtrauen gegenüber dem sozialen Dialog ist bei den Arbeitgebern sehr tief verwurzelt. Prinzip und Praxis der Tarifverhandlung sind in der Tat der Tradition der französischen Arbeitgeber weitgehend fremd. Vielmehr dominiert eine patriarchalische und autoritäre, mit dem „Familienkapitalismus" zusammenhängende Auffassung über die gesellschaftlichen Beziehungen. Diese Auffassung beruht auf dem unantastbaren „Herr im Hause"-Standpunkt, aufgrund dessen jegliche Form gewerkschaftlicher Präsenz einem Fremdkörper gleicht, den man nicht anerkennen will, mit dem man auf keinen Fall diskutieren, geschweige denn wie mit seinesgleichen verhandeln will. Dieses in der Tradition tief verwurzelte Verhalten ist – obwohl nicht mehr so ausgeprägt wie früher – bei den französischen Arbeitgebern immer noch lebendig, und zwar wegen der erheblichen Rolle, die der Familienbesitz in der Wirtschaft weiterhin spielt. Die Bedeutung des Familienbesitzes kann zum Beispiel am Gewicht der Klein- und Mittelbetriebe innerhalb der französischen Industriestruktur gemessen werden: 75% der französischen Unternehmen beschäftigen weniger als 50 Arbeitnehmer; etwa zwei Drittel der französischen Arbeitnehmer sind in Unternehmen mit weniger als 500 Mitarbeitern beschäftigt (vgl. Kapitel 2.3.4).

Über die Einstellung der Arbeitgeber zur Notwendigkeit eines sozialen Dialogs hinaus äußert sich das Gewicht dieser Tradition im sozialen Verhalten der Unternehmer. Es artikuliert sich in zwei Verhaltensweisen, deren Zusammenwirken sich für die Weiterentwicklung der Tarifbeziehungen als wenig förderlich erweist. Das Arbeitgeberverhalten wird zum einen durch das unbedingte Festhalten an der ungeteilten Entscheidungsmacht der Unternehmensleitung bestimmt. Dieses Verhalten hat zur logischen Folge, daß gewerkschaftliche Beteiligung allenfalls widerwillig grundsätzlich anerkannt, aber nur geduldet wird, d.h. die Gewerkschaften nicht als rechtmäßige und vertrauenswürdige Gesprächspartner angesehen werden. Die Diskussion und die Suche nach Kompromissen in Verhandlungen mit den Gewerkschaften erscheint daher allgemein als nicht geeignete Methode zur Behandlung sozialer Konflikte. Weit davon entfernt, in der Tarifverhandlung ein geeignetes Instrument zu sehen, betrachten die Arbeitgeber Verhandlungen oft als wenig wünschenswert. Häufig versucht man, sie zu vermeiden und – falls dies nicht möglich ist – zumindest ihre Tragweite zu begrenzen.

Ferner zieht die Tradition eines durch Familieneigentum bestimmten Kapitalismus einen sehr ausgeprägten Individualismus bei den Arbeitgebern nach sich. Über lange Zeit hinweg ist dieser Individualismus ein Hindernis für die Entwicklung einer solidarischen Interessenvertretung der Arbeitgeber gewesen. Erst 1919 wurde der erste Zentralverband der Arbeitgeber auf nationaler Ebene gegründet. Der Individualismus der französischen Arbeitgeber schränkt die Befugnisse der Arbeitgeberorganisationen ein. Trotz der im allgemeinen hohen Zahl der Mitglieder, die ihnen einen gewissen Einfluß verschafft, sind die Arbeitgeberorganisationen oft nur wenig strukturiert und verfügen gegenüber ihren Mitgliedern nur über einen begrenzten Einfluß und begrenzte Kompetenzen hinsichtlich der Führung von Tarifverhandlungen. Die Mitgliedschaft der Arbeitgeber in den Arbeitgebervereinigungen bedeutet nur in geringem Maße, daß der einzelne Arbeitgeber seiner Organisation die Befugnis überträgt, in seinem Namen zu verhandeln und Verpflichtungen einzugehen. Auch wenn die Zeiten vorüber zu sein scheinen, in denen die erste Aufgabe, die den Arbeitgeberorganisationen zufiel, darin bestand, dem Druck der Gewerkschaften Einhalt zu gebieten und jede Verhandlung zu verhindern, fällt es den Arbeitgebern schwer zu akzeptieren, daß gemeinsames Vorgehen auf etwas anderes abzielen kann, als ihre Unabhängigkeit zu schützen und zu wahren. Die Tarifverhandlung wird nur insofern akzeptiert, als die dabei erzielten Vereinbarungen die unternehmerische Entscheidungsmacht nicht einschränken oder keine Verpflichtungen enthalten, die die Arbeitgeber als zu einengend für die Führung ihres Unternehmens erachten.

Unternehmerischer Individualismus

3.3.5 Organisationen und Merkmale der unternehmerischen Interessenvertretung

Dieses Phänomen wird durch die Heterogenität der Arbeitgeberinteressen und die damit verbundene Pluralität der Arbeitgeberorganisationen verstärkt.

Der CNPF (*Conseil National du Patronat Français*) ist der beherrschende und einflußreichste Zentralverband der französischen Arbeitgeberverbände und vertritt sowohl die wirtschaftlichen als auch die sozialpolitischen Interessen der Unternehmerschaft. Obwohl der CNPF für sich beansprucht, die gesamte gewerbliche Wirtschaft zu repräsentieren, vertritt er jedoch tatsächlich vorwiegend die Interessen der Großindustrie. Dies erklärt die Existenz anderer konkurrierender Arbeitgeberorganisationen, wie zum Beispiel der CGPME (*Confédération Générale des Petites et Moyennes Entreprises*) des SNPMI (*Syndicat National de la Petite et Moyenne Industrie*). Sie vertreten die spezifischen Interessen der

Pluralismus der Unternehmerverbände

kleinen und mittleren Unternehmen. In den letzten Jahren haben sich diese eher konservativ orientierten Organisationen des Kleinunternehmertums scharf vom CNPF distanziert und es abgelehnt, an seiner Seite an bestimmten Verhandlungen mit den Gewerkschaften teilzunehmen.

Das große Gewicht der Kleinindustrie und die hohe Zahl der kleinen, wirtschaftlich oft sehr anfälligen Unternehmen in allen Wirtschaftssektoren veranlassen die verschiedenen Arbeitgeberverbände, die Tarifverhandlungen zu bremsen und ihren Verhandlungsspielraum erheblich einzuschränken. Sie sind nämlich darauf bedacht, in den Verhandlungen keinerlei Zugeständnisse zu machen, die die ökonomisch schwachen Betriebe ihrer Branche gefährden könnten. Die Sorge um die Aufrechterhaltung der individuellen Autonomie des Unternehmers zielt darauf ab, die Häufigkeit, aber auch die Tragweite und den Inhalt der Tarifverhandlung auf ein Minimum zu reduzieren; die Arbeitgeber gewähren lieber in einseitigen Beschlüssen freiwillig zugestandene soziale Vorteile. Dies ist eine Erklärung dafür, daß die Tarifverhandlung in den meisten Fällen nur unter dem Druck sozialer Unzufriedenheit hingenommen wird und auf der höchstmöglichen Ebene stattfindet. Je globaler die Tarifverhandlung ist, desto allgemeiner sind die gewährten Garantien und als desto weniger einengend erweisen sie sich für das Unternehmen. Die gleiche zentralisierende Logik ist es, die im Endeffekt und trotz einer gewissen Zurückhaltung die Arbeitgeber dazu bewegt, die kodifizierende Intervention des Gesetzgebers einer aktiven Praxis der Tarifverhandlung vorzuziehen.

Strategien der Arbeitgeber

Die Bemühungen um eine Intensivierung der Tarifverhandlung und um eine verstärkte Institutionalisierung des sozialen Dialogs scheinen im übrigen in den Augen der Arbeitgeber keine große Zukunft zu haben. Die Entwicklung der unternehmerischen Konzeptionen und Strategien und die Erprobung von neuen Methoden der Unternehmensführung während der achtziger Jahre beweisen, daß die Arbeitgeber nicht darauf bedacht sind, diesen Weg zu gehen. Der vertragsmäßigen Gestaltung der kollektiven Arbeitsbeziehungen, die oft als wenig praktikabel und gleichzeitig als kaum wirksam bezüglich des Abbaus sozialer Spannungen angesehen wird, setzen die Arbeitgeber eine andere Strategie entgegen. Diese richtet sich auf die Entwicklung einer Politik der Arbeitnehmerintegration auf Betriebsebene. Sie rekurriert auf die Einführung einer individualisierten betrieblichen Sozialpolitik und auf die Förderung einer direkten Beteiligung der Arbeitnehmer bei der Gestaltung der Arbeitsorganisation und der Arbeitsbedingungen über neue Partizipationsformen wie etwa Qualitätszirkel, Projektgruppen, autonome Gruppenarbeit.

Ferner wird im Arbeitgeberlager die Forderung nach dem Abbau zwingender Reglementierungen, sowohl gesetzlicher als auch tariflicher Art, immer stärker erhoben. Aus der Sicht der Arbeitgeber hat eine solche Deregulierungs- und Flexibilisierungsstrategie den doppelten Vorteil, den neuen Bedingungen der Produktion und der Betriebsführung angepaßt zu sein und den neuen Erwartungen der Arbeitnehmer mehr zu entsprechen. Nicht zuletzt hat sie auch für manche Arbeitgeber das Verdienst, nicht nur die Produktionskosten zu senken, sondern auch den Einfluß der Gewerkschaften zu schwächen.

3.4 Arbeitsbeziehungen

3.4.1 Arbeitskonflikte und Tarifbeziehungen

Das gegenseitige Mißtrauen und die geringe Bereitschaft der Sozialpartner zur Verhandlung, ihre Organisations- und Interessenvielfalt und letztlich auch ihre fehlende Vertragsfähigkeit erschweren die Institutionalisierung des sozialen Dialogs. Sie verhindern die Einführung von allgemein akzeptierten Spielregeln und von wirksamen Verhandlungsverfahren, die ihnen erlauben könnten, Interessenkonflikte friedlich und in eigener Verantwortung zu regeln.

In der Konfrontation ihrer Interessen neigen die Sozialpartner dazu, auf Verhandlungen nur als Folge eines Kräfteverhältnisses zurückzugreifen, das zuvor im offenen Konflikt offenbar gemacht wurde. Der Konflikt fungiert demnach als Klärungsmechanismus vor jeder Tarifverhandlung, in welchem die Forderungen artikuliert und ein Kräfteverhältnis geschaffen werden, aus dem sich Gegenstand und Ergebnis der Verhandlung ableiten lassen. Im Unterschied zur deutschen Praxis funktioniert der Arbeitskampf keineswegs nach dem Prinzip der „ultima ratio", sondern als notwendige Vorstufe zur Verhandlung und zum Kompromiß.

Vorrang des Konflikts

Es wäre jedoch voreilig, aus dieser „Konfliktorientierung" der sozialen Beziehungen und der damit verbundenen Zuspitzung mancher Arbeitskonflikte die Konfliktintensität im französischen Arbeitsleben zu überschätzen. Im internationalen Vergleich liegt Frankreich, was die Häufigkeit und den Umfang der Arbeitskonflikte angeht, auf einer mittleren Position.

Tabelle 29: Arbeitskonflikte im internationalen Vergleich
Ausgefallene Arbeitstage in 1000 pro Jahr

	1979	1986	1987	1988	1989	1990	1991
BR Deutschland	483	28	33	42	100	364	...
USA	20.410	12.797	4.454	4.301	17.015	5.939	4.580
Frankreich	3.626	568	512	1.095	800	528	497
Italien	192.713	39.506	32.240	22.102	29.060	35.705	19.743
Großbritannien	29.474	1.851	3.544	3.701	4.129	1.903	761

Quelle: La grève, le lock-out, Liaisons sociales, numéro spécial, 18.2.1993, S. 112 (Zahlen nach Angaben der *OECD* und der *IAO*)

Kennzeichnend für die französische Arbeitskampfpraxis ist der hohe Anteil lokaler, betriebsbezogener Arbeitskonflikte, die etwa 90% der registrierten Arbeitskämpfe ausmachen. Die Beteiligungsquote der am jeweiligen Konflikt potentiell interessierten Arbeitnehmer ist in der Regel schwach: sie bewegt sich im Durchschnitt um die 30%.

Nur die Streikpraxis im öffentlichen Dienst vermag das Bild konfliktreicher Arbeitsbeziehungen weiterhin zu bekräftigen. Die üblich gewordene Praxis spontaner bzw. gewerkschaftlich unterstützter Arbeitsniederlegungen im öffentlichen Dienst (wie z.B. bei Post, Bahn oder Luftverkehr) verursacht erhebliche Störungen in der Wirtschaft und wird bei den Bürgern immer unpopulärer. Sie hat in den letzten Jahren erheblich zum Verlust des Ansehens der Gewerkschaften in der öffentlichen Meinung beigetragen.

Fehlende Friedenspflicht

Das Fehlen einer engen Koppelung zwischen Konflikt und Verhandlung bedeutet auch, daß der Abschluß einer Vereinbarung keineswegs den sozialen Frieden garantiert. Im Namen der Wahrung ihrer Autonomie lehnen alle Gewerkschaften grundsätzlich das Prinzip jeglicher Friedensklausel und Friedenspflicht ab. Die Tarifverhandlung führt nicht zu einem Tarifabschluß im eigentlichen Sinne, sondern vielmehr zu einem Kompromißprotokoll. Eine Vereinbarung ist daher in Frankreich nur ein vorläufiger, jederzeit aufkündbarer sozialer „Waffenstillstand".

Aus den Organisationsstrukturen der Sozialpartner und deren konfliktorientierter Praxis des sozialen Dialogs erklären sich die Unbeständigkeit und die Heterogenität des französischen Tarifvertragswesens. In vielen Branchen werden die Tarifverträge mangels Einigung der Sozialpartner nicht in regelmäßig wiederkehrenden Tarifrunden neu verhandelt. Vielmehr werden Lohnerhöhungen einseitig von dem Arbeitgeberverband in Form von Empfehlungen an dessen Mitglieder festgelegt. In anderen Branchen werden Tarifvereinbarungen nur von Minderheitsgewerkschaften abgeschlossen. Schließlich gibt es auch Branchen bzw. Berufsgruppen ohne bzw. mit einer reduzierten tarifvertraglichen Regelung.

Heterogene Tarifbeziehungen

Die Ebenen der Tarifverhandlungen sind vielfältig. Viele Tarifverträge werden nur lokal bzw. regional ausgehandelt. Demgegenüber besteht seit bald 20 Jahren die zunehmende Tendenz, die Tarifverhandlungen nicht nur zentral, sondern auch branchenübergreifend zwischen dem CNPF, der Dachorganisation der Arbeitgeber, und den fünf Gewerkschaftszentralen zu führen. In diesem Fall werden für alle Branchen und alle Berufe allgemein geltende Abkommen („accords nationaux interprofessionnels") abgeschlossen. Letztere befassen sich aber nur mit spezifischen, problembezogen Gegenständen. Durch diese Verhandlungspraxis wird gesichert, daß Probleme des Arbeitslebens, die nicht zufriedenstellend von den Branchentarifen geregelt werden, eine allgemein geltende Lösung finden. Dies ist aber eine zweischneidige Entwicklung, denn dadurch wird allmählich die Tarifautonomie der Sozialpartner auf den unteren Ebenen, in den Branchen, in den Regionen oder auf Betriebsebene eingeengt und ausgehöhlt. Hinzu kommt, daß die zentralen Verhandlungen meistens auf Anregung des Staates und daher mehr oder weniger unter dessen Aufsicht stattfinden, was für die Tarifautonomie auch nicht gerade förderlich ist. Denn in der Praxis werden letzten Endes die Interessengegensätze der Sozialpartner durch die nachträgliche Intervention des Gesetzgebers geschlichtet.

Die ideologischen und organisatorischen Bedingungen für eine effektive Wahrnehmung der Tarifautonomie sind also nicht erfüllt. Einerseits wollen und können die Sozialpartner in ihrer Vielfalt keine ausreichend strukturierte Interessenvertretung artikulieren. Andererseits fehlen ihnen die Bereitschaft und die notwendige Autorität, um tragbare Kompromisse einzugehen und den entsprechenden vertraglichen Verpflichtungen nachzukommen.

3.4.2 Die Ordnungsfunktion des Staates

Die begrenzte Fähigkeit der Sozialpartner, ihre Tarifautonomie wahrzunehmen, hat zur Folge, daß Tarifverhandlung und Tarifvertrag eine untergeordnete Rolle in den kollektiven Arbeitsbeziehungen spielen. Dieses funktionale Defizit der autonomen Tarifverhandlung wird durch die regulierende und reglementierende Intervention einer dritten Gewalt, nämlich der des Staates, ausgeglichen. Der

„negative Konsens" der Sozialpartner mündet also direkt in den staatlichen Interventionismus, so daß der Staat von jeher als einziger Ordnungsfaktor in den sozialen Beziehungen fungiert.

Im Gegensatz zur Bundesrepublik Deutschland, wo die Intervention des Staates sich darauf beschränkt, Mindestarbeitsbedingungen gesetzlich zu sichern oder rechtliche Rahmenbedingungen für den sozialen Dialog zu schaffen, werden in Frankreich umfangreiche Gebiete des Arbeitslebens vorwiegend und unmittelbar vom Gesetzgeber geregelt, entweder in Form von gesetzlichen Vorschriften oder von Verordnungen.

Vielfältige staatliche Interventionen

Dies gilt nicht nur für den Arbeitsschutz, den Kündigungsschutz und die Mindestarbeitsbedingungen, deren Bestimmungen jeweils fast ausschließlich gesetzlicher Herkunft sind. Die unmittelbare Intervention des Staates greift auch tiefgehend in die Regelung der normalen Arbeitsbedingungen ein, z.B. in die Festsetzung und Gestaltung der Arbeitszeit.

Die Regelarbeitszeit wird in Frankreich einheitlich und für alle Sektoren per Arbeitszeitgesetz auf 39 Wochenstunden bzw. 169 Monatsstunden festgelegt. Die Möglichkeiten und zeitlichen Spielräume für eine von der Regelarbeitszeit abweichende flexible Arbeitszeitgestaltung werden ebenfalls vom Gesetz präzis nach einheitlichen Prinzipien und innerhalb verbindlicher Varianten geregelt. In Frankreich wird nämlich Flexibilität vorwiegend vom Gesetzgeber organisiert und kontrolliert. Dabei wird den Tarifpartnern wenig Initiative und Spielraum überlassen, in der Befürchtung, daß die Arbeitgeber ihre Machtposition zugunsten einer Verschlechterung der Arbeitsverhältnisse nutzen könnten.

Das auffälligste Symptom für den staatlichen Interventionismus in den sozialen Beziehungen ist jedoch die Existenz des gesetzlichen Mindestlohnes (*salaire minimum interprofessionnel de croissance, SMIC*). Dieser garantiert den Arbeitnehmern aller Berufszweige einen auf den Preis- und Durchschnittslohnindex indizierten und mindestens zweimal pro Jahr per staatlicher Verordnung revidierten Stundenlohn. Der SMIC hat in der Lohnpolitik eine entscheidende Leitfunktion: Die vom Staat vorgenommene Erhöhung des SMIC dient als Bemessungsgrundlage für die Revision aller tariflichen Mindestlöhne und bildet daher auch einen maßgebenden Orientierungswert für alle übrigen Lohngruppen in den verschiedenen Wirtschaftsbranchen.

Einen indirekten, jedoch wichtigen Einfluß übt der Staat auch in der allgemeinen Lohnpolitik anhand seiner Lohn- und Gehaltspolitik im staatlichen und öffentlichen Sektor aus, von welchem etwa ein Fünftel der französischen Arbeitnehmer abhängig sind. Auch hier dienen die gewährten Gehaltserhöhungen als Maßstab für den Privatsektor.

Der Staat greift auch maßgeblich in die Tarifpolitik ein, indem er die Tarifparteien über eine gesetzliche jährliche Verhandlungspflicht veranlaßt, an den Verhandlungstisch zu kommen. Der Staat kann ferner die wichtigsten Tarifverträge per Verordnung für allgemeinverbindlich erklären und macht von diesem Recht auch weitgehend Gebrauch, um das mangelnde Engagement und die Unstimmigkeit der Tarifpartner auszugleichen und die tariflichen Bestimmungen rechtlich zu untermauern.

Des weiteren kann der Staat sogar die Tarifautonomie der Tarifpartner vollständig aufheben, indem er aus Gründen der gesamtwirtschaftlichen Stabilität einen Lohnstopp für einen bestimmten Zeitraum dekretiert. Von diesem Recht machte der Staat seit 1950 etwa fünfmal Gebrauch, zum letzten Mal von Juni 1982 bis März 1983. Seitdem wurde eine stabilitätsorientierte Lohnpolitik vorwiegend mit den Mitteln einer vom Staat initiierten strengen Kontrolle der Entwicklung der Lohnsumme sowohl in staatlichen als auch in privaten Unternehmen erreicht.

3.4.3 Arbeitsbeziehungen im Betrieb

Arbeitnehmervertretungen im Betrieb

Am unmittelbarsten treffen Arbeitgeber und Arbeitnehmer im Betrieb aufeinander. Infolge ihrer begrenzten Bereitschaft, ihre Zusammenarbeit friedlich und vertrauensvoll zu regeln, spielen die staatlichen Gesetze hier ebenfalls eine große Rolle. Die gesetzlichen Vertretungsinstanzen und -mechanismen, mit deren Hilfe die Arbeitnehmer ihre Rechte und Interessen im Betrieb zur Geltung bringen können, sind zwar vielfältig, garantieren ihnen jedoch nur beschränkte Einfluß- und Mitwirkungsrechte an den betrieblichen Entscheidungen (vgl. Abb. 24).

In den französischen Unternehmen und Betrieben existiert keine Mitbestimmung nach deutschem Muster. Weder sind die Arbeitnehmer im Aufsichtsrat der privaten Großunternehmen vertreten, noch verfügen sie, durch ihre betrieblichen Vertretungen, über effektive Mitbestimmungsrechte bezüglich ihrer konkreten Arbeitsbedingungen.

Betriebsausschuß

Der Betriebsausschuß (*comité d'entreprise*) ist das wichtigste gesetzliche Organ des sozialen Dialogs zwischen Arbeitgeber und Belegschaft. Er ist keine reine Arbeitnehmervertretung im eigentlichen Sinne, da er vom Arbeitgeber präsidiert wird. Er setzt sich zusammen aus 3 bis 12 gewählten Vertretern der Belegschaft und ernannten Vertretern aus den im Betrieb vertretenen Gewerkschaften. Ursprünglich, als er 1945 geschaffen wurde, sollte der Betriebsausschuß dem Ziel der Zusammenarbeit zwischen Kapital und Arbeiterschaft und der Demokratisierung des Betriebes dienen. Diese Erwartung hat er aber nicht erfüllt, da die Linksgewerkschaften ihn als Instrument der Gegenmacht betrachteten und zum Sprachrohr für den Ausdruck gewerkschaftlicher Forderungen umfunktionierten.

Dies war um so leichter, als der Betriebsausschuß von Anfang an und bis heute nur mit konsultativen Kontroll- und Mitwirkungsrechten im sozialen Bereich und mit Informationsrechten in wirtschaftlichen Fragen ausgestattet blieb. Im Bereich der betrieblichen sozialen Einrichtungen besaß er im Gegenteil ein fast ausschließliches Selbstverwaltungsrecht.

Personalvertreter

Die Personalvertreter (*délégués du personnel*) bilden das älteste Organ der Arbeitnehmervertretung (1936; 1946 novelliert). Die gewählten Personalvertreter tragen dem Arbeitgeber Beschwerden der Belegschaft vor und machen individuelle sowie kollektive Interessen geltend. Jedoch bleibt ihre Funktion rein konsultativ.

Gewerkschaftsabteilungen

Die Gewerkschaftsabteilungen (*sections syndicales*) sind erst nach der Protestbewegung des Mai 1968 eingeführt worden. Sie bilden die institutionelle Vertretung der jeweiligen Gewerkschaften im Betrieb. Der „section syndicale" einer Gewerkschaft gehören alle betrieblichen Mitglieder dieser Gewerkschaft an. Jede repräsentative[32] Gewerkschaft hat das Recht, eine eigene Abteilung zu bilden und sich gegenüber dem Arbeitgeber durch einen von ihr ernannten Gewerkschaftsdelegierten vertreten zu lassen. Den Gewerkschaftsvertretern kommt eine wichtige Aufgabe zu: Seit 1982 sind sie als befugte Tarifpartner im Betrieb anerkannt worden. Demnach verhandeln sie über Betriebsvereinbarungen zusammen mit dem Arbeitgeber, sofern sie über ausreichenden Einfluß im Betrieb verfügen.

Zwischen diesen vielfältigen und zum Teil konkurrierenden Vertretungsinstanzen hat sich in den letzten zehn Jahren eine Art Arbeitsteilung etabliert, in welcher die Personalvertreter eine Artikulations- und Forderungsfunktion wahrnehmen, der Betriebsrat sachliche Information über die soziale und wirtschaftliche Betiebsführung erschließt, während die im Unternehmen vertretenen Gewerkschaften die wichtige Funktion übernehmen, die Arbeitnehmerinteressen über Konflikt und Verhandlung geltend zu machen und je nach Kräfteverhältnissen durchzusetzen.

Entscheidend ist jedoch dabei ihre tatsächliche Stärke und Glaubwürdigkeit. Letztere sind in vielen Sektoren begrenzt. In den Klein- und Mittelbetrieben ist das Gewicht der Gewerkschaften in der Regel marginal.

---

32 Der Staat hat durch eine Verordnung von 1966 den sechs größten Gewerkschaftsorganisationen (vgl. 3.3.2) einen besonderen Status eingeräumt, indem er sie als „repräsentative" Gewerkschaften auf nationaler Ebene anerkannt hat. Dadurch erhielten diese zentralen Gewerkschaftsverbände eine Reihe von allgemeingültigen Vorrechten, wie z.B. die Entsendung von Vertretern in öffentliche Organisationen, den Abschluß von Tarifverträgen, die Einrichtung von Gewerkschaftssektionen in den Betrieben, das Monopol der Aufstellung von Kandidatenlisten beim 1. Wahlgang der Betriebsausschuß- und Personalvertreterwahlen usw. Die Repräsentativität kann auch auf lokaler bzw. betrieblicher Ebene einer „autonomen" oder „unabhängigen" Gewerkschaft durch die Arbeitsverwaltung zuerkannt werden. Kriterien für die Anerkennung der Repräsentativität sind u.a. Mitgliederzahlen, Unabhängigkeit vom Arbeitgeber, Stimmenanteile bei Betriebswahlen, effektive Beitragszahlungen. Durch die Anerkennung der Repräsentativität und die Garantie von entsprechenden Vorrechten versuchte der Staat der Zersplitterung der Organisationen entgegenzuwirken und deren Schwäche mit einer Art gemeinnützigem Status auszugleichen. Die Gunst des Staates erwies sich jedoch für die etablierten Gewerkschaften als zweischneidiges Privileg: Sie vernachlässigten die Mitgliederrekrutierung, verhielten sich immer mehr wie halboffizielle Arbeitnehmerkammern und entfernten sich dabei von ihrer Mitgliederbasis.

Abbildung 24: Organe der Arbeitnehmervertretung im französischen Betrieb

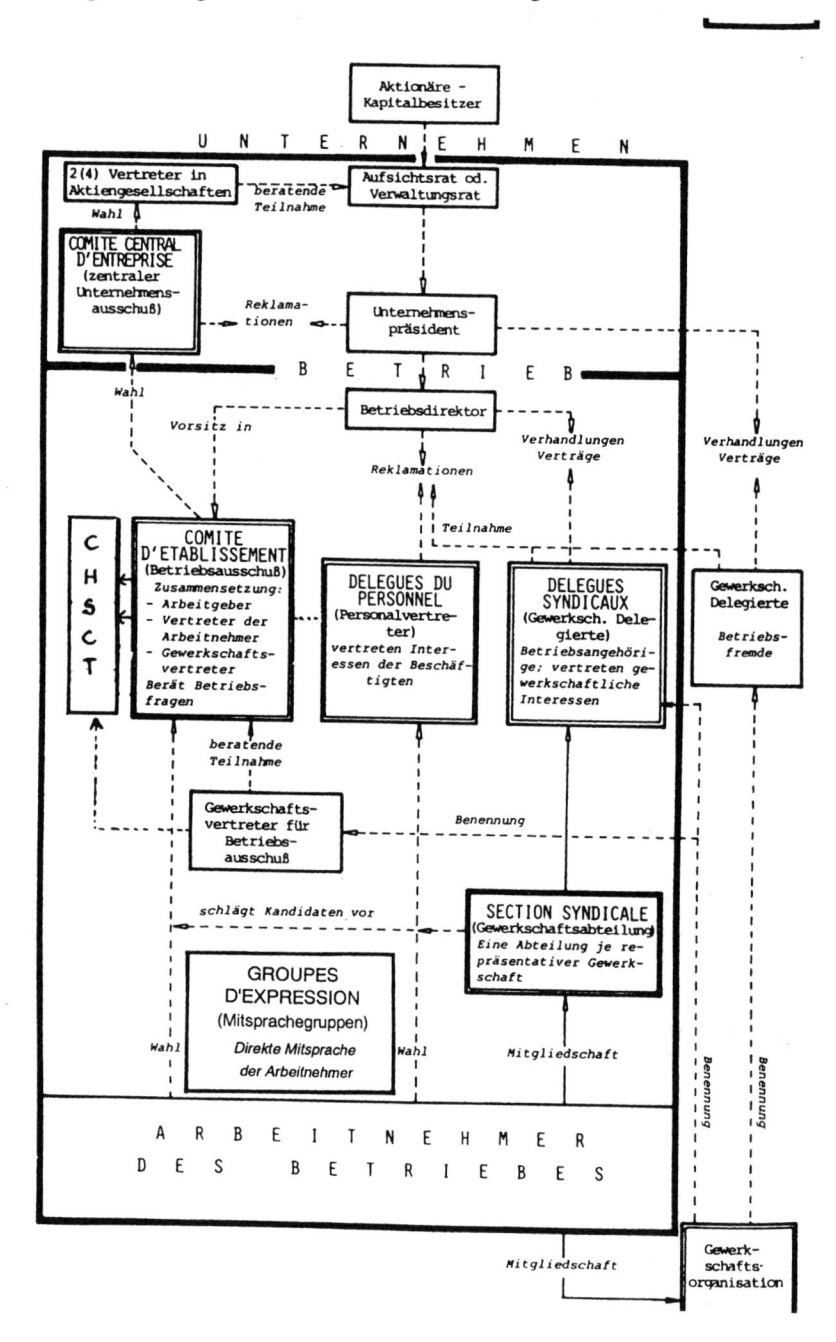

Quelle: *Menyesch/Uterwedde* 1983, 122

3.4.4 Modernisierung der Arbeitsbeziehungen

Anfang der sechziger Jahre wurde im Kontext der Entkolonialisierung und der europäischen Öffnung der französischen Wirtschaft die Notwendigkeit ersichtlich, die französischen Wirtschaftsstrukturen umfassend zu modernisieren. Diese Modernisierung, die im Mittelpunkt der politischen Zielsetzung des Gaullismus stand und hauptsächlich durch den Staat initiiert wurde, berührte nicht nur die Industrie (vgl. Kapitel 2.2), sondern auch die Sozialbeziehungen. Neben einer aktiven Industriepolitik wurde eine Politik der betrieblichen Modernisierung und Demokratisierung eingeleitet. Nach den Initiatoren dieser Politik, und vor allem nach François Bloch-Lainé, einem hohen Beamten, der 1963 ein Buch mit dem Titel „Pour une réforme de l'entreprise" (*Bloch-Laine 1963*) veröffentlichte, stand die ökonomische Modernisierung in einem untrennbaren Zusammenhang mit einer tiefgreifenden Erneuerung überalteter betrieblicher Managementstrukturen, einer Förderung des sozialen Dialogs und der „industriellen Demokratie" mit dem Ziel einer vollen Einbeziehung der Arbeitnehmer in die Produktionstätigkeit. Daher kam es darauf an, die Mechanismen der sozialen Konzertierung und der Zusammenarbeit zwischen Sozialpartnern zu verbessern und zu verstärken.

Reformdiskussion der sechziger Jahre

Diese Modernisierungsbestrebungen äußerten sich vor allem in der Politik, die die öffentliche Hand sowie die verschiedenen Regierungen seit Ende der sechziger Jahre verfolgt haben. Zwei Zielsetzungen standen dabei im Vordergrund: auf der einen Seite der Ausbau der Tarifverhandlungen und der Tarifbeziehungen zwischen den Sozialpartnern, auf der anderen Seite der Ausbau der betrieblichen Arbeitnehmervertretung und -partizipation.

Eine der ersten Folgeerscheinungen der Unruhen vom Mai 1968 war die gesetzliche Anerkennung der gewerkschaftlichen Vertretung auf Betriebsebene (Gesetz von Dezember 1968). Die damit verbundene Anerkennung der Gewerkschaft als eigenständiger Sozialpartner war Ausgangspunkt einer Politik, die darauf abzielte, der Tarifverhandlung in den Sozialbeziehungen mehr Gewicht zu geben. Diese Politik äußerte sich zunächst im Projekt einer „neuen Gesellschaft" (*nouvelle société*), das zu Beginn der Präsidentschaft Pompidou 1969 von der Regierung Chaban Delmas entwickelt wurde und in der Folge durch das Projekt der „fortgeschrittenen liberalen Gesellschaft" (*société libérale avancée*) unter Präsident Giscard d'Estaing ab 1974 fortgesetzt wurde.

Mit dem Regierungswechsel 1981 und den von der Linksregierung durchgesetzten Auroux-Gesetzen (bekannt nach dem damaligen Arbeitsminister Jean Auroux) von 1982 begann eine zweite Phase in der Politik der Förderung der Tarifbeziehungen (vgl. Abb. 25). Diese Politik kam vor allem im Gesetz vom 13. November 1982 zum Ausdruck, mit dem sowohl auf Branchen- als auch auf Betriebsebene eine jährliche Verhandlungspflicht zwischen den Sozialpartnern festgeschrieben wurde. Die Sozialpartner sind jedoch nicht verpflichtet, bei ihren Verhandlungen zu einem Ergebnis zu kommen. Bei Mißlingen der Verhandlungen kann die Unternehmerseite sich darauf beschränken, vorherige Regelungen anzuwenden oder einseitig Verbesserungen festzulegen. So müssen auf Branchenebene jährlich Lohnverhandlungen sowie alle fünf Jahre Verhandlungen über die Einstufungsskala geführt werden. Am deutlichsten wurde die Absicht der Intensivierung der Tarifbeziehungen jedoch auf Betriebsebene: Seit 1982

Die Auroux-Gesetze 1982

muß der Arbeitgeber jährlich mit den Gewerkschaftsdelegierten, die somit als eigenständige Tarifpartei anerkannt werden, über Reallöhne, Arbeitszeitdauer und -gestaltung verhandeln.

Durch diese Maßnahmen versuchte die Regierung, den traditionell stark regulierenden und kodifizierenden Interventionismus des Staates einzuschränken und regelmäßige Verhandlungen auf allen Ebenen sowie in den wichtigsten Bereichen des Arbeitslebens zu fördern, wobei die Sozialpartner aufgefordert wurden, von ihrer Tarifautonomie verstärkt Gebrauch zu machen. Damit sollte erreicht werden, daß die Festlegung der Arbeits- und Entlohnungsbedingungen nicht mehr per Gesetz oder Reglementierung erfolgt, sondern durch kollektive Abkommen, die frei und regelmäßig zwischen Arbeitgebern und Arbeitnehmern ausgehandelt werden.

Ein anderer Schwerpunkt der Modernisierungspolitik lag in der Ausweitung der individuellen und kollektiven Arbeitnehmerrechte: Die Arbeitnehmer sollten in die Lage versetzt werden, verstärkt Einfluß auf die Gestaltung ihrer Arbeitsbedingungen und auf die Unternehmensführung auszuüben. Hier öffnete die Auroux-Gesetzgebung des Jahres 1982 eine neue Phase mit dem Ausbau der betrieblichen Vertretungsinstanzen.

Das Gesetz vom 28. Oktober 1982 erweiterte die Informations- und Mitwirkungsrechte des Betriebsausschusses und die Funktion der Gewerkschaften auf Betriebsebene beträchtlich. Ungeachtet der Tatsache, daß der Interventionsspielraum des Betriebsausschuses insbesondere hinsichtlich aller wichtigen Fragen der sozialen und wirtschaftlichen Unternehmenspolitik vergrößert worden ist, sind die Rechte des Betriebsausschusses jedoch nach wie vor reine Mitwirkungsrechte und beinhalten keinerlei Anspruch auf Mitbestimmung.

Schließlich haben die Auroux-Gesetze, insbesondere das Gesetz vom 4. August 1982 bezüglich des betrieblichen Mitspracherechts der Arbeitnehmer, neue Wege eröffnet und einen dritten inhaltlichen Schwerpunkt in die Demokratisierungspolitik eingebracht: es handelt sich um das direkte Beteiligungsrecht, das es dem Arbeitnehmer ermöglicht, sich in Mitsprachegruppen (*groupes d'expression*) frei zur Arbeitsgestaltung und zu den Arbeitsbedingungen zu äußern.

Bilanz der Auroux-Gesetze

Die französische Politik der Modernisierung der Arbeitsbeziehungen ist also seit Ende der sechziger Jahre trotz zeitweiliger Diskontinuität durch kontinuierliche Verfolgung von zwei grundsätzlichen Zielen gekennzeichnet: Die kollektiven Arbeitsbeziehungen auf eine tarifvertragliche Basis zu stellen sowie die betriebliche Arbeitnehmerbeteiligung auszubauen. Diese Doppelstrategie, die hauptsächlich durch den Staat und auf gesetzlichem Wege initiiert wurde, blieb in ihren konkreten Ergebnissen bei weitem hinter den ursprünglichen Erwartungen zurück.

Die staatliche Politik der Dynamisierung der Tarifverhandlungen hat eher dazu geführt, neue Verhandlungsebenen zu erschließen und weiterzuentwickeln, als die Verhandlung auf der in sozialer und ökonomischer Hinsicht wichtigsten Ebene, der Industriebranche, zu stärken.

So äußerte sich die Belebung der Verhandlungen in einer ersten Phase während der siebziger Jahre in der Unterzeichnung umfassender, branchenübergreifender nationaler Abkommen, d.h letzen Endes durch Zentralisierung der Verhandlung und damit verbundener staatlicher Intervention. Derart wurde also eher die staatliche Intervention tarifvertraglich untermauert, als daß die autonome

Verhandlung ausgebaut worden wäre. Von 1982 an kehrte sich die Tendenz um: Die Verhandlung wurde nun in Richtung auf die betriebliche Ebene dezentralisiert. Diese Entwicklung der Tarifpolitik „nach unten" wurde von der Novellierung des Tarifvertragsgesetzes von 1982, die eine jährliche Verhandlungspflicht im Betrieb vorschreibt, stark gefördert. Darüber hinaus wird die Dezentralisierung der Tarifbeziehungen durch den Flexibilisierungsprozeß der Arbeitsorganisation verstärkt, da viele Dimensionen der Flexibilität, wie etwa die Arbeitszeitgestaltung, nur betrieblich geregelt werden können.

Abbildung 25: Die Auroux-Gesetze. Zusammenfassender Überblick

---

Nach dem Machtwechsel von 1981 verkündete die Linksregierung ihren festen Willen, die arbeitsrechtliche Gesetzgebung grundlegend zu modernisieren. Sie verfolgte dabei eine dreifache Zielsetzung:
– die individuellen Arbeitnehmerrechte zu erweitern,
– die betrieblichen Entscheidungsmechanismen zu demokratisieren und
– die kollektiven Arbeitsbeziehungen zu modernisieren.
Dieser gesellschaftspolitische Reformwille im Bereich des Arbeitslebens fand seinen Ausdruck in einem 1981 vorgelegten Bericht[1] des Arbeitsministers Jean Auroux. Seine Umsetzung erfolgte durch vier während des Jahres 1982 verabschiedete Gesetze:
* *Das Gesetz vom 4.August 1982 über das direkte Mitspracherecht* eröffnete in allen Betrieben mit mehr als 200 Beschäftigten den Arbeitnehmern die Möglichkeit, sich in Mitsprachegruppen über Inhalt und Organisation der Arbeit unmittelbar und frei zu äußern sowie Maßnahmen zur Verbesserung der Arbeitsbedingungen gemeinsam zu beraten und vorzuschlagen;
* *Das Gesetz vom 28. Oktober 1982 über den Ausbau der betrieblichen Vertretungsorgane* der Arbeitnehmer hat die rechtlichen und praktischen Handlungsmöglichkeiten der verschiedenen Instanzen verstärkt sowie deren Informations- und Mitwirkungsrechte erweitert. Die *Section syndicale* wurde als berechtigter Tarifpartner im Betrieb anerkannt, während der Betriebsausschuß neue Kontrollrechte in sozialen und wirtschaftlichen Angelegenheiten bekam. Diese Kontrollrechte gingen jedoch nicht bis hin zu Mitbestimmungsrechten;
* *Das Gesetz vom 13. November 1982* brachte eine *Novellierung des Tarifvertragsrechtes*, indem es eine Verhandlungspflicht einführte. Diese Verhandlungspflicht gilt sowohl auf Branchenebene, wo die Sozialpartner mindestens einmal jährlich über Löhne und jedes 5. Jahr über die Einstufungsskala verhandeln müssen, als auch auf der Ebene des Betriebes, wo der Arbeitgeber einmal im Jahr eine Verhandlung über die Reallöhne, die Arbeitszeit und die Arbeitszeitgestaltung einzuleiten hat. Die Pflicht zur Verhandlung versteht sich nur als Pflicht zum Dialog – jedoch nicht als Zwang zum tariflichen Ergebnis. Dadurch war eine flächendeckende Belebung der Tarifverhandlung angestrebt;
* *Das Gesetz vom 23. Dezember 1982* zielte auf eine verstärkte Einflußnahme der Arbeitnehmervertretung auf dem Gebiet der *Arbeitssicherheit* und der *Arbeitsbedingungen*. Es hat hierzu eine neue, selbständige Instanz eingerichtet: den Ausschuß für Gesundheitsschutz, Sicherheit und Arbeitsbedingungen (*Comité d'hygiène, de sécurité et des conditions de travail, CHSCT*) mit beratender Kontroll- und Vorbeugungsfunktion. Dem einzelnen Arbeitnehmer hat auch das Gesetz ein Recht auf Arbeitsverweigerung bei gefährlichen Arbeitssituationen zuerkannt.
Durch dieses Gesetzgebungspaket, das viele Dimensionen des Arbeitslebens und der kollektiven Arbeitsbeziehungen betraf, wurden etwa 40% der Bestimmungen des französischen Arbeitsgesetzbuches (*Code du Travail*) novelliert.

---

1 *Jean Auroux*, Ministre du Travail: Les droits des travailleurs. Rapport au Président de la République et au Premier Ministre, Septembre 1981, Paris, La Documentation française, 1982.

Segmentierung der Tarifbeziehungen

Eine wirkungsvolle Funktionsweise der betrieblichen Verhandlung setzt jedoch die Existenz einer starken, aktiven Gewerkschaftsvertretung voraus. Diese Voraussetzung ist aufgrund der Krise der französischen Gewerkschaftsbewegung (vgl. 3.3.3) immer weniger gegeben. Diese Krise bringt es mit sich, daß die gewerkschaftliche Präsenz besonders in den kleinen und mittleren Unternehmen nachläßt bzw. sogar gänzlich zum Erliegen kommt. Daraus ergibt sich eine wachsende Heterogenität der Verhandlungspraxis und der tarifvertraglich abgedeckten Bereiche. Dies führt nach und nach dazu, je nach gewerkschaftlicher Präsenz die soziale Ungleichheit zwischen den Betrieben zu vergrößern und die Unterschiede hinsichtlich Entlohnung und Arbeitsbedingungen zu verschärfen.

Diese Entwicklung birgt die Gefahr einer Segmentierung der beruflichen Interessenvertretung sowie einer sozialen Dichotomie zwischen zwei Sektoren, von denen der eine aufgrund starker gewerkschaftlicher Präsenz geschützt ist (staatliche Unternehmen und Großunternehmen der Privatindustrie), wohingegen der andere, nämlich die kleinen und mittleren Unternehmen, sozial vernachlässigt ist (zum Dualismus der Wirtschafts- und Unternehmensstruktur vgl. auch Kapitel 2.3.2). Im ersten Sektor erlauben es die gewerkschaftliche Präsenz und eine aktive Tarifpolitik, soziale Sicherung und erhebliche soziale Vorteile zu erhalten und die sozialen Konsequenzen des Rationalisierungs- und Flexibilisierungsprozesses der Arbeitsbedingungen abzufedern. Das Fehlen einer gewerkschaftlichen Vertretung in den Unternehmen des vernachlässigten Sektors führt hingegen dazu, daß die Arbeitnehmer nicht in den Genuß der minimalen sozialen Absicherung eines Branchentarifvertrages kommen, dessen Relevanz abnimmt. Sie sind darüber hinaus nur schwach geschützt gegen die Unsicherheit ihres Status und die zunehmende Flexibilisierung ihrer Arbeitsbedingungen.

Begrenzte Demokratisierung

Darüber hinaus hat die Politik der Demokratisierung der Unternehmen die gesteckten Ziele nicht erreicht. Dies betrifft sowohl den Ausbau der Vertretungsinstanzen als auch die Entwicklung der Beteiligung der Arbeitnehmer an der Gestaltung und der Verbesserung ihrer Arbeitsbedingungen.

Die Vergrößerung des Handlungsspielraums, die Erweiterung des Informationsrechts sowie die Ausdehnung ihrer Zuständigkeitsbereiche haben nicht wirklich dazu beigetragen, die Kontrollfunktion der gewählten Vertretungsinstanzen (Belegschaftsdelegierte und Betriebsausschuß) auszubauen, da es sich lediglich um Mitwirkungs-, nicht jedoch um Mitbestimmungsrechte handelt. Unter diesen Bedingungen stellte sich die Ausweitung der Einflußzonen der Arbeitnehmervertretungen auf neue, sehr weit gefaßte Bereiche, die nicht nur die betriebliche Sozialpolitik, sondern auch die ökonomische Lenkung und die technische Organisation des Unternehmens betrafen, als illusorisches, zweischneidiges Unterfangen heraus.

Die gewählten Arbeitnehmervertreter verfügen selbst bei Unterstützung durch die Gewerkschaften nicht immer über genügend Sachverstand, um die Entscheidungen in solch weiten und komplexen Bereichen wirklich beeinflussen zu können. Ihre Funktion beschränkt sich zunehmend auf die einer bürokratischen, formalen Kontrollinstanz. Ihr Handeln hat letztendlich nur geringfügige konkrete Auswirkungen auf den Arbeitsalltag. Dadurch sehen sich die Arbeitnehmervertreter in ihrer Glaubwürdigkeit und Legitimität als gewählte Instanzen mehr und mehr in Frage gestellt, während gleichzeitig die Unternehmen eine differenzierte Sozialpolitik entwickeln, die den individuellen Ansprüchen der Arbeitnehmer gerecht zu werden sucht.

Die Einführung des Arbeitermitspracherechts im Jahre 1982 sollte zum großen Teil dazu dienen, dieses Defizit durch Stärkung der direkten Partizipation auszugleichen. Auch in diesem Bereich sieht die Bilanz enttäuschend aus. Nach anfänglicher Begeisterung kommt die Teilnahme der Arbeitnehmer an den Mitsprachegruppen allmählich zum Erliegen, was zum großen Teil an ihrem formalen Charakter, an der Unfähigkeit zur Durchsetzung spürbarer Verbesserungen des Arbeitsalltags sowie der daraus folgenden mangelnden Motivation der Betroffenen liegt.

Hinzu kommt, daß andere Formen partizipativen Managements, insbesondere die auf Unternehmerinitiative eingeführten Qualitätszirkel (*cercles de qualité*), den gesetzlichen Mitsprachegruppen Konkurrenz machen. Diese Initiativen, die die Arbeitnehmer auf freiwilliger Basis an der Verbesserung der Produktqualität und der Arbeitsorganisation beteiligen, sind in vielerlei Hinsicht sehr viel befriedigender für die Teilnehmer. Daraus ergibt sich auch in diesem Bereich ein Dualismus, nämlich eine Partizipation mit zwei Geschwindigkeiten: auf der einen Seite eine „Partizipationselite", der so die Möglichkeit gegeben wird, die Gestaltung ihrer Arbeit zu beeinflussen und den Arbeitsinhalt zu bereichern; auf der anderen Seite die übrigen Arbeitnehmer, denen man ein Partizipationsangebot macht, das sich aber letztlich als Mogelpackung erweist und damit eher demobilisierend wirkt.

Neue Formen der Partizipation

So pendelt die Partizipation im französischen Unternehmen zwischen bürokratischer Routine einerseits und zunehmender Statusdifferenzierung nach Qualifikation und Arbeitsmotivation andererseits. Diese doppelte Fehlentwicklung erklärt sich weitgehend daraus, daß die betriebliche Demokratisierungspolitik der letzten zwei Jahrzehnte eher Ausdruck eines „von oben" initiierten politischen Willens ist und weniger einer eigenen Dynamik entspricht, die in der Arbeitswelt selbst bzw. im Willen der sozialen Akteure wurzelt.

Das Ausbleiben der Modernisierung der Sozialbeziehungen in der Form einer Entwicklung partnerschaftlicher Mechanismen des Interessenausgleiches auf überbetrieblicher Ebene sowie effizienter partizipativer Mitbestimmungsformen im Betrieb ist ein Schwachpunkt und ein Handicap für die Leistungsfähigkeit der französischen Wirtschaft. Die Defizite der autonomen kollektivvertraglichen Verhandlung und der damit verbundene anhaltende Staatsinterventionismus werden zunehmend zu einem Standortnachteil, weil sie die flexible Gestaltung der allgemeinen Lohn- und Arbeitsbedingungen und ihre Anpassung an die neuen Anforderungen des technologischen Wandels und des internationalen Wettbewerbs erschweren. Andererseits führt die unzulängliche Beteiligung der Arbeitnehmer an den betrieblichen Entscheidungsprozessen zu einer unternehmerischen Geschäftsführung, die ökonomische und finanzielle Gesichtspunkte zu sehr in den Vordergrund stellt zum Nachteil menschlicher und sozialer Dimensionen. Dadurch werden die Valorisierung und die volle Entfaltung der menschlichen Ressourcen des Unternehmens vernachlässigt bzw. behindert und somit ein ausschlaggebender Wettbewerbsfaktor verspielt.

3.5 Einkommensverteilung und soziale Ungleichheit

Soziale Ungleichheiten, also die ungleiche Verteilung von Einkommen, Vermögen, Lebens- und Arbeitsbedingungen und Aufstiegschancen in der Gesellschaft, haben im sozialen und politischen Leben Frankreichs immer eine große Rolle gespielt.

Ungleichheit – ein Problem der französischen Gesellschaft

Dies liegt zum einen daran, daß die französische Gesellschaft traditionell ein offensichtlich höheres Ausmaß an Ungleichheit aufweist als viele ihrer Nachbarn (vgl. Kapitel 3.5.1). Zum anderen sind soziale Ungleichheiten in der Regel stärker thematisiert worden als beispielsweise in der Bundesrepublik; sie sind in der Sozialstatistik und dank öffentlicher Spezialinstitute wie dem CERC (*Centre d'Etudes sur les Revenus et les Coûts,* Studienzentrum für Einkommens- und Kostenentwicklung; dieses wurde von der Regierung Balladur allerdings aufgelöst), das in periodischen Berichten die Einkommensentwicklung und -verteilung in Frankreich dokumentiert und kommentiert, auch besser erforscht als in Deutschland.

Insbesondere die in den sechziger Jahren erstarkenden linken, kapitalismuskritischen Parteien (PCF, PS) und Gewerkschaften (CGT, CFDT) haben immer wieder die Ungleichheiten in der französischen Gesellschaft angeprangert und mehr als einmal auch konservative Regierungen unter Zugzwang gesetzt. Die „Überwindung der sozialen Ungleichheiten" war erklärtes Ziel fast aller Regierungen ab Ende der sechziger Jahre.

Die Gewerkschaftskrise der achtziger Jahre, die enttäuschenden Erfahrungen der Wirtschafts- und Sozialpolitik der Linksparteien nach 1981 (vgl. Kapitel 2.1.4) und der darauf folgende Niedergang der Linksparteien hat den politischen Druck mittlerweile gemildert; die harten Verteilungskämpfe der sechziger und siebziger Jahre scheinen der Vergangenheit anzugehören. Dennoch bildet die soziale Ungleichheit nach wie vor ein Problem der französischen Gesellschaftsstruktur.

Im folgenden sollen Entwicklung und Ursachen der Ungleichheit sowie Möglichkeiten und Grenzen staatlicher Umverteilungspolitik vor allem anhand der Einkommensverteilung, der nach wie vor wichtigsten Dimension von Ungleichheit, dargestellt werden.

3.5.1 Entwicklung der Einkommen und Ungleichheit in Frankreich

Die Einkommensverteilung in Frankreich hat sich seit 1945 in mehreren Etappen entwickelt. In der Wiederaufbauphase bis Mitte der sechziger Jahre öffnete sich die Einkommensschere kontinuierlich und deutlich zugunsten der Bezieher höherer Einkommen. Dagegen gerieten vor allem die Arbeiter und einfachen Angestellten in dieser Zeit deutlich ins Hintertreffen.

Unter dem Einfluß der sozialen Protestbewegung des Mai 1968, die unter anderem auch das Problem der Niedriglöhne und ungerechtfertigter Lohnhierarchien thematisierte, vollzog sich ab 1968 bis Anfang der achtziger Jahre eine Umkehrung des Trends. Die Lohnpolitik der Regierung, vor allem über den Hebel des staatlichen Mindestlohnes SMIC, setzte deutliche Akzente zugunsten der niedrigen Lohngruppen.

Nach Einsetzen der weltweiten Wachstumskrise im Zuge des ersten
„Ölschocks" 1974 sorgte die Regierung beispielsweise durch Ausbau der sozialstaatlichen Abgaben und Leistungen für eine Abfederung der Krise, die die Einkommen der lohnabhängigen Haushalte weitgehend schonte, während die Unternehmensgewinne in dieser Zeit deutlich zurückgingen.

Die dritte und vorläufig letzte Phase in der Einkommensentwicklung begann mit der wirtschaftspolitischen „Wende" der Linksregierung (vgl. Kapitel 2.1.4). Die Grundlinien dieser Politik – Stabilisierung der Lohnentwicklung, der Steuer- und Abgabenbelastung und der Sozialleistungen, Erhöhung der Finanzierungsspielräume für die Unternehmen – bewirkten wiederum eine Trendwende im Verteilungskampf zwischen Kapital- und Arbeitseinkommen sowie in der Lohn- und Gehaltshierarchie.

Einkommensverteilung in den achtziger Jahren

a) In der Verteilungsrechnung zwischen Kapital und Arbeit hat sich das Gewicht im Verlauf der achtziger Jahre deutlich zugunsten der Unternehmensgewinne verschoben; die Lohnquote[33] ist um 7 Prozentpunkte zurückgegangen. Damit hat sich der gegenläufige Trend der siebziger Jahre wieder umgekehrt; die Verteilungsrelation zwischen Löhnen und Gehältern einerseits, Gewinnen und Kapitaleinkommen andererseits hat sich wieder bei den Werten von 1970, vor Beginn der weltweiten Wirtschaftskrise, eingependelt (Tab. 32).
b) Die Kaufkraftentwicklung der Löhne und Gehälter hat seit 1984 praktisch stagniert (im öffentlichen Dienst gab es 1980-1988 sogar einen Rückgang der realen Nettogehälter um insgesamt 7%)[34], während die Unternehmensgewinne, die Einkommen aus Immobilien und – noch mehr – aus Kapitalanlagen spektakuläre Zuwächse verzeichnen konnten.
c) Bei den Abhängigeneinkommen hat sich die Schere zwischen Spitzenverdienern und Niedriglohnbeziehern, die sich in den siebziger Jahren langsam geschlossen hatte, seit 1985 wieder geöffnet (Tab. 30). Dies zeigt sich, wenn man die Lohn- und Gehaltszuwächse seit 1984 nach Einkommensklassen analysiert: die Niedriglohnbezieher erhielten in 5 Jahren einen Kaufkraftzuwachs von mageren 2,3%, während die 10% Spitzenverdiener Gehaltssteigerungen von 6,5% verbuchen konnten.
d) Die Sozialleistungen, für viele Haushalte lebensnotwendiger Ersatz bzw. Ergänzung fehlender oder unzureichender eigener Einkommen, sind zwar weiter gestiegen, aber in ihrer Dynamik gebremst worden. Nach Beginn der Wachstumskrise hatten die Transferzahlungen 1974-82 um jährlich 6% zugenommen – Ausdruck krisenbedingter Ausgabensteigerungen (etwa beim Arbeitslosengeld), aber auch zusätzlicher Leistungsausweitungen. In den Jahren 1982-1988 hat sich im Zuge der Stabilisierungspolitik der Sozialisten dieser Anstieg auf jährlich 2,8% verringert.[35]

---

33 Die Lohnquote gibt den Anteil der Bruttoeinkommen aus unselbständiger Tätigkeit am Volkseinkommen wieder. Ihre Entwicklung gilt als Grobindikator für die Einkommensverteilung zwischen Arbeit und Kapital.
34 Vgl. Le Monde v. 8.4.1989, S.273
35 Vgl. Le Monde v. 24.11.1989, S.393

e) Die wachsende Schere der Einkommen macht sich auch in einem Anstieg der Armut bemerkbar. So ist der Anteil der Haushalte, die über weniger als 40% des französischen Durchschnittseinkommens verfügen, steigend. 1,4 Millionen Haushalte (d.h. einer von 15) waren Anfang der neunziger Jahre betroffen; ihr Jahreseinkommen betrug pro Kopf weniger als 21 000 Francs. Mehr noch: der Anteil der ärmsten Haushalte an den Gesamteinkommen sinkt.

Ungleiche Verteilung der Arbeit

Die seit 1974 spürbar gestiegene Massenarbeitslosigkeit und der Strukturwandel des Arbeitsmarktes haben ihrerseits soziale Ungleichheiten vertieft und verfestigt und ihnen neue Dimensionen hinzugefügt. Zur Einkommensschranke kommt nunmehr eine zweite Barriere hinzu, die der ungleichen Verteilung von Arbeit.

So belegen die Zahlen bezüglich der Struktur der Arbeitslosigkeit, daß Arbeiter und einfache Angestellte (bzw. Arbeitskräfte mit keiner oder nur geringer Qualifikation) um ein Vielfaches mehr von Arbeitslosigkeit betroffen sind als mittlere und leitende Führungskräfte (bzw. allgemein hochqualifizierte Arbeitskräfte). Mehr noch: die Schere der Arbeitslosenquoten je nach sozialer Schicht, die noch 1970 sehr eng beieinander lag, hat sich in den siebziger und achtziger Jahren weit geöffnet (Tabelle 33). Die industrielle Anpassungskrise, die zahlreiche Umstrukturierungen, Sanierungspläne, Betriebsstillegungen und die massive Vernichtung von industriellen Arbeitsplätzen mit sich brachte, hat sich eindeutig und einseitig zu Lasten der Arbeiter und einfachen Angestellten ausgewirkt.

Auch die Zunahme ungesicherter, „prekärer" Arbeitsplätze (vgl. Kapitel 3.2.2) ist ein Faktor der Ungleichheit, weil sie in ähnlicher Weise auf bestimmte soziale Gruppen konzentriert ist.

Strukturen der Ungleichheit im internationalen Vergleich

Soziale Ungleichheiten und Einkommensdisparitäten sind nicht allein ein französisches Problem. Wohl aber gibt es offensichtlich eine spezifische Ausprägung dieser Ungleichheiten in Frankreich. Obwohl internationale Vergleiche eine Reihe methodologischer Probleme aufwerfen und es nur wenig verläßliche Studien gibt, deuten alle verfügbaren Zahlen darauf hin, daß in Frankreich die Einkommensungleichheiten besonders stark ausgeprägt sind. Eine OECD-Studie aus dem Jahre 1976 kam zu dem Ergebnis, daß sowohl bei den Primäreinkommen als auch unter Berücksichtigung der Umverteilungswirkungen des Steuersystems Frankreich als Spitzenreiter der Einkommens-Ungleichheit angesehen werden muß (*Sawyer* 1976). Dieser Befund wird von einer neueren Ost-West-Untersuchung bestätigt (*Morrisson 1989*). So betrug in der Industrie das Verhältnis zwischen höchsten und niedrigsten Lohngruppen (Indexwert D9/D1; vgl. Tabelle 30) in Frankreich 3,4, während die Gehaltsspanne in der Bundesrepublik (2,3) und ausgewählten anderen europäischen Staaten deutlich geringer war.

Darüber hinaus wird ein spezifisches französisches Muster der Ungleichheit sichtbar, das sich im Vergleich zur Bundesrepublik ausdrückt in:

– einer stärkeren Benachteiligung der Löhne und Gehälter der Industrie gegenüber dem Dienstleistungssektor,
– einer wesentlich breiteren Verdienstspanne zwischen Arbeitern einerseits, mittleren und leitenden Angestellten andererseits,
– einem größeren Gewicht der Niedriglohngruppen, deren Lohnniveau zudem deutlich unterhalb des deutschen liegt (*Maurice/Sellier/Silvestre* 1982, 17-96).

Tabelle 30: Dispersion der Gehälter in Frankreich (1954-1991)

	1954	1963	1967	1969	1971	1973	1984	1987	1991
D9/D1	3,4	4,1	4,1	3,7	3,8	3,6	2,9	3,2	3,0

Anmerkung: Der Dispersionsindex D9/D1 ist ein häufig verwendeter Indikator zur Bestimmung der Einkommensstreuung. D9 ist das Gehalt, unterhalb dessen sich 90% der Lohn- und Gehaltsbezieher befinden; D1 dasjenige, das von 90% der Personen übertroffen wird.
Der Index mißt also das Verhältnis (d.h. den Abstand) zwischen hohen und niedrigen Löhnen/Gehältern.
Quelle: eigene Zusammenstellung nach *Mariet* 1978, Documents du CERC, Nr. 94, 1989

Tabelle 31: Entwicklung der durchschnittlichen Nettojahreslöhne und -gehälter einzelner Berufsgruppen (in jeweiligen Francs)

Jahr	leitende Führungskr.	mittlere Führungskr.	einfache Angest.	Facharbeiter	Mindestl. (SMIC)	Durchschnitt
1950	7 900	4 000	2 800	2 400		2 700
1955	16 700	7 800	4 200	3 900		4 600
1960	26 400	13 100	6 600	6 100		7 300
1965	38 700	18 500	9 500	8 700		10 700
1970	54 600	26 600	13 900	12 900	7 800	16 000
1975	88 900	43 400	25 100	23 700	14 000	29 500
1980	136 300	70 500	44 400	42 400	28 700	52 700
1985	217 300	k.A.	k.A.	71 300	48 700	87 100
1994	248 590[1]	130 370	88 820	94 800	56 950	122 230

1 1992 abweichende Definition

Anmerkung: Es handelt sich um Jahres-Nettolöhne (salaires annuels nets: nach Abzug der Sozialabgaben, vor Abzug der Steuern) von Vollbeschäftigten der Privatwirtschaft. Angaben gerundet, in jeweiligen Francs (nicht inflationsbereinigt). Zahlen für SMIC: eigene Berechnung auf der Basis der Stundensätze und 12 Monaten x4 Wochen x40 Stunden (ab 1985: 39 Stunden)
Quellen: Eigene Zusammenstellung nach INSEE 1984, 111; INSEE: Tableaux de l'économie française, diverse Jahrgänge; INSEE première Nr. 85, juin 1990; Frankreich-Jahrbuch 1995, 250.

Tabelle 32: Aufteilung der Wertschöpfung in Unternehmen[1] (in%)

	Bruttolöhne	Sozialbeiträge	Lohnkosten insges.	Bruttogewinne
1970	49,9	13,6	63,5	29,3
1975	52,2	15,2	67,4	26,0
1980	52,1	16,4	68,5	24,1
1985	49,1	17,4	66,5	25,5
1986	47,1	16,5	63,6	28,3
1987	46,7	16,8	63,5	28,7
1988	45,3	16,6	61,9	29,9

1 Nichtlandwirtschaftliche Unternehmen, ohne Finanzsektor und ohne große nationalisierte Unternehmen

Quelle: teilw. eigene Berechnungen nach: *INSEE* 1988, 150

Tabelle 33: Arbeitslosenquote nach der Stellung im Beruf

	1968	1975	1980	1988	1993
Selbständiger Landwirt	–	0,2	0,3	0,6	0,6
Selbständiger	–	1,3	1,4	2,8	4,5
Führungskräfte[1]	0,6	2,0	2,9	4,0	4,9/5,8
Einf. Angestellte	1,8	4,5	7,5	12,0	13,9
Arbeiter[2]	2,1	4,1	6,7	14,6	10,2
-nicht qualifizierte	–	–	–	18,6	21,5
Arbeitslosenquote insg.	2,5	3,7	6,1	10,2	11,1

1 1968 leitende, danach leitende und mittlere Führungskräfte. 1992 leitende/mittlere Führungskräfte
2 1993: nur Facharbeiter

Anmerkung: die Zahlen betreffen Arbeitslosenquoten einzelner sozio-professioneller Gruppen; Beispiel: 1988 waren 0,6% der selbständigen Landwirte, aber 18,6% der nicht qualifizierten Arbeiter arbeitslos.

Quelle: *Outin* 1990, 21; *Jeanneney* 1989, 164; INSEE 1994, 59; *Bihr/Pfefferkorn* 1995, 36

3.5.2 Ursachen der Ungleichheit

Problematische Produktionsstrukturen

Die starken Ungleichheiten in der französischen Lohn- und Gehaltsstruktur werden wesentlich von unternehmerischen Strategien und betrieblichen Strukturen bestimmt (Arbeitsorganisation, innerbetriebliche Hierarchiestufen und ihr jeweiliges Gewicht, Lohn-Einstufungssysteme usw.), aber auch vom System des beruflichen Qualifikationserwerbs (betrieblich oder überbetrieblich) und seinem Einfluß auf die Qualifikations- und Lohnstruktur in den Unternehmen. Eine vergleichende Studie in ausgewählten deutschen und französischen Unternehmen hat unter anderem eine stärkere Hierarchisierung in der innerbetrieblichen Arbeitsorganisation in Frankreich und Unterschiede des Entlohnungssystems (mittlere und leitende Führungskräfte werden im europäischen Vergleich besser, Arbeiter schlechter bezahlt) aufgezeigt und auf den Einfluß des beruflichen Ausbildungssystems (geringeres Gewicht der qualifizierten Facharbeiter, stärkerer Einsatz angelernter, billigerer Arbeitskräfte) hingewiesen (*Maurice/Sellier/Silvestre 1982*).

Französische Industrieunternehmen haben mithin in der Vergangenheit häufiger als anderswo auf billige, ungelernte Arbeitskräfte – statt wie die bundesdeutschen Betriebe auf den qualifizierten Facharbeiter – gesetzt.

„In Frankreich war lange Zeit ein ‚dreiteiliges' Modell vorherrschend: an der Basis nichtqualifizierte, mit repetitiven Aufgaben beschäftigte Produktionsarbeiter, darüber eine hierarchische, autoritäre Aufsichtsebene und nochmals darüber eine Schicht von überzähligen, überbezahlten Führungskräften... Hier findet man eine der spezifischen Quellen der Ungleichheit."[36]

---

36 *Elie Cohen*: Le miroir des inégalités, in: Le Monde v.5.7.1990, S.9. Vgl. auch *Philippe Lorino*: Le travail ne doit plus être considéré seulement comme un coût, Interview in: Le Nouvel Observateur v. 14./20.6.1990, S. 19, sowie Commissariat général du Plan: Stratégies pour l'an 2000. Travaux des commissions (10e Plan 1989-1992), Paris: La Documentation française 1990, S.59ff.

Diese aus den siebziger Jahren stammenden Ergebnisse dürften kaum an Gültigkeit verloren haben. Der gegenwärtige Übergang von der tayloristischen Massenproduktion zu neuen, flexiblen Produktionsformen (vgl. Kapitel 2.2.6) gestaltet sich in Frankreich daher äußerst schwierig, weil die damit verbundenen notwendigen Änderungen im Produktionsablauf, Qualifikations-, Personaleinsatz-, aber auch Entlohnungssystem sich nur schwer durchsetzen lassen.

„Die französischen Unternehmen (...) haben noch zu traditionelle Produktionsstrukturen, im Gegensatz zu manchen anderen großen Industrieländern wie Deutschland, Japan und Italien. (...) Die französische Gesellschaft ist konservativ, denn sie versucht die Grundlagen ihres historisch gewachsenen Sozialsystems zu erhalten. Wir haben es zu tun mit einem starken Willen, Differenzierungen zwischen Gruppen zu schaffen, was unter anderem zu ausgeprägten beruflichen und sozialen Stratifizierungen führt, z.B. der Distanz zwischen Arbeiter und Führungskraft."[37]

Die hier angesprochenen Probleme werden deutlich in einer Untersuchung des Arbeitsministeriums über die Lohnstruktur in den Unternehmen. In 134 von 164 untersuchten Branchen existieren Lohngruppen, die unterhalb des staatlich festgesetzten Mindestlohnes SMIC liegen. Das gesetzlich vorgeschriebene Minimum wird nur unter Berücksichtigung von Prämien und anderen Zusatzzahlungen erreicht.[38] Damit wird zum einen die oben beschriebene Unternehmensstrategie des Einsatzes von billigen Arbeitskräften bestätigt, zum anderen verweisen diese Ergebnisse auch auf die anhaltenden Schwierigkeiten der tariflichen Sozialbeziehungen. In den meisten Branchen stellt die staatliche Festsetzung des Mindestlohnes SMIC de facto einen Ersatz für fehlende tarifliche Vereinbarungen im Bereich der unteren Lohngruppen dar.

Mit dem SMIC (*Salaire minimum interprofessionnel de croissance*) besitzt der Staat denn auch ein Instrument direkter Einflußnahme auf das Lohngefüge in der Wirtschaft, gerade um Lücken in den Tarifvertragsbeziehungen auszugleichen. Seit die Gewerkschaften in den Matignon-Verhandlungen[39] nach der Maikrise 1968 eine schlagartige Erhöhung des SMIC um 35% erzwangen, haben alle nachfolgenden Regierungen den Hebel der SMIC-Erhöhungen auch bewußt zur Korrektur unzureichender Lohndynamik im Niedriglohnsektor eingesetzt. Dies führte im Verlauf der siebziger und zu Beginn der achtziger Jahre zu überdurchschnittlichen Kaufkraftgewinnen der Mindestlohnbezieher gegenüber den übrigen Lohnabhängigen.

Staatliche Mindestlohnpolitik

Aber die staatliche Mindestlohnpolitik ist kein Allheilmittel. Angesichts der prekären internationalen Wettbewerbsfähigkeit der französischen Unternehmen ist der Spielraum für eine bessere Entlohnung unqualifizierter Arbeit begrenzt. Mehr noch: zu hohe Lohnkosten im Bereich der nicht oder wenig qualifizierten Arbeitskräfte (dort also, wo der Mindestlohn bezahlt wird) gelten heute als eine der Ursachen für Arbeitslosigkeit. Daher wird tendenziell eher eine Senkung des Mindestlohnes als seine weitere Erhöhung diskutiert.

Der eigentliche Schlüssel zur Lösung des Problems niedriger Löhne liegt ohnehin woanders: in einer Modernisierungspolitik der Unternehmen, die auf

---

37 *Alain d'Iribarne*, Interview in Le Monde v. 13.4.1990. S.35; vgl. auch *D'Iribarne* 1989.
38 Vgl. *Jean-Michel Normand*: Salaires: l'égalité par le bas, Le Monde v. 17.4.1990, S.113
39 Benannt nach dem Palais Matignon, dem Amtssitz des Premierministers.

Qualifizierung der Beschäftigten statt auf Senkung der Lohnkosten um jeden Preis setzt. Die Voraussetzungen für dauerhafte Änderungen im französischen Lohngefüge liegen mithin bei einer Erneuerung der Produktionsweise, der Qualifizierungs- und Personalpolitik. Nicht von ungefähr ist dieses Problem in den Vordergrund der gegenwärtigen Diskussionen gerückt, denn es ist Voraussetzung sowohl für den Erhalt und die Stärkung der Wettbewerbsfähigkeit der französischen Wirtschaft als auch für qualitative Fortschritte in der Lohnentwicklung der abhängig Beschäftigten.

3.5.3 Grenzen der Umverteilung: das Steuer- und Abgabensystem

Die (partielle) Umverteilung der Einkommen über das Instrumentarium der Steuer- und Sozialleistungspolitik ist ein weiterer staatlicher Hebel zur Korrektur der Einkommensdisparitäten. Im Zuge der vergangenen Jahrzehnte und besonders unter dem Einfluß der Wirtschaftskrise seit 1974 hat gerade in Frankreich die „Sozialisierung" von Einkommen über Steuern und Sozialabgaben einerseits, staatliche und sozialstaatliche Leistungen andererseits rasche Fortschritte gemacht. 43,7% des Bruttoinlandsproduktes erreichten die Steuern und Sozialabgaben im Jahre 1991 (1975: 36,9%) – mehr als in den anderen großen OECD-Staaten.[40] 36%, also über ein Drittel der verfügbaren Einkommen der französischen Haushalte stammen heute aus Sozialleistungen (1962: 20%).

Geringe Umverteilungswirkungen

Die Umverteilungswirkung dieser wachsenden Sozialisierung der Einkommen ist real, aber – gemessen am Umfang der umgeschichteten Mittel – begrenzt. Für 1984 wurde beispielsweise errechnet, daß der Abstand zwischen den Einkommen der reichsten und der ärmsten Haushaltskategorien bei den Primäreinkommen 4,2:1 beträgt, während der Abstand nach Berücksichtigung der Einkommensteuern und der Transferzahlungen sich auf 3,1:1 reduziert. Die Umverteilung kommt vor allem kinderreichen Familien mit geringen Einkommen zugute (Arbeiter- und Rentnerhaushalte) (*Clerc/Chaouat* 1987, 31). Dennoch: „Die Modifizierung der Einkommenshierarchie durch die Umverteilung erscheint schwach angesichts der verteilten Finanzmasse. Für 70% bis 80% der Bevölkerung beträgt die Korrektur der Primäreinkommen weniger als 10%" (*Chatagner* 1990, 2).

Steuer- und Abgabensystem

Der Grund für diese letztlich bescheidenen Ergebnisse der steuer- und sozialstaatlichen Umverteilungsmaschinerie liegt – nicht nur, aber auch – in Besonderheiten des französischen Steuer- und Abgabensystems.

Die Einkommenssteuern, denen auf Grund der progressiven Steuersätze eine besonders hohe Umverteilungswirkung zukommt, nehmen im französischen Steuersystem nur einen geringen Platz ein. Die Steuersumme macht nur etwa 6% des Sozialprodukts aus gegenüber 10% bis 24% in den anderen europäischen Staaten. Nicht einmal ein Viertel aller französischen Steuereinnahmen stammen aus der Einkommenssteuer (in der Bundesrepublik: knapp die Hälfte); nur jeder zweite französische Haushalt wird überhaupt zur Einkommenssteuer herangezo-

---

40 Vgl. La poursuite de l'adaptation du système fiscal français, in: Problèmes économiques Nr. 2186, 8.8.1990, S.1. Die entsprechenden Werte für die BRD sind: 1975: 35,7%, 1991: 37,7%

gen. Dem steht ein traditionell hohes Gewicht indirekter Steuern wie der Mehrwertsteuer gegenüber, deren Umverteilungswirkung eher neutral ist.

Die Umverteilungswirkungen der *Sécurité sociale* (so heißt in Frankreich das Gesamtsystem der sozialen Versicherung) sind unterschiedlich: die Sozialabgaben haben aufgrund teilweise bestehender Beitragshöchstgrenzen einen degressiven Charakter (sinkende Belastung in Bezug auf das Einkommen in den hohen Einkommensgruppen), während das Leistungssystem teilweise redistributiven Charakter zugunsten einkommensschwacher Haushalte besitzt (z.B. die Familienbeihilfen oder die Grund- und Mindestrenten, nicht aber die Zusatzrenten).[41]

Es besteht also seit langem Handlungsbedarf, wenn es um die Modernisierung des französischen Steuer- und Abgabensystems geht. Auf der politischen Tagesordnung steht nicht weniger als ein Umbau des Steuersystems zugunsten einer stärkeren direkten Besteuerung der Einkommen, eine Verbreiterung der Finanzierungsbasis der Sécurité sociale sowie ein Abbau noch bestehender degressiver Elemente im Beitragsaufkommen.

Mit der Einführung einer allgemeinen, steuerähnlichen Abgabe zugunsten der Sozialversicherung (*contribution sociale généralisée,* CSG) wurde 1990 von der sozialistischen Regierung unter Premierminister Rocard ein erster derartiger Reformansatz realisiert. Durch diese Abgabe von 1,1% auf alle Einkommen wurde zum einen der degressive Charakter der Sozialabgaben tendenziell korrigiert und ein Umverteilungseffekt zu Gunsten von geringen Einkommen unter 10 000 Francs und zu Lasten von höheren Einkommen über 20 000 Francs erzielt, zum anderen die Finanzierungsbasis der Sécurité sociale, die bislang allein auf den Arbeitseinkommen (Arbeitnehmer- und Arbeitgeberbeiträge zur Sozialversicherung) lastete, auf die übrigen Einkommen, vor allem aus Kapitalvermögen, ausgeweitet. Durch kompensatorische Entlastungen an anderer Stelle (Senkung der Beitragssätze in der Rentenversicherung) wurde die Gesamtbelastung nicht erhöht.

Die konservative Regierung Balladur, deren Vertreter seinerzeit die CSG hart kritisiert hatten, setzte ihrerseits 1993 den Beitragssatz von 1,1% auf 2,4% herauf und weitete damit ihre Rolle für die Finanzierung der Sozialversicherung aus. Zu Beginn der Präsidentschaft Jacques Chiracs wurde schließlich eine neue Steuer zur Tilgung der Schulden der Sozialversicherung eingeführt (*Remboursement de la dette sociale,* RDS). Die bis zum Jahr 2009 befristete Abgabe in Höhe von 0,5% wird auf alle Einkommen erhoben. Längerfristig plant die Regierung weitere Schritte, um die Krankenversicherungsbeiträge (und damit die Lohnnebenkosten) zu senken und dafür die erwähnte CSG noch stärker zur Finanzierung der Sozialversicherung heranzuziehen.

Reformansätze

---

41 Zur Umverteilungswirkung des Steuer- und Abgabensystems vgl. die umfangreichen und differenzierten Angaben in *Clerc/Chaouat* 1987, S. 57-91.

3.6 Erziehungssystem und berufliche Ausbildung

3.6.1 Die republikanische Bildungstradition Frankreichs

Nach der französischen Tradition des republikanischen Erziehungssystems, wie sie sich ab 1881 zur Zeit der III. Republik etablierte, sind Erziehung und Bildung inklusive beruflicher Ausbildung grundsätzlich eine öffentliche Aufgabe. Daher gehören sie entweder in den unmittelbaren Kompetenzbereich des Staates oder unterliegen der staatlichen Kontrolle.

Gemäß den republikanischen Prinzipien der Freiheit und der Gleichheit sichert das Gesetz jedem Bürger Recht und Anspruch darauf, sowohl freien, d. h. kostenlosen, Zugang zu einer Ausbildung zu haben (Grundsatz der Kostenfreiheit) als auch einen weltanschaulich unabhängigen bzw. religionsneutralen Unterricht zu bekommen (Grundsatz des Laizismus). Infolge dieser Grundsätze wurde in Frankreich seit dem letzten Jahrhundert ein öffentliches Bildungssystem unter direkter staatlicher Verwaltung entwickelt, das allmählich die Privatschulen in kirchlicher Trägerschaft verdrängte. Letztere konnten zwar nicht völlig abgeschafft werden, fielen jedoch unter staatliche Aufsicht und bekamen als Gegenleistung eine staatliche Förderung.

Staatliche Kompetenz für die Berufsbildung

Diese übergeordnete staatliche Kompetenz erstreckte sich im Laufe der Jahrzehnte auch auf die Berufsausbildung. Von Anfang an hatte der französische Staat während der Revolution und auch später unter Napoleon I. für die Ausbildung seiner Offiziere und seiner Ingenieure durch die Einrichtung von Elite-Schulen gesorgt. Auf der unteren Ebene wurde das alte System der beruflichen Lehre (*apprentissage*), das im Rahmen der traditionellen Zunftordnung (*corporations*) entwickelt worden war, zwar beibehalten, doch es blieb vorwiegend auf das Handwerk beschränkt. Es wurde auch zunehmend unter staatliche Kontrolle gestellt, da es für die Errichtung sowie für die laufenden Betriebskosten von Ausbildungsstätten (*centres d'apprentissage*) auf die Hilfe des Staates angewiesen war. Die staatliche Aufsicht war auch notwendig, um die Qualität der Ausbildung zu sichern und die Rechte des Lehrlings zu schützen. Wegen der ausgeprägten staatlichen Verantwortung im Bildungsbereich konnte in Frankreich im Gegensatz zu Deutschland das traditionelle System der Lehre in der modernen Industrie nur in begrenztem Umfang Fuß fassen. Die Ausbildung im Bereich der industriellen Berufe wurde in Frankreich zunehmend vom Staat zuerst im Rahmen öffentlicher vollzeitlicher Berufsfachschulen, dann im Rahmen des normalen Schulsystems übernommen und weiterentwickelt. Dies geschah in der Form des sogenannten technischen Unterrichts (*enseignement technique*), der allmählich zwar als autonomer, doch rein schulischer Ausbildungszweig im Rahmen des öffentlichen Schulsystems etabliert und nach dem 2. Weltkrieg systematisch ausgebaut wurde.

Die Ausdehnung des staatlichen Schulmonopols auf den Bereich der beruflichen Bildung fand eine doppelte Rechtfertigung. Zum einen war das staatliche Schulsystem viel eher als die Privatindustrie in der Lage, durch qualifiziertes Lehrpersonal die notwendige Qualität der technischen Ausbildung flächendeckend zu gewährleisten. Zum anderen entsprach die weitgehende Integration der beruflichen Ausbildung in das staatliche Schulsystem der Logik der republikanischen Neutralität, denn dadurch war sichergestellt, daß die Ausbildung der Jugendlichen vor dem Einfluß kurzfristiger privatwirtschaftlicher Interessen geschützt blieb. So war die Gefahr einer Unterordnung der Ausbildung unter die unternehmerischen Interessen gebannt. Genauso wie es früher bei der republikanischen Schule darum ging, die Freiheit des Bürgers gegenüber Religion und Kirche zu etablieren, zielte die Integration der beruflichen Bildung in das öffentliche Schulsystem darauf ab, den künftigen Facharbeiter, Techniker oder Ingenieur als freien, autonomen Bürger gegenüber dem Kapital und seinem künftigen Arbeitgeber auszubilden.

Diese republikanische Erziehungstradition, die zu einer dauerhaften Trennung bzw. Entfremdung von Schulsystem und Arbeitswelt führte, hatte für den Stellenwert, die Organisation und die Entwicklung der beruflichen Ausbildung in Frankreich erhebliche Konsequenzen. Sie erklärt z.T. auch die aktuellen Defizite der französischen Berufsausbildung und gibt Aufschluß über die aktuelle Problematik ihrer Modernisierung, nämlich der Entwicklung dualer Kooperationsformen zwischen Schule und Betrieb.

3.6.2 Allgemeinbildung und berufliche Bildung im französischen Bildungssystem

Eine der gravierendsten Konsequenzen der Integration der beruflichen Ausbildung in das einheitliche Schulsystem ist die deutliche Hierarchisierung zwischen Allgemeinbildung und berufsorientierter Bildung, derzufolge letzterer ein untergeordneter Stellenwert und daher ein deutlich niedrigeres Sozialprestige zukommt. Im französischen Erziehungssystem werden allgemeinbildende Bildungsgänge als ausschließlicher und zwangsläufiger Königsweg des künftigen beruflichen Erfolges und des Zugangs zu Führungspositionen betrachtet. Demgegenüber gelten technische und berufsorientierte Bildungsgänge als Nebengleis bzw. als Abstellgleis für weniger begabte Schüler mit mittleren bzw. schlechteren schulischen Leistungen.

Geringer Stellenwert der Berufsbildung

Hinter dem Gleichheitsanspruch der einheitlichen Sekundarschule (*collège unique*), die alle junge Franzosen während der gesetzlichen Schulpflicht bis zum 16. Lebensjahr besuchen, verbirgt sich ein unerbittlicher Selektions- und Relegationsprozeß:

– Schon ab 14 Jahren, d. h. noch in der Sekundarstufe I, werden die schlechtesten Schüler in sogenannte Vorbereitungsklassen zur traditionellen handwerklichen Lehre gelenkt. In diesen Klassen wird – mit unterschiedlichem Erfolg – versucht, mangelnde Grundkenntnisse noch vor der Lehre nachzuholen. Mit 16 Jahren gehen dann die meisten dieser Schüler in die Lehrlingsausbildung, sofern sie einen betrieblichen Ausbildungsvertrag bekommen. Die Lehre dauert in der Regel drei Jahre und kombiniert eine praktische Ausbildung am Arbeitsplatz im Betrieb mit einer viertelzeitlichen schulisch-technischen Ausbildung in einer staatlichen oder von den Industrie- und Handels-, bzw. Handwerkskammern verwalteten Ausbildungsstätte (*CFA: Centre de Formation d'apprentis;* Lehrlingsausbildungszentren). Sie wird mit einem Facharbeiterbrief (*Certificat d'aptitude professionnelle, CAP*) abgeschlossen.

241

Abbildung 26: Das französische Bildungssystem im Überblick

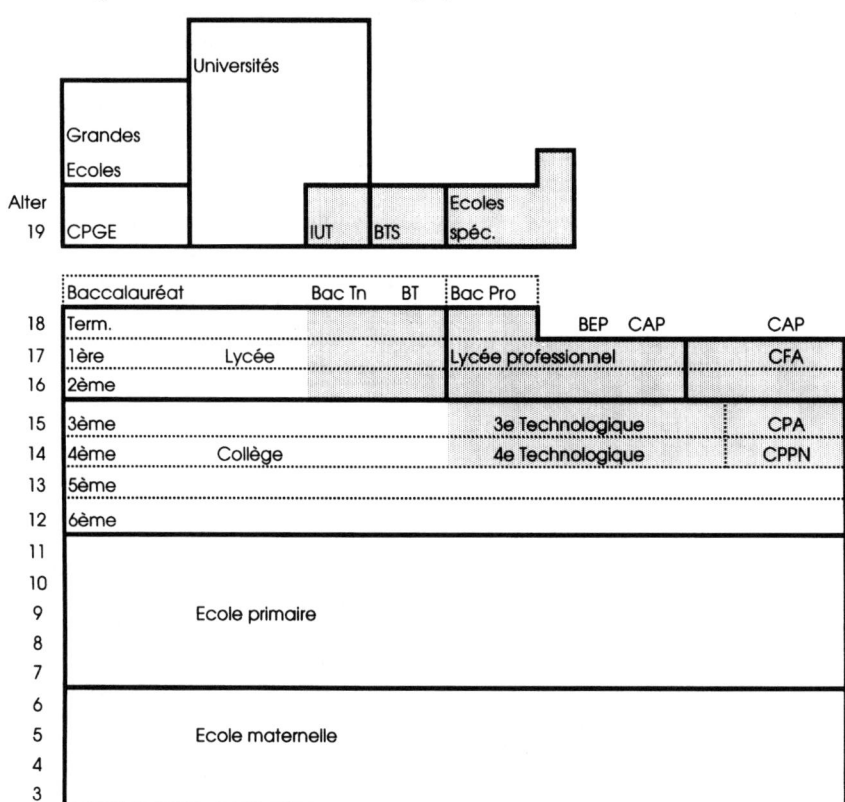

Alter							
19	Grandes Ecoles / CPGE	Universités	IUT	BTS	Ecoles spéc.		
18	Baccalauréat / Term.		Bac Tn	BT	Bac Pro	BEP CAP	CAP
17	1ère	Lycée			Lycée professionnel		CFA
16	2ème						
15	3ème				3e Technologique		CPA
14	4ème	Collège			4e Technologique		CPPN
13	5ème						
12	6ème						
11–7	Ecole primaire						
6–3	Ecole maternelle						

CPGE: Classes préparatoires aux grandes écoles: Vorbereitungsklassen auf die grandes écoles
IUT: Institut universitaire de technologie
BTS: Brevet de technicien supérieur
Ecoles spéc.: Ecoles spécialisées
Bac Tn: Baccalauréat technologique
BT: Brevet de technicien
Bac Pro: Baccalauréat professionnel
BEP: Brevet d'enseignement professionnel
CAP: Certificat d'aptitude professionnelle
CFA: Centre de formation par l'apprentissage
CPA: Classe préparatoire à l'apprentissage
CPPN: Classes préprofessionnelles de niveau
Ecole maternelle: Vorschule
Ecole Primaire: Grundschule
Collège: Gesamtschule der Sekundarstufe I
Lycée: Gymnasium
Lycée professionnel: berufliches Gymnasium
Baccalauréat: Abitur

Quelle: Ministère de l'Education Nationale

- Mit 16 Jahren, d.h. am Ende der Schulzeit im Collège, wird wiederum die schwächere Schicht der Schüler entweder direkt in die betriebliche Lehrlingsausbildung oder zum berufsorientierten Schulunterricht gelenkt. Dieser berufsorientierte Fachunterricht (*enseignement professionnel*) wird meistens in den Berufsgymnasien (*Lycées d'enseignement professionnel*, LEP) oder in den berufsorientierten Klassen der normalen Gymnasien erteilt. Er endet in der Regel mit einem industriellen bzw. tertiären Berufsbildungsabschluß (*Brevet d'études professionnelles*, BEP).
- Die anderen Schüler, die in die Gymnasien aufgenommen werden, um das Abitur in zwei Jahren vorzubereiten, werden noch einmal je nach ihren schulischen Leistungen orientiert. Die schwächeren gehen in sogenannte technologische Abiturklassen, die besseren in die allgemeinbildenden Abiturklassen, wobei die mathematisch-naturwissenschaftlichen Sektionen nur die Elite der Schüler aufnehmen.

Auf der Grundlage dieser nach rein schulischen Kriterien funktionierenden Selektion erscheinen sowohl Lehre als auch berufsorientierter Unterricht als Stiefkinder des französischen Erziehungssystems. Dorthin gehen die weniger begabten oder die zu sogenannten Problemgruppen gehörenden Schüler; dort sind auch die schulischen Arbeitsbedingungen und die materielle Ausstattung oft mangelhaft. Letzten Endes sind auch die tatsächlichen Berufsaussichten sehr ungewiß, da den Abschlüssen die volle berufliche Anerkennung fehlt. Bei den Lehrlingen wird zwar eine gewisse praktische Erfahrung geschätzt, aber die Unzulänglichkeit in der Allgemeinbildung bemängelt. Bei den Berufsschülern wird umgekehrt mehr ein schulisch erworbenes Fachwissen nachgewiesen als eine berufliche Qualifikation, geschweige denn eine effektive Kompetenz.

Die zahlenmäßige Verteilung der Schüler eines Jahrgangs auf diese verschiedenen Bildungswege spiegelt die zweitrangige Bedeutung der beruflichen Ausbildung im französischen Bildungssystem wider. Die zwei wichtigsten berufsorientierten Ausbildungswege, nämlich die Lehrlingsausbildung und der berufsorientierte Unterricht (*enseignement professionnel*) nehmen zur Zeit nicht mehr als 38% eines Jahrgangs (jeweils 100 000 Lehrlinge und ca. 200 000 Berufsschüler) auf. Demgegenüber besuchen etwa 500 000 Schüler (62%) das Gymnasium bis zum Abitur, darunter 150 000 die technologischen (18%), 350 000 (44%) die allgemeinbildenden Abiturklassen. Der Trend zur Demokratisierung der Sekundarschule und zur damit verbundenen Verlängerung der Schulzeit seit etwa 20 Jahren hat die Dominanz der Allgemeinbildung zuungunsten der berufsorientierten Ausbildungsgänge zunehmend verstärkt. Die im Laufe der achtziger Jahre vom Staat stark geförderte Entwicklung des technologischen Fachunterrichtes im Rahmen des Gymnasiums hat die Tendenz nur begrenzt ausgeglichen, da dieser Fachunterricht nicht direkt auf das Berufsleben, sondern über das Fachabitur hinaus auf ein technisches bzw. kaufmännisches Hochschulstudium vorbereitet. Diese Verlängerung der Schulausbildung, die einer bildungspolitischen Priorität entspricht, wonach 80% eines Jahrgangs um die Jahrhundertwende das Abitur bestehen sollen, hat unbestreitbar zur allgemeinen Anhebung des Bildungsniveaus der jungen Generation beigetragen. Dies erfolgte aber zu Lasten einer praxisorientierten beruflichen Ausbildung und trug noch mehr zur Entfremdung des Bildungssystems gegenüber der Arbeitswelt bei.

Vorrang der Allgemeinbildung

243

Kombiniert mit der Zunahme des durch den industriellen Strukturwandel und den technologischen Rationalisierungsprozeß bedingten Beschäftigungsabbaus hat diese wachsende Entkoppelung zwischen Schule und Beruf die beruflichen Integrationschancen der Jugendlichen deutlich verschlechtert. Mit der anhaltenden Rezession hat sich die Lage in den letzten zwei Jahren weiter zugespitzt.

3.6.3 Defizite des französischen Bildungssystems und Reformversuche durch Förderung dualer Ausbildungsformen

Die berufsorientierten Bildungsgänge leiden sowohl unter ihrer mangelnden Attraktivität als auch unter den unsicheren Berufsperspektiven, die sie den Jugendlichen eröffnen.

Lehre: auf traditionelle Sektoren begrenzt

Die Lehrlingsausbildung führt zwar zu anerkannten Facharbeiterberufen in Handwerk, Baugewerbe, Kleinindustrie und Kleinhandel; dies geschieht aber vorwiegend in traditionellen und z. T. wenig attraktiven Sektoren mit geringen Aufstiegschancen. Zudem krankt sie an ihren eigenen Mängeln, nämlich an der unzulänglichen Grundausbildung der Lehrlinge, die ihnen faktisch die Möglichkeit einer Weiterqualifikation und eines beruflichen Aufstiegs versperrt. Da die Lehrlingsausbildung vorwiegend die schwächeren Schüler aufnimmt und fast ausschließlich auf traditionelle Handwerksberufe vorbereitet, behält diese überlieferte duale Ausbildungsform ein zweitrangiges und stagnierendes Gewicht im französischen Ausbildungssystem. Zudem wird sie häufig in der öffentlichen Diskussion als negatives Beispiel gegen die viel diskutierte Ausdehnung dualer Ausbildungsgänge ins Feld geführt.

Beim berufsorientierten Unterricht läßt ebenfalls die Qualität der Grundausbildung der Absolventen in vieler Hinsicht zu wünschen übrig. Das Hauptdefizit liegt jedoch im mangelnden Praxisbezug dieser rein schulisch vermittelten technischen Ausbildung. Aus diesem doppelten Grund und vor allem, weil ihnen eine betriebliche Erfahrung fehlt, stoßen die BEP-Absolventen auf erhebliche Schwierigkeiten bei der beruflichen Integration. Nur wenige finden einen Arbeitsplatz, der ihrer Fachausbildung entspricht. Die meisten sind entweder auf prekäre Arbeitsverträge oder auf Arbeitsbeschaffungs- bzw. Qualifizierungsmaßnahmen angewiesen.

Problematisch ist bei der schulischen Fachausbildung auch die hohe Abbrecherquote bzw. der hohe Anteil (ca. 25%) der Berufsschüler, die die Schule ohne Abschluß verlassen. Dies steht in engem Zusammenhang mit dem negativen Orientierungsprozeß, der die schwächeren Schüler auf diesen Bildungsweg leitet. Für diese Schüler führt in der Tat das berufliche Gymnasium in eine Sackgasse: Statt einer praktischen Qualifikation bekommen sie vorwiegend eine schulische Ausbildung, für die sie nur noch wenig motiviert sind. Ohne entsprechenden Abschluß haben sie keine konkrete berufliche Perspektive. Dies gilt auch für einen Teil der Gymnasiasten, die in den sogenannten technologischen Klassen das Fachabitur vorbereiten und es nicht bestehen. Insgesamt sind es etwa 100 000 Schüler, die jedes Jahr das Schulsystem ohne Abschlußzeugnis verlassen.

Diese Ineffizienz des Schulsystems und seine Unfähigkeit, eine effektive Berufsqualifikation zu vermitteln, erklären die problematische Lage der Jugendlichen auf dem Arbeitsmarkt (vgl. auch Kapitel 3.2.1). Seit Anfang der achtziger Jahre liegt die Arbeitslosenquote der Jugendlichen unter 25 Jahren bei etwa 25%. Diese Jugendarbeitslosenquote ist doppelt so hoch wie die durchschnittliche Arbeitslosenquote (12%). In absoluten Zahlen: etwa 800 000 Jugendliche sind als arbeitslos registriert, weitere 400 000 werden in die verschiedensten Qualifizierungsprogramme aufgenommen. Eine andere Form der verdeckten Jugendarbeitslosigkeit ist auch die Verlängerung der effektiven Schulzeit durch die Zunahme der Abiturienten (jetzt ca. 55% eines Jahrgangs) und der Studenten (z. Z. 1,8 Millionen).

Um die berufliche Integration der Jugendlichen zu fördern, haben alle Regierungen seit 15 Jahren eine Vielzahl von Aktionsprogrammen und Maßnahmen entwickelt, die darin bestehen, im Anschluß an das normale Schulsystem duale Ausbildungsformen zu etablieren. Damit wurde versucht, den arbeitslos gebliebenen Schulabgängern die Möglichkeit zu geben, in einen Betrieb aufgenommen zu werden und dort eine berufliche Qualifikation zu erwerben. Diese Programme gaben im Laufe der achtziger Jahre den Anstoß für eine partielle Neuorientierung der französischen Bildungspolitik in Richtung auf eine engere Kooperation zwischen Schulsystem und Wirtschaft.   *Staatliche Reformansätze*

Zuerst wurden die neuen dualen Ausbildungsprogramme jedoch als reine Qualifizierungsmaßnahmen mit dem Ziel einer vorläufigen Arbeitsbeschaffung für arbeitslose Jugendliche geschaffen. Dies erfolgte unter vielfältigen Formen wie befristete Berufseinstiegspraktika, Anpassungs- und Qualifikationsverträge. Bei dieser letzten Form, die sich seitdem etabliert hat, dauert der Ausbildungsvertrag zwischen 6 und 24 Monaten (meistens jedoch 6 Monate) und führt zu einem anerkannten Berufsabschluß. 75% der Ausbildungszeit findet im Betrieb statt, 25% in einer schulischen Einrichtung. Der Auszubildende bekommt eine Teilvergütung vom Betrieb bezahlt, der seinerseits von den entsprechenden Sozialversicherungsbeiträgen und Ausbildungskosten befreit wird. Zur Zeit nehmen jährlich etwa 120 000 Jugendliche an diesen Qualifikationsverträgen teil, darunter etwa ein Drittel Abiturienten.   *Neue Formen dualer Ausbildung*

In der gleichen Perspektive, nämlich der Förderung dualer Ausbildungsformen, wurde 1987 eine Reform der Lehrlingsausbildung verabschiedet, die seitdem die Ausdehnung der Lehre in alle Wirtschaftssektoren erlaubt. Die Reform sieht auch die Möglichkeit vor, daß die Lehre nicht mehr nur zu traditionellen Arbeiterberufen, sondern auch zu höheren technischen und kaufmännischen Abschlüssen führen kann. Die Betriebe und Wirtschaftsverbände machten jedoch von dieser möglichen Ausbreitung und Erneuerung der Lehrlingsausbildung bisher kaum Gebrauch. Trotz mehrerer weiterer Förderungsmaßnahmen ist die Gesamtzahl der Lehrlinge seit der Reform stabil geblieben; in den letzten Jahren ist sie sogar leicht rückläufig.

Erfolgversprechender ist die Initiative des Bildungsministeriums (*Ministère de l'Education Nationale*) gewesen, duale Ausbildungsgänge im Rahmen des berufsorientierten Unterrichtes zu entwickeln. Dies erfolgte ab 1985 mit der Schaffung eines beruflichen Abiturs (*baccalauréat professionnel*). Während der zweijährigen Ausbildung vor dem Abitur wird der Schüler 16 bis 24 Wochen für eine praktische Ausbildung in einem Betrieb aufgenommen. Diese kombinierte Ausbildung bleibt jedoch unter schulischer Verantwortung und beruht nicht auf einem Ausbildungsvertrag. Sie hat trotzdem zu positiven Ergebnissen geführt, da sie von den Unternehmen wegen der guten Qualifikation der Absolventen voll anerkannt wurde. Zur Zeit absolvieren jährlich ca. 45 000 Berufsgymnasiasten das berufliche Abitur, was allerdings nur 10% der Gesamtzahl der Abiturienten ausmacht.

Weniger überzeugend ist dagegen der Versuch, kürzere berufliche Praktika im Rahmen des klassischen berufsorientierten Unterrichts zu entwickeln. Diese Praktika werden von den Unternehmen nicht gern akzeptiert, da sie wenig effizient sind und für sie eher eine Belastung bedeuten. Etwa 800 000 Berufsschüler werden jährlich für kürzere Praktika von 4 bis 6 Wochen in den Betrieben aufgenommen. Letztere stoßen aber allgemein auf die Grenze ihrer Aufnahmekapazität.

Positiv zu bewerten ist die Zunahme der Partnerschaften zwischen Gymnasien und Betrieben, was auf eine wachsende Annäherung zwischen Schulsystem und Arbeitswelt weist. Die Tendenz wurde auch von der Dezentralisierung der Verwaltung (vgl. Kapitel 1.5.1) begünstigt, da die Regionen neue Rahmenkompetenzen im Bereich der Förderung der beruflichen Bildung bekommen haben und diese Kooperationen finanziell unterstützen können.

Trotz aller Bemühungen bleibt jedoch insgesamt die Entwicklung dualer Ausbildungsformen in Frankreich eher bescheiden. Addiert man die stagnierende Zahl der Lehrlingsausbildungsverträge, die der Teilnehmer von Qualifikationsverträgen und sonstiger Integrationsmaßnahmen und schließlich die der Absolventen des beruflichen Abiturs sowie spezieller Ausbildungsgänge im technischen Hochschulbereich, so erreicht man die Zahl von etwa 250 000 Jugendlichen pro Jahr, die eine betriebliche Ausbildungserfahrung erhalten. Das sind noch nicht einmal die Hälfte der jährlichen Zugänge in das deutsche duale System, abgesehen davon, daß nur wenige der erwähnten französischen Programme vergleichbaren deutschen Anforderungen einer effektiven dualen Ausbildung tatsächlich entsprechen.

3.6.4 Die Problematik der Kooperation zwischen Schule und Betrieb: konzeptionelle und strukturelle Hindernisse

Grenzen der Reform

Die Entwicklung neuer Kooperationsformen zwischen Schule und Betrieb im französischen Ausbildungssystem hat bisher nicht zu einer Neuverteilung der Verantwortung zwischen Staat und Sozialpartnern geführt. Die Beteiligung und die Mitwirkung der Betriebe an der Ausbildung wurde vom Staat initiiert und finanziell gefördert, ohne jedoch von einer Teilung der staatlichen Bildungshoheit begleitet zu werden. Sowohl bei der Konzeption als auch bei den Inhalten der dualen Ausbildungsgänge bleibt die Richtlinienkompetenz in den Händen der staatlichen Gewalt und der schulischen Behörde, d. h. in den Händen des *Ministère de l'Education Nationale* und seiner regionalen Rektorate. Die Teilnahme der Arbeitgeber an der Definition der Ausbildungsgänge beschränkt sich auf konsultative Mitwirkung. Eine Mitbestimmung der Sozialpartner bei der Festlegung der Ausbildungsordnungen, wie sie in Deutschland praktiziert wird, findet in Frankreich nicht statt.

Dies gilt auch für die konkrete Organisation der Ausbildung. Nur bei der Lehrlingsausbildung und bei den Qualifikationsverträgen wird ein Ausbildungsvertrag abgeschlossen, so daß Verantwortung und Autorität des Arbeitgebers klar festgelegt sind. Dagegen bleibt die duale Ausbildung der Berufsgymnasiasten, auch in ihrem betrieblichen Teil, unter ausschließlicher Verantwortung und Aufsicht der Schule. Aufschlußreich ist dabei die offizielle Bezeichnung dieser Kooperation: man spricht von „dualer Ausbildung unter schulischem Status" (*alternance sous statut scolaire*).

Hier ist die Tradition des staatlichen Bildungsmonopols eines der wichtigsten Hindernisse für die Ausdehnung dualer Ausbildungsgänge innerhalb des klassischen Berufsunterrichtes. Gegen diese Perspektive einer breitangelegten Öffnung des Schulsystems in Richtung der Betriebe leistet die ganze Schulverwaltung und besonders die große Mehrheit des Lehrkörpers einen zähen Widerstand im Namen der Grundsätze der republikanischen Schule. Die Dualisierung des beruflichen Unterrichtes würde unvermeidlich zu einer Verlagerung der Kompetenzen und der finanziellen Mittel zugunsten der Betriebe führen. Dies geht selbstverständlich gegen die korporativen Interessen des öffentlichen Lehrkörpers, der hier eine großangelegte Privatisierung fürchtet und die Gefahr einer Unterordnung der Ausbildung unter die kurzfristigen Interessen der Wirtschaft an die Wand malt. Die Arbeitnehmergewerkschaften vertreten weitgehend die gleiche Ansicht und zeigen wenig Interesse für eine konkrete Beteiligung an der Organisation der betrieblichen Ausbildung.
Hindernisse im Bildungssystem

Paradoxerweise zeigen auch die Arbeitgeber keine große Begeisterung für eine Ausdehnung der dualen Ausbildung, denn sie würde für die Wirtschaft einen erheblichen finanziellen Aufwand sowie eine massive Anstrengung bedeuten. Seit Jahrzehnten haben sich die französischen Arbeitgeber mit dem staatlichen Bildungsmonopol abgefunden, so daß eine gleichberechtigte Teilnahme der Betriebe an der Ausbildung auf viele strukturelle Hindernisse stößt.
Zurückhaltung der Unternehmen

Finanziell ist diese Ausdehnung kurzfristig undenkbar, da bei der Erstausbildung die Bildungsausgaben der Unternehmen in Form einer steuerlichen Abgabe sich etwa auf 2 Milliarden DM belaufen. Vergleicht man das mit den 30 Milliarden DM, die etwa die deutschen Betriebe für die duale Ausbildung ausgeben, wird das genaue Ausmaß der Herausforderung für die französischen Unternehmen sichtbar. Ein Teil dieses notwendigen Volumens ist nur über eine Neuverteilung der betrieblichen Soziallasten erreichbar, was wiederum eine entsprechende Finanzlücke bei der Sozialversicherung öffnen oder entsprechende Kürzungen im Staats- bzw. im Erziehungshaushalt bedeuten würde: eine politisch heikle Entscheidung.

Noch problematischer ist die mangelnde Erfahrung der Unternehmen im Bereich der Erstausbildung. Ihnen fehlt nicht nur die notwendige Ausstattung an Ausbildungsplätzen und die Aufnahmekapazität für Auszubildende, sondern einfach die konzeptionelle Fähigkeit sowie das zuständige Lehrpersonal, um dieser neuen Bildungsaufgabe gerecht zu werden. Insofern ist in einer Anfangsphase die Entwicklung der betrieblichen Ausbildung nur auf freiwilliger und experimenteller Basis in leistungsfähigen Betrieben denkbar.
Finanzielle und konzeptionelle Probleme

Ein solches Engagement der Wirtschaft setzt aber voraus, daß eine neue Grenzziehung im Bereich der Bildungspolitik stattfindet, die zu einem progressiven Aufbrechen des staatlichen Bildungsmonopols und zu neuen Spielregeln bei der Kooperation mit den Sozialpartnern führen kann. Die notwendigen Schritte in diese Richtung wagte bisher keine Regierung zu gehen. Die dramatische Lage der Jugendlichen auf dem Arbeitsmarkt, die sich immer weiter zuspitzt und allmählich explosiv wird, könnte aber bald den notwendigen Anstoß dazu geben.

Literaturverzeichnis

Albertin, Lothar (1988): Frankreichs Regionalisierung – Abschied vom Zentralismus?, in: Frankreich-Jahrbuch 1988, hrsg. v. L. *Albertin,* M. *Christadler* u.a., Opladen: Leske + Budrich, S. 135-156.
Almond, Gabriel A./*Verba,* Sidney (1963): The Civic Culture: Political Attitudes and Democracy in Five Nations, Princeton: Princeton University Press.
Almond, Gabriel A./*Powell,* G. Bingham (1966): Comparative Politics: a developmental approach, Boston: Little Brown.
Alvergne, Christel u.a. (1993): Evolution des structures régionales de qualification du travail (1975-1988), in: Claude *Dupuy*/Jean-Pierre *Gilly* (Hrsg.): Industrie et territoire en France, Paris: La Documentation française.
Ammon, Günther (1989): Der französische Wirtschaftsstil, München: Eberhard.
Ardagh, John (1969): Frankreich als Provokation. Die permanente Revolution 1945-1968, Berlin: Ullstein.
Ardant, Philippe (1991): Le Premier Ministre en France, Paris: Montchrestien.
Auroux, Jean (1982): Les droits des travailleurs. Rapport au Président de la République et au Premier Ministre, Septembre 1981, Paris: La Documentation française.
Avril, Pierre (1987): La Ve République. Histoire politique et constitutionnelle, Paris: Presses Universitaires de France.
Baguenard, Jacques (1988): La décentralisation, Paris: Presses Universitaires de France, („Que sais-je?"), 3. Aufl.
Baguenard, Jacques (1990): Le Sénat, Paris: Presses Universitaires de France („Que sais-je?").
Bartolini, Stefano (1984): Institutional Constraints and Party Competition in the French Party System, in: ders./*Mair,* Peter (Hrsg.): Party Politics in Contemporary Western Europe, London: Frank Cass, S. 103-127.
Bauby, Pierre (1993): Survalorisation du politique et volontarisme étatique, in: *Cevipof* (Hrsg.): L'engagement politique: déclin ou mutation?, Pré-actes du colloque, Tome I, o.O., o.J. (Paris 1993), S. 13-31.
Bell, David S./*Criddle,* Byron (1994): The French Socialist Party: presidentialised factionalism, in: *Bell,* David S./*Shaw,* Eric (Hrsg.): Conflict and Cohesion in Western European Social Democratic Parties, London/New York: Pinter, S. 112-132.
Belorgey, Jean-Michel (1991): Le Parlement à refaire, Paris: Gallimard.
Bennahmias, Jean-Luc/*Roche,* Agnès (1992): Des verts de toutes les couleurs. Histoire et sociologie du mouvement écolo, Paris: Albin Michel.
Bergounioux, Alain/*Grunberg,* Gérard (1992): Le long remords du pouvoir. Le Parti socialiste français 1905-1992, Paris: Fayard.
Birenbaum, Guy (1992): Le Front National en politique, Paris: Balland.
Bloch-Lainé, François (1963): Pour une réforme de l'entreprise, Paris: Seuil.
Borella, François (1990): Les partis politiques, Paris: Le Seuil, 5. Aufl.
Bourdieu, Pierre (1989): La noblesse d'Etat. Grandes écoles et esprit de corps, Paris: Ed. de Minuit.

Boy, Daniel/*Mayer,* Nonna (1990): L'électeur français en questions, in: *Cevipof (H*rsg.*.):* L'électeur français en questions, Paris: Presses de la Fondation Nationale des Sciences Politiques, S. 197-217.
Braibant, Guy (1993): Qui fait la loi?, in: Pouvoirs Nr. 64 (Februar 1993), S. 43-47.
Brettschneider, Frank/*Ahlstich,* Katja/*Klett,* Bettina, *Vetter,* Angelika (1994): Materialien zu Gesellschaft, Wirtschaft und Politik in den Mitgliedsstaaten der Europäischen Gemeinschaft, in: *Gabriel,* Oscar W./*Brettschneider,* Frank (Hrsg.): Die EU-Staaten im Vergleich. Strukturen, Prozesse, Politikinhalte, Opladen: Westdeutscher Verlag, 2. Aufl., S. 441-626.
Burgel, Guy (1985): Urbanisation des hommes et des espaces, in: Georges *Duby* (Hrsg.): Histoire de la France urbaine. Bd. 5: La ville d'aujourd'hui, Paris: Seuil.
Capdeville, Jacques et al.(1981): France de gauche, vote à droite, Paris: Presses de la Fondation Nationale des Sciences Politiques.
Casanova, Jean-Claude (1991): Les échanges extérieurs: un équilibre précaire, in: Maurice *Lévy-Leboyer*/Jean-Claude *Casanova* (Hrsg.): Entre l'Etat et le marché, l'économie française des années 1880 à nos jours, Paris: Gallimard.
Caspar, M.-L. (1988): Le bilan des contrats emploi-formation en France: 1975-1985, in: Revue internationale du travail 4, S.501-518.
*Cevipof (*Hrsg.*)* (1990): L'électeur français en questions, Paris: Presses de la Fondation Nationale des Sciences Politiques.
Chagnollaud, Dominique (Hrsg.) (1993): La vie politique en France, Paris: Ed. du Seuil.
Chapsal, Jacques (1984): La vie politique sous la Ve République, Paris: Presses Universitaires de France.
Charlot, Jean (1970): Le phénomène gaulliste, Paris: Fayard.
Charlot, Jean (1992): Die politischen Parteien und das Parteiensystem in Frankreich, Paris: Ministère des Affaires Etrangères, Direction de la presse, de l'information et de la communication.
Charlot, Jean (1993): Le RPR, in: Dominique *Chagnollaud* (Hrsg.): La vie politique en France, Paris: Seuil, S. 243-256.
Charvet, Jean-Pierre (1994): La France agricole en état de choc. Paris: éd. LIRIS:
Chatagner, F. (1990): Les revenus des Français: le verdict des années 1980, in: Ecoflash Nr. 45/janvier 1990.
Clerc, Denis (1989): Les nouvelles tendances du marché de l'emploi, in: Alternatives économiques, April 1989.
Clerc, Denis/*Chaouat,* Bernard (1987): Les inégalités, Paris: Syros.
Cluzel, Jean (1990): Le Sénat dans la société française, Paris: Economica.
Cohen, Elie (1990): Le miroir des inégalités, in: Le Monde v. 5.7.1990, S.9.
Cohen, Elie (1992 a): Geplantes Laisser-faire, in: Die Zeit Nr.48, 20.11.1992.
Cohen, Elie (1992): Le Colbertisme „high-tech". Economie des Télécom et du Grand Projet, Paris: Hachette.
Cohen, Samy (1986): La monarchie nucléaire. Les coulisses de la politique étrangère sous la Ve République, Paris: Hachette.
Colin, Jean-François et al. (1994): Chômage et politique de l'emploi 1981-1983, in: Observations et diagnostics économiques, April 1984, S.95-122.
Colombani, Jean-Marie (1990): La „gauche tourangelle", in: Le Monde v. 27.10.1990, S. 1/20.
Commissariat général du Plan (1990): Stratégies pour l'an 2000. Travaux des commissions (10e Plan 1989-1992), Paris: La Documentation française.
Commissariat général du plan (1992) : Choisir l'emploi. Préparation du XIe Plan (rapport Brunhes), Paris: La Documentation française.
Commissariat général du plan (1993): France: le choix de la performance globale, Paris: La Documentation française.
Conseil constitutionnel et Conseil d'Etat. Colloque des 21 et 22 Janvier 1988 au Sénat, Paris: LGJD Montchrestien 1988.
Conseil économique et social (1991): La décentralisation et la répartition des compétences entre les collectivités territoriales, Paris: Journal officiel de la République Française.

Copé, Jean-François/*Werner,* François (1990): Finances locales, Paris: Economica.
Cornilleau, Gérard et al. (1990): La gestion sociale du chômage: un bilan, in: futuribles (Sept. 1990), S.37-49.
Cornilleau, Gérard et al. (1990): Quinze ans de politique de l'emploi, in: Observations et diagnostics économiques, April 1990, 31, S.91-120.
Courtois, Stéphane (1994): Le déclin accentué du Parti communiste français, in: *Habert,* Philippe/*Perrineau,* Pascal/*Ysmal,* Colette (Hrsg.): Le vote sanction. Les *élections* legislatives des 21 et 28 mars 1993, Paris: Presses de la FNSP, S. 217-228.
Crozier, Michel (1970): La société bloquée, Paris: Seuil.
D'Iribarne, Alain (1989): Compétitivité, défi social, enjeu éducatif, Paris: Presses du CNRS.
De l'Ecotais, Muriel (1995): Les innovations de Philippe Séguin, président de l'Assemblée nationale, in: Pouvoirs Nr. 74 (1995), S. 169-181.
Démocratie locale en France (1991), hrsg. v. Collectivités locales et Formation und Solidarités Internationales, Paris: Pro-Edi.
Dreyfus, Michel (1990): PCF. Crises et dissidences. 1920 à nos jours, Bruxelles: Ed. Complexe.
Dubet, François (1991): Jeunesse et marginalités, in: Regards sur l'actualité Nr. 172, Juli 1991.
Dubet, François (1993): Das Comeback der Stadt. Umbrüche der Industriegesellschaft und ihre Folgen, in: Frankreich-Jahrbuch 1993, Opladen: Leske und Budrich.
Duhamel, Olivier (1984): Les Français et la Ve République, in: SOFRES: Opinion publique. Enquêtes et commentaires, Paris: Seuil, S. 103-112.
Duhamel, Olivier (1991): Le pouvoir politique en France, Paris: PUF.
Duhamel, Olivier (1993): Le pouvoir politique en France, Paris: Seuil. (1. Ausg.: Presses Universitaires de France 1991).
Duhamel, Olivier (1993)*:* Le pouvoir politique en France. La Ve République, vertus et limites, Paris: Ed. du Seuil.
Dupoirier, Elisabeth/*Grunberg,* Gérard (Hrsg.) (1986): Mars 1986: La drôle de défaite de la gauche, Paris: Presses Universitaires de France.
Duverger, Maurice (1980): A New Political System Model: Semi-Presidential Government, in: European Journal of Political Research 8, Nr. 2 (Juni 1980), S. 165-187.
Duverger, Maurice (1990): Le système politique français, Paris: Presses Universitaires de France, 20. Aufl.
Duyvendak, Jan Willem (1994): Le poids du politique. Nouveaux mouvements sociaux en France, Paris: L'Harmattan.
Elbaum, Mireille (1988): Petits boulots, stages, emplois précaires: quelle flexibilité pour quelle insertion? in: Droit social Nr.4, April 1988.
L'Etat de la France 1995-96 (1995). Paris: La Découverte.
Faur, Jean-Paul/*Pumain,* Denise (1991): Villes et régions au rendez-vous de l'Europe, in: INSEE première Nr.136, Mai 1991, S.1-4.
Favoreu, Louis/*Philip,* Loïc (1985): Le conseil constitutionnel, Paris: Presses Universitaires de France („Que sais-je?"), 3. Aufl.
Foucauld, Jean-Baptiste de (1988): La fin du social-colbertisme, Paris: Belfond.
Fourastié, Jean (1979): Les Trente Glorieuses ou la Révolution invisible de 1946 à 1975, Paris: Fayard (akt. Neuauflage).
Fourastié, Jean (1979): Les trente glorieuses, Paris: Fayard.
Fourel, Christophe/*Volatier,* Jean Luc (1993): Associations, l'âge de raison. – In: Consommation et modes de vie (Paris), Nr. 78 (Juni/Juli 1993), S. 1-4.
Froment, Michel (1990): Die Institution der politischen Partei in Frankreich, in: Tsatsos, D.Th./*Schefold* D./*Schneider* H.-P. (Hrsg): Parteienrecht im europäischen Vergleich, Baden-Baden: Nomos, S. 219-259.
Gabriel, Oscar W. (1994): Politische Einstellungen und politische Kultur, in: *ders./Brettschneider,* Frank (Hrsg.): Die EU-Staaten im Vergleich. Strukturen, Prozesse, Politikinhalte, Opladen: Westdeutscher Verlag, 2. Aufl., S. 96-133.
Gaillard, Maurice (1993): Le retour des résolutions parlementaires. La mise en oeuvre de l'article 88-4 de la Constitution, in: Revue française de droit constitutionnel, Nr. 16 (1993), S. 707-740.

Gaxie, Daniel (Hrsg.) (1985): Explication du vote, Paris: Presses de la Fondation Nationale des Sciences Politiques.
Goguel, François/*Grosser,* Alfred (1980): Politik in Frankreich, Paderborn: Schöningh.
Gravier, Jean-François (1947): Paris et le désert français, Paris.
Grewe, Constance (1992): La révision constitutionnelle en vue de la ratification du traité de Maastricht, in: Revue française de droit constitutionnel, Nr. 11, 1992, S. 413-438.
Grunberg, Gérard/*Chiche,* Jean (1995): Le regain socialiste, in: P. *Perrineau*/C. *Ysmal* (Hrsg.): Le vote de crise. L'élection présidentielle de 1995, Paris: Presses de la FNSP, S. 188-209.
Guyard, Jacques (1970): Le miracle français, Paris: éd. Kiosque.
Haegel, Florence (1990): Le lien partisan, in: *Cevipof* (Hrsg.): L'électeur français en questions, Paris: Presses de la Fondation Nationale des Sciences Politiques, S. 153-174.
Hoffmann, Stanley (1974): Les gouvernants: le héros politique, in: ders.: Essais sur la France, Paris: Seuil, S. 91-159.
Hoffmann, Stanley (1991): The Institutions of the Fifth Republic, in: *Hollifield,* James F./*Ross,* George (Hrsg.): Searching for the new France, New York u. London: Routledge, S. 43-56.
Inglehart, Ronald (1989): Kultureller Umbruch. Wertewandel in der westlichen Welt, Fankfurt a.M./New York: Campus.
INSEE (1984): Données sociales 1984, Paris: INSEE.
INSEE (1988): Rapport sur les comptes de la nation.
INSEE (1988): Villes et campagnes, Paris: INSEE.
INSEE (1989): Les entreprises à l'épreuve des années 80, Paris: INSEE 1989.
INSEE (1989): Les entreprises à l'épreuve des années 80, Paris: INSEE.
INSEE (1992): Tableaux de l'économie française 1992/93, Paris: INSEE 1992.
INSEE (1993): La France et ses régions, Paris: INSEE 1993.
INSEE (1993): Tableaux de l'économie française, 1993 – 1994, Paris INSEE
INSEE (1994): Tableaux de l'économie française 1994/95, Paris: INSEE 1994.
INSEE (1995): Tableaux de l'économie française 1995/96, Paris: INSEE 1995.
Jaffre, Jérôme (1995): La victoire de Jacques Chirac et la transformation des clivages politiques, in: P. Perrineau/C. Ysmal (Hrsg.): Le vote de crise. L'élection présidentielle de 1995, Paris: Presses de la FNSP, S. 159-178.
Jan, Pascal (1995): La rénovation du travail parlementaire à l'Assemblée nationale, in: Revue du droit public et de la science politique en France et à l'étranger, Nr. 4/1995, S. 987-1028.
Jeanneney, Jean-Marcel (Hrsg.) (1989): L'économie française depuis 1967, Paris: Seuil.
Jeanneney, Jean-Marcel (Hrsg.) (1989): L'économie française depuis 1967, Paris: Seuil.
Joffrin, Laurent *(1992):* Réflexions sur l'archaisme français, in: SOFRES (Hrsg.); L'Etat de l'opinion 1992, Paris: Ed. du Seuil, S. 27-36.
K*aelble,* Hartmut (1992): Nachbarn am Rhein. Entfremdung und Annäherung der französischen und deutschen Gesellschaft seit 1880, München: C.H. Beck.
Kempf, Udo (1980): Das politische System Frankreichs. Eine Einführung, Opladen: Westdeutscher Verlag, 2. Aufl.
Kimmel, Adolf (1983): Die Nationalversammlung in der V. Französischen Republik, Köln u.a.: Carl Heymanns Verlag.
Kimmel, Adolf (1991): Parteienstaat und Antiparteienaffekt in Frankreich, in: Jahrbuch für Politik, 1. Jg. 1991, Halbband 2, S. 319-340.
Kitschelt, Herbert (1990): La gauche libertaire et les écologistes français, in: Revue française de science politique, 40 Jg., Nr. 3 (Juni 1990), S. 339-365.
Kukawka, Pierre (1993): Dezentralisierung in Frankreich: Bilanz und Perspektiven, in: Aus Politik und Zeitgeschichte, Beilage zur Wochenzeitschrift *Das Parlament*, Nr. B32/1993, S.17-23.
L'évolution des finances des collectivités locales et de l'Etat de 1980 à 1990, in: Problèmes économiques, Nr. 2256, 12. Januar 1992, S. 16-20.
La poursuite de l'adaptation du système fiscal français, in: Problèmes économiques Nr. 2186, 8.8.1990.

Lacroix, Bernard/*Lagroye,* Jacques (Hrsg.) (1992): Le Président de la République. Usages et genèses d'une institution, Paris: Presses de la Fondation Nationale des Sciences Politiques.

Ladrech, Robert (1994): Europeanization of Domestic Politics and Institutions: The Case of France, in: Journal of Common Market Studies, 32. Jg., Nr. 1 (März 1994), S. 69-88.

Lancelot, Alain (1988): Les élections sous la Ve République, Paris: Presses Universitaires de France („Que sais-je?") 2. Aufl.

Le Gall, Gérard (1994): Européennes 1994: implosion de la gauche et droitisation de la droite, in: Revue politique et parlementaire, 96. Jg., Nr. 971 (Mai-Juni 1994), S. 3-15.

Le Gall, Gérard (1996): La tentation du populisme, in: SOFRES (Hrsg.): L'Etat de l'opinion 1996, Paris: Seuil, S. 187-211.

Lebaube, Alain (1993): Social, par ici la sortie! Paris: Le Monde éditions.

Leggewie, Claus (1984): Eine immer unbestimmtere Idee von Frankreich. Anmerkungen zur französischen politischen Kultur, in: *Reichel,* P. (Hrsg.): Politische Kultur in Westeuropa, Frankfurt a.M./New York: Campus, S. 118-144.

Lequesne, Christian (1990): Formulation des politiques communautaires et procédures de consultation avec la RFA en France, in: *Picht,* Robert/*Wessels,* Wolfgang (Hrsg.): Motor für Europa? Deutsch-französischer Bilateralismus und europäische Integration, Bonn: Europa Union Verlag, S. 123-144.

Lequesne, Christian (1993): Paris-Bruxelles. Comment se fait la politique européenne de la France, Paris: Presses de la Fondation Nationale des Sciences Politiques.

Lerche, Clemens (1990): Ein Sieg für Europa? Anmerkungen zum Urteil des Conseil d'Etat vom 29.Oktober 1989, Fall Nicolo, in: Zeitschrift für ausländisches öffentliches Recht und Völkerrecht, 50. Jg., Nr. 3/1990, S. 599-644.

Lijphart, Arend J. (1984). Democracies: Patterns of Majoritarian and Consensus Government in Twenty-one Countries, New Haven: Yale University Press.

Lipietz, Alain (1991): Governing the Economy in the Face of International Challenge: From National Developmentism to National Crisis, in: James F. *Hollifield*/George *Ross* (Hrsg.): Searching for the New France, New York/London, S. 17-42.

Lorino, Philippe (1990): Le travail ne doit plus être considéré seulement comme un coût, Interview in: Le Nouvel Observateur v. 14./20.6.1990, S. 19.

Luchaire, François (1995): La loi constitutionnelle du 4 août 1995, une avancée pour la démocratie?, in: Revue du droit public et de la science politique en France et à l'étranger, Nr. 6/1995, S. 1411-1443.

Mabileau, Albert (1991): Le système local, Paris: Montchrestien.

Mabileau, Albert/*Moyser,* George/*Parry,* Geraint/*Quantin,* Patrick (1989): Local Politics and Participation in Britain and France, Cambridge u.a.: Cambridge University Press.

Mariet, François (1978): La réduction des inégalités, Paris: Hatier.

Maurice, Marc/*Sellier,* François/*Silvestre,* Jean-Jacques (1982): Politique d'éducation et organisation industrielle en France et en Allemagne, Paris: PUF.

Mayer, Nonna (1990): Ethnocentrisme, racisme et intolérance, in: *Cevipof* (Hrsg.): L'électeur français en questions, Paris: Presses de la Fondation Nationale des Sciences Politiques, S. 17-43.

Mayer, Nonna/*Perrineau,* Pascal (1989): Le Front National à découvert, Paris: Presses de la Fondation Nationale des Sciences Politiques.

Mayer, Nonna/*Perrineau,* Pascal (1990): Pourquoi votent-ils pour le Front National?, in: Pouvoirs Nr. 55 (1990), S. 163-184.

Mayer, Nonna/*Perrineau,* Pascal (1992): Les comportements politiques, Paris: A. Colin.

Mény, Yves (1992): La République des fiefs, in: Pouvoirs, Nr. 60 (1992), Themenheft: La décentralisation, S. 17-24.

Menyesch, Dieter/*Uterwedde,* Henrik (1983): Frankreich Grundwissen Länderkunde, Opladen: Leske und Budrich.

Michelat, Guy (1990): A la recherche de la gauche et de la droite, in: *Cevipof* (Hrsg.): L'électeur français en questions, Paris: Presses de la Fondation Nationale des Sciences Politiques, S. 71-103.

Ministère de l'Intérieur/Ministère de la Fonction publique, de la Réforme de l'Etat et de la Décentralisation (1995): Les Collectivités Locales en chiffres 1995, Paris: La Documentation française.
Monod, Jérôme (1991): L'aménagement du territoire, Paris: Presses universitaires de France.
Morrisson, C. (1984): Distribution des revenus et des droits dans les pays de l'Ouest et de l'Est, in: P. *Kende/Z. Strmiska* (Hrsg.): Egalité et inégalités en Europe de l'Est, Paris: Presses de la FNSP.
Morvan, Yves (1993): Dix ans d'interventions économiques des régions, in: Guy *Gilbert/* Alain *Delcamp* (Hrsg.): La décentralisation dix ans après, Paris: LGDJ, S.451-463.
Muller, Pierre (1992): Entre le local et l'Europe. La crise du modèle français de politiques publiques, in: Revue française de science politique, 42. Jg., Nr. 2/1992, S. 275-297.
Müller-Brandeck-Bocquet, Gisela (1990): Dezentralisierung in Frankreich – ein innenpolitischer Neuanfang, in: Die Verwaltung, 23. Jg. Nr. 1/1990, S. 50-82.
Neumann, Wolfgang (1989): Technologiepolitik einer Region – das Beispiel Rhône-Alpes, in: Frankreich-Jahrbuch 1989, hrsg. v. L. Albertin, M. Christadler u.a., Opladen: Leske + Budrich, S. 153-168.
Neumann, Wolfgang (1994): Zwischen Zentralisierung und Dezentralisierung. Klärungsbedarf in der Raumordnungspolitik, in: Dokumente Nr. 5/1994, S.375-379.
Neumann, Wolfgang/*Uterwedde,* Henrik (1986): Industriepolitik. Ein deutsch-französischer Vergleich, Opladen: Leske und Budrich.
Neumann, Wolfgang/*Uterwedde,* Henrik (1993): Soziale und stadtstrukturelle Wirkungen der Wohnungs- und Städtebaupolitik in Frankreich am Beispiel der Großsiedlungen, Stuttgart: DVA.
Neumann, Wolfgang/*Uterwedde,* Henrik (1994): Raumordnungspolitik in Frankreich und Deutschland, Stuttgart: Deutsche Verlags-Anstalt.
Neveu, André (1992): Quelle agriculture demain?, in: Problèmes économiques Nr. 2302, 2.12.1992, S.20.
Noblecourt, Michel (1990): Les syndicats en question, Paris: Editions ouvrières.
Noin, Daniel (1976): L'espace français, Paris: A. Colin.
Normand, Jean-Michel (1990): La contribution sociale généralisée, in: Le Monde v. 13.11.1990 S.25.
Normand, Jean-Michel (1990): Salaires: l'égalité par le bas, Le Monde v. 17.4.1990, S.11.
OECD: La politique industrielle de la France, Paris: OCDE 1974.
OFCE: L'économie française 1997, Paris: La Découverte 1997
Outin, Jean-Luc (1990): De la crise à la prospérité: la permanence du chômage, in: Documents pour l'enseignement économique et social Nr.78/79, Dezember 1989/März 1990.
Parodi, Jean-Luc, *Platone,* François (1984): L'adoption par les gouvernés, in: Revue française de science politique, 34. Jg., Nr. 4-5 (August-Oktober 1984), Themenheft: La constitution de la Cinquième République, S. 766-798.
Percheron, Annick (1992): L'opinion et la décentralisation ou la décentralisation apprivoisée, in: Pouvoirs, Nr. 60 (1992), Themenheft: La décentralisation, S. 25-40.
Perrineau, Pascal (1995): La dynamique du vote Le Pen: le poids du gaucho-lepénisme, in: ders./*Ysmal,* Colette (Hrsg.): Le vote de crise. L'élection présidentielle de 1995, Paris: Presses de la Fondation Nationale des Sciences Politiques, S. 243-261.
Piore, Michael J./*Sabel,* Charles F. (1989): Das Ende der Massenproduktion, Frankfurt/Main: Fischer.
Platone, François (1990): Les Français et le système politique, in: *Cevipof:* L'électeur français en questions, Paris: Presses de la Fondation Nationale des Sciences Politiques, S. 105-125.
Portelli, Hugues (1987): La politique en France sous la Ve République, Paris: Grasset, 2. Aufl.
Portelli, Hugues (1993): Le Parti socialiste, in: Dominique *Chagnollaud* (Hrsg.): La vie politique en France, Paris: Seuil, S. 272-291.
Quermonne, Jean-Louis (1994): La „mise en examen" des cabinets ministériels, in: Pouvoirs Nr. 68 (1994), S. 61-75.

Quermonne, Jean-Louis/*Chagnollaud,* Dominique (1991): Le gouvernement de la France sous la Ve République, Paris: Dalloz, 4. Aufl.
Rehfeldt, Udo (1989): Modernisierung und Transformation der Gesellschaft in Frankreich nach 1945: Die Rolle der „Modernisten", in: Hartmut *Elsenhans*/Gerd *Junne*/Gerhard *Kiersch*/Birgit *Pollmann* (Hrsg.): Frankreich – Europa – Weltpolitik, Festschrift für Gilbert Ziebura, Opladen: Westdeutscher Verlag, S. 73-87.
Rehfeldt, Udo (1991): Strukturkrise der Gewerkschaften, in: Frankreich-Jahrbuch 1991, Opladen: Leske und Budrich, S.95-111.
Reif, Karlheinz (1987): Party Government in the Fifth Republic, in: *Katz,* Richard S. (Hrsg.) Party Governments: European and American Experiences, Berlin: de Gruyter, S. 27-77.
Rémond, Bruno/*Blanc,* Jacques (1989): Les collectivités locales, Paris: Presses de la Fondation Nationale des Sciences Politiques & Dalloz.
Rey, Henri/*Subileau,* Françoise (1991): Les militants socialistes à l'épreuve du pouvoir, Paris: Presses de la Fondation Nationale des Sciences Politiques.
Riboud, Antoine (1987): Modernisation, mode d'emploi, Paris.
Rosanvallon, Pierre (1990): L'Etat en France de 1789 à nos jours, Paris: Seuil.
Russ, Sabine (1993): Die Republik der Amtsinhaber. Politikfinanzierung als Herausforderung liberaler Demokratien am Beispiel Frankreichs und seiner Reformen von 1988 und 1990, Baden-Baden: Nomos.
Sawyer, M. (1976): La répartition des revenus dans les pays de l'OCDE, in: Perspectives économiques de l'OCDE, S. 3-41
Schäfer, Ursula (1989): Regierungsparteien in Frankreich. Die sozialistische Partei in der V. Republik, München: Vögel.
Schain, Martin A.: Toward a centrist democracy? The fate of the French right, in: *Hollifield,* James F. (Hrsg.): Searching for the new France, New York u.a.: Routledge, 1991, S. 57-84.
Scharpf, Fritz W. (1985): Die Politikverflechtungsfalle: Europäische Integration und deutscher Föderalismus im Vergleich, in: Politische Vierteljahresschrift, 4/1985, S. 323-356.
Schmitt, Karl (1991): Die politischen Eliten der V. Republik: Beharrung und Wandel, in: Aus Politik und Zeitgeschichte, B 47-48/1991, S. 26-36.
Schnapper, Dominique (1991): La France de l'intégration. Sociologie de la nation en 1990, Paris: Gallimard.
Sicot, Dominique (1992): Les syndicats dans la tourmente, in: Alternatives économiques, Mai 1992, S. 27-33.
SOFRES (1990): L'Etat de l'opinion 1990, Kap.11: La crise de la représentation politique, Paris: Seuil, S. 161-170.
Steffani, Winfried (1979): Parlamentarische und präsidentielle Demokratie. Strukturelle Aspekte westlicher Demokratien, Opladen: Westdeutscher Verlag.
Steffani, Winfried (1995): Semi-Präsidentialismus: ein eigenständiger Systemtyp? Zur Unterscheidung von Legislative und Parlament, in: Zeitschrift für Parlamentsfragen, Nr. 4/1995, S. 621-641.
Stoffaes, Christian (1978): La grande menace industrielle, Paris: Calmann-Lévy.
Taddéi, Dominique/*Coriat,* Benjamin (1993): Made in France. L'industrie française dans la compétition mondiale, Paris: LGF.
Thoenig, Jean-Claude (1992): La décentralisation, dix ans après, in: Pouvoirs, Nr. 60 (1992), Themenheft: La décentralisation, S. 5-16.
Tilly, Charles (1986): La France conteste de 1600 à nos jours, Paris: Fayard.
Uterwedde, Henrik (1988): Sozio-ökonomische Entwicklung in den achtziger Jahren: Brüche und Kontinuitäten, in: Frankreich Jahrbuch 1988, Opladen: Leske und Budrich, S. 31-48.
Uterwedde, Henrik (1989): Sozialstrukturen. In: Jacques *Leenhardt*/Robert *Picht* (Hrsg.): Esprit/Geist. 100 Schlüsselbegriffe für Deutsche und Franzosen, München: Piper, S.233-238.
Uterwedde, Henrik (1991): Kommunen in Frankreich und Deutschland. Eine Einführung/Communes en France et en Allemagne. Une introduction, Bonn: Gemini-DBB Multimedia Verlag.

Uterwedde, Henrik (1991): Sozialer Wandel in Frankreich: von den Trente Glorieuses zur dualen Gesellschaft? In: Frankreich-Jahrbuch 1991. Opladen: Leske und Budrich, S. 35-52.

Uterwedde, Henrik (1993): Französische Wirtschaftspolitik in den neunziger Jahren. Veränderte Rahmenbedingungen und neue Handlungsansätze, in: Aus Politik und Zeitgeschichte, Beilage zur Wochenzeitung Das Parlament, Nr. B32/93, 6.8.1993, S.3-9.

Uterwedde, Henrik (1994): Nationalisierungen, Privatisierungen und die Zukunft der Industrie, in: Dokumente Nr.2/1994, S.99-105.

Wachter, Serge: Ajustements et recentrage d'une politique publique: le cas de l'aménagement du territoire, in: Sociologie du travail Nr.1, 1989, S.51-74.

Westle, Bettina (1994): Politische Partizipation, in: *Gabriel,* Oscar W./*Brettschneider,* Frank (Hrsg.): Die EU-Staaten im Vergleich. Strukturen, Prozesse, Politikinhalte, Opladen: Westdeutscher Verlag, 2. Aufl., S. 137-173.

Wieviorka, Michel (1992): La France raciste, Paris: Seuil.

Wilson, Frank L.(1989): Evolution of the French Party System, in: *Godt,* Paul (Hrsg.): Policy-Making in France. From de Gaulle to Mitterrand, London u. New York: Pinter, S. 57-72.

Ysmal, Colette (1989): Les partis politiques sous la Ve République, Paris: Montchrestien.

Ysmal, Colette (1990): Le comportement électoral des Français, Paris: La Découverte.

Ysmal, Colette (1994): Transformations du militantisme et déclin des partis, in: *Perrineau,* Pascal (Hrsg.): L'engagement politique: déclin ou mutation?, Paris: Presses de la Fondation Nationale des Sciences Politiques, S. 41-66.

Ziebura, Gilbert (1992): Nationalstaat, Nationalismus und supranationale Integration: Der Fall Frankreich, in: Leviathan Nr. 4/1992, S. 467-489.